WIZARD

マーケットの
テクニカル分析

トレード手法と売買指標の
完全総合ガイド

ジョン・J・マーフィー[著]　長尾慎太郎[監修]　田村英基[訳]

Technical Analysis of
the Financial Markets

A Comprehensive Guide to Trading Methods and Applications

by John J. Murphy

Pan Rolling

Technical Analysis of the Financial Markets :
A Comprehensive Guide to Trading Methods and Applications
by John J. Murphy

Copyright © 1999 by John J. Murphy

All rights reserved including the right of reproduction in whole or in part in any form.
This edition published by arrangement with TarcherPerigee, an imprint of Penguin Publishing
Group, a division of Penguin Random House LLC., through Tuttle-Mori Agency, Inc., Tokyo

監修者まえがき

　本書は代表的なテクニカルアナリストであるジョン・J・マーフィーが著した"Technical Analysis of the Financial Markets : A Comprehensive Guide to Trading Methods and Applications"の邦訳である。これは30年以上前に出版された『テクニカル・アナリシス・オブ・ザ・フューチャーズ・マーケット（Technical Analysis of the Futures Markets）』に、株式市場の分析を加えて大幅に加筆したもので、古典的なテクニカル分析の集大成と言ってよい。本書にあるとおり、テクニカル分析の起源は江戸時代の堂島米会所の米相場とされている。当時、本間宗久に代表される米商人たちは、そのときどきの市況を理解するために、酒田五法と呼ばれるローソク足のパターン認識を用いていた。一方、米国ではチャールズ・ダウが19世紀末に独自の分析手法を編み出し、その後、さまざまな手法が発展した。こうした東西のテクニカル分析は20世紀後半に統合され、その結果は本書にも反映されている。これらは客観性のある厳密な科学ではなかったが、デフォルメされた形ではあっても、状況把握の手段としてのテクニカル分析は、投資における実用的なヒューリスティクスとして長らく機能してきた。

　だが、現代の知見に照らせば、残念ながらこれらの分析手法では、どれだけもっともらしい理屈をつけても未来の予測はできないことが分かっている。大阪の米商人やシカゴの穀物商がテクニカル分析を役立てることができたのは、あくまで彼らが実需の動きを把握し、相場をある程度動かせる立場にあったからであり、場違い筋が市場の変動要因や背景を理解せずにチャートパターンをいじくり回したところでまったくの時間の無駄である。もっとも、予測力のなさはファンダメンタルズ分析も同様で、したがって「テクニカルかファンダメンタルズか」というアジェンダ設定は実はあまり意味がないのである。

いずれにせよ、投資において重要なことは予測（フォーキャスト）ではなく、現況の把握（ナウキャスト）である。フォーキャストはだれにとっても難しいが、ナウキャストは努力次第で精度向上が可能である。だからテクニカルでもファンダメンタルズでも、パターンが儲けさせてくれるのではなく、市場や銘柄に関する正しい理解が利益をもたらす、と言われるのである。ゆえに相場書ではパターンそのものの習得よりも、それらを介した市況のさまざまな解釈が肝要になる。そして、正しい知識を身につけたあとは書を捨ててフィールドに出ることになるが、そのときには本に書いてあったことはほとんど忘れて構わない。なぜなら、真に役に立つ投資アイデアは、1枚の紙ナプキンに簡潔に書き留められるぐらい自明なものだからである。本書においても、重要なことは複雑なことを子細に解説してある箇所にではなく、単純なことをサラリと書いてあるところに多く見つかることだろう。私自身も久しぶりに本書を読んでいくつもの新しい発見があった。

なお、科学的なテクニカル分析のガイドとしては、デビッド・アロンソン著『**テクニカル分析の迷信──行動ファイナンスと統計学を活用した科学的アプローチ**』（パンローリング）を強く推奨する。

最後に、翻訳にあたっては以下の方々にお礼を申し上げたい。田村英基氏は分かりやすい翻訳を行っていただいた。そして阿部達郎氏には丁寧な編集・校正を行っていただいた。また、本書が発行される機会を得たのは、パンローリング社の後藤康徳社長のおかげである。

2017年10月

長尾慎太郎

CONTENTS

監修者まえがき	1
著者について	17
寄稿者について	19
はじめに	21
謝辞	25

第1章　テクニカル分析の哲学 27

はじめに	27
哲学と論理的根拠	28
テクニカル分析とファンダメンタルズ分析	32
分析とタイミング	34
テクニカル分析の柔軟性と適応性	35
テクニカル分析を異なる対象に応用	36
テクニカル分析を異なる時間枠で応用	36
経済予測	37
テクニカルアナリストかチャート分析者か	38
株式と先物のテクニカル分析を簡単に比較	40
テクニカル分析に向けられる批判	45
ランダムウォーク理論	49
一般原理	52

第2章　ダウ理論 53

はじめに	53
基本理念	55
終値の使用とラインの存在	62
ダウ理論に対するいくつかの批判	63
経済指標としての株式	64
ダウ理論を先物に応用	64
おわりに	65

目次

第3章　チャートの仕組み ············· 67

はじめに　67

利用できる各種チャート　67

ローソク足チャート　69

算術目盛りと対数目盛り　71

日足のバーチャートの作り方　73

出来高　74

先物取引の取組高　75

週足と月足のバーチャート　77

おわりに　79

第4章　トレンドの基本概念 ············· 81

トレンドの定義　81

3つのトレンドの方向　83

3種類のトレンド　84

支持線と抵抗線　87

トレンドライン　99

ファン理論　111

「3」という数字の重要性　113

トレンドラインの相対的な傾斜角度　114

チャネルライン　118

リトレースメント比率　124

スピードライン　127

ギャンラインとフィボナッチファンライン　130

内部トレンドライン　131

リバーサルデイ　132

ギャップ　134

おわりに　139

第5章　主要な反転パターン 141

はじめに	141
価格パターン	142
２種類のパターン ── 反転と継続	142
ヘッド・アンド・ショルダーズの反転パターン	146
出来高の重要性	152
目標値の算出	152
逆ヘッド・アンド・ショルダーズ	155
複合型ヘッド・アンド・ショルダーズ	158
トリプルトップとトリプルボトム	161
ダブルトップとダブルボトム	163
理想的パターンのバリエーション	167
ソーサーとスパイク	172
おわりに	174

第6章　継続パターン 175

はじめに	175
トライアングルパターン	176
対称トライアングル	178
上昇トライアングル	183
下降トライアングル	186
拡大型パターン	188
フラッグとペナント	190
ウエッジ	195
レクタングルパターン	196
メジャードムーブ	203
継続型ヘッド・アンド・ショルダーズ	205
確認とダイバージェンス	205
おわりに	207

目次

第7章　出来高と取組高 ･････････････････････････････････････ 209

はじめに　209

二次的指標としての出来高と取組高　210

全市場における出来高の解釈　214

先物市場における取組高の解釈　224

出来高と取組高に関するまとめ　229

ブローオフとセリングクライマックス　230

COTリポート　232

コマーシャルズを見よ　232

トレーダー別ネットポジション　233

オプションの取組高　234

プット・コール・レシオ　235

オプション市場のセンチメントとテクニカル分析を組み合わせる　236

おわりに　236

第8章　長期チャート ･･･ 237

はじめに　237

長期的視野を持つことの重要性　238

先物取引のためのつなぎ足チャートの作り方　238

パーペチュアルコントラクト　240

長期トレンドはランダム性に異議を唱える　241

チャートパターン ── 週反転・月反転　241

短期チャートと長期チャート　242

なぜ長期チャートはインフレ調整しなければならないのか　243

長期チャートはトレード用ではない　245

長期チャートの例　245

第9章　移動平均 ･･･ 253

はじめに　253

移動平均 ── 時間の差を平滑化する手法　255

移動平均エンベロープ	268
ボリンジャーバンド	268
目標値としてのボリンジャーバンド	269
バンドの幅はボラティリティを示す	270
移動平均は相場サイクルに結び付いている	271
移動平均として用いられるフィボナッチ数列	272
移動平均を長期チャートに適用する	273
ウイークリールール	275
最適化すべきか否か	282
まとめ	283
適応移動平均	284
移動平均に代わるもの	285

第10章　オシレーターとコントラリーオピニオン ……… 287

はじめに	287
オシレーターをトレンドと連携させる方法	288
モメンタムの測定	290
ROCの測定	295
２本の移動平均を用いるオシレーター	297
コモディティチャネルインデックス	301
RSI	303
70と30のラインをシグナルとして利用する	309
ストキャスティックス	310
ラリー・ウィリアムズの％R	314
トレンドの重要性	316
オシレーターが最も有効に機能するとき	317
MACD	318
MACDヒストグラム	320
週足と日足を組み合わせる	323
先物取引におけるコントラリーオピニオンの原理	324
投資家センチメント指数	329
インベスターズ・インテリジェンス指数	329

目次

第11章　ポイント・アンド・フィギュア　………… 331

はじめに　331
ポイント・アンド・フィギュアとバーチャート　332
日中のポイント・アンド・フィギュア・チャートの作り方　337
水平カウント　341
価格パターン　343
３枠反転ポイント・アンド・フィギュア・チャート　345
３枠反転チャートの作成方法　346
トレンドラインの引き方　351
目標値の算出法　355
トレード戦術　356
ポイント・アンド・フィギュア・チャートの優位性　358
ポイント・アンド・フィギュアのテクニカル指標　358
ポイント・アンド・フィギュア・チャートのコンピューター化　362
ポイント・アンド・フィギュアの移動平均　364
おわりに　367

第12章　ローソク足　　　　グレッグ・L・モリス　…… 369

はじめに　369
ローソク足の作り方　369
基本のローソク足　371
ローソク足パターンの分析　373
ローソク足パターンにフィルターをかける　380
結論　382

第13章　エリオット波動理論　……………………… 393

歴史的背景　393
エリオット波動原理の基本的着想　394
エリオット波動とダウ理論の関連性　398
修正波　399

交代の原則	407
チャネル化	407
波動4と支持線領域	408
波動原理の基礎としてのフィボナッチ数列	410
フィボナッチ比率とリトレースメント	411
フィボナッチ目標時間	413
波動理論の3つの面を組み合わせる	415
エリオット波動の応用 —— 株式市場とコモディティ市場	416
要約と結論	417
参考文献	419

第14章 サイクル 421

はじめに	421
サイクル	422
サイクルの考え方がチャート分析手法をいかに助けるか	435
支配的サイクル	438
サイクルの長さを組み合わせる	440
トレンドの重要性	442
左右変換	444
サイクルを分離する方法	446
季節性サイクル	451
株式市場のサイクル	453
1月のバロメーター	455
大統領選挙サイクル	455
ほかのテクニカルツールとの併用	456
最大エントロピースペクトラル分析	456
サイクルに関する文献とソフトウェア	457

第15章 コンピューターとトレードシステム 459

はじめに	459

必要なコンピューター	461
ツールと指標の分類	462
ツールと指標の使用	463
ウエルズ・ワイルダーのパラボリックシステムとディレクショナ	
ルムーブメントシステム	464
システムトレードの利点と欠点	471
専門家の助言が必要なら	474
システムの検証・自作など	475
おわりに	475

第16章　マネーマネジメントとトレード戦術 ……………… 479

はじめに	479
成功するトレードの3要素	479
マネーマネジメント	481
リスク・リワード・レシオ	484
ポジションの多元化 ── トレンディングとトレーディング	485
勝ちが続いたり、負けが続いたあとに何をすべきか	486
トレード戦術	487
テクニカル要因とマネーマネジメントを組み合わせる	492
注文の種類	492
日足チャートから日中足チャートへ	495
日中ピボットポイントの利用	497
マネーマネジメントの要約とトレードのガイドライン	498
株式への応用	500
アセットアロケーション	500
投資一任勘定と投資信託	501
マーケットプロファイル	502

第17章　株式と先物の関連性──市場間分析 ……………… 503

| 市場間分析 | 504 |

プログラム売買 ── 究極的な関連性	505
債券と株式の関連性	507
債券とコモディティの関連性	508
コモディティとドルの関連性	509
株式のセクターと業種	511
ドルと大型株	513
市場間分析と投資信託	513
レラティブストレングス分析	514
レラティブストレングスとセクター	516
レラティブストレングスと個別株	518
市場のトップダウンアプローチ	518
デフレシナリオ	519
市場間の相関	520
市場間ニューラルネットワークソフトウェア	522
おわりに	522

第18章　株式市場の指標 ……525

マーケットブレドゥスを測る	525
サンプルデータ	526
市場平均の比較	527
騰落ライン	528
騰落ラインとのダイバージェンス	529
日足の騰落ラインと週足の騰落ライン	530
騰落ラインのバリエーション	530
マクレランオシレーター	531
マクレラン総和指数	532
新高値銘柄数と新安値銘柄数	533
新高値・新安値指数	535
値上がり銘柄の出来高と値下がり銘柄の出来高	536
アームズインデックス	537
TRINとTICKの対比	539
アームズインデックスの平滑化	539

オープンアームズ	539
エクイボリュームチャート	541
キャンドルパワー	542
市場平均の比較	544
おわりに	546

第19章　要点整理──チェックリスト　547

テクニカル分析のチェックリスト	548
テクニカル分析とファンダメンタルズ分析の調整	550
公認テクニカルアナリスト	551
マーケット・テクニシャン・アソシエーション	552
世界に広がるテクニカル分析	552
テクニカル分析の別称	553
FRBの最終的な承認	554
おわりに	555

付録A　上級テクニカル指標　トーマス・E・アスプレイ　557

DI	557
HPI	560
STARCバンドとケルトナーチャネル	563
DIの計算式	568

付録B　マーケットプロファイル　デニス・C・ハイネス　569

はじめに	569
マーケットプロファイルグラフ	572
マーケットストラクチャー	574
マーケットプロファイルの組成原理	575
値幅展開とプロファイルパターン	580
長期の市場活動を追いかける	582
おわりに	587

付録C　トレードシステム構築の要点

フレッド・G・シュッツマン …… 589

５段階プラン	590
ステップ１ ── まずアイデアを練る	591
ステップ２ ── アイデアをもとに客観的なルールを作る	593
ステップ３ ── チャート上で視覚的にチェックする	594
ステップ４ ── コンピューターを用いて正式な検証を行う	594
ステップ５ ── 結果を評価する	598
マネーマネジメント	599
おわりに	599

付録D　つなぎ足

グレッグ・モリス …… 603

期近限月足（ニアレストコントラクト）	603
２番限足（ネクストコントラクト）	604
ギャンコントラクト	605
つなぎ足	605
期間固定つなぎ足	606

用語集	609
参考文献	625
資料・ソース	629

両親のティモシーとマーガレットへ
そして、パティ、クレア、ブラインへ

著者について

テクニカルアナリストとして30年を超える経験を持つ。フューチャーズ・テクニカル・リサーチ社ディレクター、メリルリンチ社一任勘定部門の主席顧問を経て、米CNBCテレビのテクニカル分析を7年間務めた。

著書に本書のオリジナル版にあたる『テクニカル・アナリシス・オブ・ザ・フューチャーズ・マーケット（Technical Analysis of the Futures Markets）』をはじめ、テクニカル分析の新境地を開いた『**市場間分析入門**』（パンローリング）、テクニカル分析を投資信託に応用した『ザ・ビジュアル・インベスター（The Visual Investor）』などがある。

1996年、投資家との双方向教育ソフトの作成や分析情報のオンライン提供を目的にソフトウェア開発者のグレッグ・モリスとマーフィー・モリス社を設立。また、自身がオーナーを務めるコンサルティング会社、JJMテクニカルアドバイザーズ社（ニュージャージー州オラデル）の代表でもある。

寄稿者について

トーマス・アスプレイ（付録Aを執筆）

　プリンストン経済研究所（ニュージャージー州プリンストン）の資本市場アナリスト。1970年代から市場で取引をしており、1980年代初めに開発した分析手法の多くが現在もプロのトレーダーたちに愛用されている。

デニス・ハインズ（付録Bを執筆）

　債券ブローカー兼ディーラーであるR・W・プレスプリッチ社の共同設立者兼役員。同社の主席市場ストラテジストを務める。先物オプションのトレーダーであり、CTA（商品投資顧問業者）でもある。ヒューストン大学で金融学のMBA（経営学修士）を習得。

グレッグ・モリス（第12章と付録Dを執筆）

　20年以上にわたり、投資家・トレーダー向けの代表的な分析ソフトで取引システムと指標の開発に携わる。ローソク足に関する本を2冊執筆しており（第12章参照）、1996年8月にジョン・マーフィーと共にマーフィー・モリス社を設立。ダラスを拠点に投資家教育に力を注いでいる。

フレッド・シュッツマン（付録Cを執筆）

　商品投資顧問業者のブライアーウッド・キャピタル・マネジメント社（ニューヨーク）社長兼CEO（最高経営責任者）。また、リスクマネジメントコンサルティング会社のエムコー・ユーロカレンシー・マネジメント社のテクニカル調査・売買システム開発責任者でもある。マーケット・テクニシャン・アソシエーション（MTA）会員で同会理事

を務める。

はじめに

1986年に本書のオリジナル版にあたる『テクニカル・アナリシス・オブ・ザ・フューチャーズ・マーケット（Technical Analysis of the Futures Markets)』を出版したとき、業界でここまでの反響を呼ぶとは夢にも思わなかった。同書はテクニカル分析にかかわる多くの人々に「バイブル」と呼んでいただいた。米市場テクニカルアナリスト協会では、公認テクニカルアナリスト試験での重要参考書となっている。また、FRB（米連邦準備制度理事会）には、テクニカル手法の価値を調査した報告書で引用された。さらには、8カ国で翻訳されている。また私は、同書がロングセラーになると想像していなかった。出版されてから10年以上がたつ。しかし、初版から数年目と同じようなペースで部数が今も売れ続けているのだ。

とはいえ、この10年でテクニカル分析の分野にも明らかに多くの手法が追加された。私自身が追加した手法もある。1991年に著した第二作の『市場間分析入門』（パンローリング）で紹介した手法は、現在広く活用されており、テクニカル分析の新たな研究分野を切り開く一助になったのではないかと思う。日本のローソク足のような古典的技法やマーケットプロファイルのような新しい手法も、テクニカル分析の分野に入ってきた。今回、新版を著すにあたって、テクニカル分析の全体像を改めて提示し直すものにしなければならないのは明らかだった。私の仕事も変化してきたのだ。

オリジナル版を著した10年前には、私の関心は主に先物市場にあった。だが、近年は株式市場を扱う仕事が増えている。もっとも、30年前に私が業界に足を踏み入れたときは「株式アナリスト」としてであったので、完全に元の位置に舞い戻ったことになる。これは7年間、米CNBCテレビでテクニカル分析を担当したことが間接的に影響してい

る。この番組は主に一般の個人投資家を対象としていた。それが第3作目となる『ザ・ビジュアル・インベスター』にもつながっている。同書の目的は、業種分析や1990年代に非常に人気があった投資信託分析に、テクニカル分析を適用することにあった。

　10年前に紹介したテクニカル指標は、主に先物市場で使われていたものである。だが、多くは株式市場でも利用されるようになってきた。そう、今こそ、その手法を株式市場で示すときが来たのだ。率直に言うと、いろいろな領域や分野にも進化があるように、書き手も進化していくものである。また、10年前は重要と思われたものも、今日ではさほど重要でないことがある。私の仕事が進化して、テクニカル分析の原理をすべての金融市場に応用できたというのなら、初期の著作にもその進化を反映させるべきであるというのが正しいことのように思える。本書は、オリジナル版の構造をできるだけ維持することにした。したがって、ほとんどの章立てはオリジナル版と同じである。しかし、内容を改訂し、図表も更新した。テクニカル分析の原理は普遍的であるため、対象をすべての金融市場に広げるのは難しくない。とはいえ、もともとオリジナル版は先物市場に焦点を向けたものなので、本書では株式市場に関する内容を多く加筆している。

　また、新たに3つの章を加えた。まず、オリジナル版のポイント・アンド・フィギュアに関する2章（第11章と第12章）を1つにまとめ、新しくローソク足についての章（第12章）を追加した。そして、新たな2章を本書の後ろに追加した。第17章は私が開発した市場間分析の序論である。第18章では株式市場の指標を取り上げた。さらに、付録を一新した。**付録B**でマーケットプロファイルを紹介している。より上級のテクニカル指標とテクニカル売買システムの構築法について解説も加えた。用語集も追加した。

　本書の執筆には、いくぶん不安をもって臨んだ。「古典」とみなされているオリジナル版を改訂することが良い考えであるかどうか自信が

持てなかったからだ。しかし、本書がより良いものになるよう最善を尽くしたつもりである。より熟練し成熟した書き手・アナリストの視点から本書に取り組んだ。また、本書を通して私が常に心に抱いている「テクニカル分析の原理とそれを実践する多くの才能豊かなアナリストたちへの敬意」を示そうと努めた。この分野への彼らの献身的な取り組みと成功こそが、私にとって常に癒やしとなり、発想のもととなったからだ。本書がテクニカル分析の原理とテクニカルアナリストの真価を認めるものになることを望んでやまない。

ジョン・マーフィー

謝辞

　本書出版の立役者として真っ先に挙げなければならないのが、サイモン・アンド・シュースター社編集長のエレン・シュナイド・コールマンである。彼女のおかげで私は本格的に改訂すべきと確信できた。彼女がとても粘り強い性格であったことにも感謝したい。必要なチャートソフトを提供してくれたオメガリサーチ社（現トレードステーショングループ社）の方々、特に長時間の電話に付き合ってくれたガストン・サンチェスには心から感謝している。本書への寄稿者のトム・アスプレイ、デニス・ハインズ、フレッド・シュッツマンは、本書のために専門知識を惜しみなく提供してくれた。さらに数人のアナリストたち――ミッシェル・バーク、スタン・アーリック、ジェリー・トプケ、ケン・タワー、ニック・バン・ナイスらがチャート作成に貢献してくれている。第2章「ダウ理論」の改訂にあたっては、ルイジアナ州ニューオリンズでフリーのテクニカルライター兼マーケットアナリストをしているエリス・ピキョッティが加わってくれた。グレッグ・モリスもまた特筆に値する。彼はローソク足の章を執筆し、**付録D**の記事も寄稿してくれた。ほとんどの図表が彼の仕事だ。インクウェル・パブリッシング・サービス社（ニューヨーク州フィッシュキル）のフレッド・ダールにも感謝している。オリジナル版の制作を担当してくれた人物であり、今回も担当してくれた。本書が世に出たのは彼のおかげである。

テクニカル分析の哲学

Philosophy of Technical Analysis

はじめに

テクニカル分析に用いられているテクニックと手法について具体的に解説する前に、まず、しておくべきことがある。それは、「テクニカル分析とは何か」をきちんと定義することだ。次にテクニカル分析の基盤である「哲学的前提」について論じ、それからテクニカル分析とファンダメンタルズ分析の違いをはっきりさせようと思う。そして、テクニカル分析に対してよく受ける批判にも答えておきたい。

テクニカル分析の価値を完全に受け入れるには、まず「テクニカル分析で何ができるのか？」を理解しておく必要がある。そして、さらに重要なことは、「テクニカル分析の基本となる哲学的・論理的根拠」を理解しておかなければならない。

まず、主題の定義から始めよう。**テクニカル分析とは将来の価格の動向を予測するために、主にチャートを使って市場の動きを研究すること**である。ここで述べた「市場の動き（価格の動向）」には、テクニカルアナリストに利用できる3つの重要な情報である価格・出来高・取組高が含まれている（ただし、取組高は先物・オプション取引でのみ使用される）。よく「値動き（価格の動き・プライスアクション）」という言葉が用いられるが、これでは意味が限定される恐れがある。な

27

ぜなら、テクニカルアナリストの大半は市場を分析するとき、価格だけでなく、出来高と取組高も合わせて分析するからだ。この点を踏まえたうえで、本書では「値動き（価格の動き・プライスアクション）」と「市場の動き」は、どちらも置き換えられる言葉として使用することにしている。

哲学と論理的根拠

テクニカル分析には、その基本となる3つの前提がある。

1．市場の動きはすべてを織り込んでいる。
2．価格はトレンドを形成する。
3．歴史は繰り返す。

市場の動きはすべてを織り込んでいる

「市場の動きはすべてを織り込んでいる」は、おそらくテクニカル分析で最も重要な前提である。この第一の前提の重要性を完全に理解し、受け入れないかぎり、このあとに続くものは何の意味もなさない。テクニカルアナリストは、価格に影響する可能性があるものはファンダメンタルズであれ、政治的なものであれ、心理的なものであれ、そのほかの何であれ、現在の市場価格にすでに織り込まれていると確信している。したがって、値動きを見れば、すべて事足りるというわけだ。このような主張は何か思い上がっているように聞こえるかもしれない。しかし、この主張の真意を知れば、必ず同意してもらえるはずだ。

テクニカルアナリストが主張しているのは、「値動きは需要と供給の変化を反映している」である。需要が供給を上回れば、価格は上昇するはずだし、供給が需要を上回れば、価格は下落するはずである。こ

うした動きは、経済予測やファンダメンタルズ予測の基本である。テクニカルアナリストは、このようなことから次の結論を導き出す。つまり、「価格が上昇したのなら、その理由が何であれ、需要が供給を上回ったのであり、ファンダメンタルズは強気に違いない」「価格が下落したのなら、ファンダメンタルズは弱気に違いない」と。テクニカル分析の議論をしているなかで、このようにファンダメンタルズに関することが出るのを意外に思う人もいるだろう。しかし、何も不思議なことではない。結局、テクニカルアナリストは間接的にファンダメンタルズの研究をしているのだ。おそらくテクニカルアナリストの大半は、ファンダメンタルズが需要と供給の根底にある原動力であると認めているし、それが市場の弱気（下落）と強気（上昇）を引き起こしていると考えている。そして、チャート自体が相場を上昇させたり、下落させたりすることはない。単にチャートは、市場の強気や弱気という心理を反映している鏡にすぎないのだ。

　基本的にチャート分析者（チャーティスト）は、価格が上昇したり、下降したりする理由を気にとめることはない。というのも、よくあることだが、価格がトレンドを形成する初期段階だったり、あるいは相場の重要な転換点だったりしても、だれもそのときはその理由をまだ知らないからだ。テクニカル分析は物事を単純化しすぎていると思うときがあるかもしれない。しかし、「市場の動きはすべてを織り込んでいる」という第一の前提の背後にあるものは、市場にかかわる人々が経験を積めば積むほど強くなる。もし市場価格に影響を与えるすべての要素が究極的に価格に反映されるのなら、必要なものは市場価格の研究だけになってしまう。チャート分析者は価格チャートや数多くの補助的なテクニカル指標を研究することで、市場自体に相場がどちらの方向に動くかを語らせようとする。相場の裏をかいたり、出し抜いたりすることは、必ずしも重要ではないのだ。確かに、後述のテクニカル分析手法のすべては、チャート分析者が相場の動きを研究するう

えで役に立つ技術にすぎない。また、チャート分析者も相場が上げ下げするには何らかの理由があることを知っている。しかし、その理由を予想して必ず正解を導き出せるとも思っていない。

価格はトレンドを形成する

「トレンド」という概念はテクニカル分析に必須の概念である。繰り返しになるが、もし「市場はトレンドを形成する」という前提を受け入れられないようなら、これから先を読んでも意味がない。市場の値動きをチャート化する目的は、トレンド形成の初期段階でトレンドの存在を認識し、そのトレンドの方向に沿って売買することにある。事実、テクニカル分析で用いられる多くの手法はトレンドフォロー型である。トレンドフォローとは、トレンドの存在を認識し、それに追随しようとすることを言う（**図1.1**）。

価格がトレンドを形成するという前提には、論理的な帰結がある。それは、**形成され始めたトレンドは反転するよりも持続する可能性のほうが高い**ということだ。もちろん、この論理的帰結はニュートンの「運動の第一法則」の応用である。この帰結を別の言い方ですれば、「一度、形成されたトレンドはそれが反転するまで同一の方向に進み続ける」となる。これは回りくどい言い方のように思うかもしれない。だが、トレンドフォロー手法の基本とは、まさに反転のサインが現れるまで、今あるトレンドに乗り続けることなのだ。

歴史は繰り返す

実際のところ、テクニカル分析や市場の動きの研究で重要となるのは、投資家の心理に関するものだ。例えば、過去100年にわたって確認され、分類されてきたチャートパターンは、価格チャート上に表れた

図1.1　上昇トレンド―テクニカル分析は「市場はトレンドを形成し、そのトレンドは持続する傾向がある」という仮定に基づいている（S&P500の月足折れ線チャート）

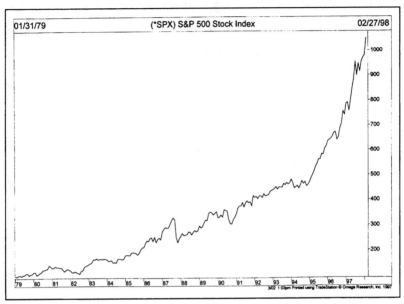

投資家たちの心理の縮図といえる。これらの縮図は、市場での強気・弱気という心理を写し出したものと言えるだろう。そして、過去にこうしたパターンが機能したのなら、それは将来にも機能するだろうと予想できる。というのも、テクニカル分析は人間（投資家）の心理そのものの研究であり、人間の心理はそう簡単に変わるものではないからだ。「歴史は繰り返す」というこの第三の前提は、「将来を理解する鍵は過去を知るということである」とか、「将来とは過去の反復にすぎない」などと言い換えられるだろう。

テクニカル分析とファンダメンタルズ分析

　テクニカル分析は市場の動きを重視する。一方、ファンダメンタルズ分析は価格を上下させたり、同じ価格帯にとどまらせたりする原因となる需要と供給という経済的原動力に焦点を合わせる。このファンダメンタルズ分析法は、市場の本質的価値を決定するために、市場価格に影響を与えるすべての要因を調査する。ここで本質的価値とは、需要と供給に基づく実質的な価値であり、ファンダメンタルズに基づく価値である。もし現在の市場価格が本質的価値よりも上にあれば、市場価格は過大評価されているため、それは売られるべきものとなる。また、もし現在の市場価格が本質的価値よりも下にあれば、市場価格は過小評価されているため、それは買われるべきものとなる。

　どちらの予測手法も同じ問題を解決するためにある。つまり、両者とも価格がどちらの方向に動くかを判断するための分析であり、同じ問題を異なった角度から取り組んでいるにすぎない。**ファンダメンタルズ分析者は相場が動く「原因」を研究している。一方、テクニカルアナリストが研究しているのは、その「結果」である。**しかもテクニカルアナリストは、結果こそが知りたいもののすべてであり、その理由や原因については知る必要はないとすら思っている。一方、ファンダメンタルズ分析者は常にその結果がなぜそうなったのかの理由を知りたいと思っているのだ。

　大半のトレーダーは、自分をテクニカルアナリストかファンダメンタルズ分析者かに分類しようとする。しかし、実際は重複する部分が多くある。チャート分析の基本概念が役に立つと知っているファンダメンタルズ分析者も多い。また、テクニカルアナリストのほうもファンダメンタルズに関して、少しは気にとめている。問題は、チャート分析者とファンダメンタルズ分析者が対立しやすいことだ。通常、ファンダメンタルズ分析者は相場が重要な動きを見せた初期の段階で、そ

第1章　テクニカル分析の哲学

の動きが何によるものか説明しないし、裏付けを取ることもしない。そして、このときこそまさに、これら2つの分析方法に大きな違いが出てくるのである。あとになって双方が意見を合わせることはよくあるが、売買をするトレーダーにしてみれば、たいていの場合、それでは遅すぎるのだ。

では、実際、なぜそのような違いが生じるのだろうか。1つは**市場価格が既知のファンダメンタルズに先行する**からである。つまり**市場価格にはファンダメンタルズの先行指標という役割がある**のだ。それは、現時点での総意と言ってもよい。既知のファンダメンタルズは、すでに「市場に」織り込まれている。現在の価格はすでに既知のファンダメンタルズに反応したあとなのだ。史上最も劇的な上昇相場と下落相場が、すでに知れ渡ったファンダメンタルズの変化から始まったことなどほとんどない。一度もなかったと言ってもよいほどである。そして、こうした変化が知れ渡るまでに、新しいトレンドはかなり進行してしまっている。テクニカルアナリストは、ある程度の経験を積むとチャートを読む力に自信を持つようになる。そして、いわゆる一般常識に反して相場が動く状況に居心地の良さを感じるようになる。自分が少数派であることに喜びを感じるのだ。それは、相場が動いてからその理由が最終的に一般常識になると知っているからである。つまり、テクニカルアナリストという人々は、事実の確認など待ってはいられないのだ。

テクニカル分析の3つの前提を理解すれば、テクニカルアナリストはファンダメンタルズ分析よりもテクニカル分析のほうが優位であると確信していることを、読者の方々も理解できるだろう。また、仮にトレーダーが2つの分析方法のうちから1つを選ばなければならないとしたら、論理的に考えて、テクニカル分析のほうを選ぶだろう。なぜなら、当然のことであるが、テクニカル分析はファンダメンタルズを含んでいるからである。もしファンダメンタルズが市場価格に反映

されているのなら、ファンダメンタルズなんて研究する必要などない
ではないか。すべてが織り込まれている価格のチャートを読むことこ
そ、ファンダメンタルズ分析の近道になる。一方、その逆は真ではな
い。なぜなら、ファンダメンタルズ分析は値動きに関する研究を含ん
でいないからだ。金融市場はテクニカル分析だけで売買できる。しか
し、相場のテクニカルな側面を何も考慮せずに、ファンダメンタルズ
のみで売買できる者がいるとすれば、それは到底、信じられない。

分析とタイミング

　トレードの意思決定を分析とタイミングという２つに分けてみると、
この最後の論点が、より明確になるであろう。特に、先物は高いレバ
レッジをかけて売買をするので、タイミングが重要になる。大局では
正しいトレンドに乗っているにもかかわらず、大金を失うことが十分
にあるからだ。先物取引にかかる必要証拠金は、かなり少額である（通
常は丸代金の10％以下）。そのため比較的小さな値動きでも、逆方向に
動けば、証拠金の大半どころかすべてを失い、市場から撤退させられ
る場合がある。株式の取引であれば、仮に間違った方向に仕掛けても、
いつか値が順行してくれることを期待して、そのまま保有できる。

　しかし、先物にはそうした余裕はない。バイ・アンド・ホールド戦
略は先物のトレードに向いていないのだ。テクニカル分析とファンダ
メンタルズ分析は両方とも意思決定の第一段階となる予測分析で利用
できる。しかし、タイミングの問題、つまり「いつ仕掛け、いつ手仕
舞うのか」という問題は、ほとんど純粋にテクニカルな問題である。そ
のため、テクニカル分析の原理はトレーダーが取引を執行するときの
意思決定で必要不可欠となる（ファンダメンタルズ分析はこの意思決
定の早い段階では利用されるかもしれない）。タイミングはまた、個別
銘柄の選択や市場部門や業種の売買判断でも重要である。

テクニカル分析の柔軟性と適応性

　テクニカル分析の強みは、事実上、どのような銘柄や時間枠にでも適用できることにある。株式と先物のどちらの取引にもテクニカル分析の原理を応用できる。

　チャート分析者は望むだけの市場を簡単にフォローすることができる。これは通常、ファンダメンタルズ分析者には無理である。扱わなければならないデータ量が膨大すぎるからだ。むしろ、分析対象を限定する傾向がある。ここでのテクニカル分析の優位性を見落としてはならない。

　というのも、市場には活発なときと停滞しているときがあり、またトレンドを形成しているときとトレンドを形成していないときがある。テクニカルアナリストは強いトレンドを形成している市場だけに注意と労力を集中させ、残りは無視できる。結果として、チャート分析者は市場が循環的に動く性質をうまく利用し、自らの注意と資本をうまく振り分けることができるのだ。ある市場が「過熱」して、大きなトレンドが形成された場合、通常はトレンドが終われば、穏やかでトレンドのない状態がやってくる。しかし、そのときにはほかの市場でトレンドが形成されていることがあるだろう。テクニカル分析を使うトレーダーは、このときすぐにトレンドが形成されている市場に移ることができるのだ。

　一方、ファンダメンタルズ分析者は、1つの市場や市場グループに特化する傾向がある。そのため、この種の柔軟さを持ち合わせていない。たとえ自由に市場を乗り換えることにしても、チャート分析者のようにそう華麗にはいかない。裏を返せば、テクニカル分析は「全体像」をつかみやすいといえる。あらゆる市場を分析範囲に収めることで、市場の動きに対して、一般的に良好な精神状態で臨めるし、視野が狭くなるのを避けることができる。1つの市場や市場グループだけ

を見ていると視野は狭くなりやすい。しかも、多くの市場には経済的な関連性がある。相互に結びついているので、類似した経済的要因に反応しやすい。このような性質から、ある市場の値動きが別の市場の将来的な動きに関する貴重な手がかりになる場合もあるのだ。

テクニカル分析を異なる対象に応用

　チャート分析の原理は株式と先物の両方に適用できる。現にテクニカル分析は、最初に株式市場で用いられ、それから先物取引に応用され始めた。株価指数先物の導入によって、両者の垣根は急速に解消されつつある。世界の株式市場でもテクニカル分析の原理に従った分析やチャート化が採用され始めている（**図1.2**）。

　金利や**通貨**などの**金融先物**もここ10年で急速に発展した。これらに関してもチャート分析の優れた分析対象になることが判明している。

　テクニカル分析の原理は**オプション取引**でも重要な役割を果たしている。テクニカル分析を用いた予測で有利な**ヘッジ処理**を実行できるからだ。

テクニカル分析を異なる時間枠で応用

　チャート分析のもう1つの利点は、異なる長さの時間枠を扱えることである。**デイトレード目的**で日中のワンティックの値幅を取引しようと、インターメディエート（中期的）な傾向をとらえた**トレンドトレード**をしようと、同じ原理を適用できる。テクニカル分析で見過ごされがちなのは**長期的予測**である。チャート分析は短期にしか使えないという者がいる。だが、これは明らかに間違った考えである。テクニカル要因は短期的なタイミングを計る用途に限定し、長期分析にはファンダメンタルズ分析を用いるべきであると主張する者もいる。し

36

図1.2 世界中の株式市場と同様に日本の株式市場に対してもテクニカル分析は機能する（週足の日経平均）

かし、週足や月足のチャートを用いて数年間を振り返り、長期の予測をするのは、実際に極めて利便性が高い分析手法であると証明されている。

　本書で論じられるテクニカル分析の原理を十分に理解すれば、取引対象の分析と時間枠の研究という両方の観点から、非常に高い柔軟性をもって、その原理を応用できるだろう。

経済予測

　テクニカル分析は経済分析をする場面でも一定の役割を果たす。例えば、コモディティ（商品先物）価格の動向からインフレ傾向をある程度知ることができる。それはまた、経済の強弱を知る手がかりにも

なるのだ。一般的にコモディティ価格の上昇は、経済の強さとインフレ圧力の高まりを示唆する。コモディティ価格の下落は、インフレと景気が減速する兆候となる。また、金利の動向はコモディティ価格のトレンドに影響を受ける。結果として、金や原油といったコモディティ市場や長期米国債先物のチャートを見れば、経済の強弱とインフレ期待について多くを知ることができる。さらに、通貨先物の動向が各国経済の強さをいち早く教えてくれる。しかも注目されるのが、先物市場のトレンドが毎月や四半期ごとに発表される従来の経済指標（通常、それはすでに起こったことの説明である）よりも、かなり早く現れるという事実がある。先物市場は、その名が示すように、未来を私たちに教えてくれるのだ。S&P500株価指数は昔から経済の先行指標として広く認められている。米景気循環研究の第一線で活躍する専門家のジェフリー・モーアが書いた『リーディング・インディケーターズ・フォー・ザ・1990s（Leading Indicators for the 1990s)』では、説得力のある論拠からコモディティ・債券・株式のトレンドが経済指標として重要であることを証明している。そして、これらの3市場は、すべてテクニカル分析で研究できる。詳細は第17章「株式と先物の関連性」で解説しよう。

テクニカルアナリストかチャート分析者か

テクニカルアナリストには、いくつかの異なる名称がある。テクニカルアナリスト、チャート分析者、マーケットアナリスト、ビジュアルアナリストなどだ。最近まで、ほとんど同じ意味で使われてきた。しかし、この分野の専門化が進んだために、それらの用語をさらに区別し、もう少し厳密に定義する必要が出てきた。

テクニカル分析は、かつてはチャートの使用が基本であったので、「テクニカルアナリスト」と「チャート分析者」は同じ意味であった。

しかし、今ではこれらは同じではない。テクニカル分析の分野では、伝統的なチャート分析者と、適切な呼称が見つからないが「統計的分析者」の2種類に分かれているのだ。正直なところ、両者には重複するところが多い。多くのテクニカルアナリストは、両方の要素が組み合わさっている。とはいえ「テクニカル分析とファンダメンタルズ分析」の節でも書いたように、ほとんどの物事は2つに分類できるようだ。

伝統的なチャート分析者は、たとえ補足的に数量的分析を行うとしても、チャートが主要な分析ツールであることに変わりない。それ以外のものは、すべて二次的なものだ。しかし、チャート化するということは、必然的に少し主観的な面を持つことになる。チャート化というアプローチが成功するかどうかは、その多くの部分がチャート分析者個人の技能にかかっているのだ。そのため、この種のアプローチには、「アートチャーティング」という言葉が用いられている。これはチャートを読むことが、ほとんどひとつのアートの領域であるという理由から付けられている。

対照的に、統計的（定量的）分析は機械的売買システムを開発するために、こうした主観的なものを排除し、それを数量化し、検証し、最適化する。このようなシステム（売買モデル）は、コンピューターにプログラムされ、機械的に買いと売りのシグナルを発生させる。こうしたシステムは単純なものから非常に複雑なものまで幅広く存在する。いずれにせよ、その目的はトレードで人間の主観的要素を減らし、あるいは完全に排除し、トレードをより科学的にすることにある。こうした統計的手法を用いる分析者には、分析に価格チャートを使う人もいるだろうが、使わない人もいる。しかし、その研究対象が市場の動きに限定されているかぎりは、テクニカルアナリストと呼ばれている。

コンピューターを用いるテクニカルアナリストは、さらに次のタイプに分類される。機械的なシステム（すなわち、ブラックボックス的アプローチ）を志向する者と、より良いテクニカル指標を開発するた

めにコンピューターを利用する者だ。後者は、開発した指標を従来のように人間が解釈する部分を残しており、意思決定にトレーダーが判断できる余地がある。

　チャート分析者と統計的分析者を区別する1つの方法として、すべてのチャート分析者はテクニカルアナリストであるが、テクニカルアナリストは必ずしもチャート分析者ではないと言える。本書では、これらの名称を置き換えできるものとして用いているが、チャート分析とは、拡大し続けるテクニカル分析という学問の一領域にすぎないと認識しておいてほしい。

株式と先物のテクニカル分析を簡単に比較

　よくある質問に「先物市場で使用しているテクニカル分析を、株式市場でも同じように適用できるか？」というのがある。その答えは「イエス」でもあり、「ノー」でもある。基本原理は同じだが、いくつか重要な違いがある。テクニカル分析の原理は当初、株価の予測に用いられた。しかし、のちに先物にも使われ始めた。基本的な分析ツールであるチャート、ポイント・アンド・フィギュア、価格パターン、出来高、トレンドライン、移動平均、オシレーターなどは、どちらの分析にも利用されている。これらの概念を株式か先物のどちらかで学んだ人なら、それを他方の分析に調整して用いるのはそれほど難しくないだろう。しかし、実際に使うツールというよりも、株式と先物の性質が異なるために生じる、いくつかの違いがある。

価格の構造

　先物商品の価格構造は株式よりもかなり複雑だ。各商品が異なる取引単位と呼値の単位（値段の刻み）で値付けされている。例えば、米

国の穀物市場では1ブッシェル当たりの価格がセントで表示される。畜産市場では1ポンド当たりの価格がセントで、金と銀は1オンス当たりの価格がドルで、金利はベーシスポイントで表示される。

トレーダーは各市場の取引要綱を細かく知っておかなければならない。例えば、先物が上場されている取引所、値付けの方法、呼値の単位、1呼値の変動で実際にどれだけの価値変動があるかなどである。

取引期間の限定

株式と異なり、先物には納会（限月）がある。例えば、限月が1999年3月限のTボンド（長期米国債先物）は、1999年3月に取引最終日が訪れる。一般的に、その限月では取引の最終日まで約1年半にわたってトレードができる。したがって、同時期に同じ銘柄で少なくとも18の限月で売買できることになる。トレーダーは、どの限月で売買し、どの限月では売買を避けるべきか知っておかなければならない（これについては後述する）。先物取引は限月という期限があるため、長期の価格予測をするときに問題が生じる。古い限月が納会になれば、新しくチャートを更新しなければならないし、納会となった限月のチャートはまったく役に立たない。中心限月が交代するたびに、新しくチャートを更新し、テクニカル指標も更新しなければならない。この交代を持続させるために、チャートデータを更新する維持管理が非常に難しくなる。また、コンピューターを使用する者は、限月が納会するたびに発会される限月の時系列データを取得しなければならない。そのため膨大な時間と費用を要することになる。

低額の必要証拠金

おそらく、これは株式と先物取引の最も大きな違いとなるだろう。先

物はすべて証拠金取引である。通常、丸代金の10%未満の証拠金で売買できる。必要証拠金が少額で済むので、非常に高いレバレッジ効果をもたらす。そのため、価格がどちらの方向に動いたとしても、それがたとえ比較的小さい値動きでもレバレッジが掛かっているので増幅され、取引結果全般にわたって大きな影響を与える。このため先物取引では、非常に短時間で利益を得られる一方、短時間で損失を被る恐れもある。取引金額のわずか10%を証拠金として預けているだけなので、価格がどちらかの方向に10%動けば、証拠金が2倍になるか、あるいは証拠金がゼロになって消えてなくなってしまうかのどちらかになる。この高いレバレッジのために、それほど大した動きでないときでも損益が増幅され、先物市場を実際よりもボラタイルな印象にしてしまっているように思う。だれかが先物市場で「一文無し」になったとしても、そもそも10%の値動きがあったにすぎず、そのことを忘れてはならない。

テクニカル分析の観点からいえば、先物市場では、この高レバレッジという要因のために、株式市場よりもタイミングが肝心となる。より正しいポイントで仕掛けて、手仕舞うタイミングが重要になるのだ。それは市場分析よりもずっと難しいし、ストレスがかかる。ほとんどがこうした理由から、先物で成功するにはテクニカル分析に基づいた売買技術を訓練することが必要不可欠となる。

より短い時間枠

高いレバレッジと緻密なポジション管理が必要なため、先物トレーダーが使用する時間枠は必然的に短くなる。株式市場でトレードするテクニカルアナリストは長めの時間枠で相場を見ている。平均的な先物トレーダーが関心を持っているよりも長い時間枠で相場を語る。3カ月や6カ月後の相場状況について話をしているかもしれない。一方、

先物トレーダーは、来週か明日か、あるいは当日午後の価格を知りたがる。こうして非常に短期間でのタイミングを計るため、ツールの改良が必要になる。その一例が移動平均である。株式市場で最もよく用いられる移動平均の期間は50日や200日である。しかし、先物市場で使われる移動平均の期間は多くは40日以下だ。例えば、4日や9日や18日を組み合わせた移動平均線がよく用いられている。

よりタイミングが重視される

先物はタイミングがすべてである。相場がどの方向に動くか分かったところで、それはトレードでの問題の一部を解決したにすぎない。相場を仕掛けるタイミングが1日、時には数分遅れただけで、勝敗が分かれることがある。相場の間違った側に仕掛けて、資金を失うことはとても残念なことである。しかし、先物では相場の正しい側に仕掛けたとしても、資金を失うことがあるのだ。それは大きなストレスを感じ、気力を失わせることになるであろう。ただ、タイミングが純粋にテクニカルな問題であることに異論はないと思う。というのも、ファンダメンタルズ分析者が毎日のように意見を変えたりするのはほとんどないからだ。

市場平均・指標があまり重視されない

株式市場の分析では、ダウ・ジョーンズ工業株平均やS&P500のような平均株価の動きが非常に重視される。加えて、NYSE（ニューヨーク証券取引所）の騰落ラインや新高値・新安値など、市場全体の強弱を見るテクニカル指標がよく用いられる。コモディティ市場では、CRB指数のような指標で値を追えるものの、あまり市場全体の分析は重視されない。コモディティ市場の分析では、個々の商品の分析のほ

うがより重視される。このような理由から、コモディティ市場全体のトレンドを測定するテクニカル指標はあまり活用されない。取引が活発な20銘柄程度のコモディティだけを見ておけば、それ以上のものはあまり見る必要がない。

テクニカル分析ツールの違い

テクニカル分析ツールの多くは、もともとは株式市場のために開発されたものだ。それらがコモディティ市場の分析にも応用されるようになった。だが、まったく同じように用いられているわけではない。例えば、株式市場でよく形成されるチャートパターンが、先物市場では現われないことがよくある。

先物トレーダーは、より精緻な売買シグナルが発信される短期的な指標を頼りにしている。この違いについては、本書の後半でまとめて解説する。

また、株式と先物で大きな違いがもう1つある。株式市場のテクニカル分析では、**センチメント指数**と**資金フロー分析**が非常に重視される。**センチメント指数**で監視できるのは、例えば端株取引者や投資信託や立会場のスペシャリストといった異なる層の動向である。そして「多数派の意見はたいてい間違っている」という見解に基づいて市場全体の強気・弱気を測定する。非常に重要な指標である。**資金フロー分析**とは、投資信託や大口機関投資家など各グループの口座資金に注目したものである。運用額が増加するほど株式購入に向けられる資金も増加するからだ。

一方、**先物市場のテクニカル分析は価格分析により特化している**。センチメント指標的な理論もある程度は用いられるものの、基本的なトレンド分析と伝統的なテクニカル指標のほうがより重視される。

第1章 テクニカル分析の哲学

テクニカル分析に向けられる批判

テクニカル分析についての議論で「よく取り上げられる疑問」がある。1つは**予言の自己成就**に関するものだ。もう1つは「過去の価格データが本当に将来の価格予測に利用できるのか」というものである。テクニカル分析を批判する者は、よく次のようなことを言う。「チャートは今まで価格がどういう経路をたどったのか教えてくれる。だが、これからどこに行くかは教えてくれない」。チャートの読み方すら知らない者に何も教えてくれるわけがない、というのはさておき、ランダムウォーク理論では、価格がトレンドを形成することについて疑問を呈し、**バイ・アンド・ホールド**戦略以外の予測法に懐疑的だ。このような疑問は反論に値する。

予言の自己成就

予言の自己成就（**訳注** たとえ根拠のない予言でも、人々がそれを信じ、そのとおり行動すれば、現実となること）が実在するかどうかは、よく聞く疑問である。ほとんどの人が、この問題に頭を悩ませているように思う。確かに、もっともな問題意識である。だが、多くの人々が認めるよりも、その重要性はかなり低い。おそらく、この問題を最もうまく説明しているのは、チャートパターンを使うことの欠点について論じた文章を引用することだろう。

●ここ数年、チャートパターンが広く利用されるようになった。多くのトレーダーがこうしたチャートパターンを熟知するようになったため、同じような行動を取ろうとする。そのため、買いと売りの波が「強気」と「弱気」のパターンに反応して形成されてしまう。こうして「予言の自己成就」が成立してしまうわけだ。

45

●チャートパターンは、ほとんどが主観的なものである。チャートパターンを数学的に定量化して成功した研究は今までに1つもない。それらは、まさに見ている者の頭の中にしかないのだ（トゥーレスなど）。

　両者の意見は矛盾している。後者の意見は前者の意見を否定しているからだ。もしチャートパターンが完全に主観的なものであり、見ている者の頭の中にしかないものなら、予言の自己成就の基本的な考えである「全員が同じときに同じものを見ている」という状況が、どうしたら起きるというのだろうか。チャートに批判的な者はチャートの客観性と主観性を両立できずにいる。つまり、全員が同じときに同じような行動をしてしまうほど、チャートは客観的かつ明白なもの（したがって、価格パターンが完成する）と批判するのであれば、同時にチャートが主観的すぎるという批判は当たらないのではないだろうか。

　チャートが非常に主観的であるというのは本当である。チャートを読むことは、ひとつのアートである（「技術（スキル）」といったほうが適当かもしれない）。チャートパターンが明白なときは、ほとんどない。経験を積んだチャート分析者たちでさえ、パターンの解釈が一致することはあまりない。そこには常に懐疑と不一致の要素がある。本書で論じるようにテクニカル分析には多くのさまざまな手法が混在している。

　そして、それらが対立することはよくあるのだ。また、たとえテクニカルアナリストの大半が同じ予測をしたとしても、同時に仕掛けるとは限らない。チャートシグナルを予見し、素早く仕掛ける者もいれば、特定のパターンと指標の「ブレイクアウト」を待ってから仕掛ける者もいる。さらにブレイクアウトしてからの押しや戻りを待って仕掛ける者もいるだろう。積極的なトレーダーもいれば、慎重なトレーダーもいる。逆指値注文を用いる者もいれば、成り行き注文や指値注

第1章　テクニカル分析の哲学

文を好む者もいる。長期的にトレードをする者もいれば、デイトレードをする者もいる。したがって、すべてのテクニカルアナリストが同じときに同じように仕掛けるという可能性は、実際のところは極めて低い。

また、仮に予言の自己成就が大きな問題になったとしても、おそらく、その問題は自然と「自己修正」されるだろう。たとえトレーダーがあるチャートパターンに従ったとしても、それはあくまで一致した行動が市場に影響を与え始めるまでである。つまり、市場に「歪み」を与え始めるまでだ。このような歪みに気づけば、トレーダーはそのチャートパターンを見送るか、売買戦術を修正するだろう。例えば、一般投資家が動き出す前に行動を取ったり、より確実な確認が取れるまで待ったりする。したがって、予言の自己成就が問題になったとしても、それは自己修正への問題と変わるのだ。

上昇相場や下落相場は、需要と供給から正当化されてから初めて発生し、そして維持される。このことには注意しておかなければならない。テクニカルアナリストの単なる売りと買いの力だけで、市場に大きな動きをもたらすことはない。もしそれが仮にできるのなら、テクニカルアナリストはもっと早くに大金持ちになっていただろう。

チャート分析よりもさらに関心の高まりを見せているのが、機械化されたテクニカル売買システムの利用である。先物市場では著しい成長を見せている。実際のところ、こうしたシステムのほとんどがトレンドフォロー型だ。これらはメジャートレンドを特定して売買するように、すべてプログラムされている。先物市場で運用する専門家の資金が拡大しており、数百万ドル規模の公募・私募ファンドが急増している。そして、そのほとんどがこのようなテクニカルシステムを用いている。莫大な資金が集中して、わずかしか存在しないトレンドを追いかけているのだ。先物市場の世界は、まだかなり小さい。したがって、このようなシステムが短期的な値動きの歪みを増幅させてしまう

47

ことは大いにあり得る。しかし、そうした歪みを引き起こす場合でさえ、それは短期で終わることが多い。大きな動きを引き起こすものではない。

繰り返すが、テクニカル売買システムの利用で資金が集中する問題があったとしても、おそらく、それも自己修正の話として終わるだろう。もしシステムが同じときに同じことをし始めたら、トレーダーたちはそのシステムの感度を上げるか下げるかして調整することになるだろう。

予言の自己成就というのは、一般的にチャートに対する批判として取り上げられる。しかし、それはひとつの「賛辞」と見るのがより適切かもしれない。結局、ある予測手法の人気が相場に影響を与えるほど高まったというのなら、それはとても良いことではないだろうか。あとは、なぜファンダメンタルズ分析を使うときには、こうした批判がほとんどないのかよく考えてみることが必要なくらいだろう。

過去の値動きから将来を予測できるか

よく取り上げられる批判の1つに、将来の予測に過去のデータを用いることは妥当かどうかというものがある。テクニカル分析の批判者がこの点を何度も指摘するのは驚くべきことである。なぜなら、天気予報からファンダメンタルズ分析に至るまで、あらゆる既知の予測手法は完全に過去のデータの研究に基づいて行われているからである。果たして過去データ以外に研究すべきデータというのは存在するのだろうか。

統計の分野は、**記述統計学**と**推計統計学**に区別される。**記述統計学**とはデータを視覚的に説明するものだ。標準的なバーチャートのようなものを指す。一方、**推計統計学**とは、特定のデータから推察・一般化・予測・外挿（**訳注**　ある既知の数値データを基にそのデータの範

囲の外側で予想される数値を求める）することである。価格チャート自体は記述統計学に位置する。だが、テクニカルアナリストが価格データで実行する分析は、推計統計学の領域に分類される。

統計学の教科書でも記されているように「事業や経済を予測する第一歩は過去の記録を集めることだ」（ジョン・E・フロイントとフランク・J・ウィリアムズ）。チャート分析は過去の研究に基づいた**時系列分析**の一種である。そして、チャート分析はあらゆる種類の時系列分析で利用されている。人が扱うべき唯一のデータは過去のデータだけである。分析者は過去の経験を将来に投影することでしか、将来を予測することはできないのだ。

テクニカル分析で将来を予測するのに過去の価格データを用いるのは、正当な統計学の考え方に基づいていると言える。テクニカル分析のこの側面について強く批判をするのなら、過去データを基礎とするあらゆる予測（経済分析やファンダメンタルズ分析を含む）の妥当性についても疑問を投げかけなければならない。

ランダムウォーク理論

ランダムウォーク理論は学界で考えられ、発展した。その主張は次のとおりだ。「価格の変化は『連続的に独立』しており、過去の価格は将来の値動きの指標としては信頼性がない」。つまり、価格の動きはランダムなので予測不可能ということだ。この理論は**効率的市場仮説（EMH）**に基づく。価格はその本質的価値の周りでランダムに変動するという仮説だ。そして、最も優れた市場戦略は単純なバイ・アンド・ホールド戦略であると主張する。「相場に勝つ」とは正反対の戦略だ。

すべての市場で、ある程度のランダム性や「ノイズ」が存在するのは、ほぼ疑いようがない。だが**すべて**の価格変動がランダムであるというのは非現実的である。これは経験に培われた観察眼や実践を重ね

た体験のほうが、洗練された統計的技術よりも有益であるといったレベルと同じ話であろう。洗練された統計的技術で自分の考えたことが正しいと証明できたように見えるかもしれないが、実は間違っていると証明できないだけかもしれない。ランダム性というのは、値動きにシステマティックなパターンが発見できないことを、単に否定的な言葉で定義しているにすぎないと考えたほうがよい。しかし、大勢の研究者がこれらのパターンの存在を発見できないからといって、それらのパターンが存在しないとは限らないのだ。

「相場がトレンドを形成するかどうか」といった学術的な議論は、平均的な市場アナリストやトレーダーにとってはほぼ意味をなさない。というのも、相場のトレンドは一目瞭然で、存在するからだ。この点を疑うなら、チャートをざっと眺めてみればよい。視覚的かつ明白にトレンドの存在が分かるであろう。「ランダムウォーカー」は「価格は連続的に独立しており、今日や明日の出来事が昨日や先週の出来事にまったく関係しない」と言う。だが、それではこうしたトレンドの存在をどう説明するのだろうか。また、トレンドフォロー型の多くのシステムが利益を生み出している現実をどう説明するのだろうか。

例えば、バイ・アンド・ホールド戦略をタイミングが命である先物市場でどのように運用するのだろうか。下降相場でも買いポジションを保有するのだろうか。もし価格が予測不可能であり、トレンドを形成しないとすれば、トレーダーは上昇相場と下降相場の違いをどのように知るのだろうか。実際のところ、下降相場というのも、1つのトレンドだ。それとも、そもそも下降相場自体が存在しないとでも言いたいのであろうか（**図1.3**）。

統計的な証拠から、ランダムウォーク理論を完璧に証明することも、完璧に反証することも難しいだろう。しかし、市場はまったくランダムに動くという考えは、テクニカルアナリストの間では完全に否定されている。もし相場が完全にランダムであるのなら、成功する予測手

図1.3 「ランダムウォーカー」が金の保有者を相手に「このチャートにトレンドは存在しない」と言いくるめるには苦労するだろう（金の日足）

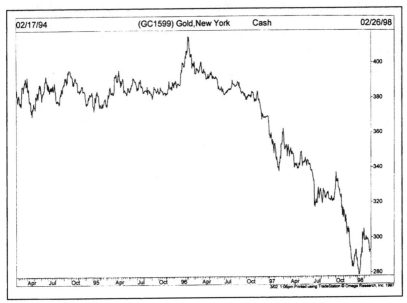

法は1つも存在しないことになるだろう。テクニカル的手法の信頼性が誤りであると証明されるどころか、**効率的市場仮説**はテクニカル分析の前提である**市場はすべてを織り込んでいる**という前提に非常に近いものになる。ただ、学界では、市場はあらゆる情報を瞬時に織り込むので、情報を利用することは無駄であると考えているようだ。すでに述べたように、テクニカル分析の基本は市場に関する重要な情報は、それらが知られるずっと前に相場に織り込まれているということである。学界は、自らの意図に反して、値動きを逐一監視する必要があり、また少なくとも短期的にはファンダメンタルズ分析で利益を得ようとするのは無駄であると雄弁に語っているのだ。

締めくくりとして、次のように述べるのが唯一、公平であると思わ

れる。「一連の過程も、その根底にある法則を理解しない者にとっては
ランダムであり、予測不可能なものに見える」。例えば、素人が心電図
を見たところで、それはランダムなノイズにしか見えないだろう。し
かし、訓練を受けた医療の専門家が見れば、わずかな動きでもそれら
すべてが多くの意味を持つ。明らかにランダムとは違う。相場の動き
は、時間をかけて、その法則を研究しない者にとってはランダムに映
るだろう。だが、**チャートを読む技術が向上するにつれ、ランダムな
幻影は次第に消えてゆく**。読者が本書の各章から得た技術を磨くこと
で、まさにこのようなことが起こるのを期待する次第である。

　これはまた、学会にとっても希望となるかもしれない。アメリカの
多くの有力大学で、人の心理と株価の変動が関係あるとして行動ファ
イナンスの研究が始まっている。もちろんこれは、テクニカル分析の
最も重要な基礎をなすものである。

一般原理

　12年前に出版されたオリジナル版で解説したタイミング特定型のテ
クニカル手法は、多くが主に先物市場で用いられていたものであった。
しかし、時を経て、これらの手法は株式市場のトレンド分析でも広く
利用されるようになった。本書に書かれているテクニカル分析の原理
は普遍的であり、あらゆる市場（銘柄）に応用できるものである。
　投資信託も例外ではない。ここ十数年にわたって株式市場で広まっ
たのが、主に指数オプションと投資信託を利用したセクター投資であ
る。本書の後半ではタイミング特定型のテクニカル手法を応用するこ
とで、過熱する部門とそうでない部門を判別する方法を紹介する。

ダウ理論

Dow Theory

はじめに

　チャールズ・ダウとパートナーのエドワード・ジョーンズがダウ・ジョーンズ社を設立したのは1882年だった。ここにテクニカルアナリストと市場研究者の間で、ほぼ一致した見解がある。それは、今日、「テクニカル分析」と呼ばれるものの多くがこの20世紀の変わり目に、ダウが初めて考案した理論に端を発しているということだ。ダウは、ウォール・ストリート・ジャーナル紙に連載していた論説で自らのアイデアを公表した。その論説自体を知っているかどうかは別にして、今日のテクニカルアナリストの大半がダウの基本的な考え方を受け入れ、支持している。どんなに洗練されたコンピューターテクノロジーが現れようと、また、より新しく優れた（と思われている）テクニカル指標が現れようとも、**ダウ理論**はテクニカル分析研究の金字塔として、今なお君臨し続けているのだ。

　ダウは1884年7月3日、11銘柄（9種の鉄道株と2種の工業株）の終値で構成された初の平均株価指数を発表した。この11銘柄がアメリカの経済状態をよく示す指標になると、ダウは感じたからである。1897年、ダウは12銘柄からなる工業株指数と20銘柄からなる鉄道株指数を開発した。2つの指標にしたほうが経済状態をより正確につかめると

考えたからだ。なお、工業株指数の構成銘柄数は1928年までに30種に増え、そのまま現在に至る。ただし、その構成銘柄はウォール・ストリート・ジャーナルの編集者が翌年から何回も更新している。また、1929年には公共株指数が新たに追加された。ダウ指数誕生100周年に当たる1984年、マーケット・テクニシャン・アソシエーション（MTA）では、それを記念してダウ・ジョーンズ社にゴーハムの銀椀を贈呈した。MTAでは次のように評している。「チャールズ・ダウが投資分析分野に果たした功績は永久に不滅である。彼の指数は現在、株式市場の動向を示す重要な指標とみなされている。また、死後80年たった今でも、マーケットのテクニカルアナリストに不可欠な分析ツールとなっている」

　残念なことに、ダウは自分の理論を本に著すことはなかった。ただ、20世紀への変わり目ごろにウォール・ストリート・ジャーナルに連載していた論説で、株式市場の動向に関する考察を記していた。ダウが亡くなった翌年の1903年、S・A・ネルソンがこれらの論文を編集し、『ザ・ABC・オブ・ストック・スペキュレーション』として上梓した。ここで初めて「ダウ理論」という言葉が誕生した。1978年に出た同書復刻版で序文を書いたリチャード・ラッセルは、株式市場理論でのダウの貢献を心理学分野でのフロイトになぞらえている。1922年、ダウの同僚でウォール・ストリート・ジャーナルの後継者となったウィリアム・ピーター・ハミルトンが『ザ・ストック・マーケット・バロメーター（The Stock Market Barometer）』を著し、ダウの発想を整理して発表した。そして1932年にロバート・レアが『ザ・ダウ・セオリー──（The Dow Theory）』を著し、その理論をさらに進化させた。

　ダウは、自分の理論的研究を自らが考案した平均株価（つまり工業株平均と鉄道株平均）に応用した。ただし、彼の分析に関する考え方は、あらゆる市場平均で同じように適用できる。本章では、まずダウ理論の6つの理念について紹介する。そして、こうした考え方が現代

のテクニカル分析研究にどう適合するか論じたい。なお、こうした考え方の諸問題については、次の第3章で論じることにする。

基本理念

1．平均株価はすべてを織り込んでいる

「株式市場での取引の総体と傾向を見れば、ウォール街にある過去・目先・先行きに関するあらゆる知見がほぼ織り込まれていると分かる。一部の統計分析者がしているように、市場平均にコモディティ指数や銀行決済額や市場の変動率や国内外の取引量などを熱心に取り寄せて追加する必要はまったくない。なぜならウォール街は、これらの情報をすべて知ってしまっているからだ」（ハミルトン著『ストック・マーケット・バロメーター』の40～41ページ）

どこかで聞いた話ではないだろうか。「需要と供給は総じて影響を与える要因となり、人々に知られる可能性があるものはすべて相場に織り込まれている」というのがテクニカル理論の基本の前提の1つである（これは第1章で述べた）。この理論は個別の市場だけでなく、市場平均にも当てはまる。さらに言えば、「神の所業＝不可抗力」さえもそうである。というのも、市場は自然災害（地震など）といった想定外の出来事でさえ素早く織り込み、瞬時にその影響を価格に取り込んでしまうからだ。

2．市場には3種類のトレンドがある

トレンドがどのように進展するかを述べる前に、ダウがトレンドを

どのように考えていたかを明確にしておかなければならない。ダウは上昇トレンドを次のように定義した——「前の上昇で付けた高値よりも今回の上昇で付けた高値のほうが上回って引けており、また、前の上昇で付けた安値よりも今回の上昇で付けた安値のほうが上回って引けている」。つまり、上昇トレンドとは、高値と安値を切り上げていくパターンであり、その反対に下降トレンドとは、高値と安値を切り下げていくパターンであると定義されている。このダウの定義は、時の試練を経てもなお、トレンド分析の基礎となっている。

　ダウは、作用と反作用の法則が物理的世界と同様に市場にも適用されると確信しており、次のようにも書いた。「取引記録から分かるように、株価が天井に達したとき、多くの場合、そこから緩やかに下落し、それから天井付近にまで戻る。もしこのような動きのあと、株価が下落すれば、ある程度のところまで下落しやすい」（ネルソン著『ABC・オブ・ストック・スペキュレーションの43ページ）

　ダウは海の「潮」「波」「さざ波」になぞらえ、トレンドには「**大（メジャー、プライマリー）**」「**中（インターメディエート）**」「**小（マイナー）**」の３つに分けられると考えた。メジャートレンドは潮流を表し、インターメディエートトレンドは潮流のなかで生まれる波を表す。マイナートレンドは波のうえに生じる「さざ波」のような動きだ。

　砂浜に連続的に押し寄せる波のなかで最も高い位置を記録していくと、潮の方向性を特定できる。もし連続的な波の到達点が、前よりも内陸にまで達し、その傾向が続くようであれば、それは満ち潮だ。逆に、連続的な波の先端が陸から引いていくようであれば、潮は向きを変えて、引き潮である。もっとも、数時間しか続かない潮の満ち引きと異なり、相場の傾向は１年以上、時には数年も続くとダウは考えていた。

　そして、インターメディエートトレンドはメジャートレンドのなかでの動きを表し、通常３週間から３カ月間続くとした。一般的にイン

ターメディエートトレンドによる調整は、1つ前のインターメディエートトレンドの動きを3分の1から3分の2程度、調整する動きとなる。最もよく見られるのが約半分（50%）の調整だ。

ダウによると、マイナートレンドは通常、3週間に満たないくらい続くトレンドである。この短期トレンドはインターメディエートトレンドのなかで起こる。トレンドの概念については、第4章の「トレンドの基本概念」で、より詳しく解説する。この基本の概念と用語が現在でも使われ続けていることがよく分かるだろう。

3. メジャートレンドには3つの局面がある

ダウはメジャートレンドに着目していた。そして、このトレンドは通常、3つの明確な局面からなると考えていたようだ。「アキュミュレーション局面」「パティシペーション局面」「ディストリビューション局面」である。

アキュミュレーション局面とは、最も賢明な投資家が情報に基づいて買い集めをしている局面である。もし直前のトレンドが下降トレンドであれば、この時点で賢明な投資家は、市場がいわゆる悪材料をすべて織り込んでいると認識している。

パティシペーション局面では、トレンドフォローを支持するテクニカルアナリストの大半が市場に参加し始める。相場が急騰し、経済統計にも改善の兆しが見え始めている。

ディストリビューション局面では、新聞記事がますます強気になり、経済統計などがさらに改善し、投機筋の売買と一般投資家の参加が増える。この最終局面では、だれも買おうとしなかった下落相場の底で「買い集めていた」賢明な投資家が、ほかのだれかが売り始めるよりも前に「売り抜け」始める時期である。

エリオット波動理論を学んでいる人は、上昇相場には主に3つの局

面があると学ぶだろう。R・N・エリオットはレアの『ザ・ダウ・セオリー』を読み込み、上昇相場には3つのメジャーな上昇局面があると分かっていたからだ。第13章の「エリオット波動理論」で、ダウが提唱した上昇相場の3局面とエリオット5波動の類似点をより詳しく見ることにする。

4．2つの市場平均を確認する

ダウは工業株と鉄道株について「どのような強気シグナル・弱気シグナルも、両方の平均株価が同じシグナルを出さなければ、重要ではない。したがって、両方を確認すべきである」と述べている。彼は、上昇相場の開始と継続を確認するには両方の指数が前のインターメディエートトレンドの高値を上回る必要があると感じていた。ダウは、両方のシグナルが同時に点灯すべきとまでは考えていなかったものの、両方のシグナルが点灯した間隔が短いほうがより強い確認になると認めている。一方、2つの市場平均が異なる動きを示していれば、まだ現在進行中のトレンドが維持されていると想定していた（エリオット波動では、シグナルは単一の市場平均から出ればよい）。第6章の「継続パターン」では、確認とダイバージェンスの概念について解説する（**図2.1**と**図2.2**）。

5．出来高でトレンドを確認する

ダウは価格シグナルを確認するとき、出来高を補完的ながら重要な要素とみなしていた。簡単に言えば、**出来高はメジャートレンドの方向に沿って増加する**。メジャーな上昇トレンドでは、価格が上昇したときに出来高が増加し、価格が下落したときに出来高は減少する。また、メジャーな下降トレンドでは、価格が下落したときに出来高が増

図2.1 ダウ理論が長期的に見て機能している様子が示されている。上昇メジャートレンドが継続するにはダウ工業株平均とダウ輸送株平均がともに上昇をしなければならない

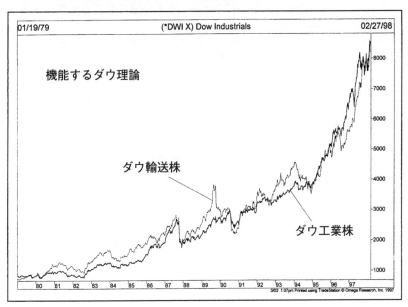

加し、価格が上昇したときに出来高は減少する。ただし、ダウは出来高をあくまで補完的な指標と考えていた。また、実際の売買シグナルはすべて終値で判断していた。第7章の「出来高と取組高」では、ダウ理論の観点から出来高に注目して論じている。現在のように洗練された出来高指標では、出来高の増減がすぐに分かる。経験豊富なトレーダーは、出来高と価格がお互いに一致しているかどうかを確認するために両方を比較しているのだ。

図2.2 2つのダウ理論の確認された例。1997年初め（点1）のダウ輸送株はブレイクアウトによって、それ以前に起こったダウ工業株のブレイクアウトを確認している。5月には（点2）、ダウ工業株はそのブレイクアウトによって、それ以前に起こったダウ輸送株の新高値を確認している

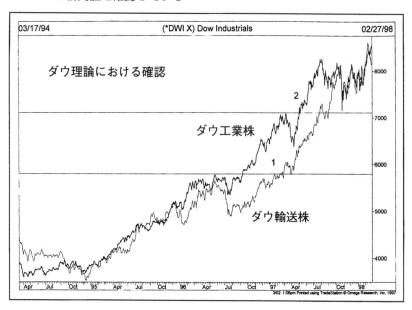

6．トレンドは明確な反転シグナルが出るまで効力を持つと仮定する

　この考え方については第1章で触れた。これが今日のトレンドフォロー型手法の大原則の1つとなっている。これは、ある物理法則と関係がある。すなわち、運動中の物体（この場合、トレンドのこと）は、外部の力がその向きを変化させるまでは持続するという法則だ。トレーダーにとって反転シグナルを見分けるのは難しい作業である。だが、支持線・抵抗線水準や価格パターンやトレンドラインや移動平均といったテクニカル手法が、それを手助けしてくれる。また、早い段階で

第2章 ダウ理論

図2.3a フェイラースイング。価格はCで高値を付け、Aを上回ることに失敗し、Bの安値をブレイクしている。これは売りシグナルになる

図2.3b ノンフェイラースイング。価格はBを下回る前にAを上回っている。ダウ理論の研究者のなかには、S1を売りシグナルとみなす者もいれば、S2で弱気に転じる前に切り下がった高値であるEを必要とする者もいる

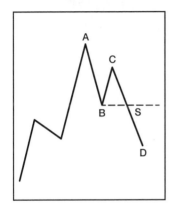
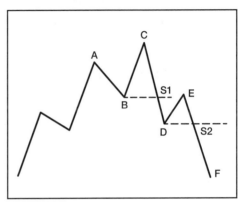

モメンタム（市場の勢い）が失われたのを知らせてくれる指標もある。そうしたすべての指標がトレンドに反する動きをとらえられなければ、普通は現在進行中のトレンドが持続する公算が高いと見られている。

ダウ理論の支持者やトレンドフォロー実践家にとって最も難しいのが、ある値動きを進行中のメジャートレンドのなかに現れたインターメディエートトレンドなのか、逆方向に向かう新しいメジャートレンドの始まりなのか判別することだ。ダウ理論支持者の間でも、相場が反転シグナルを示す時点について、意見が一致しないことがよくある。**図2.3a**と**図2.3b**を見れば、意見が一致しない理由をよく理解できるだろう。

図2.3aと**図2.3b**は２つの異なるシナリオを示している。**図2.3a**では、点Cからの下落が前の高値である点Aよりも下にある。その後、価

格は点Bを下回った。このように切り下がった2つの高値と切り下がった2つの安値が出現したとき、価格が点Bをブレイクして下抜いた点Sで、明らかな売りシグナルとなる。この反転パターンは「フェイラー（失敗）スイング」とも呼ばれる。

図2.3bでは、天井である点Cは、前の高値である点Aよりも上方に位置する。その後、価格は点Bを下回った。しかし、ダウ理論支持者は、点S1を明らかに支持線が破られた（つまり、真正な売りシグナル）と考えない。この場合、安値は切り下がったものの、高値は切り下がっていないと言えるからだ。

上昇して形成した点Eが点Cよりも下方で止まったことを確認したい。そして、点Dを下回る新安値を付けるかどうかに注目する。つまり、点S2は、切り下がった2つの高値と切り下がった2つの安値を持つ実際の売りシグナルとなるのだ。

図2.3bで示した反転パターンは「ノンフェイラースイング」と呼ばれる。図2.3aのフェイラースイングは図2.3bのノンフェイラースイングよりもかなり弱いパターンとなる。

図2.4aと図2.4bは相場の底での同様のシナリオを示している。

終値の使用とラインの存在

ダウは**終値**にかなりの信頼を置いていた。市場平均が重要な意味を持つには、**終値**が前の高値を上抜くか、前の安値を下抜く必要があった。日中にブレイクしただけでは、その有効性を認めていなかった。

ラインとは、市場平均がチャート上で水平に伸びる直線に挟まれて展開する状況のことである。こうした横ばいのレンジ内での動きは相場の調整局面で現れることが多い。通常「揉み合い・保ち合い」と呼ばれる。より現代的な用語にすれば「レクタングル（長方形）」の横型パターンとみなされるだろう。

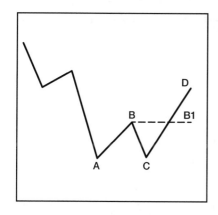
図2.4a 底でのフェイラースイング。買いシグナルは点Bを上抜いたとき（B1）

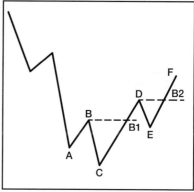
図2.4b 底でのノンフェイラースイング。買いシグナルは点B1か、点B2で点灯する

ダウ理論に対するいくつかの批判

　ダウ理論は何年にもわたって大きな上昇相場と下落相場の特定にうまく機能してきた。とはいえ、批判がまったくないわけではない。ダウ理論ではシグナルが出るのを待っていたら、その値動きの20〜25％を取り逃がしてしまう。多くのトレーダーは、それでは遅すぎると考えている。ダウ理論で買いシグナルが出るのは通常、上昇トレンドの第二局面、つまり前のインターメディエートトレンドで形成された山の高値をブレイクしたときだ。なお、これはほとんどのトレンドフォロー型のテクニカルシステムがトレンドを認識し、市場に参入しているときでもある。

　この批判への反論としてトレーダーが注意すべきは、ダウはけっしてトレンドの予測を意図していなかったということだ。むしろ彼は大きな上昇相場や大きな下降相場の出現を確認してから、その中間部分を広くとらえたいと考えていた。有史以来、ダウ理論はかなり有効に

機能してきた。1920～75年でダウ理論に基づくシグナルは、工業株平均と輸送株平均の動きの68％、S&P500指数の動きの67％をとらえている（バロンズ紙より）。ダウ理論が実際の天井と底をとらえ損ねていると批判する者は、トレンドフォロー哲学の基本的なものについて理解していないと言える。

経済指標としての株式

ダウは、株式相場の方向を予測するために自分の理論を応用するなどとは明らかに思ってもいなかった。彼は、ダウ理論の真価とは株式相場の方向を一般的な経済状態を知るための指標として使うことにあると考えていた。ダウの洞察力と才能には、ただただ驚くばかりである。多くの株価予測の方法論を公式化しただけでなく、経済の先行指標としての平均株価の有用性を初めて発見したのだ。

ダウ理論を先物に応用

ダウの研究対象は平均株価の動きであった。しかし、その研究のほとんどが先物にも応用できる。これも大変意義深いと言える。ただし、株式と先物には大きな違いがいくつかある。例えば、ダウは投資家の大半が追うのはメジャートレンドのみで、インターメディエートトレンドはタイミングを計る用途でのみ使用することを想定していた。そして、マイナートレンド（短期）は重視していなかった。これは明らかに先物市場では、ほとんど当てはまらない。大半の先物トレーダーがメジャートレンドではなく、インターメディエートトレンドをとらえようとするからだ。また、先物トレーダーはタイミングを計るため、マイナートレンドの波に細心の注意を払っている。インターメディエートの上昇トレンドが2～3カ月続くと予想すれば、買いシグナルと

ダウ平均を取引する新しい方法

　誕生から100年、ダウ・ジョーンズ工業株価平均は単に市場の指標として利用されてきた。しかし、1997年10月６日に大きな転機が訪れた。歴史あるダウ平均を対象とした先物とオプションの取引が始まったのだ。CBOT（シカゴ・ボード・オブ・トレード）がダウ平均の先物を上場し、シカゴ・オプション取引所がオプション（DJX）を上場した。同オプション取引所では、さらにダウ・ジョーンズ輸送株平均（DJTA）とダウ・ジョーンズ公共株平均（DJUA）を対象とするオプションも上場している。また、1998年１月、アメリカン証券取引所がダイアモンドトラストというダウ平均に連動する投資信託のETF（上場投信）を開発した。ダウ平均を指標とする投資信託も販売されている。もしダウがそれを知れば、喜んでくれるだろう。誕生から１世紀を経て、いろんな種類のダウ平均がトレードされるようになり、自分の理論が実現されているのだ。

なる短期の押し目を探すだろう。一方、インターメディエートの下降トレンドが続くと予想すれば、売りシグナルとなる短期の戻りを探すだろう。したがって、先物の場合は、マイナートレンドは極めて重要になるのだ。

おわりに

　本章では、ダウ理論について手短に解説した。本書を読み進めるに

つれて、ダウ理論に対する深い理解がテクニカル分析全般にわたって確固たる基礎になると実感できるだろう。あとの章で解説されることの多くがダウ理論の応用である。トレンドの基本的定義、トレンドの「３分類」と「３局面」、確認とダイバージェンスの原理、出来高の解釈、リトレースメント（押し・戻り）比率の利用などはすべて、さまざまな意味でダウ理論に由来するものなのだ。

　なお、ダウ理論の原理については、本章ですでに明記した引用文献に加え、エドワーズとマギー著『**マーケットのテクニカル百科**』（パンローリング）に素晴らしい解説がある。

チャートの仕組み

Chart Construction

はじめに

　本章が対象としているのは、主にチャートの仕組みにあまり詳しくない読者である。まず、利用できるいろんなチャートについて解説していこう。そして、最もよく用いられるチャートである日足のバーチャートに焦点を当てて説明していく。そこで価格データがどのように読み取られ、どのようにチャート上に表示されるかを見ていくことにしよう。また、出来高と取組高についても、価格と合わせて見ていく。それから、ほかのさまざまなチャート（より長期の週足チャートや月足チャートを含む）についても見ていこう。そこまで完了して初めて、第4章以降でそれらのチャートを基に適用されるいくつかのテクニカル分析手法を学ぶ準備が整ったことになる。すでにチャート自体について詳しい読者には、本章の内容は基本的すぎるかもしれないので、各自の判断で飛ばしてもらって構わない。

利用できる各種チャート

　チャートと言えば、日足のバーチャートを思い浮かべる人が多いだろう。テクニカル分析で最も広く用いられているチャートと言える。し

図3.1 インテルの日足のバーチャート

かし、異なる種類のチャートを使っているテクニカルアナリストもいる。例えば、折れ線チャートやポイント・アンド・フィギュア、最近ではローソク足などだ。

　図3.1に標準的な日足のバーチャートを示した。垂直の線（バー）で各営業日の値幅が示されるため、バーチャートと呼ばれる。バーチャートには、始値・高値・安値・終値が表示されている。垂直の線の右側に突き出た短線が、その日の終値である。始値は垂直線の左側に突き出た短線で示されている。

　図3.2は同じ相場を折れ線チャートで描いたものである。折れ線チャートでは、その日の終値のみを時系列的に結んでいる。多くのチャート分析者は、終値が営業日のなかで最も重要な価格と考えている。そのため、終値のみを描いた折れ線チャートで値動きを見れば、事足り

図3.2　インテルの折れ線チャート。このチャートは終値をつないで１本の実線が描かれる

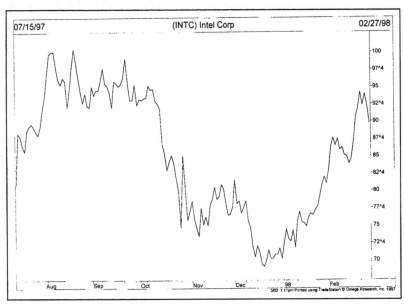

ると思っているのだ。

　図3.3に示したのは、第三のチャートであるポイント・アンド・フィギュア・チャートである。これも同じ相場の動きを示しているが、より凝縮された形になっていることが分かるだろう。×と○の列が交互に現れており、×列は上昇を表し、○列は下落を表す（**図3.3**では下落は□）。ポイント・アンド・フィギュアの買いシグナルと売りシグナルは、バーチャートよりも簡潔かつ特定しやすい。また、このチャートは比較的融通が利く。詳しくは第11章で扱うことにしよう。

ローソク足チャート

　ローソク足チャートはバーチャートの日本版だ。近年は米欧のチャ

図3.3 インテルのポイント・アンド・フィギュア・チャート。○列と×列が交互に描かれる。×列は価格の上昇を示し、○列は下落を示す。このチャートの売買シグナルはほかのものと比べて明瞭である

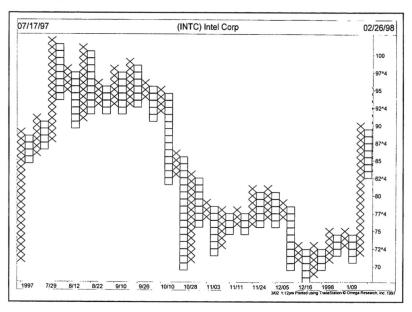

ート分析者の間でも広く浸透している。ローソク足も従来のバーチャートと同じく4つの価格である、始値・終値・高値・安値で構成されている。しかし、表示方法がバーチャートと異なる。ローソク足では、上と下に突き出た細い線（ヒゲ）が日中の高値と安値を示しており、太い部分（実体）が始値から終値までの値幅を示している。終値が始値よりも高ければ、実体は白色となる（陽線）。逆に、終値が始値よりも安ければ、実体は黒色となる（陰線）（図3.4）。

　ローソク足チャートの重要なところは、始値と終値の関係である。ローソク足チャートの人気が高まったことで、今では米欧のチャート分析者もバーチャートの始値に注意を払うようになった。バーチャートにできることは、すべてローソク足にもできる。つまり、本書でバー

図3.4 インテルのローソク足チャート。ローソク足の色は始値と終値の関係によって決定する。白い実体は上昇を表し、黒い実体は下落を表す

チャートに適用したテクニカル手法と指標は、ローソク足にも適用できるのだ。後ほど週足と月足のバーチャートの作り方を示す。それはローソク足チャートでも同じである。第12章「ローソク足」で、より詳しい解説をしよう。

算術目盛りと対数目盛り

チャートでは算術目盛りか対数目盛りで価格を表示する。分析の種類に応じて、特に、非常に長期にわたるトレンドを分析するときは対数目盛りのほうに優位な点がある（図3.5と図3.6）。図3.5では、それぞれの目盛りを示している。算術目盛りでは縦軸は価格1単位の変

図3.5 算術目盛りと対数目盛りの比較。左の算術目盛りは均等に配置され、右の対数目盛りは変化率が等幅になるような目盛りを示している

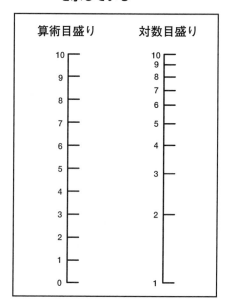

化に対して等間隔の目盛りで表示される。この例では、算術目盛りの各目盛りは等間隔に並んでいるのが分かるだろう。

しかし、対数目盛りでは、価格が上がるにつれ、上昇幅が狭まっていく。例えば、この目盛りでは、１から２の距離と５から10の距離が同じである。なぜなら、両方とも価格が２倍になっているからだ。算術目盛りでは、５から10への動きと50から55への動きは、前者は価格が２倍になっているのに対し、後者はわずか10％の増加にすぎないのに、同等とみなされる。一方、対数目盛り（比率目盛り）では、同じ割合の増加に対して等間隔の目盛りが設定されている。例えば、10から20への動き（100％の増加）は、対数目盛り上では20から40、あるいは40から80の動きと等間隔になるのだ。株式チャートを販売している業者の多くは対数目盛りチャートを採用している。一方、先物チャー

図3.6 ２つの目盛りを使って表示させたインテルの長期的な値動き。左のチャートは伝統的な算術目盛りで、右のチャートは対数目盛りである。３年間の上昇トレンドラインが対数目盛上ではきれいに描かれていることが分かる

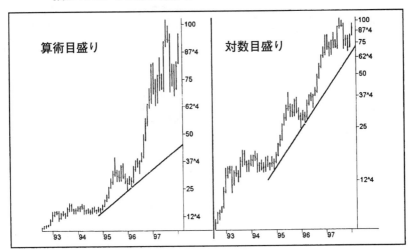

トの多くは算術チャートになっている。市販のチャートソフトでは、図3.6のように両方の目盛りを利用できる。

日足のバーチャートの作り方

日足のバーチャートの作り方は非常に単純だ。バーチャートは価格チャートであると同時に、時間チャートでもある。縦軸（y軸）が価格を表し、横軸（x軸）で時間を表す。日付はチャートの下に記されている。作成者は該当する日付のところに、その日の高値から安値の値幅（レンジ）を垂直の線で描くだけだ。そして、その日の終値を表す短い水平線を垂直の線の右側に描く（図3.7）。

終値の線を垂直の線の右側に描くようにしているのは、左側には始

図3.7 インテルの日足のバーチャートを子細に点検してみると、各バーは1日の値動きを表している。始値は各バーの左側に突き出た短線で、終値は右側の短線で表している。チャートの下に並んでいるバーは各取引日の出来高を表している

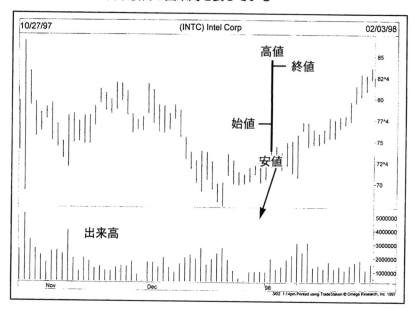

値を表す短い線を描くからだ。当日の値動きを記録したら、日付を右側にずらし、翌日の値動きを描く。ほとんどの市販チャートは週5日で作成され、土日はチャート上に表示されない。平日に休日が入れば、その日は空白が入る。チャートの下部に並ぶ垂直線は、出来高を表している（図3.7）。

出来高

バーチャートには出来高という、もう1つの重要な情報が含まれている。**出来高**は、その日に市場で出来た取引の合計量を示す。先物市

場ではその日に約定した先物取引の合計枚数だ。株式市場ではある特定日に株主が変更された普通株の合計である。出来高を示すヒストグラムが高いときは、その日の出来高が多かったことを意味する。ヒストグラムが低いときは出来高が少なかったことを意味する。**図3.7**にあるようなチャート下部の縦軸の目盛りは出来高の数値を参照できるよう記されている。

先物取引の取組高

取組高とは、市場が引けたあとに市場参加者が保有している未決済建玉の合計である。取組高は買い手、あるいは売り手の保有している未決済建玉の枚数だ。両者の合計ではない。先物取引では「買い」が成立したとき、必ず「売り」も成立していなければならない。したがって、一方の合計を知るだけでよいことになる。取組高はチャートの下に折れ線で描かれる。出来高グラフの上に、価格グラフの下に描かれることが多い（**図3.8**）。

先物の出来高・取組高の合計枚数と限月ごとの枚数

市販のチャートでは、先物のテクニカルアナリストの意向に応じて、商品ごとの**合計**出来高・取組高が描かれている。限月ごとの数字も入手できなくはないが、予測に使われるのは商品ごとの合計枚数だ。これには、しかるべき理由がある。

先物の限月が新甫発会されたときには、その限月の出来高と取組高はかなり少ない。これらの数字は納会に近づくほど増えてくる。しかし、納会2〜3カ月前になると再び減り始める。トレーダーは、その限月が納会に近づくにつれ、保有するポジションの流動性を確保しておかなければならない。したがって、限月が発会して最初の数カ月間

図3.8 米長期債先物取引の折れ線チャート。チャートの下の垂直のバーは出来高を、中段の実線は取組高を表している

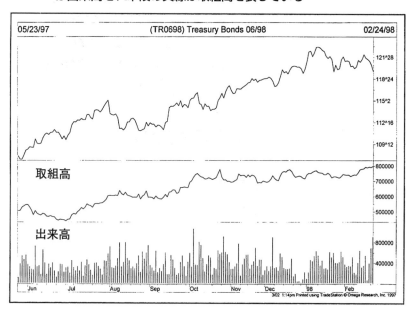

の枚数増と、納会までの数カ月間の枚数減は市場の方向性と関係がない。取引期間が限られているという先物特有の現象のためである。出来高と取組高の数字に連続性を与えるには、またそれらに予測上の利用価値を与えるには、合計枚数が必要になるのだ（株式チャートでは全出来高は表示されるが、取組高は表示されない）。

１日遅れで発表される先物の出来高・取組高

先物の出来高と取組高は１日遅れで発表される。したがって、チャート分析者が、その数字を入手して解釈するには、１日の遅れが生じることを甘受しなければならない。通常、その数字が発表されるのは

翌営業日中である。それでは当日の金融紙面には間に合わない。ただし、市場が引けたあとに出来高の推計値を入手できるため、それを翌日の朝刊に掲載できる。出来高の推計は、単なる推計にすぎない。だが、先物取引のテクニカルアナリストは、そこから少なくとも前日の取引が活発であったか閑散であったかぐらいは分かる。このように、朝刊からは前日の先物価格と出来高の推計値を入手できる。だが、正式な出来高と取組高の数字はおとといのものしか分からない。一方、株式の出来高合計はすぐに入手できるため、株式市場のチャート分析者にこのような問題は生じない。

限月ごとの出来高・取組高の価値

先物取引では、限月ごとの取組高には情報として高い価値がある。というのも、それを見れば、どの限月で流動性が高いのかが分かるからだ。一般的に先物では、取組高が最も多い限月を中心にトレードすべきである。取組高が少ない限月での取引は避けるべきである。取組高がオープンインタレストと呼ばれているように、より多くのインタレスト（関心）が特定の限月に集中しているのだ。

週足と月足のバーチャート

ここまで日足のバーチャートに焦点を当てて説明をしてきた。しかし、バーチャートは任意の期間を設定して作成できることを覚えておいてほしい。日中足のバーチャートで、例えば5分程度の短期間の高値・安値・終値を測定できる。また、平均的な日足のバーチャートは6〜9カ月の範囲を扱っているが、より長期の分析をするには、週足や月足のバーチャートを使わなければならない。より長期のチャートを利用する価値については、第8章で述べることにしよう。ただし、チ

77

図3.9 米ドル指数の週足のバーチャート。各バーは1週間の値動きを表し、価格データが凝縮された週足チャートは長期（通常およそ5年以内）の価格トレンドの分析が可能になる

ャートの作成方法と更新方法は本質的に今まで述べてきたことと同じである（図3.9と図3.10）。

　週足のチャートでは、1本のバーが1週間全体の値動きを表している。月足のチャートでは、1本のバーが1カ月全体の値動きを表している。週足と月足は値動きを凝縮しているので、長期のトレンド分析がはるかにしやすくなる。週足は5年程度前まで期間をさかのぼって見ることができる。月足は20年程度前までさかのぼることができる。こうした長期の足は、チャート分析者がより大きな視野で相場を研究することのできる手軽な方法だ。日足ばかり見ていると、そうした有用な視野を失いやすい。

図3.10　米ドル指数の月足のバーチャート。各バーは１カ月の値動きを表し、月足チャートを使えば20年程度のチャート分析が可能になる

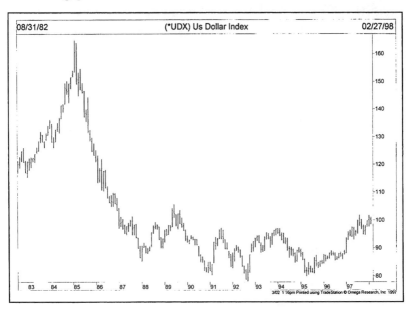

おわりに

　ここでは、バーチャートの作成方法と価格・出来高・取組高という３つの基本的情報の意味について解説した。これで、こうしたデータを解釈する手法を学ぶ準備が整ったことになる。チャートは単なるデータの記録である。このことを忘れてはならない。データ自体にはほとんど価値はない。それはペンとキャンバスのようなものである。それら自体には何の価値もない。だが、才能ある芸術家の腕にかかれば、それは美しい絵になる。外科用のメスと比較したほうがもっと分かりやすいかもしれない。有能な外科医の手に掛かれば、メスは命を救う

ものとなるが、素人がメスを使えば、ほとんど価値がないものどころか、むしろ危険でさえある。チャートは、そのルールさえ理解できれば、相場予測というアートや技術面では極めて有効なツールになる。さて、話を進めよう。次の第4章では、トレンドの基本概念について学ぶ。そして、それはチャート分析の土台になると、私は考えている。

トレンドの基本概念

Basic Concepts of Trend

トレンドの定義

　トレンドの概念は、相場のテクニカル分析には不可欠である。支持線・抵抗線水準や価格パターンや移動平均やトレンドラインなど、チャート分析者の用いる手法はトレンドを見極め、それに乗るという目的のためだけにあると言っても過言ではない。「常にトレンドの方向でトレードせよ」「けっしてトレンドに逆らうな」「トレンドはフレンド」といった表現もよく聞かれる。それでは、少し時間をかけて「トレンドとは何か」を定義し、トレンドをいくつかの種類に分けてみよう。

　一般にトレンドとは、単に相場の方向性、つまり価格の動く方向のことを意味する。しかし、テクニカル分析に役立てるためには、より具体的な概念を規定する必要がある。まず、相場はどちらの方向に動くにしても一直線には動かない。**ジグザグ**を作りながら進んでいく性質がある。この「ジグザグ」には、かなり明確な高値と安値があり、連続した波に似ている。**トレンドを形成するのは、まさにこの高値と安値の方向である。**この高値と安値が切り上がっていくか、この高値と安値が切り下がっていくか、それとも横ばいになるのかで、市場のトレンドが決まるのだ。**上昇トレンド**とは、切り上がっていく高値と切り上がっていく安値の連続した動きと定義される。**下降トレンド**とは

81

図4.1a 切り上げている高値と安値を持った上昇トレンド

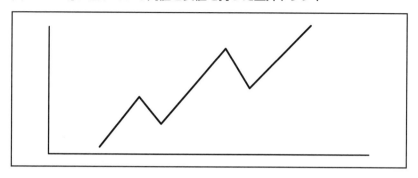

図4.1b 切り下げている高値と安値を持った下降トレンド

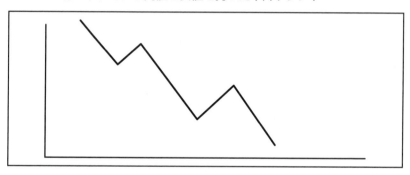

図4.1c 水平的な高値と安値を持った横ばい

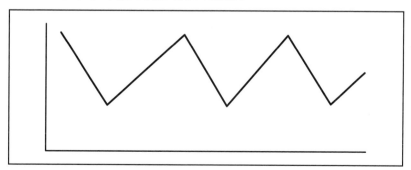

図4.1d 上昇トレンドに転換した下降トレンド。1995年までは下降トレンドだったが、1996年3月から1997年4月まで横ばいで推移し、1997年夏ごろから上昇トレンドに転換した

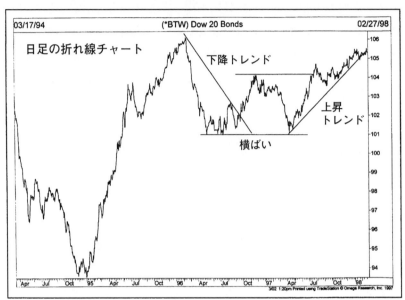

ちょうどこの反対で、切り下がっていく高値と切り下がっていく安値の連続した動きと定義できる。高値と安値が、ほぼ水平に移動すれば横ばいと定義される（**図4.1a～図4.1d**）。

3つのトレンドの方向

　ここで上昇トレンドと下降トレンドと横ばいについて言及したのには、しかるべき理由がある。というのも、市場には上昇トレンドか下降トレンドのどちらかしかないと思っている人が多いからだ。相場が上昇トレンドと下降トレンドと横ばいの3種類があるのは、重要な事実である。特に、横ばいには注意すべきだ。なぜなら、市場は控えめ

に見積もって、全体の３分の１が**トレーディングレンジ**と呼ばれる水平で横向きの動きになるからである。この横ばいの動きは、ある価格水準で需要と供給の勢力が比較的均衡しており、市場が安定している状態である（ダウ理論ではこの種のパターンを**ライン**と呼ぶことは、第２章「終値の使用とラインの存在」で述べた）。ここでは横向きの相場を「横ばい」と定義した。だが、一般的には「トレンドのない」状態と呼ばれる。

実際に、テクニカル手法とシステムの大部分はトレンドフォロー型である。これは、システムが市場を上昇中なのか下降中なのかを第一に考えて設計されているからだ。したがって、相場が横ばいのときはほとんど機能しないか、まったく機能しない。そしてまさに、テクニカル手法を用いるトレーダーが強いストレスを感じたり、システムトレーダーが大きな損失を被るのが、この横ばいの期間なのだ。トレンドフォロー型のシステムが機能するには、当然ながらトレンドが必要になる。こうしたシステムを用いて失敗したときはシステムが悪かったのではなく、トレンドのある市場のために設計されたシステムをトレンドのない市場に適用したために、失敗したのだ。

トレーダーの決断は３つしかない。「買い＝ロング」と「売り＝ショート」と「何もしない」である。相場が上昇しているときは買い戦略が望ましく、相場が下降しているときは売り戦略が望ましい。しかし、相場が横ばいのときは３つ目の選択、つまり「何もしない」というのが最も賢明な選択となる。

３種類のトレンド

トレンドには３つの方向に加えて、第２章で述べたように、３つの種類がある。**メジャートレンド**と**インターメディエートトレンド**と**マイナートレンド**だ。実際には、数分や数時間の短いものから50年や100

年の非常に長いものまで、無数のトレンドが相互に影響し合いながら存在している。しかし、テクニカルアナリストの大半はトレンドの種類を３つまでに制限している。もっとも、それぞれのトレンドをどう定義しているかについては、ややあいまいな部分が残っている。

例えば、ダウ理論では**メジャートレンド**を１年以上続くものとしていた。しかし、先物トレーダーは株式投資家よりも短い時間枠で売買をするため、私の場合、先物ではメジャートレンドの期間を６カ月以上と定義している。また、ダウはインターメディエートトレンドを３週間～数カ月間の長さを持ったものと定義しており、これは先物市場にもよく出現する。また、ダウはマイナートレンドを通常２～３週間未満のものと定義している。

それぞれ３つのトレンドは、さらに大きなトレンドの一部となる。例えば、メジャートレンドには**調整**としてインターメディエートトレンドが含まれている。長期の上昇トレンドには、再び上昇し始めるまで数カ月間の調整期間が含まれているものだ。さらにそのインターメディエートトレンドの調整にも押しと上昇を含む短い波がある。これが繰り返されるのである。つまり、それぞれのトレンドが次のさらに大きなトレンドの一部分であり、それらはより小さなトレンドから成り立っているのだ（**図4.2a～図4.2b**）。

図4.2aは、高値と安値が切り上がっているので、メジャートレンドは上昇トレンドになる（点１、点２、点３、点４）。ただし、点２～３は、メジャートレンド内でのインターメディエートな調整局面だ。そして点２～３の波は、より小さな３つの波（点Ａ、点Ｂ、点Ｃ）に分けられる。点Ｃでは、メジャートレンドは上昇を維持しているものの、中短期的には下落と見るアナリストもいるだろう。ただ点４になれば、３種類のトレンドがどれも上昇していると言えるだろう。

また、強弱や長短さまざまなトレンドがあると理解することは非常に重要である。だれかにある市場についてのトレンドを聞かれたら、ト

図4.2a　3種類のトレンドであるメジャートレンドとインターメディエートトレンドとマイナートレンドの例。点1、2、3、4はメジャーな上昇トレンドを示している。波2〜3は、メジャートレンド内にあるインターメディエートな調整。個々のインターメディエートな調整はさらにマイナートレンドに分割される。たとえば、インターメディエートトレンドの波2〜3は、マイナートレンドの波Ａ－Ｂ－Ｃに分割される

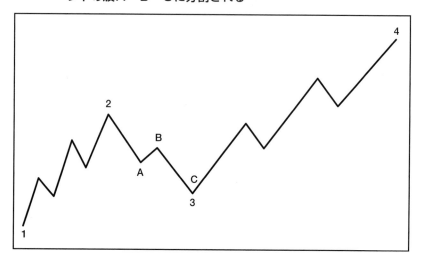

レンドがはっきりするまでは不可能でないにしても、回答は非常に難しい。回答をするにしても、あらかじめ3種類のトレンドについて説明しておかなければならない場合もあるだろう。

　トレンドの意味するものが各トレーダーで異なるため、誤解が生じる場合も多い。長期投資家にとって数日から数週間の値動き（価格の動き・プライスアクション）は重要ではないだろう。一方、デイトレーダーにとって2〜3日の上昇がメジャーな上昇トレンドになるかもしれない。この場合、特に重要なのは、異なるレベルのトレンドを理解しておくことである。まず、売買するトレーダーがすべて同じレベルのトレンドについて話をしているかどうか、確認しておいたほうがよい。

図4.2b　1997年、1年以上に及ぶメジャートレンドは上昇トレンドを示している。3月にマイナートレンドによる調整が入った。インターメディエートトレンドによる調整は8月から11月まで続いていた。また、インターメディエートトレンドによる調整はさらに3つのマイナートレンドに分けられる

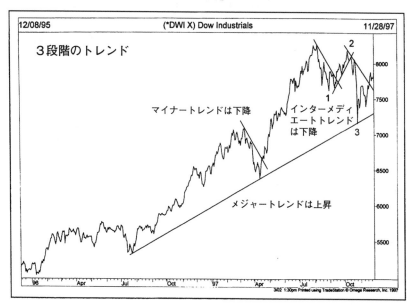

　一般的に、トレンドフォロー手法の大部分が数カ月間継続するインターメディエートトレンドに焦点を合わせている。マイナートレンドは主にタイミングを計るために用いられる。例えば、インターメディエートな上昇トレンドで短期的押しがあれば、その押しを買い増しに利用するだろう。

支持線と抵抗線

　前節のトレンドに関する解説で、価格は連続的な高値と安値を形成しながら動き、その高値と安値の方向が市場のトレンドを決定すると

図4.3a　上昇トレンドでの切り上がる支持線と抵抗線。点2と点4は支持線であり、前の切り上げた安値。点1と点3は抵抗線であり、前の切り上げた高値

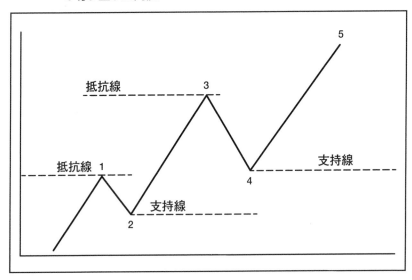

述べた。ここで、それらの高値と安値に適切な名称を与えるため、**支持線**と**抵抗線**という概念を取れ入れてみよう。

　安値（そこまで下げたら反発するであろう下値）は**支持線（サポート）**と呼ばれている。見てのとおり、支持線は買い勢力が売り圧力を上回るほど強い状態となるチャート上の安値水準または領域を示している。そこで価格は下げ止まり、上昇に転じる。通常、支持線は前に反発した下値とされる。**図4.3a**の点2と点4が上昇トレンドでの支持線水準を表している。

　一方、**抵抗線（レジスタンス）**は支持線と逆の概念だ。抵抗線は売り圧力が買い圧力を上回るほど強い状態となるチャート上の高値水準または領域を示している。そこで価格は上げ止まり、下落に転じる。通常、抵抗線は前に反落した高値とされる。**図4.3a**の点1と点3が抵抗

図4.3b　下降トレンドでの支持線と抵抗線

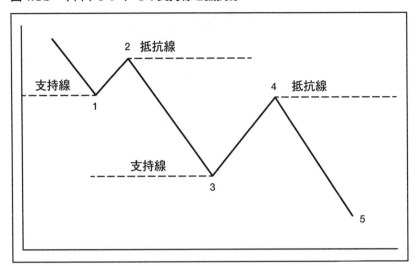

線水準だ。**図4.3a**は上昇トレンドを示している。上昇トレンドでは、支持線水準と抵抗線水準を切り上げていく。**図4.3b**は切り下げた高値と安値を持った下降トレンドを示している。下降トレンドでは、点1と点3が安値圏での支持線水準であり、点2と点4が高値圏での抵抗線水準である。

　上昇トレンドでの抵抗線水準とは、上昇がそこで休止したことを表しており、通常はどこかの時点でその水準を上回ることになる。下降トレンドの支持線水準とは、長期にわたって下落を止めるのには不十分であるものの、少なくとも一時的には下落を食い止めている。

　この支持線と抵抗線の概念をしっかり理解しておこう。それがトレンドの概念を完全に理解するうえで必要不可欠となるからだ。上昇トレンドが継続している間は、次の下値（支持線水準）は、その前の支持線水準を上回っていなければならない。また次の上値（抵抗線水準）は、その前の抵抗線水準を上回っていなければならない。上昇トレン

図4.4a　トレンドの転換の例。点5で価格は前の高値である点3の突破に失敗したあと、前の安値である点4を突破している。これによって下降トレンドへの転換が起こった。この種のパターンはダブルトップと呼ばれる

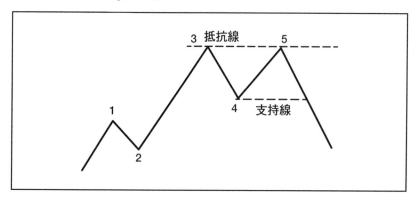

ドで、調整的な押しが前の下値を大きく下回った場合、その上昇トレンドが終了したか、あるいは少なくとも上昇トレンドから横ばいへの移行を示す警告となるだろう。支持線水準を下抜くことがあれば、それはもう上昇トレンドから下降トレンドへの転換が起こった可能性すらある。

　前に付けた抵抗線水準が試されるたびに、上昇トレンドは特に重大な局面を迎えている。上昇トレンドで価格が前の高値の更新に失敗したときや、下降トレンドで価格が前の支持線水準で上昇したときは、現在のトレンドが転換しつつあるかもしれない警告となりやすい。第5章と第6章で**価格パターン**について言及する。支持線水準と抵抗線水準を試す様子がチャート上にどう表れるかを示したい。チャートは、トレンド転換が進行しているのか、それとも単に現在進行中のトレンドが一時的に休止しているだけなのか示してくれる。いずれにせよ、このような価格パターンの基礎となるのは、支持線水準と抵抗線水準だ。

　図4.4a～**図4.4c**は古典的なトレンド転換の例である。**図4.4a**で

図4.4b 相場の底での反転パターンの例。相場の底を示す最初のシグナルは、価格が点5で前の安値である点3よりも上で上昇に転じたとき。相場の底は前の高値である点4を上回ったときに確認される

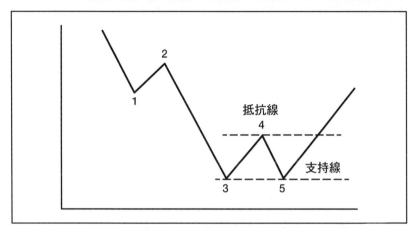

図4.4c 相場の底での反転の例。1998年1月、価格は12月に付けた安値の支持線水準を試してから反発し、2回目の支持線水準を形成。中間にある抵抗線の高値を上に突破したのが新しい上昇トレンドのシグナルである

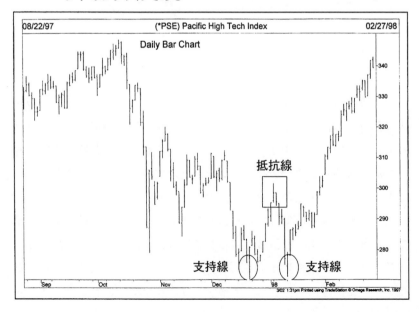

は、前の安値である点4を下抜く前に、価格は点5で前の高値（点3）を上回ることに失敗した。こうしたトレンド転換は、単に支持線水準と抵抗線水準を観察するだけで確認できるだろう。なお、本書で価格パターンを学べば、この反転パターンは**ダブルトップ**であると分かる。

支持線水準と抵抗線水準の役割転換

ここまで「支持線」とは前の安値であり、「抵抗線」とは前の高値と定義してきた。しかし、常にそれが当てはまるわけではない。ここで支持線と抵抗線に関して、より興味深い、あまり知られていない役割転換と支持線が抵抗線に、抵抗線が支持線になる特性について述べておこう。**支持線水準と抵抗線水準は「相当な幅」の突破があると、支持線と抵抗線の役割が転換し、逆になる**。つまり、抵抗線が支持線になり、支持線が抵抗線になるのだ。なぜこのようなことが起こるかについては、支持線と抵抗線が発生する背景にある心理を知ると理解しやすいだろう。

支持線と抵抗線の心理学

説明のため、市場参加者を買い手・売り手・傍観者という3つの立場に分けて考えることにする。買い手とはすでに買いポジションを持っている者であり、売り手とはすでに売りポジションを持っている者である。傍観者とは、現在のポジションがマルの者か、売りと買いのどちらにするかを決めていない状態の者である。

相場が支持線領域でしばらく揉み合ってから、高く上昇し始めたとする。買い手（支持線領域で買った者）は喜ぶだろう。しかし、もっと多く買っておけばよかったと後悔するかもしれない。したがって、相場が再び支持線領域付近まで下落すれば、買い増しをするだろう。一

方、売り手は自分が相場の間違った側にいると気づくか、強い疑いを持つ（どの程度、価格が支持線領域から離れているかがその認識に大きな影響を与える。だが、この点についてはもう少しあとで解説する）。売り手は、仕掛けたポイント（損益分岐点）で手仕舞えるように、売った価格まで再び下落するのを強く望んでいる（祈っている）。

　第三の立場にいる傍観者は、２つのグループに分類できる。一度もポジションを持っていない者と、すでに何らかの理由で支持線領域で買い玉を手仕舞いした者だ。もちろん、後者は、買い玉を早い段階で手仕舞いしてしまったことを気にしている。機会があれば、手仕舞いしたあたりで再び買いたい。

　一方、前者の傍観者たちは、価格が上昇していることに気づき、次に良い機会があれば、買おうと決めている。つまり、これら４グループはすべて、「次の押し目で買おう」と思っているのだ。全員がこの安値圏の支持線領域に「重大な関心」があるのである。したがって、価格が支持線領域付近にまで下げたとき、４グループのトレーダーが入れた買い注文によって、実際に相場を押し上げられると考えるのが自然となる。

　支持線領域で多くの売買があるほど、その重要性は増す。なぜなら、出来高の増加は、その領域に重大な関心を持った参加者が多いことを意味しているからだ。では、支持線領域・抵抗線領域の取引量を何を基準に見ればよいのだろうか。それは、経過時間、出来高、取引発生の時間的近さという３つの方法で見て判断する。

　支持線領域と抵抗線領域で取引される時間が長ければ長いほど、その重要性は増す。例えば、価格が上昇する前に、３週間も揉み合いで横ばいが続けば、わずか３日間だけ揉み合ったときよりも、その重要性は増す。

　出来高は支持線と抵抗線の重要性を測るもう１つの方法である。ある支持線水準がかなり多くの出来高を伴って形成されれば、多くの参

93

加者がその考えを変えたことを暗示しており、少ない出来高で形成された支持線水準よりも重要な意味を持つと考えられる。日中の取引内容を測定するポイント・アンド・フィギュアは、とりわけ最も取引が多かった価格帯を確認するのに有効である。そのため、支持線と抵抗線を最も有効に表示できるチャートと言えるだろう。

　支持線領域と抵抗線領域の重要性を測る３つ目の方法が「取引発生の時間的近さ」である。チャート分析者は、相場の動きに対するトレーダーの反応と彼らが保有しているポジションか、保有し損ねたポジションに対する反応を見ている。したがって、より時間的に近い取引のほうが、より大きな影響を及ぼすと考えるのは合理的と言える。

　ここで視点を変えて、価格が上昇したときではなく、価格が下落したときのことを想像してみよう。上の例では、価格が上昇していく場面だったため、価格が押したときの市場参加者の反応はどの場合も買い増しするという結果になった（したがって、新しい支持線が作られた）。しかし、価格が下落して前の支持線領域を下回り始めると、その反応はまったく逆になる。支持線領域で買いを入れた者は全員、今度は自分が間違った方向にいると感じる。先物トレーダーであれば、ブローカーから追証（追加証拠金）を催促される電話がかかってくるかもしれない。先物は高いレバレッジのため、トレーダーはあまり長い間、損失をそのままにしておくことはできない。追証を入れるか、損を抱えたポジションを決済しなければならない。

　もともとそこで前の支持線水準が生じたのは、安値での買い注文が優勢だったからである。しかし、相場が下落したことで、かつての安値での買い注文が今度はすべて高値で売り注文を出す動機になる。**支持線が抵抗線に変わったのだ。**前の支持線領域の重要性が高ければ高いほど、つまり時間的に近く、出来高が多いほど、その抵抗線領域は強力になる。買い手・売り手・傍観者という３グループの市場参加者によって形成された支持線が、今後は戻り高値として機能することに

なる。

　ときどき立ち止まって、なぜチャート分析者が用いる価格パターンや支持線・抵抗線の概念が実際に機能するのかを考えてみるとよい。それはチャートやチャート上に描かれた何本かの線が作り出した魔法のおかげではない。そのようなパターンが機能するのは、それらが市場参加者の実際の行動を写し出しているからである。それを見ることで市場参加者が相場の動きにどう反応しているかが分かるのだ。チャート分析は実際のところ投資家やトレーダーの心理の研究である。移り変わる市場環境に対するトレーダーの反応を見ている。残念ながら、チャート分析者は金融市場という移り変わりの速い世界に生きているため、チャートの専門用語や短絡的表現にかなり依存してしまい、そのチャートが描き出した本来の力学を見過ごしてしまう傾向がある。しかし、なぜ支持線領域と抵抗線領域を価格チャート上で特定できるのかとか、それがなぜ相場の将来の動きを予測する助けになるのかには確固たる心理学的理由があるのだ。

抵抗線が支持線になる（支持線が抵抗線になる）のはどの程度の突破が必要か

　どの程度の幅の突破があれば、支持線が抵抗線に変わるのだろうか。その逆もしかりだ。**図4.5a〜図4.5c**は先ほどの**図4.3a〜図4.3b**に似ている。だが、1つだけ修正を加えた。**図4.5a**では、価格が上昇過程にあるなか、点4への押しが前の高値である点1（あるいは点1の上方）の水準で止まっていることに気づくだろう。前の高値である点1は、かつては抵抗線であった。しかし、それが波3（点3への上昇）によって、いったん完全に突破されており、前の抵抗線水準であった高値が支持線水準となったのだ。波1（点1への上昇）の高値付近にあった前の売り（抵抗線を形成していた）が、今回は安値圏での買い

95

図4.5a 上昇トレンドでの抵抗線はある程度の値幅分が突破されたとき支持線に変わる。点1の水準を上抜かれた抵抗線は点4で支持線に変わった。前の高値（点1）はその後の値動きの支持線になる

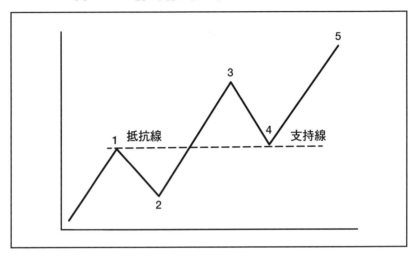

図4.5b 下降トレンドで突破された支持線はその後の戻り高値が抵抗線になる。前の安値（点1）を基に形成された支持線は点4で抵抗線になった

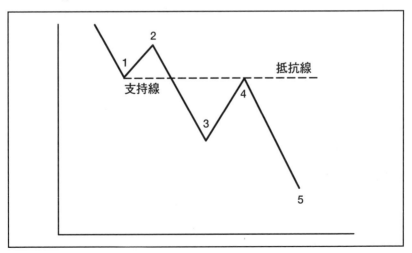

図4.5c 役割が転換した例。1997年前半に一度突破された抵抗線の高値が役割を転換させて支持線となった。1年後、インターメディエート（中期的）な下落が起こったが、支持線に転換した前の抵抗線の高値付近で価格は支えられた

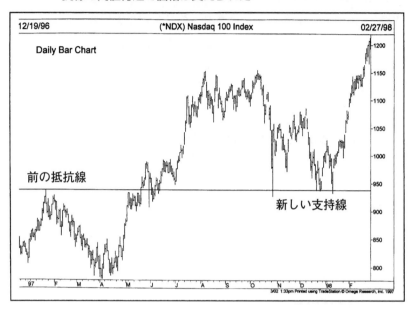

となったわけだ。図4.5bでは、価格は下降過程にあるなか、点1（前の安値圏で支持線水準を形成していた）が今回は点4への戻り高値として機能している。つまり、抵抗線になったのである。

すでに述べたように、支持線や抵抗線から価格が大きく離れれば離れるほど、その支持線と抵抗線の重要性は高まる。これは支持線と抵抗線が突破され、その役割の転換が起こるときによく当てはまる。例えば、支持線と抵抗線から有意な突破があったときだけ、その役割を転換させる。しかし、この「有意な」とはどの程度を意味するのだろうか。その突破が有意かどうかを判断するのは、かなり主観的な問題である。チャート分析者のなかには、基準として、特に主要な支持線や抵抗線から3％の突破があるかどうかを見る者もいる。より短期的

な支持線と抵抗線の場合は１％のようなもっと小さい数字を使う必要があるかもしれない。実際問題として、チャート分析者は各自が「有意な突破とはどの程度か」を決めておかなければならない。ただし、支持線と抵抗線がその役割を転換させるのは、市場参加者たちが「自分は間違いを犯したのだ」と思い至るほど十分に相場が動いたときであることを認識しておこう。相場が動けば動くほど、間違いであることを思い知らされるのだ。

支持線と抵抗線で重要な切りのいい数字

切りのいい数字で上昇や下落は止まりやすい。トレーダーは、10、20、25、50、75、100（あるいは1000の倍数）といった大台から、目標値や値動きを考える傾向があるからだ。したがって、こうした切りのいい数字は「心理的」な支持線・抵抗線として機能しやすい。重要な切りのいい数字に近づいてきたら、この情報を利用して利食いを始めるトレーダーもいるだろう。

金相場に格好の例がある。1982年の下落相場では、底値がちょうど300ドルであった。1983年１〜３月に500ドル超まで上昇したものの、そこから再び400ドルまで下落した。1987年の上昇も500ドル止まりであった。そして、1990年から1997年まで何回も400ドルのブレイクに失敗している。また、ダウ平均は1000の倍数で失速する傾向がある。

この原則を応用して、切りのいい数字付近でトレードを明らかに避けることが考えられる。例えば、上昇トレンドの短期の押しで買おうというときも、重要な切りのいい数字のすぐ上に指値注文を置く。なぜなら、多くのトレーダーが重要な切りのいい数字で買いを考えている場合、相場はそこまで押さない可能性があるからだ。同様に、戻り売りを考えているなら、切りのいい数字のすぐ下に売り注文を置いておくべきである。保有ポジションを仕切るためのストップ注文（プロ

テクティブストップ）を置くのであれば、その逆が正しいと言える。原則的には、明らかに切りのいい数字にストップ注文を置くのは避けるべきである。

つまり、買いポジション保有時の仕切りのストップ注文は、切りのいい数字の下に置くべきである。また、売りポジション保有時の仕切りのストップ注文は、切りのいい数字の上に置くべきである。相場では切りのいい数字、特に過去に注目された重要度の高い切りのいい数字ほど、トレーダーに意識される傾向が強い。こうした相場の特徴を覚えておけば、トレードで非常に役に立つ。テクニカル分析を重視するトレーダーは、このことを心にとめておくべきだろう。

トレンドライン

支持線と抵抗線について理解したところで、テクニカルの道具箱に**トレンドライン**という、もう1つ基礎的な理論を加えることにしよう。**図4.6a〜図4.6c**を見てほしい。基本のトレンドラインとは、チャート分析者が使用するテクニカルツールのなかでも極めて単純なものだ。しかし、最も利用価値の高いものでもある。**上昇トレンドライン**とは、連続した切り上がった安値に沿って描かれた右肩上がりの直線だ。**図4.6a**に実線で描かれている。**下降トレンドライン**とは、**図4.6b**にあるように連続した切り下がった高値に沿って描かれた右肩下がりの直線だ。

トレンドラインの引き方

正確なトレンドラインの引き方は、多くのチャートに引かれる方法とほとんど同じである。通常、正しいラインを発見するために、いくつか異なるラインを引いて検証しなければならない。正しいように見

図4.6a 上昇トレンドラインの例。上昇トレンドラインは、切り上がった安値の下に沿って引かれる。暫定的なトレンドラインは切り上がった2つの連続した安値(点1と点3)の下に引かれる。しかし、トレンドラインの有効性を確認するには3回目の試し（点5）が必要である

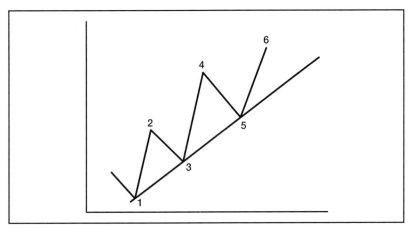

図4.6b 下降トレンドラインは切り下がった高値の上に沿って引かれる。暫定的なトレンドラインを引くためには2つの点（点1と点3）が必要で、そのトレンドラインの有効性を確認するためには3回目の試し（点5）が必要である

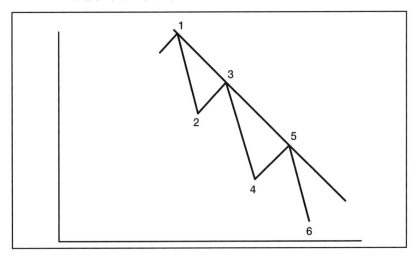

第4章 トレンドの基本概念

図4.6c 長期の上昇トレンドライン。上昇トレンドラインは最初の2つの切り上がった安値に沿って引かれる。上昇トレンドライン上にある1998年初めの3番目の切り上がった安値付近で反発したので、この上昇トレンドは持続している

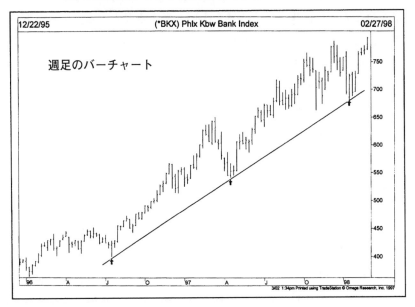

えるトレンドラインであっても、もう一度引き直さなければならないことがよくある。とはいえ、正しいラインを見つけるために便利な指針があるので紹介しよう。

　まず、トレンドが存在するという証拠が必要だ。つまり、上昇トレンドラインを引くには、少なくとも2つの切り上がった安値が必要であり、2つ目の安値は1つ目の安値よりも上方に位置していなければならない。もちろん、直線を引くには2つの点が必要である。しかし、例えば**図4.6a**のように、価格が点3から上昇を始めてからでなければ、合理的に切り上がった安値が形成されたという確信を持てない。点3の時点では、点1から点3にかけての暫定的な上昇トレンドラインが引けるだけである。

101

チャート分析者のなかには、トレンドラインを引く前に上昇トレンドが存在するという確認として、価格が点２の高値を突破する必要があると考える者がいる。一方、点２から点３まで押した半値戻しか、価格が点２の高値に接近するだけでよいと考える者もいる。チャート分析者によって、有効で十分証拠がそろったと思われる、切り上がった安値の確認は異なるかもしれない。しかし、ここで重要なのは、その前に切り上がった安値が形成されていることをしっかりと確信しておきたいのである。いったん２つの安値が切り上がっていると確認できれば、その安値を結び、右肩上がりの直線を引けるからだ。

暫定トレンドラインと有効トレンドライン

ここまででチャート分析者に利用できるのは、**暫定トレンドライン**にすぎない。トレンドラインの有効性を確認するには、価格がライン上で３回目に触れたとき、そこで価格が上昇する必要がある。**図4.6a**では、点５での試しに成功し、有効な上昇トレンドが確認されたことになる。**図4.6b**の下降トレンドラインも原理は同じである。この場合も点５での試しに成功している。つまり、暫定トレンドラインを引くには２つの点が必要だが、それを**有効トレンドライン**にするには３つ目の点が必要となるのだ。

トレンドラインの使い方

３つ目の点が確認され、トレンドがその方向を維持すれば、トレンドラインは、さまざまな意味で非常に有効となる。トレンドの基本概念の１つは「形成し始めたトレンドは、その動きを持続する傾向がある」というものだ。したがって、トレンドの存在がトレンドラインで確認され、そこからある一定の傾斜（速度）が仮定できれば、通常は

図4.7a 一度、上昇トレンドラインが引かれれば、トレンドライン付近までの押しは買い場になる。この例では、点5と点7は新規買いや増し玉の場として使うことができる。点9でトレンドラインがブレイクされたときは下降トレンドへの転換シグナルなので、買いポジションを手仕舞うべきである

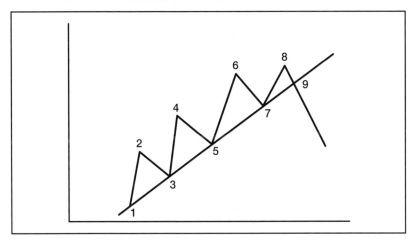

同じ傾斜を維持すると考えられる。そして、そうであれば、トレンドラインによって調整局面での過剰反応を発見できるだけではない。おそらく、さらに重要なことであろうが、そのトレンドが転換するときを教えてくれるのだ。

　例えば、上昇トレンドでの調整的な押しは避けられない。そして、その押しで価格がトレンドラインに接触するか、非常に接近することがよく見られる。そして、上昇トレンドの押しで買おうと狙っているトレーダーがいるため、上昇トレンドラインは押し目買いを仕掛ける支持線として利用できるのだ。一方、下降トレンドラインは戻り売りを仕掛ける抵抗線として利用できる（**図4.7a～図4.7b**）。

　トレンドラインを突破されないかぎり、それは買い場や売り場として利用できる。しかし、**図4.7a**と**図4.7b**の点9を見てほしい。トレンドラインが突破されている。これは、トレンド転換のシグナルであ

図4.7b　点5と点7は売り場になる。点9でのトレンドラインのブレイクは上昇トレンドへの転換シグナルである

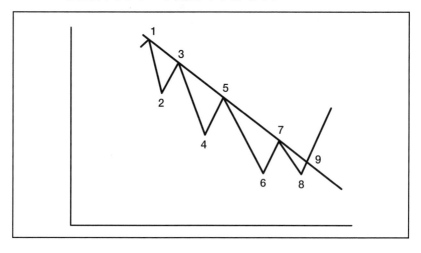

る。前のトレンドで仕掛けたポジションをすべて手仕舞えと教えてくれている。多くの場合、**トレンドラインの突破はトレンド転換を示唆する最も優れた早期警戒シグナルの１つである。**

トレンドラインの重要性をどう判断するか

　トレンドラインをより洗練させる方法について、いくつか解説しよう。まず、トレンドラインの重要性は、どう判断するのだろうか。その問いの答えが２つある。**トレンドラインが突破されずに経過した時間の長さと、トレンドラインが試された回数だ**。例えば、あるトレンドラインが８回試され、すべて突破されることなくその有効性を示したのであれば、わずか３回しか試されていないトレンドラインよりも、その重要性が高いのは明らかであろう。そしてまた、９カ月間その有効性を保ったトレンドラインは、９週間や９日間だけ有効だったトレ

図4.8　1日の全体の値動きを含めるのが正しいトレンドラインの引き方である

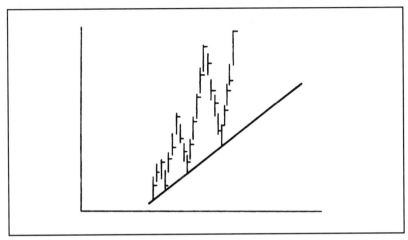

ンドラインよりも重要性が高いのも明らかだろう。トレンドラインの重要性が高まれば高まるほど、その信頼性も高まり、またそのトレンドラインが突破されたときの重要性も増してくるのである。

トレンドラインは値動きをすべて包含すべき

　チャート上にトレンドラインを引く場合、1日の値幅の高値や安値をつなげて引くのがよい。チャート分析者のなかには、終値のみをつなげてトレンドラインを引く者もいる。だが、それは標準的なものではない。確かに終値は日中で最も重要な価格である。しかし、それは日中の値動きのほんの一部を表しているにすぎない。1日の値幅をすべて含める手法は値動きのすべてを考慮に入れており、より一般的な手法である（**図4.8**）。

図4.9　日中の取引でトレンドラインのブレイクがあったとき、チャート分析者は元のトレンドラインが有効かどうか、または新しいトレンドラインを引くべきかどうか悩むだろう。折衷案として、元のトレンドラインを維持しつつ、次の正しいトレンドラインが決定されるまで新しいトレンドラインは点線で引いておくのがよい

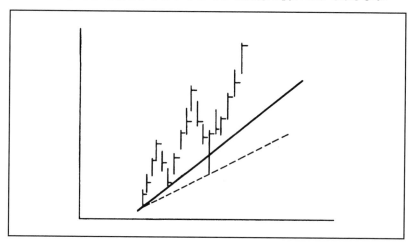

わずかな突破の扱い方

　日中の値動きではトレンドラインを突破したものの、終値では従来のトレンドを維持しているような場合がある。この場合、テクニカルアナリストはトレンドラインが実際にブレイクされたのかどうか疑いを持つことになる。図4.9は、そうした状況の一例だ。日中の取引では価格がトレンドラインを下抜いた。しかし、終値はトレンドラインの上方で引けた。この場合、トレンドラインを書き直すべきだろうか。
　残念ながら、こうした状況のときは、どうするべきか、確固たる理論はまだない。わずかな突破であれば、無視するのが最善の策と言える。これ以降の値動きが既存トレンドの有効性を証明しているのであれば、特にそうだ。

トレンドラインのブレイクに有効な条件とは

　原則的に**終値がトレンドラインを突破したときは、それが日中取引で突破したときよりも重要性が増す**。さらに付け加えるならば、終値で突破しても、十分ではないときもある。多くのテクニカルアナリストは、さまざまな期間と価格のフィルターを使用して、有効なトレンドラインのブレイクを抽出する。そして、そのなかから「ウイップソー」と呼ばれるダマシのブレイクを除外しようとする。価格フィルターの例として、ブレイクに関する「３％ルール」というものがある。この価格フィルターとは、主に長期トレンドがブレイクされたときの判定に用いられる。それは終値ベースで見て、少なくとも３％のブレイクを必要とするものだ（この３％ルールは、金利などの金融先物には適用されない）。

　例えば、金が400ドルのところにあるメジャーな上昇トレンドラインをブレイクされたとするには、価格が400ドルから３％よりも下で引けなければならない。つまり、この場合は価格がトレンドラインよりも12ドル以上も下の388ドル以下で引けなければならないのだ。当然ながら、12ドルの突破という基準は短期トレードにふさわしくない。短期トレードの場合は、１％を基準にしたほうがより適切といえるだろう。このような％ルールは、価格フィルターのほんの一例にすぎない。例えば、株式市場を主戦場にしているチャート分析者は、１ドルの突破を求め、わずかな値動きは無視するかもしれない。いずれにせよ、どのようにフィルターを用いるにしても、そこにはトレードオフの関係がある。つまり、フィルターをあまり敏感にしてしまうと、ダマシの影響を減らせない。だが、逆にフィルターを鈍感にしすぎると、有効なシグナルが出る前にトレンドを形成し始めた大部分の動きを取り損なうことになる。繰り返すが、トレーダーは絶えず個々の市場の違いを考え、フォローするトレンドに見合った最良のフィルターを見つけ

だす必要がある。

　価格フィルター（トレンドラインのブレイクを判定するときに一定の値幅や一定の比率）の代用として**時間フィルター**がある。一般的な時間フィルターは**2日間ルール**と呼ばれるものだ。これは、あるトレンドラインのブレイクが有効性を持つ条件として、終値が2日間連続してトレンドラインをブレイクするというものである。上昇トレンドラインをブレイクしたと言うためには、価格がトレンドラインを2日間連続して下回って引ける必要がある。1日だけの突破なら、ブレイクとは認めないというものだ。1〜3％ルールと2日間ルールは、メジャーなトレンドラインだけではなく、重要な支持線や抵抗線がブレイクされたときの判定にも用いられる。ほかにも週足でシグナルを確認するため、重要なブレイクポイントとして金曜日の終値がトレンドラインをブレイクしたかどうかを見るフィルターもある。

トレンドラインはどのように役割を転換するか

　すでに述べたように、支持線と抵抗線はいったん突破されてしまえば、その役割がまったく逆になる。それと同じ原理がトレンドラインにも当てはまる（**図4.10a〜図4.10c**）。つまり、支持線としての上昇トレンドラインは、それがはっきりとブレイクされてしまえば、抵抗線になる。また、抵抗線としての下降トレンドラインは、それがはっきりとブレイクされてしまえば、支持線になる。このためトレンドラインがブレイクされたあとも、チャートの右側に延長してトレンドラインを引いておくとよい。驚くべきことであるが、過去のトレンドラインが将来に前と反対の役割で、支持線や抵抗線の役割を果たすことが非常に多いからだ。

図4.10a 右肩上がりの支持線が抵抗線になる例。支持線が下にブレイクされたあと、その後の値動きの抵抗線として機能する

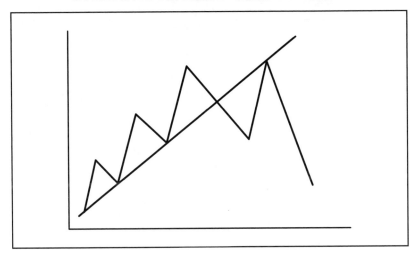

図4.10b 下降トレンドラインが一度ブレイクされると、支持線になることが多い

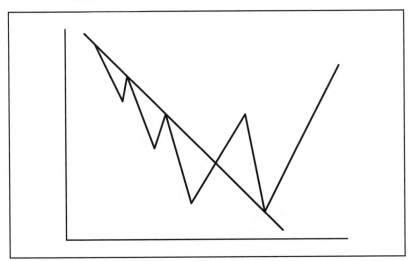

図4.10c　トレンドラインもまた役割を転換させる。ブレイクされた上昇トレンドラインがその後の値動きの抵抗線となっている

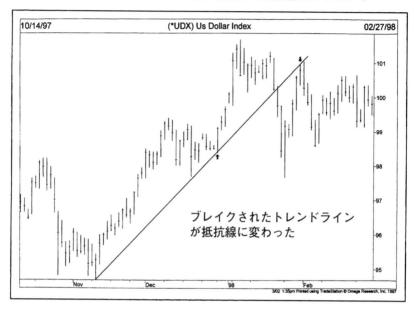

トレンドラインによる目標値の算出

　トレンドラインは目標値の決定にも役立つ。目標値については、このあとに紹介する価格パターンの章で、さらに詳しく述べたい。実際、価格パターンから算出される目標値のいくつかも、トレンドラインを用いて説明するのと同じような考え方である。簡単に述べておくと、トレンドラインがブレイクされたら、通常、その価格はトレンド転換前にトレンドラインの反対側で動いた直線距離と等距離だけ動くというものである。
　つまり、仮にかつて存在していた上昇トレンドで、価格が上昇トレンドラインの始まりから上に（垂直距離にして）50ドル動いた場合、価格はそのトレンドラインがブレイクされてから下に50ドル動くという

図4.11a　ファン理論の例。3番目のトレンドラインのブレイクがトレンド転換のシグナルになる。ブレイクされたトレンドライン（1と2）はしばしば抵抗線になる

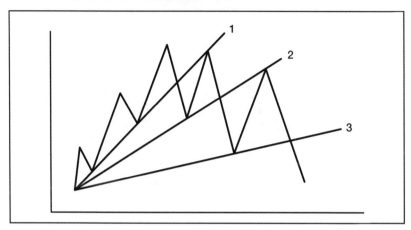

ものである。このトレンドラインを用いた目標値の算出方法は、次の第5章で紹介する有名なヘッド・アンド・ショルダーズの反転パターンに用いられる方法と類似していることに注目してほしい。ヘッド・アンド・ショルダーズではネックラインをブレイクすると、そのヘッドからネックラインまでの距離の分だけ、ネックラインを起点にヘッドと反対の方向に動くとされている。

ファン理論

　ファン理論というトレンドラインの興味深いもう1つの利用法がある（**図4.11a〜図4.11c**）。上昇トレンドラインがブレイクされ、価格がしばらく下落してから、その上昇トレンドライン（現在の抵抗線）まで上昇したとする。しかし、**図4.11a**で見るように、上昇したものの線1を超えられなかった。今度は、2本目のトレンドライン（線2）

図4.11b 相場の底におけるファン理論の例。3番目のトレンドラインのブレイクが上昇トレンドへの転換を示すシグナルになる。前にブレイクされたトレンドライン（1と2）が支持線になる

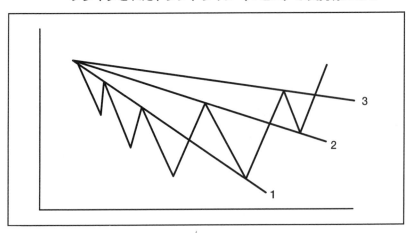

図4.11c ファンラインが連続した高値に沿って引かれている。3番目のファンラインのブレイクは上昇トレンド開始のシグナル

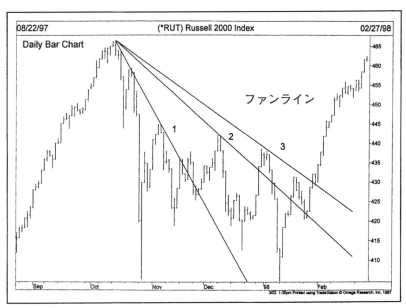

第4章　トレンドの基本概念

を引けるが、これもまたブレイクされてしまった。再度、上昇するものの、その試しに失敗して3本目のトレンドラインを引ける（線3）。**この3本目のトレンドラインをブレイクされると、さらに下落する兆候となる。**図4.11bでは、3本目の下降トレンドライン（線3）のブレイクが、新しい上昇トレンドの開始のシグナルとなっている。これらの例から前にブレイクされた支持線が抵抗線となったり、抵抗線が支持線となったりする様子がよく分かるであろう。ファン理論という名称は、ファン（扇）のように次第に水平になっていく直線の動きに由来している。**ここで重要となるのは、3本目のラインのブレイクは有効なトレンド転換のシグナルとなる**ということだ。

「3」という数字の重要性

　ファン理論で3本のラインについて調べていると、興味深いことに、テクニカル分析のなかで「3」という数字がよく現れ、非常に多くのテクニカル手法で重要な役割を果たしていることに気づく。例えば、ファン理論は3本のラインを用いる。メジャーな上昇相場と下降相場には通常、3つの局面がある（ダウ理論とエリオット波動理論）。3種類のギャップもそうだ（本書では少しだけ扱う）。トリプルトップやヘッド・アンド・ショルダーズなどはよく知られた反転パターンだが、だれが見ても分かる3つの山がある。3種類のトレンド（メジャートレンド・インターメディエートトレンド・マイナートレンド）とトレンドの3方向（上昇・下降・横ばい）。一般的に知られている継続パターンにも3種類のトライアングルがある（対称・上昇・下降）。市場に関する基本情報にも「価格・出来高・取組高」の3つがある。理由は何であれ、テクニカル分析全般に「3」という数字が卓越した役割を果たしている。

図4.12 もっとも有効なトレンドラインは約45度の角度で上昇するものである（線2）。傾斜角度が急すぎるトレンドライン（線1）は通常その角度を維持できない。傾斜角度が平坦すぎるトレンドライン（線3）も上昇トレンドが弱すぎるため、有効性は疑わしい。前の天井や底から45度の線を引き、メジャーなトレンドラインとして用いるテクニカルアナリストが多い

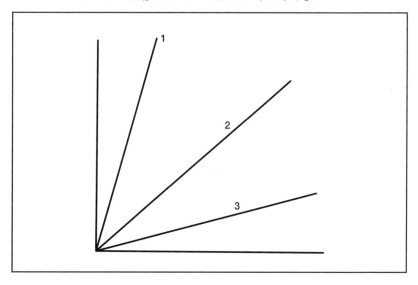

トレンドラインの相対的な傾斜角度

　トレンドラインの相対的な傾斜角度も重要である。最も重要な上昇トレンドラインは、平均して約45度の角度となりやすい。チャート分析者のなかには、チャート上の目立った高値や安値から単純に45度の線を引き、メジャーなトレンドラインとして用いる者もいる。45度線はW・D・ギャンが好んで使った技法だ。そのような線は価格と時間が均衡した比率で上昇・下降している状況を示している。

　もしトレンドラインの傾斜が急角度すぎたら（**図4.12**の線1）、通常、その価格上昇は性急すぎると言える。そうした急角度の上昇は長

続きしないのが普通だ。そのような急角度のトレンドラインは継続性がないのに対し、45度線（線2）に近いトレンドラインは持続可能な角度である。反対に、もしトレンドラインが緩やかすぎたなら（線3）、それは上昇トレンドが非常に弱く、信頼性に乏しいことを示している。

トレンドラインの調整法

トレンドラインは、その減速や加速に合わせて調整が必要なときがある（図4.13、図4.14a～図4.14b）。例えば、前のケースでも見たように、急角度のトレンドラインがブレイクされたら、より緩やかなトレンドラインを引き直す必要がある。一方、元のトレンドラインが緩やかすぎれば、より急角度の線を引き直さなければならない。**図4.13**は、急角度のトレンドライン（線1）がブレイクされて、より緩やかな線（線2）を引き直す必要のある状況を示している。

図4.14aでは、元のトレンドライン（線1）が緩やかすぎるため、より急角度の線を引き直さなければならない（線2）。上昇トレンドが加速し、より急角度のトレンドラインを必要としている。実際の値動きから明らかに大きく離れているトレンドラインは、トレンドを追うには利用価値がない。

トレンドが加速していく場合は、何本かのトレンドラインの角度を急角度にしながら引いていかなければならないだろう。しかし、筆者の経験では、より急角度のトレンドラインが必要なときは「移動平均」という別の手法を使うほうが望ましい。この移動平均線は曲線的なトレンドラインと考えればよい。数種の異なったテクニカル指標を身につけることの利点は、与えられた状況に応じて最も適切なものを選べるというところにある。本書で取り上げている技法はすべて、ある状況ではうまく機能するが、別の状況ではあまりうまく機能しない。テクニカルアナリストというものは、使える道具を各種取りそろえてお

図4.13 傾斜角度が急すぎるトレンドラインの例（線1）。元のトレンドライン（線1）は傾斜角度が急すぎた。急角度のトレンドラインがブレイクされたとしても、それは単により緩やかでより持続的なトレンドラインへの調整であることが多い

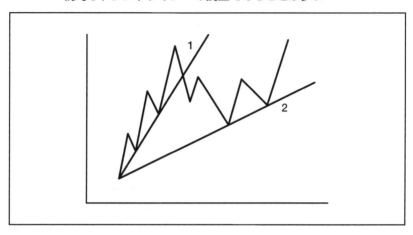

図4.14a 傾斜角度が緩すぎる上昇トレンドラインの例（線1）。上昇トレンドラインが加速したため、線1は置き去りになった。この場合、傾斜角度が急になったトレンドライン（線2）を上昇トレンドに沿った形で引き直す必要がある

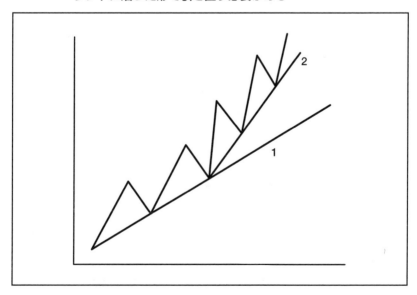

図4.14b　上昇トレンドが加速していく状況ではトレンドラインの角度を急にしていく必要がある。もっとも重要なのは角度が一番急なトレンドラインである

き、状況に応じて、よりうまく機能するものに次から次へと素早く切り替えていくものなのだ。トレンドが加速していくときは、トレンドラインの角度を大きくしていくよりも、移動平均線のほうがより効果を発揮する場面である。

　ある時点で有効なトレンドには、いくつかの異なる水準があるものだ。そのような多くのトレンドを測定するには、異なるトレンドラインが必要となってくる。例えば、上昇トレンドラインはメジャーな上昇トレンドの安値の点をつないで作られる。一方、より短期で敏感なトレンドラインは二次的なスイング用として使われる。さらに短期のトレンドラインは、さらに短期の値動きを見るために使われる（**図4.15**）。

117

図4.15 異なるレベルのトレンドを特定するために異なるトレンドラインが使われる。線1はメジャーな上昇トレンドラインであり、メジャーな上昇トレンドを特定している。線2、3、4はインターメディエートな上昇トレンドを特定している。線5は最後のインターメディエートトレンドのなかに現れたマイナートレンドを特定している。テクニカルアナリストは同一のチャート上にいろんな種類のトレンドラインを引く

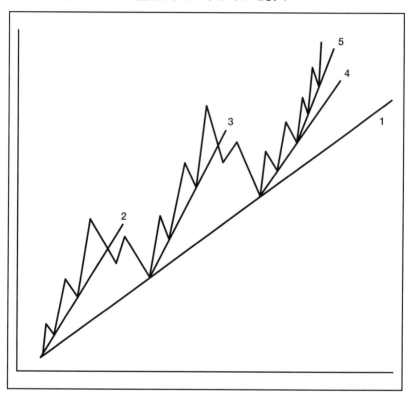

チャネルライン

　チャネルライン（リターンラインとも呼ばれる）は、トレンドライン技法のもう1つの便利な使用法だ。価格は、基本のトレンドラインとチャネルラインで形成された2本の平行線の間でトレンドを形成す

図4.16a　チャネルラインの例。一度、上昇トレンドラインが引かれれば（点1と点3の下）、チャネルライン（リターンラインともいう。点線）を最初の高値（点2）を通って引くことができる。チャネルラインは基本のトレンドラインに対して平行に引く

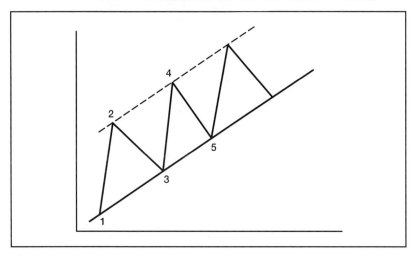

る。明白なチャネルが存在するような場合、テクニカルアナリストは利益を得るためにこのチャネルを利用できる。

　チャネルラインの引き方は比較的単純である。上昇トレンドでは（**図4.16a**）、まず安値を結んで基本となるトレンドラインを引く。次に初めの高値（点2）から、この基本のトレンドラインに平行な点線を引く。2本の線は、右肩上がりの直線であり、チャネルを形成している。もし次の上昇がチャネルライン（点4）に到達して、そこから押す動きを見せた場合、チャネルが存在する可能性が高くなる。そして、価格が元のトレンドライン（点5）で跳ね返されたら、チャネルが存在する可能性はさらに高まるだろう。同じことが下降トレンドにも言える（**図4.16b**）。もちろん、その方向は逆である。

　読者はすぐにこのような状況の価値を知るはずである。基本の上昇トレンドラインは、新規に買いポジションを取る目安として用いられ、

図4.16b 下降トレンドでのチャネルライン。チャネルは最初の安値（点2）を起点として、点1と点3をつないだ下降トレンドラインと平行に引かれる。価格はこのようなトレンドラインとチャネルの内側に留まることが多い

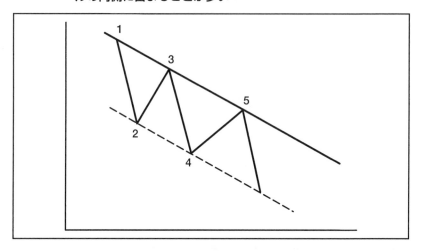

図4.16c 25年間、平行な上側のチャネルと下側のチャネルの間で収まっている様子が分かる。1987年、1989年、1993年の高値はちょうど上側のチャネルラインまで到達している。1994年の安値は下側のトレンドラインで上昇している

図4.17 上側のチャネルラインに到達しなかった場合は下のトレンドラインがブレイクされる早期の警告になることが多い。価格は点5において上側のチャネルラインへの到達に失敗したあと、基本の上昇トレンドラインを点6で下にブレイクした

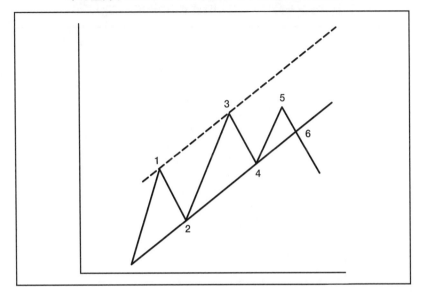

チャネルラインのほうは短期売買での利食いに用いられる。より積極的なトレーダーは、逆張りの売りを仕掛けるのにチャネルラインを使うだろう。ただし、通常は存在が確認されているトレンドの方向とは逆行したトレードは危険であり、損失が大きくなりやすい戦術である。チャネルラインがブレイクされることなく、さらに長く持続し、より多くの試しを受けたもののほうが基本のトレンドラインの重要性や信頼性はより高くなる。

　メジャーなトレンドラインがブレイクされたときは重要なトレンドの転換を示唆している。しかし、上向きのチャネルラインのブレイクは、それとは逆の意味を持つ。既存トレンドの、さらなる「加速」のシグナルとなるのだ。上昇トレンドでの上方チャネルラインのブレイ

図4.18 上側のチャネルラインが点5のようにブレイクされたときは新しいチャネルラインと平行に基本のトレンドラインを引き直すチャート分析者が多い。つまり、線4〜6は線3〜5に平行に引かれる。上昇トレンドは加速しているので、基本の上昇トレンドラインも同じように引き直すのが理にかなっている

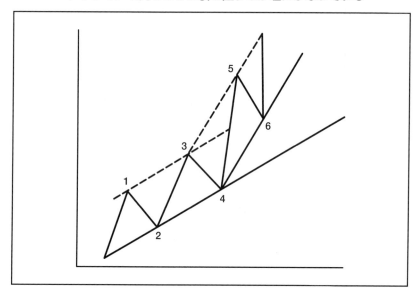

クを買い増しのサインと考えるトレーダーもいる。

　チャネルラインのもう1つの使い方は、チャネルラインに価格が達しなかったことに注目するのである。通常、それはトレンドが弱まっている兆候である。図4.17では、価格は点5ではチャネルへの到達に失敗している。だが、これはもしかすると、トレンド転換の最初の警告かもしれない。さらに、もう一方のライン（基本のトレンドライン）がブレイクされる可能性が高まっているということだ。通常、経験則として、形成されたチャネル内部で価格がチャネルラインに達しなかったときは、トレンドが転換しつつあり、基本のトレンドラインがブレイクされる可能性が高まっていることを示唆している。

図4.19 価格が上側のチャネルラインに到達することに失敗したため、下降トレンドラインが切り下がった２つの高値に沿って引かれている。そして、暫定的なチャネルラインを、点４の安値を起点として線３～５と平行に引く。下側のチャネルラインが最初の支持線になることがよくある

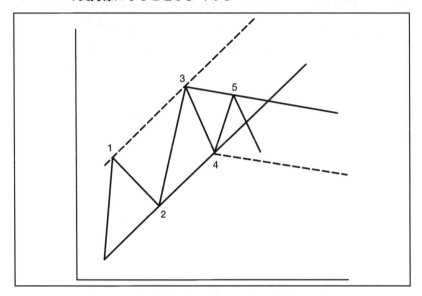

　また、チャネルラインは基本のトレンドラインの調整にも用いられる（**図4.18**と**図4.19**）。もし価格が上昇トレンドラインの上で有意義な分だけ動いたとすれば、通常、それはトレンドが強化されたことを意味している。そのような場合、チャート分析者のなかには**図4.18**に示されているように、最後の切り上げた安値を起点に、より急角度な基本の上昇トレンドラインを引き、それに平行して新たなチャネルラインを引く者もいる。この急角度の新しいトレンドラインは、角度の緩い古いトレンドラインよりも有効に機能することが多い。同様に上昇トレンドが上方チャネルラインに到達できなければ、**図4.19**に見られるように、直近の２つの高値（点３と点５）を結んだ新しい抵抗

線を引き、最後の切り上げた安値（点4）を起点として平行な線を描いて新しい支持線とすることができるだろう。

チャネルラインは目標値の算出にも重要な意義を持つ。**既存のチャネルから価格がブレイクアウトすれば、通常、そのチャネルの幅と同じだけ価格は動く。**したがって、単にチャネルの幅を測っておけば、それをトレンドラインのブレイクポイントから当てはめるだけで計算できる。

ただし、2本のラインのうち、トレンドラインのほうがはるかに重要性が高く、信頼に値することを忘れてはならない。チャネルラインはトレンドラインの二次的な利用法にすぎない。しかし、チャネルラインは十分有効である。チャート分析者の道具箱に入れておいて損はないツールだ。

リトレースメント比率

これまでに示した上昇トレンドと下降トレンドのすべての例から、皆さんは次のことに気づかれたことだろう。市場がある程度動いたあと、現在のトレンドの方向とは逆行した動き（リトレースメント［押しや戻り］）があり、そこからまた元のトレンドの方向に復帰する。このようなトレンドに逆行する動きは、予測可能な比率で分類されている。そのような比率で最もよく知られているものが**50％リトレースメント**だ。例えば、相場が強気トレンドで100から200に上昇したとしよう。ここでよくありがちなのが、前回に上昇した分の約半分、つまり150付近までの下落（押し）である（その後、上昇モメンタムを回復する）。これはよく知られたマーケットの傾向であり、マーケットでよく起こる。また、このようなリトレースメント比率はどのレベルのトレンド（メジャートレンド・インターメディエートトレンド・マイナートレンド）にも適用できる。

図4.20a　価格は上昇した値幅の半分程度押したあと、元の方向へ進むことが多い。これは50％リトレースメントの例である。最小のリトレースメントは上昇した値幅の1/3、最大は2/3である

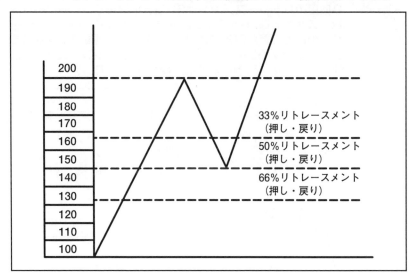

　50％リトレースメントのほかに、広く知られたものとして、比率の最大値と最小値を用いる**1/3リトレースメント**と**2/3リトレースメント**がある。つまり、価格が進んだ幅を3分の1に分割し、通常は最少の逆行幅を約33％、最大の逆行幅を約66％とするのだ。これが意味するものは、強いトレンドの場合、相場は前の動きの3分の1くらいを押したり・戻したりするということだ。これはいくつかの理由から、非常に有益な情報となり得る。もし安値での買い場を探しているなら、チャート上に33～50％のラインを機械的に表示させればよい。そのラインは買い場として利用できる（図4.20a～図4.20b）。
　リトレースメント比率の最大値は66％だ。これは特に重要な領域となる。もし今のトレンドがこれからも持続するのであれば、調整は3分の2程度で止まらなければならない。上昇トレンドで調整が3分の

図4.20b　3本の水平線は、1997年4月の安値と8月の高値から測定された38％、50％、62％のリトレースメント（押し）水準を表している。1回目のリトレースメントは38％ラインまで、2回目のリトレースメントは62％ラインまで、3回目のリトレースメントは50％ライン付近まで下落している。一連の値動きのほとんどが50％のリトレースメント領域で支持されている。38％と62％ラインはフィボナッチリトレースメントと呼ばれ、チャート分析者の間ではよく知られている

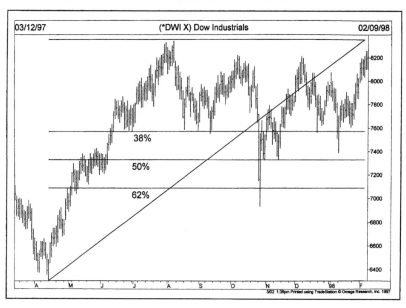

2で止まるとすれば、そこは比較的リスクの低い買い場（下降トレンドでは売り場）となる。しかし、価格が3分の2の水準を超えたのであれば、それは単なるリトレースメント（押し・戻り）ではない。トレンド自体の転換が起こっている可能性がある。そのようなとき、価格は通常、これまでの上昇分や下落分の100％逆行する。

　これまで紹介してきた3つのリトレースメント比率である50％と33％と66％が、そもそもはダウ理論に由来していることに気づいただろうか。これから紹介するエリオット波動理論やフィボナッチ比率を知

126

れば、このような手法の支持者が38％と62％のリトレースメント比率を用いていると分かるだろう。筆者が好んで用いているのは、最小のリトレースメント比率に33〜38％、最大リトレースメント比率に62〜66％の数字を組み合わせた手法だ。しかし、端数を調整して40〜60％をリトレースメント比率として用いているテクニカルアナリストもいる。

　W・D・ギャンを少しでも学んだことがある人は、ギャンがトレンドの構造を「1/8、2/8、3/8、4/8、5/8、6/8、7/8、8/8」の８つに分割していたことを思い出しているかもしれない。しかし、ギャンでさえ、3/8（38％）、4/8（50％）、5/8（62％）のリトレースメント比率を特に重視していた。しかも、彼はトレンドの３分割、つまり1/3（33％）と2/3（66％）が重要と感じていたのである。

スピードライン

　３分の１について話したので、リトレースメント比率にトレンドラインを組み合わせた技法である**スピードライン**について紹介しよう。エドソン・グールドが考案したこの技法は、実のところ、トレンドを３つに分割する考えの応用である。リトレースメント比率の考え方との大きな違いは、スピードレジスタンスライン（スピードライン）がトレンドの上昇率や下落率（別の言い方では「速度」）を測定する点にある。

　上昇相場のスピードラインを引くには、まず現在の相場で最も高い点を見つける（**図4.21a**）。チャート上のその高い点から、トレンドの始点から水平に引かれた点線に向かって垂直線を引く。そして、その垂直線を３分の１ずつに分ける。スピードラインは、トレンドの始点から垂直線の３分の１のところに付けられた２つの点、つまり３分の１と３分の２の点を通過する直線である。下降トレンドの場合、ち

127

図4.21a　上昇トレンドでのスピードレジスタンスラインの例。トレンドの始点からその高値までの垂直距離を3つに分割している。2本のスピードラインは点1から点2、また点1から点3に向けて引かれる。上は2/3スピードライン、下は1/3スピードラインである。これらのスピードラインは調整のときには支持線の役目を果たす。これらのスピードラインがブレイクされると、上昇の頭を押さえる抵抗線に変わる。このようなスピードラインは値動きと重なって引かれる

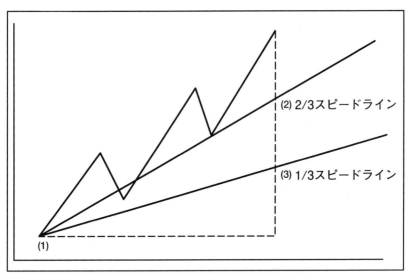

ょうどこれと逆の手順となる。現在の相場で最も安い点を見つけ、トレンドの始点から水平に引かれた点線から垂直線を引き、その距離を測定する。そして、トレンドの始点から垂直線の3分の1と3分の2の点を通過する直線を引く（**図4.21a〜図4.21b**）。

　上昇トレンドに新高値が、あるいは下降トレンドに新安値が出現するたびに（新高値や新安値が出現したので）新しい線を引き直さなければならない。スピードラインはトレンドの始点から3分の1と3分の2の点を通るように引かれる。したがって、そのようなスピードラインは値動きの上を通過してしまうことがある。このような場合は、ス

図4.21b　下降トレンドでのスピードラインの例

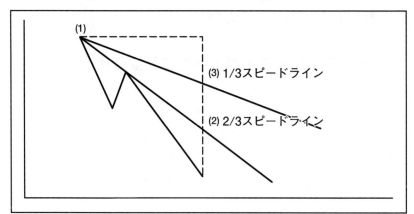

ピードラインを安値の下側や高値の上側に引かない。実際には値動きの上に重ねて引いてよい。

　上昇トレンドが調整しているときは通常、その一連の下落は上側のスピードライン（2/3スピードライン）で止まるはずだ。もし止まらなければ、下側のスピードライン（1/3スピードライン）まで下落するだろう。その下側のスピードラインがブレイクされれば、価格はトレンドの開始点付近まで下落する可能性が高い。下降トレンドで言えば、下側のスピードラインがブレイクされたら、価格は上側のスピードラインまで上昇する可能性がある。そして、その上側のスピードラインがブレイクされたら、トレンドの起点となった高値まで上昇する可能性がある。

　あらゆるトレンドラインで言えるように、スピードラインは一度ブレイクされると、その役割を転換させる。したがって、一連の上昇トレンド中に価格が上側のスピードライン（2/3ライン）を下にブレイクし、1/3ラインまで下落して、そこで上昇に転じたのなら、その上側のスピードラインは抵抗線になる。過去の高値が試される可能性が出て

くるのは、上側のスピードラインをブレイクしたときだけであろう。同じ原理が下降トレンドでも当てはまる。

ギャンラインとフィボナッチファンライン

チャートソフトでもギャンラインとフィボナッチファンラインを引ける。フィボナッチファンラインは、スピードラインと同じ方法で引かれる。ただし、フィボナッチラインが引かれるのは38％と62％の角度だ（第13章では、38％と62％という数字がエリオット波動理論に由来していることを解説する）。ギャンライン（伝説的なコモディティトレーダーであるW・D・ギャンにちなんで名付けられた）は、明確な高値や安値から特定の幾何学的角度で引かれるトレンドラインである。このギャンラインで最も重要なのは、高値や安値から45度の角度で引かれるということだ。上昇トレンドでは、より急角度なギャンラインは63.75度と75度で引かれる。より緩やかなギャンラインは26.25度と15度で引かれる。そのようにして9本ほどの異なったギャンラインが引かれる。

ギャンラインとフィボナッチラインはスピードラインと同じように用いられる。下向きの動きに対しては支持線となる。価格がそれらのラインの1つをブレイクすれば、次に控えているさらに下方のラインまで下落するのが普通だ。ただし、このギャンラインには少々微妙なところがある。たとえ、そのうちの1つがうまく機能するにしても、どのラインが機能するか前もって確信を持てないからだ。幾何学的なトレンドラインの有効性を、完全に疑問視しているチャート分析者もいる。

図4.21c　内部トレンドラインとは、可能なかぎり多くの高値と安値をつなぐため、値動きと重なって引かれる。ここで引かれた内部トレンドラインは1996年の高値にそって引かれたもので、1年後の1997年の春にはその高値が支持線になっている

内部トレンドライン

　内部トレンドラインとは、トレンドラインの応用系である。極端な高値や安値を無視して、その代わりに値動きの一部を通過させながらも、その内部にある高値と安値をできるかぎり多く含めるように引いたものだ。この種のトレンドラインを発展させて、その利用価値の高さを発見したチャート分析者がいる。しかし、内部トレンドラインには問題点がある。それは、あまりにも主観的に引かれることだ。一方、極端な高値や安値に沿って引かれる伝統的なトレンドラインは比較的厳密といえる（**図4.21c**）。

図4.22a　トップリバーサルデイの例。リバーサルデイは出来高が多ければ多いほど、また値幅が広ければ広いほどその重要性が高まる

図4.22b　ボトムリバーサルデイの例。出来高が特に多いボトムリバーサルはよく「セリングクライマックス」と呼ばれる

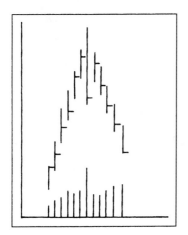
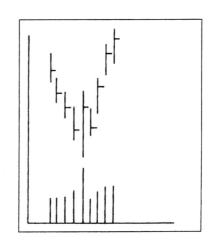

リバーサルデイ

　もう１つ重要な追加ツールに**リバーサルデイ（反転日）**がある。この特別なチャートパターンには多くの名称がある。トップリバーサルデイ、ボトムリバーサルデイ、**バイイングクライマックス（セリングクライマックス）**、キーリバーサルデイなどだ。このパターン自体はそれほど重要ではない。しかし、ほかのテクニカル情報に取り込まれると重要なものになるときがある。まずはリバーサルデイの定義から始めよう。

　リバーサルデイは天井か底で起きる。一般的な**トップリバーサルデイ**の定義は、上昇トレンドで新高値を付けた同じ日に安く引けることをいう。つまり、価格が日中（通常は寄り付きかその付近）に上昇し、あ

図4.22c 1997年10月28日は「セリングクライマックス」の典型例。価格は急落して安く寄り付き、急騰して引けている。大商いがさらにその重要性を高めている。これほど劇的なものではないが、そのほかの2つの上向きのリバーサルデイ（矢印）でも底を打った形になっている

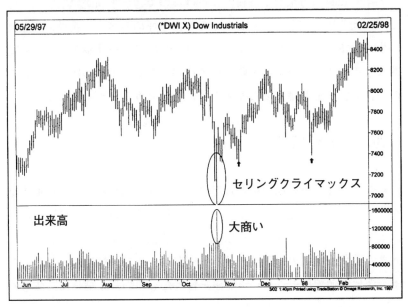

る時点で新高値を付けてから急に勢力が弱まり、前日の終値よりも安く引けた場合をいう。**ボトムリバーサルデイ**は、日中に新安値を付けたあと、同じ日に高く引けた場合をいう。

　日中の値幅が広ければ広いほど、また出来高が多ければ多いほど、短期トレンドでの転換シグナルとして重要なものとなる。**図4.22a～図4.22b**ではその両方がチャート上に示されている。転換日に出来高が増加しているのも分かる。また、この日はリバーサルデイの高値と安値が前日の値幅を超えており、外側で形成されているのが分かる。これを**アウトサイドデイ（包み足）**という。アウトサイドデイはリバーサルデイの必要条件ではないが、その日の重要性がさらに増すことだ

けは確かだ（**図4.22c**）。

　ボトムリバーサルデイは**セリングクライマックス**と呼ばれることもある。これは通常、下げ相場の底で見られる劇的な反転である。ここで失望した買い方全員が最終的に投げるので、出来高が急増する。そして、売り圧力がなくなると、その空白を埋めるべく、相場に急上昇が生まれるのだ。セリングクライマックスはリバーサルデイで最も劇的なものの１つである。下降相場の最終的な底を示すわけではないものの、通常、それは重要な安値を付けたというシグナルになる。

週足反転と月足反転

　この反転パターンは週足と月足のチャートに現れる。かなり重要なパターンである。週足のチャートでは、それぞれのバー（足）の終値は金曜日の終値であり、バーは週全体の値幅を表す。したがって、上向きの**週足反転（アップサイドウイークリーリバーサル）**では、その１週間は安値で取引され、新安値を付けたものの、金曜日には前週の金曜日の終値よりも高く引ける。

　週足での反転は、日足での反転よりも明らかに重要だ。チャート分析者はそれを重要な転換点を示すシグナルとして注意深く観察している。同様に、月足での反転はさらに重要なものとなる。

ギャップ

　ギャップ（窓）は、単にチャート上で取引がなかった価格帯を指す。例えば、上昇トレンドで相場が前日の高値よりも上で寄り付き、チャート上にギャップ（つまり空白部分）を残して、日中にもその価格帯で取引が行われず引けたときなどに生じる。また、下降トレンドでは、その日の高値が前日の安値よりも低い状態をいう。上方ギャップは通

常、相場の強さを表すシグナルとなる。逆に、下方ギャップは相場の弱さを表すシグナルとなる。ギャップは長期の週足チャートや月足チャートにも現れる。そのようなギャップは非常に重要だ。しかし、日足のチャートで見られるのが一般的である。

　ギャップには、いくつか神話がある。最もよく聞かれるのが「ギャップは埋められる」だ。これは明らかに誤りである。埋められるものもあれば、埋められないものもある。ここでギャップがその種類と発生場所に応じて、相場予測で異なった意味を持つことを見ていこう。

３種類のギャップ

　一般的に、ギャップには３つの種類がある。**ブレイクアウエーギャップ、ランナウエーギャップ、エグゾースチョンギャップ**だ。

１．ブレイクアウエーギャップ
　ブレイクアウエーギャップは通常、重要な価格パターンが完成したときに現れる。重要な値動きの始まりを表すシグナルとなる。主要な底のパターンを完成したあと、このブレイクアウエーギャップで抵抗線をブレイクすることがよくある。天井圏や底値圏から離脱するとき、この種のギャップが現れやすい。また、メジャーなトレンドラインをブレイクしてトレンド転換のシグナルとなるときにも、ブレイクアウエーギャップが現れる場合がある。

　ブレイクアウエーギャップは通常、出来高の増加を伴う。また多くの場合、このブレイクアウエーギャップは埋められることがない。上昇相場でのブレイクアウトの場合、価格がギャップの上端部分まで押す場合もあれば、その一部を埋めて引けることもあるだろう。しかし、その全部が埋められることはあまりない。こうしたギャップが現れたときに出来高が多ければ多いほど、そのギャップが埋められる可能性

図4.23a　3種類のギャップ。ブレイクアウエーギャップは底パターンの完成シグナル。ランナウエーギャップは中間辺りで発生する。上向きのエグゾースチョンギャップが発生し、その1週間以内に下向きのブレイクアウエーギャップが出現すれば、アイランドリバーサルトップが形成される。上昇途中に埋められないブレイクアウエーギャップとランナウエーギャップがあるが、これはよくあること

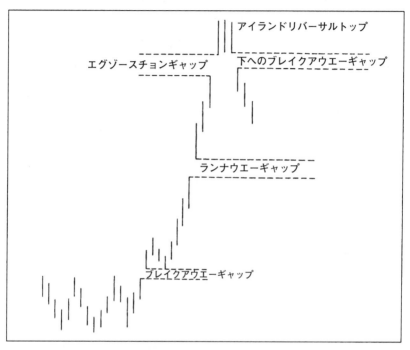

は低くなるのが一般的だ。上方ギャップは通常、その後の相場動向に対して支持線の役目を果たす。重要なのは、上昇トレンド中は価格がギャップを越えて下げないことだ。上方ギャップよりも下側で引ければ、それは相場が弱くなっている兆候である（**図4.23a～図4.23b**）。

2．ランナウエーギャップ

　2つ目のギャップは、値動きがしばらく持続したあと、その中間辺

図4.23b　1つ目の枠は上昇の終盤に現れる「エグゾースチョンギャップ」。価格がそのギャップの下側まで下落したときは天井のシグナルである。2つ目の枠は下降トレンドの中間辺りで現れる「ランナウエーギャップ」。3つ目の枠は相場の底で現れる「エグゾースチョンギャップ」。このギャップの上側まで価格が上昇すれば、さらなる上昇のシグナルになる

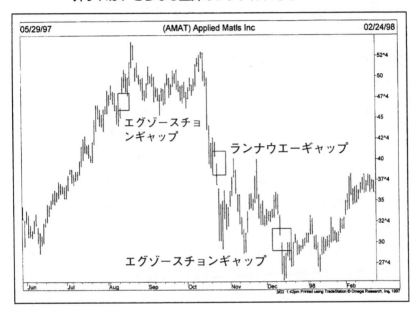

りに形成される価格の跳ね上がりである。**ランナウエーギャップ**と呼ばれる。この種のギャップは、適度な出来高で相場が難なく動いている状態を示している。上昇トレンドでは相場の強さを表し、下降トレンドでは相場の弱さを表している。ブレイクアウエーギャップと同様に、ランナウエーギャップは、上昇トレンドの場合はその後の値動きで支持線の役割を果たす。そのため、このギャップが埋められることはあまりない。また、ブレイクアウエーギャップのときと同じで、上昇トレンド中でランナウエーギャップよりも下側で相場が引けたときは、悪い兆候となる。

この種のギャップは、通常、トレンドの中間辺りで見られることからメジャリング（測定）ギャップとも呼ばれる。トレンドの起点（シグナルやブレイクアウトポイント）からすでに進行した距離を測り、それを倍にすると、これからトレンドがどれだけ進むか、おおよその距離を推定できるからだ。

3．エグゾースチョンギャップ

この3つ目のギャップは値動きの終わり付近で現れる。目標値に到達し、前の2種類のギャップ（ブレイクアウエーギャップとランナウエーギャップ）が確認されると、アナリストはこのエグゾースチョンギャップの出現を予想し始める。上昇トレンドの終わり付近では、価格はいわば最後のあがきで跳ね上がる。しかし、その上昇はすぐに減速し、価格は数日か1週間以内に下げてくる。通常、最後のギャップの下側で値が引けたときは、それはエグゾースチョンギャップが現れた決定的証拠となる。これは「上昇トレンド中にギャップを超えて下げたときは非常に弱気」という典型的な例である。

アイランドリバーサル

ここでアイランドリバーサルパターンについて解説しよう。上昇トレンド中でエグゾースチョンギャップが現れたあと、数日から数週間程度の間、狭い値幅で取引され、そこから価格がギャップを空けて下落することがある。そのような状況では、その数日間の値動きが空白（水）に囲まれた島のような外観に見える。上方へエグゾースチョンギャップのあとにブレイクアウエーギャップが続くと、アイランドリバーサルパターンの完成だ。通常は、これは重要なトレンド転換のシグナルとなる。もちろん、その転換の重要性は、価格がトレンド全体でどの位置にあるかによって決まってくる（図4.23c）。

図4.23c 「アイランドリバーサル」がチャート上の2つのギャップによって作り出された。1つ目の枠は上方ギャップであり、2つ目の枠は3週間後に出現した下方ギャップである。このようなギャップが組み合わさると重要な天井のシグナルになる

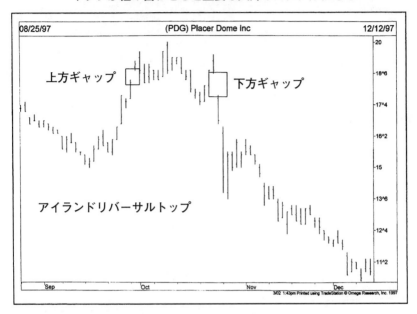

おわりに

　本章では、筆者がチャート分析の基礎になると考えている入門的なテクニカル手法である支持線と抵抗線、トレンドラインとチャネルライン、リトレースメント比率、スピードライン、リバーサルデイ、ギャップを紹介した。以降の章で紹介するテクニカル分析のすべてがこの章で解説した概念と手法をさまざまな形で応用している。これらの概念を正しく理解し習得することで、価格パターンの学習に進む準備ができたことになるのだ。

主要な反転パターン

Major Reversal Patterns

はじめに

　今日の多くのトレンドフォロー手法の基礎となっているダウ理論についてはすでに述べた。また、支持線・抵抗線やトレンドラインといったトレンドの基本概念についても学習した。そして出来高と取組高についても紹介した。これで、次の段階として、チャートパターンの学習に入る準備ができたことになる。では、今までに学んだ概念を基礎に、このようなパターンを組み立てる様子を簡単に見ていくことにしよう。

　第4章でトレンドの定義とは、切り上げていく高値と安値、または切り下げていく高値と安値であると述べた。高値と安値が切り上がっているかぎり、トレンドは上向きであり、高値と安値が切り下がっているかぎり、トレンドは下向きである。しかし、ある程度の期間、相場は横ばいになるということも述べた。横ばいの相場については、次の2章で説明することにする。

　多くのトレンド転換が突然起こると考えるのは間違いである。実際は、重要なトレンド転換にはある程度の期間が必要である。問題なのは、このような時間の経過がいつもトレンド転換のシグナルになるわけではないということだ。時に、横ばいの期間が現在進行中のトレン

ドに復帰する直前の単なる一時休止だったり、揉み合いにすぎない場合もあるからである。

価格パターン

このような移行期間と市場を予測するうえでの意義について研究を進めていくと、価格パターンに対する疑問に行き着く。そもそも価格パターンとは何なのかということである。価格パターンとは、株式やコモディティのチャート上に現れるある形である。そして、それはいろいろな範疇に分類され、先行きを予測するうえでの価値を持っているものである。

２種類のパターン —— 反転と継続

価格パターンは大きく２つに分類される。反転パターンと継続パターンである。これらの名称が示すように、反転パターンとは、重要なトレンド転換が起こることを示唆するものである。一方、継続パターンとは、単なる一時休止であり、短期的な買われ過ぎや売られ過ぎを修正したあと、元のトレンドへ復帰するパターンのことを指している。重要なのは、パターンの形態を見たとき、２つのパターンのうちどちらなのかをできるだけ早く識別することである。

本章では、最もよく用いられる５つの反転パターンである、①ヘッド・アンド・ショルダーズ、②トリプルトップ（トリプルボトム）、③ダブルトップ（ダブルボトム）、④スパイクトップ（スパイクボトム）、⑤ラウンディングトップ（ラウンディングボトム）—— を解説する（なお、④はＶ字トップ［Ｖ字ボトム］、⑤はソーサートップ［ソーサーボトム］などの別の名称もある）。ここでは値動きの形態そのもの——つまり、その形態がどのように形成され、確認されるかというこ

と──を調べていく。同時に、考慮すべきもう1つの重要な要素、すなわち値動きに付随する出来高のパターンとその意義についても見ていくことにする。

　出来高は、このような価格パターンのすべてにおいて、確認するうえで重要な役目を果たす。あるパターンの信頼性がどのくらいかを判断するとき、それが疑わしいと思うときは（そのようなことは多々あるが）、出来高を見ることでそれを判断するうえで助けになる。

　ほとんどの価格パターンは、テクニカルアナリストが最大どの程度まで価格が動くかという目標値を設定するときに役立つ。このような目標値は、これからどのくらい動くかのおおよその目安にすぎないが、トレーダーが自身のリスク・リワード・レシオを決定するときの助けになる。

　第5章では、2つ目のパターンである継続パターンの種類も見ていく。そこでは、パターンが、①トライアングルパターン、②フラッグ、③ペナント、④ウエッジ、⑤レクタングル（長方形）パターン──のうちのどれに当たるのかを判別していく。これらのパターンは通常、トレンドの転換というよりも、現在のメジャートレンドの一時休止を示しており、インターメディエートトレンドやマイナートレンドに分類されるものである。

すべての反転パターンに共通すること

　個々の主要な反転パターンの解説を始める前に、それらすべてに共通する考慮すべき事項を押さえておこう。

1. すべての反転パターンに必要な条件は、そのパターンの前に進行中のトレンドがなければならない。
2. トレンド転換の最初のシグナルは、重要なトレンドラインをブレ

イクすることである。

3．パターンが大きければ大きいほど、そのあとに続く値動きも大きくなる。

4．天井のパターンは底のパターンよりも期間が短く、ボラティリティが高い。

5．底のパターンは比較的値幅が狭く、形成されるまでの期間が長い。

6．反転上昇するパターンは出来高がより重要になる。

必要な先行するトレンド

　先行するメジャートレンドの存在が、あらゆる反転パターンにとって重要な必要条件となる。相場というものは、いつかは反転するものである。チャート上に現れた形が時に反転パターンに似ているときがある。しかし、現在進行中のトレンドがなければ、そもそも反転というものが成立しないので、そのパターンは疑ってみるべきだ。パターンというものは、トレンドの内部で生まれる傾向があるということを知っておくことが、パターンを認識するうえで重要になる。

　反転の対象となるトレンドがすでに存在しているということが、目標値の算出の問題に深くかかわってくる。先に述べたように、ほとんどの目標値の算出法は、少なくともこれぐらいは動くであろうと考えられる最小の目標値にすぎない。一方、最大の目標値は過去の動き全体にかかわってくる。もしメジャーな上昇相場が現れ、天井のパターンが形成されたときに、その後、最大どの辺りまで下落するかを考えるのなら、上昇相場の100％リトレースメント（押し）、つまり、そのトレンドの始点を頭に入れておくことになる。

重要なトレンドラインのブレイク

　トレンド転換の最初のシグナルは重要なトレンドラインのブレイクから始まることが多い。しかし、メジャーなトレンドラインの突破が

必ずしもトレンド転換のシグナルになるわけではない。この最初のシグナルはトレンドの変化を示すものである。メジャーな上昇トレンドラインのブレイクは横ばい開始のシグナルかもしれない。そして、それがのちに反転パターンか揉み合いのどちらかのパターンとして確定される。時に、メジャーなトレンドラインのブレイクは価格パターンの完成と一致することがある。

パターンが大きければ大きいほど、大きく動く潜在能力は高い

普通「大きい」という言葉を用いたとき、それは価格パターンの高さ（値幅）が高く、幅（時間）が広いことを言う。高さによって、パターンのボラティリティが測定できる。また、幅はパターンが完成するまでに要した時間を指す。パターンのサイズが大きければ大きいほど、つまり、パターン内の価格のスイング幅（ボラティリティ）が大きく、形成されるまでの時間が長いほど、そのパターンの重要性は高まり、その後の値動きの潜在能力が高くなる。

実際、第5章と第6章のなかの目標値の算出法は、そのすべてがパターンの**高さ**に基づいている。これらはもともとバーチャートに適用されたものであり、そこでは**垂直的な**算出基準が用いられた。価格パターンの**水平的な**幅（時間）に基づき算出する方法は、あとで説明するポイント・アンド・フィギュア・チャートで見るものである。このチャートでは、**カウント**として知られている算出法を用いる。これは、天井や底の横幅と、その後、算出される目標値の間にある緊密な関係を前提とした算出法である。

天井と底の違い

天井パターンは、底のパターンよりも期間が短く、ボラティリティが高い。天井圏での価格のスイング幅は、より大きく激しいものとなる。また、天井を形成するための時間は短い。底のパターンは、値幅

は狭いが、形成されるまでに時間を要する。このため天井を捕まえることよりも、底を特定し、仕掛けるほうが簡単で労力を要しない。ここにひとつ、判別しにくい天井パターンではあるが、テクニカルアナリストやトレーダーを元気づけてくれることがある。それは、**価格は上昇するときよりも下落するときのほうが速度が速い**ということである。したがって、トレーダーは上昇相場で買っているよりは、下落相場で売るほうがより多くの利益を素早く手にすることができるのだ。人生において、リスクとリワード（利益）はすべてトレードオフである。高いリスクをとればそれに見合った利益がついてくる。しかし、その逆もしかりである。天井パターンをとらえるのは難しいが、とらえたときは労力に見合う利益を得ることができるのである。

反転上昇するパターンは出来高がより重要になる

出来高はトレンドの方向に沿って多くなると考えられ、価格パターンの完成を知るための重要な確認となる。パターンの完成には、出来高の増加が伴わなければならない。しかし、トレンド転換の初めの段階では、**天井での出来高はあまり重要ではない**。相場は、一度下がり始めると、自分の重みで下がるだけだ。チャート分析者は、価格が下落するときに、出来高の増加を確認しようとするが、それだけでは十分ではない。しかし、相場の底では、出来高の増加は非常に重要な意味を持っている。もし相場に上への**ブレイクアウト**が起こっている間に、出来高に顕著な増加がなければ、その価格パターンは疑わしいものとなる。出来高については、第7章でより深く考察を行う。

ヘッド・アンド・ショルダーズの反転パターン

ここで、反転パターンのなかでも最もよく知られ、信頼性も高い**ヘッド・アンド・ショルダーズ**と呼ばれるパターンを見ていくことにす

る。このパターンについては、重要性が高いため、また、その性質について、重要性が高いため、また、その性質についてもすべて詳細に説明したいので、より時間を割いて解説する。これ以外の反転パターンのほとんどがこのヘッド・アンド・ショルダーズのバリエーションにすぎないので、このパターンと同じくらい詳細に扱う必要はないと考える。

この重要な反転パターンは、ほかのすべての反転パターンと同様に、第4章で取り上げたトレンドの概念をさらに発展させたものである。上昇トレンドにおいて、切り上げている高値と安値が次第にその力を失っていく様子を思い浮かべてほしい。そこで、上昇トレンドはしばらくの間、横ばいの状態になる。その間、需要と供給は比較的つり合っている。この売り抜け期間が終了すれば、トレーディングレンジの支持線がブレイクされ、新たな下降トレンドが形成される。この新しい下降トレンドは、それぞれが切り下げている高値と安値を持っている。

このようなシナリオが、どのように**ヘッド・アンド・ショルダーズ・トップ**を形成するか見てみよう（**図5.1a～図5.1b**）。点Aにおいて、上昇トレンドはまったく天井の兆候を見せておらず、その予想どおり、実際にも上昇トレンドは継続している。出来高も増加し、新高値を付けているために正常である。点Bへの調整売りのとき、出来高は少ないが、これも予想どおりである。しかし、用心深いチャート分析者であれば、点Cにおいて点Aの水準をブレイクして上昇したときの出来高が前の高値のときよりもやや少ないことに気づいただろう。この変化自体はあまり重要ではないが、アナリストの脳裏には黄色信号が点灯する。

それから、価格は点Dに向けて下落し始め、やや不安が生まれる。価格は、前の高値である点Aを下抜いて下落している。上昇トレンドで一度突破された高値は、あとで調整の支持線として機能したことを思い出してほしい。価格が、点Aを下抜いて前の切り上がった安値である点Bの目前まで下落した場合、それは上昇トレンドに対して何か良

図5.1a　ヘッド・アンド・ショルダーズ・トップの例。左肩（点A）と右肩（点E）はほぼ同じ高さにある。ヘッド（C）は両肩よりも高い。肩の高値では出来高が減少している。このパターンは価格がネックライン（線2）を下回って引けることで完成する。最小の目標値はヘッドからネックラインまでの垂直距離をネックラインのブレイク点から下方に下ろして算出する。ネックラインまでの戻りがよく起こるが、ネックラインが一度ブレイクされたあとに、ネックラインと再び交差するような動きがあってはならない

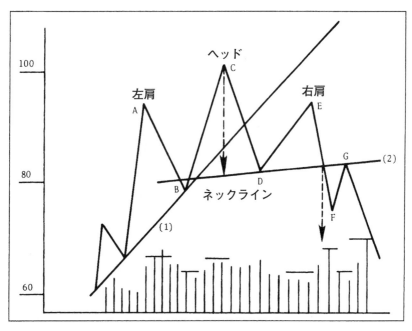

くないことが起こっているというもう1つの警告になる。

　相場が再び点Eまで上昇しているが、今回は出来高がさらに減少し、前の高値である点Cまで到達できていない（点Eまでの最後の上昇は点Cから点Dの下落の2分の1から3分の2の距離になることが多い）。上昇トレンドが継続するためには、個々の切り下がった高値がその前の切り上がった高値を上回る必要がある。点Eへの上昇がその前の高値である点Cに到達しなかったことは、下降トレンドの成立条件の半

図5.1b　ヘッド・アンド・ショルダーズ・トップ。３つの高値が２つの肩とそれらよりも高いヘッドで構成されている。ネックラインへの戻り（矢印）が予測どおり起こっている

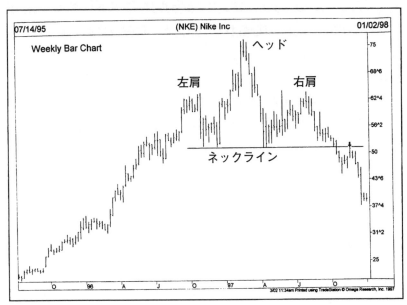

分である「切り下げた高値」の条件をを満たすことになる。

　この時点までに、メジャーなトレンドライン（線１）はすでにブレイクされており、点Ｄでは別の危険なシグナルが点灯されつつある。しかし、このような警告にもかかわらず、この時点で言えることは、トレンドが上昇から横ばいに変わったということだけである。これは買いポジションを手仕舞うのに十分な理由となるかもしれないが、新規の売りポジションを建てるには不十分である。

ネックラインのブレイクがパターンを完成させる

　このときまでに、横向きのトレンドラインは最後の２つの切り上げ

た安値（点Bと点D）を結んだ線2（ネックライン）が引かれる。この線は一般的にやや上向きの直線となる（時に水平やまれに下向きの場合もある）。**このヘッド・アンド・ショルダーズ・トップは、価格がネックラインを完全に突破されて引けたときに完成する。**現在の市場は、点Bと点Dの安値を結んだトレンドラインが突破され、また支持されていた点Dを下にブレイクされたので、新しい下降トレンドの成立条件である「切り下がった高値と安値」の条件を満たした。また、新しい下降トレンドは点C、点D、点E、点Fで示された切り下がった高値と安値を見ても確認できる。出来高はネックラインのブレイク時に増加している。しかし、天井形成の初期の段階では、下落時の出来高急増はそれほど重要ではない。

反発の動き

ネックラインの突破後、通常は一度反発する。それは、ネックラインが作る底や前の切り上がった安値である点Dまで上昇（点G）し、その点Dと点Gが今回は頭を押さえる抵抗線となる。このような反発は必ず起こるというものではないし、極めて弱い反発で終わることもある。このときの出来高は、反発がどの程度のものになるかを知る助けになるだろう。もしネックラインが初めてブレイクされたとき、商いが伴っていれば、上昇する見込みは少ない。なぜなら、出来高の増加には強い下押し圧力がかかっているからだ。ネックラインが初めてブレイクされたときの出来高が少なければ、反発の可能性は高まる。この反発での出来高は少ないが、このあとに新しい下降トレンドへ復帰するときには、出来高の顕著な増加が見られるはずである。

まとめ

ここでヘッド・アンド・ショルダーズ・トップの基本を復習しておこう。

1. 現在進行中の上昇トレンドの存在。
2. 大商いを伴って左肩（点A）が作られ、その後、点Bまで調整する。
3. 上昇して新高値を付けるが、出来高は減少する（点C）。
4. 前の高値（点A）を下回り、前の切り上がった安値（点D）に接近する。
5. 3回目の上昇（点E）では、出来高の減少が顕著であり、ヘッド（点C）に到達できない。
6. ネックラインを下回って引ける。
7. ネックラインへの上昇（点G）のあと、新安値を付ける。

　際立った3つの高値は、このパターンが形成された証拠となる。真ん中の高値（ヘッド）は、左肩（点A）と右肩（点E）よりもやや高い。しかし、このパターンは、ネックラインが終値ベースで見て完全にブレイクされないと完成しない。繰り返すが、この突破には、突破に関する「1～3％ルール」（バリエーションも含む）と、終値が2日間連続してネックラインを下回ることが必要な「2日間ルール」の両方を満たして初めて確認できる。しかし、このような下向きの突破が起こるまでは、このパターンはヘッド・アンド・ショルダーズではなく、ある時点で元の上昇トレンドに復帰していく可能性が常にある。

出来高の重要性

　価格に伴って増減する出来高は、ヘッド・アンド・ショルダーズ・トップの形成過程において重要な役割を果たす。これはほかの価格パターンでも同様である。一般的に、２番目の高値（ヘッド）が形成されるときの出来高は左肩のときよりも少ない。これは、必要条件ではないが、買い圧力が減少するときに出来高が減少する傾向があり、それは初期の段階における警告となる。この出来高が出すシグナルのうち最も重要なのは３番目の高値（右肩）で発信されるものだ。出来高は前の２つの高値では顕著に減少する。その後、出来高はネックラインのブレイク時に増加し、反発時に減少し、そして反発が終了すると再び増加する。

　すでに述べたように、出来高は天井圏ではさほど重要な指標ではない。しかし、新しい下降トレンドが進行するのであれば、ある地点で出来高は増加し始めるはずである。また出来高は、底値圏では決定的な役目を果たす。これについては、ことあとすぐに解説する。しかし、その前にヘッド・アンド・ショルダーズというパターンの目標値の算出方法について述べよう。

目標値の算出

　目標値を算出する方法はパターンの**高さ**を基準にしている。まず、ヘッド（点Ｃ）からネックラインへの垂直的な距離を測る。次に、その距離を、ネックラインのブレイクポイントから下方に下ろす。例えば、ヘッドの高値が100で、ネックラインが80の水準にあると仮定すると、垂直距離はその差である20となる。その20ポイント分だけ、ネックラインがブレイクされた地点から下方に垂直に引く。**図5.1a**で例えると、ネックラインが82のところでブレイクされたのなら、下値目標は62辺

152

りになると推定する（82 − 20 = 62）。

これと同様の方法で、もう少し簡単なものもある。それは単に下落時の最初の下落幅（点Cから点D）を測定し、それを2倍するというものである。どちらの場合も、高さが高いほど、つまりボラティリティが高いほど目標値も大きくなる。第4章において、トレンドラインの突破を測定する方法はヘッド・アンド・ショルダーズで用いられるものと似ていると述べた。今からそれについて見ていきたい。価格は、ネックラインをブレイクすると、ブレイク前にネックラインの上側で動いた距離とおおよそ同じ距離だけ下落する。価格パターンを研究すると、おおよそ次のようなことが分かる。つまり、**チャート上で算出される目標値のほとんどは、その価格パターンの高さ、つまりそのボラティリティを基準にしている**ということである。パターンの高さを測定し、ブレイクポイントからそれと同じ距離を下方に測るという方法がいつも繰り返されているのだ。

注意すべきは、**ここで導き出された目標値はあくまで最小目標にすぎないということである**。目標値を超えて価格が動くことは、よくある。しかし、最小の目標値を算出しておくことで、この相場でポジションを取るに値するだけの潜在利益が見込めるかどうかを首尾よく判断することができる。もし相場が目標値を超えて動けば、まさに儲けものである。**最大目標**は、今までの値動きを基に設定される。もし直前の上昇相場で価格が30から100まで上がったのならば、天井から測定される最大の（最も遠い）下値目標は、今までの上昇の動きを完全に差し引きゼロにする水準である30となる。あくまで反転パターンでは、それ以前の動きを基にどのくらいの反転や逆行があるのかどうか、予測ができるにすぎないのである。

目標値の調整

目標値を決定するまでに考慮すべきことがいくつかある。ちょうどヘッド・アンド・ショルダーズ・トップのところで言及したような、価格パターンのなかで使われる目標値の算出法はその第一歩にすぎない。考慮すべきテクニカルな要素はほかにも存在する。例えば、前の強気相場の間に切り上げられた安値によって、明らかな支持線はどこにあるか、などだ。下落相場では、このような水準で価格が停滞することがよくある。リトレースメント比率についても考慮すべきだろう。**最大の下値目標**は、前の相場が上昇した100％リトレースメント（押し）だった。50％と66％のリトレースメント水準はどこになるのだろう。これらの水準は、下値圏においては重要な支持線になることがよくある。また、現在価格の下方に目立ったギャップがないだろうか。これらは支持線として機能することがよくある。さらに、現在価格の下方に長期のトレンドラインが存在していないかも見ておくべきである。

テクニカルアナリストは、価格パターンから目標値を算出するときはほかのテクニカルデータも考慮しておかなければならない。例えば、下値目標が30であると導き出されたときに、明らかな支持線が32のところにあれば、チャート分析者は下値目標を30ではなく、32に修正するのが賢明であろう。一般的なルールとして、予測された目標値と明確に存在する支持線や抵抗線の間にわずかな差がある場合は、目標値をその支持線や抵抗線の水準に修正するほうが安全である。価格パターンから算出された目標値は、その他のテクニカル情報を考慮して、修正を加えることがよくある。アナリストはさまざまな手法をいつでも使えるように準備しておく必要がある。最も熟練したテクニカルアナリストとは、それらさまざまな手法を適切に組み合わせることのできる者のことを言うのである。

図5.2a　逆ヘッド・アンド・ショルダーズの例。このパターンが相場の底に現れるときは天井パターンと上下が逆の対称になる。唯一の重要な違いはパターンの後半における出来高である。ヘッドからの上昇時に出来高の増加を伴い、またネックラインのブレイク時には大商いが見られなければならない。底ではネックラインへの逆行（押し）が起こりやすい

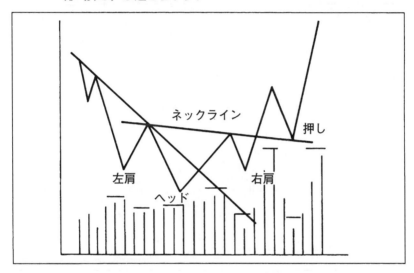

逆ヘッド・アンド・ショルダーズ

　ヘッド・アンド・ショルダーズ・ボトム（逆ヘッド・アンド・ショルダーズともいう）はヘッド・アンド・ショルダーズの天井パターンをちょうど反対にしたパターンである。**図5.2a**が示すように、3つの際立った安値があり、そのヘッド（真ん中の安値）はほかの2つの肩よりも少し低い。ネックラインを完全に上抜けて引けることがこのパターン完成の必要条件であり、目標値の算出法はヘッド・アンド・ショルダーズのときと同じである。少し異なる点は、この底パターンでは、上へのブレイクアウトのあとにネックラインへの押しが起こる可能性が高いということである（**図5.2a**）。

図5.2b　ヘッド・アンド・ショルダーズ・ボトム。ネックラインはやや下向きであり、これは正常なケース。ブレイク後の押し（矢印参照）がネックラインを少し割っているが、その後は上昇トレンドに復帰している

　天井と底のパターンで最も大きな違いは、出来高である。出来高は、ヘッド・アンド・ショルダーズ・ボトムの特定と完成に極めて重要な役割を果たす。この出来高に関しては、一般的にほかのすべての底パターンにも当てはまる。すでに述べたように、相場というものは、自分の重みで下落する傾向がある。しかし、底値圏において、相場が新たな上昇相場へと転換するには、出来高の増加に裏打ちされた買い圧力の明らかな高まりが必要である。
　この違いをもっとテクニカル的に言うと、相場が下落するときはまさに慣性の法則で下落するということだ。トレーダーの側に需要や買い意欲が存在しないだけで、相場は下落してしまう。しかし、相場は慣性の法則で上昇することはない。需要が供給を上回ったときと、買

い方が売り方よりも積極的になったときだけ価格は上昇するのである。

底での出来高のパターンは、前半部分については天井の場合とよく似ている。すなわち、ヘッドでの出来高は左肩よりもやや少ない。しかし、ヘッドから上昇するときは、出来高の増加が見られるだけでなく、左肩から上昇するときの出来高よりも上回っていなければならない。なお、右肩へ下落するときの出来高は非常に少なくなる。大変重要なポイントは、ネックラインを上抜けて上昇したときである。ブレイクアウトが本物ならば、このシグナルが出たときには出来高の急増を伴っているはずである。

この点が天井と底で、大きく違う部分である。底では、出来高の増加が底パターン完成のためには絶対に必要になる。なお、逆行の動きは、天井よりも底で起こるのがより一般的であるし、そのときは薄商いになる。そのあと、価格が新しい上昇トレンドに移行するときは、大商いになる。目標値の算出法は天井のときと同じである。

ネックラインの傾斜

天井でのネックラインは通常、やや上向きに傾斜しているか、水平である。どちらの場合も、あまり大きな違いはない。しかし、時として天井のネックラインの傾斜が下向きのときがある。これは相場の弱さを示すシグナルであり、通常、右肩が小さくなる。しかし、このような場合には一長一短がある。売ろうと思ってネックラインのブレイクを待っているトレーダーは、少しだけ長く待機しなければならないからだ。なぜなら、下向きのネックラインから得るシグナルはかなりあとになってから発信され、そのときにはすでに値動きの大部分が終わってしまっているからである。底パターンに関していうと、ネックラインはわずかに下向きに傾斜している場合が多い。上向きのネックラインは相場の強さを示すシグナルであるが、そこからシグナルを得

157

るにはかなり遅くなるという、天井のときと同様の欠点がある。

複合型ヘッド・アンド・ショルダーズ

ヘッド・アンド・ショルダーズの一種で、複合型ヘッド・アンド・ショルダーズ・パターンと呼ばれるものがある。これはヘッドが2つあったり、左肩や右肩が2つあったりするものをいう。このようなパターンはあまり起こるものではないが、予測をするうえでは通常のパターンと同じである。この点に関して、重要な手がかりとなるのは、ヘッド・アンド・ショルダーズが持っているシンメトリー（対称）への強い傾向である。つまり、左肩が1つであれば、右肩も1つになり、左肩が2つできれば、右肩も2つできるというようなことである。

戦略

売買戦略は、あらゆるトレードにおいて重要な役割を果たす。すべてのテクニカルトレーダーがネックラインのブレイクを待ってから、新規にポジションを建てるわけではない。**図5.3**が示すように、より積極的なトレーダーはヘッド・アンド・ショルダーズ・ボトムの存在を信じて、左肩（点A）が形成されている最中に買い場を探し始めている。そして、最初のシグナルである右肩への下落が終了した時点で買うかもしれない。

ヘッドの安値から上昇した距離（点Cから点D）を測り、その上昇分の50％や60％のリトレースメント（押し）水準で買う者もいる。また、点Dから点Eの下落にぴったりと沿うような下降トレンドラインを引き、そのトレンドラインの最初のブレイクで買う者もいる。これらのパターンはある程度、対称的であるので、右肩の安値が左肩の安値の水準に近づいたときに買いを入れる者もいる。多くの試し買いは

158

図5.3 ヘッド・アンド・ショルダーズ・ボトムでの戦略。トレーダーの多くは右肩（E）の形成途中で買いポジションを仕掛け始める。①点Cから点Dへの上昇分の1/2～2/3の押しがあったとき、②左肩である点Aの水準まで価格が下落したとき、③短期の下降トレンドライン（線1）が上にブレイクされたとき—は早期に仕掛けるポイントである。ネックラインのブレイク時や、ブレイク後にネックラインまでの押しがあったときはそこで増し玉することも可能である

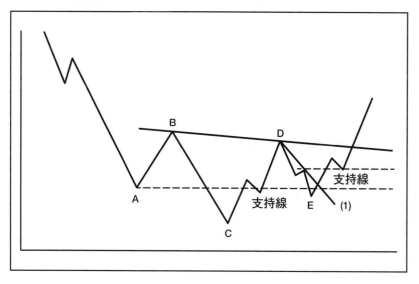

右肩の形成時に行われる。もし最初の試し買いに含み益が出れば、ネックラインのブレイク時やブレイク後に押しがあったときに買い増しをすることも可能である。

失敗したヘッド・アンド・ショルダーズ・パターン

価格がネックラインを超えてヘッド・アンド・ショルダーズ・パターンを完成させたら、**価格が再びネックラインと交差することはないはずである**。天井において、一度ネックラインが下方にブレイクされ

たのにもかかわらず、ネックラインを完全に上回って引けるようなことがあれば、最初のブレイクはダマシであった可能性が高い重大な警告となる。この形は、しばしば**失敗したヘッド・アンド・ショルダーズ**と呼ばれる。このパターンは、基本的なヘッド・アンド・ショルダーズのような形で始まるが、その形成過程で何回か（ネックラインのブレイク前かブレイク直後）、価格が前のトレンドへ復帰する。

　ここで重要な教訓が2つある。1つはチャートパターンに絶対確実なものはないということである。ほとんどの場合、チャートパターンは機能するが、毎回必ずそうなるというわけではない。もう1つの教訓は、テクニカルアナリストは、自分の分析を否定するようなチャートのシグナルに常に警戒しておかなければならないということである。金融市場で生き残るための秘訣は、損失を少なくして、できるだけ早くその負けトレードから手を引くことである。チャート分析の最も優位な点の1つは、トレーダーが誤った側にいるときに、素早くそれを知らせてくれるところにある。そのような、早めにトレードの誤りを認識し、直ちにその防御措置をとることができるという能力や積極性は、金融市場において最も重視される特質である。

揉み合い型のヘッド・アンド・ショルダーズ

　次の価格パターンに進む前に、ヘッド・アンド・ショルダーズについて最後にもう1つ述べておきたい。ここではヘッド・アンド・ショルダーズを、最もよく知られ、信頼性も高い反転パターンの1つであるとして解説を始めた。しかし、このパターンは時として反転パターンではなく、揉み合いパターンになることがあるので気をつけてほしい。このようなことが起こったとしても、それは原則ではなく、あくまで例外である。この揉み合いパターンについては、第6章「継続パターン」でより詳しく述べることにする。

トリプルトップとトリプルボトム

　ヘッド・アンド・ショルダーズのところで述べた要点の多くはそのほかの反転パターンにも適用できる（**図5.4a～図5.4c**）。**トリプルトップ**や**トリプルボトム**は出現頻度はかなり低いが、ヘッド・アンド・ショルダーズによく似たバリエーションの1つである。大きな違いは、トリプルトップの天井とトリプルボトムの底は、その3つの高値や安値がほとんど同じ水準で並んでいるという点である（**図5.4a**）。チャート分析者は、ある反転パターンがヘッド・アンド・ショルダーズか、トリプルトップかで対立することがよくある。しかし、これは神学論争である。なぜなら、両者はまったく同じものであるからだ。

　出来高に関して言えば、連続した高値の頂点では出来高は減少する傾向があり、下へのブレイクポイントで増加する傾向がある。トリプルトップは、その間に付けた2つの安値を結んで引かれた支持線を下にブレイクして完成する。同様に、トリプルボトムは、底値圏で付けた2つの高値を結んで引かれた抵抗線を終値ベースで見て上にブレイクして引けなければならない（これに代わる戦略として、直近の高値や安値のブレイクを反転シグナルとして用いることもできる）。また、トリプルボトムの完成には出来高の増加が伴わなければならない。

　目標値の算出についての基本的な考え方は、ヘッド・アンド・ショルダーズによく似ており、パターンの高さを基準とする。価格は、そのブレイクポイントから最低でもパターンの高さと等しい距離だけは進む。一度ブレイクされれば、ブレイクの水準まで戻ってしまうことはあまりない。トリプルトップやトリプルボトムはヘッド・アンド・ショルダーズのバリエーションにすぎないので、これ以上深く立ち入るのはやめにしておく。

図5.4a　トリプルトップ。すべての高値が同水準になること以外はヘッド・アンド・ショルダーズに似ている。各上昇時に出来高は減少する。このパターンが完成するのは2つの安値水準が出来高の増加を伴ってブレイクされたときである。目標値はパターンの高さをブレイクポイントから下方に当てはめることで算出する。下方のラインに達する戻りがよくある

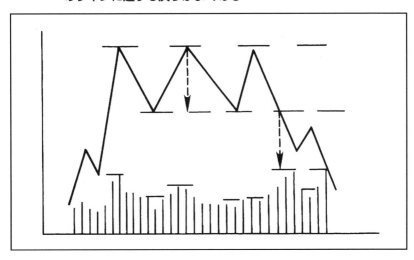

図5.4b　すべての安値が同水準になること以外はヘッド・アンド・ショルダーズと似ている。天井パターンと逆になっているが、天井パターンの場合と異なり、上へのブレイク時に出来高が増えることが重要である

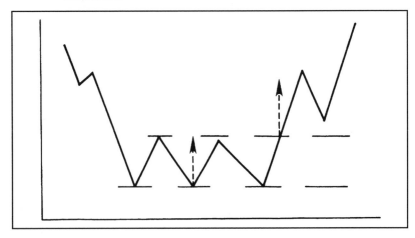

図5.4c　トリプルボトムの反転パターン。価格は大きく上昇する前に、ちょうど12ドルの下で3回支持されている。この底パターンは形成までに丸2年を要しているので、重要性はより高い

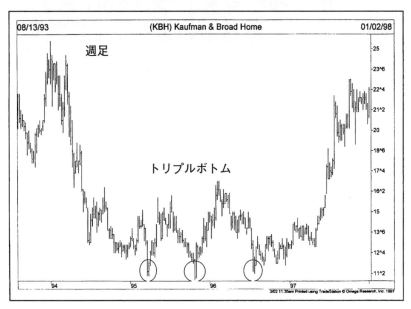

ダブルトップとダブルボトム

　もっと一般的な反転パターンとして、**ダブルトップ**と**ダブルボトム**を見ていこう。ヘッド・アンド・ショルダーズの次によく見られるパターンであり、見分けるのが最も簡単である（図5.5a～図5.5e）。図5.5aと図5.5bには天井と底を示してある。見れば分かるように、天井は「M」、底は「W」と呼ばれる。ダブルトップの特性は、ヘッド・アンド・ショルダーズやトリプルトップに似ており、違いは3つの高値が2つになっただけである。出来高のパターンも、目標値の算出法も似ている。

　上昇トレンドにおいて、**図5.5a**が示すように、相場は出来高の増加

図5.5a　ダブルトップの例。このパターンには2つの高値（AとC）がほぼ同水準で並んでいる。このパターンは中間にある安値（B）が終値ベースでブレイクされたときに完成する。出来高は2番目の山（C）で減少し、下へブレイクしたとき（D）に増加する。下方のラインまで到達する戻りも珍しくはない。最小の目標値は高値の高さをブレイクした点を起点として、下方に当てはめることで算出できる

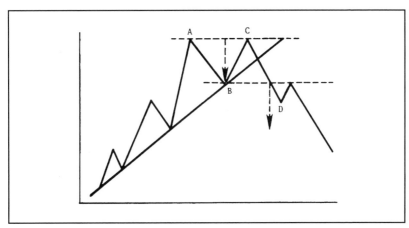

図5.5b　ダブルボトムの例。ダブルトップと上下が逆になっている。上へのブレイク時の出来高が重要になる。底値圏ではブレイクポイントへの押しが天井のときよりもよく見られる

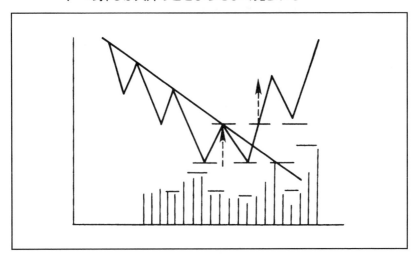

図5.5c　ダブルボトムの例。この株は３カ月間に２回、68ドルの水準で鋭く上昇している。また２番目の安値はリバーサルデイになっているのが分かる。80ドルにある抵抗線をブレイクすることで底パターンは完成する

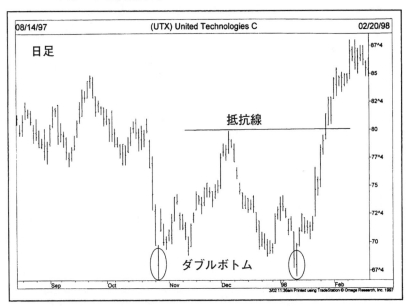

を伴いながら、点Aで新高値を付け、それから点Bへ下落する（このときに出来高も減少する）。ここまでは、普通の上昇トレンドで予想される動きである。しかし、それに続く点Cへの上昇が前の高値である点Aを終値ベースで見て上回ることができず、再び下落し始めている。これで潜在的ダブルトップが形成されたことになる。ここで「潜在的」としたのは、すべての反転パターンがそうであるように、反転は前の支持点である点Bが終値ベースで見て突破されなければ完成しないからである。これが実現しなければ、価格は横ばいの揉み合いで、前の上昇トレンドへの復帰を準備しているだけの可能性がある。

　この天井パターンの理想型は、２つの際立った高値がほぼ同じ位置で並んだものである。出来高は、最初の高値では増加し、２番目の高

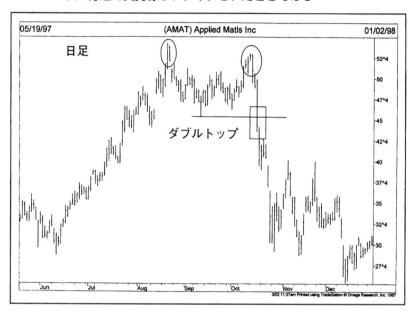

図5.5d ダブルトップの例。この例のように２番目の高値が最初の高値に到達しないことがある。この２カ月で形成されたダブルトップが大きな下落のシグナルとなった。実際シグナルが出るのは、46ドル付近で支持線がブレイクされたときである

値では少なくなる傾向がある。終値が出来高の増加を伴いながら、中間の安値である点Bを完全に下回れば、パターンは完成し、下降トレンドへの転換のシグナルとなる。パターン完成後に、ブレイクポイントまで上昇する動きがあることも珍しくないが、そのような動きのあとに下降トレンドへ復帰する。

ダブルトップの目標値の算出法

ダブルトップの目標値は、パターンの高さをブレイクポイント（中間の安値である点Bがブレイクされた点）から下に当てはめることによって算出する。代替的な方法としては、下に伸びた１つ目のレグ（点

図5.5e 価格パターンは代表的な株価指数のチャート上にも出現する。ナスダック総合指数が1470ポイントの水準でダブルボトムを形成し、その後、上昇に転じた。下降トレンドラインのブレイクで、上昇転換が確認された

Aから点Bへの下落）を測定し、その距離を中間の安値である点Bから下方に下ろして算出する。ダブルボトムの場合は、それを逆方向に行う。

理想的パターンのバリエーション

　どんな市場分析でもそうであるように、現実に現れるパターンは、理想型を基にいろんな形に変化したものである。まず、2つの高値がまったく同じ水準にはならないことがある。時に、2番目の高値が1番目の高値の高さにまったく達しないことがあるが、これはあまり問題ではない。問題なのは、2番目の高値が1番目の高値をわずかに上回

ったときである。初めは有効な上向きのブレイクで、上昇トレンドへの復帰と思われたものが、一転して天井パターンの一部に変わってしまうことがある。このようなジレンマを回避するためには、すでに言及したフィルターを使うのが役に立つだろう。

フィルター

フィルターについて、1つ目は、チャート分析者の多くが日中でのブレイクだけではなく、終値が前の抵抗線である高値を上回って引ける必要があると考えている。2つ目は、いくつかの価格フィルターがある。1つ例を挙げると、突破の％ルール（例えば、1％とか、3％）がある。3つ目は、時間フィルターで、突破に関して2日間ルールを用いることが考えられる。つまり、有効なシグナルとして認められるには、価格が終値ベースで見て2日間連続して1番目の高値を上回っていなければならない。時間フィルターとしてもう1つ挙げるとすると、金曜日の終値が1番目の高値を上回っているかどうかを見るものがある。上向きのブレイクアウトのときは出来高を見ることで、その信頼性を測る手がかりにする。

確かに、このようなフィルターも絶対に確実なものではない。しかし、よく出現するダマシの数を減らすためには有益である。このようなフィルターは役に立つときもあれば、役に立たないときもある。アナリストは、比率や確率を用いて自分自身が処理し、時としてダマシに遭う「現実」に向き合っていかなければならない。それがまさに、トレードというものの本質であると言える。

上昇相場の最後のレグや波が新高値を付けたにもかかわらず、その後、反転してしまうことは珍しいことではない。このような場合、最後に見せる上向きのブレイクアウトは「ブルトラップ（強気の落とし穴）」になる（図5.6a〜図5.6b）。このようなダマシのブレイクアウ

図5.6a ブルトラップと呼ばれるダマシの例。メジャーな上昇トレンドの終了時に、価格が前の高値を上回ったあと下落に転じることがある。チャート分析者はこのようなダマシを減らすために、さまざまな時間フィルターや価格フィルターを用いる。このような天井パターンはおそらくダブルトップとして分類される

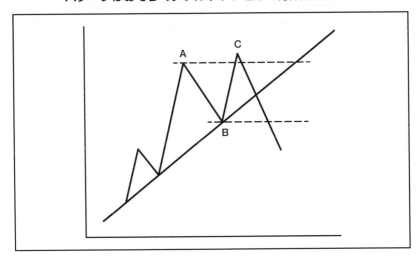

トを防ぐのに役立つ指標は後述する。

「ダブルトップ」という用語の乱用

　「ダブルトップ」「ダブルボトム」という用語は、金融市場で乱用されている。ほとんどの潜在的ダブルトップや潜在的ダブルボトムは、結果的にほかのパターンで終わることが多い。というのも、価格は、そもそも前の高値から下落したり、あるいは前の安値から上昇したりする強い傾向を持っているからである。このような価格の動向は自然な反応であり、それ自体で何か反転パターンを形成するようなものではない。ここで注意すべきは、天井圏でダブルトップが形成されるには、価格が前の切り上がった安値（中間の安値）を実際に突破しなければ

図5.6b ダマシの例。上へのブレイク時に出来高は少なく、その直後の下落時には出来高が増加している。出来高を観察することで完全ではないにしても、ある程度のダマシを避けることができる

ならないということである。

　図5.7aを見て気づくことは、価格は点Cにおいて、前の高値である点Aの水準に到達していないということである。このような動きは、上昇トレンドにおいてよくある正常な動きである。しかし、トレーダーの多くは、価格が最初の高値を超えることができなかった時点ですぐに、ダブルトップだと決めつけようとする。図5.7bでは、下降トレンドにおける同じ状況を示している。現在進行中のトレンドに対して一時的な逆行を示すもの（前の高値からの押しや前の安値からの戻り）なのか、それともダブルトップやダブルボトムという反転パターンの始まりなのかを見極めるのは、チャート分析者にとって極めて難しい判断である。テクニカル的な観点からすると、通常、現在進行中のト

図5.7a 上昇トレンドへ復帰する前に見られる正常な押しの例。これは正常な相場の動きであり、ダブルトップと混同してはならない。ダブルトップが形成されるのは支持線である点Bがブレイクされたときのみである

図5.7b 前の安値水準で見られる正常な戻りの例。これは正常な相場の動きであり、ダブルボトムと混同してはならない。価格は前の安値付近で少なくとも1回は戻るものであり、この時点でダブルボトムとするには時期尚早である

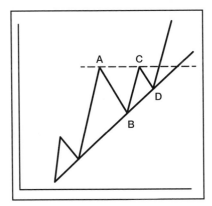
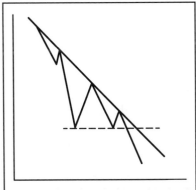

レンドが継続する見込みが高いので、仕掛ける前にパターンの完成を待ったほうが賢明である。

高値と安値の間の時間の重要性

　最後に、いつも重要となるパターンの大きさについて述べておく。2つの高値を付ける期間の間が長く、パターンの高さが高ければ高いほど、それだけそのあとに続く反転の潜在力も大きくなる。これはあらゆるチャートパターンに当てはまる。一般的に、有効なダブルトップやダブルボトムの大半は、2つの高値（安値）の期間が少なくとも1カ月くらいはあると考えられている。2～3カ月もかかるパターンさ

図5.8 このチャートはソーサーボトム（ラウンドボトム）を示している。このパターンは非常に緩慢で漸次的であるが、主要な反転を示す。この例では、4年間も底が続いている

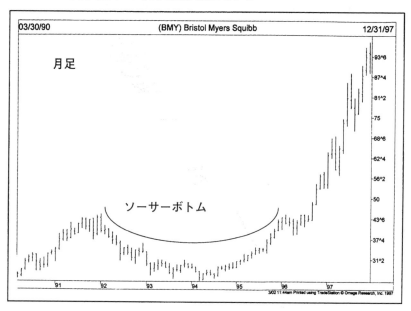

えある（より長期の週足や月足のチャートでは数年間の相場を見ることが可能である）。ここで解説した例のほとんどは、相場の天井に関するものであった。次に進む前に読者は、底のパターンがすでにこの章の冒頭で触れたいくつかの一般的な例外を除いて、天井パターンの逆となることを覚えておいてほしい。

ソーサーとスパイク

　そう頻繁には見られないが、反転パターンが時折、ソーサー型、つまり湾曲した底の形状になることがある。**ソーサーボトム**は、非常に緩慢かつ漸次的で、その方向を下向き・横向き・上向きへと変化させ

図5.9 スパイクの例。突発的に出現する反転であり、事前の警告がほとんどか、まったくない。唯一の兆候は出来高の増加を伴った突然の下落である。残念なことに、このような突然の転換は前もって知ることは難しい

る底のパターンである。ソーサー型がどこで完成するかや、価格が逆の方向にどれだけ動くのかを算出するのは難しい。ソーサーボトムは通常、数年の期間を見るための週足や月足のチャート上で見られる。このパターンも長ければ長いほど、その重要性は増す（図5.8）。

　スパイク（突出高・突出安）は、最も説明が困難な反転パターンである。なぜなら、スパイク（Ｖ字型反転パターンとも言う）は、非常にその動きが速く、その期間もほとんどないか、まったくないと言ってよいくらいだからである。このパターンは、一方向に進みすぎたときに出現し、相場の動きと反するようなニュースが突然発表されたときに発生する非常に激しい動きの反転パターンである。日足や週足でのスパイクは大商いを伴って現れることがあり、それが唯一の警告で

ある。よって、このようなスパイクにテクニカルアナリストができることと言えば、「スパイクにはあまり出くわさないことを願う」と祈るぐらいである。あとの章で、危険な相場の「行きすぎ」を判別する手助けとなるテクニカル指標を解説する（**図5.9**）。

おわりに

ここでは、最も一般的に用いられる主要な反転パターン —— ヘッド・アンド・ショルダーズ、ダブルトップとダブルボトム、トリプルトップとトリプルボトム、ソーサー、スパイク（Ｖ字型パターン）を論じてきた。もちろん、このうち最もよく見られるのは、ヘッド・アンド・ショルダーズとダブルトップとダブルボトムである。これらのパターンは通常、重要なトレンド転換の進行途中に現れ、そのシグナルとなるものである。そして、これらは主要な反転パターンとして分類される。しかし、パターンにはもう１つの分類がある。それは期間的にはより短く、トレンドの転換ではなくて、トレンドでの揉み合いを示すものである。それらは**継続パターン**と呼ばれる。第６章では、そのような種類のパターンを見ていきたい。

継続パターン
Continuation Patters

はじめに

　本章では、継続パターンと呼ばれるチャートパターンを取り扱う。このパターンは横ばいの動きであり、現在進行中のトレンドの一時休止でしかない。このパターンが形成されたのち、価格は現在進行中のトレンドと同じ方向に動く。この点が前の第5章で取り上げたトレンド転換のパターンと違う点である。

　反転パターンと継続パターンのもう1つの違いは、その期間にある。反転パターンは通常、パターンが形成され、トレンドが転換するまでに長い時間を要する。一方、継続パターンは通常、その期間が短いので、短期のパターンや中期のパターンとして分類される。

　ここで「通常」という言葉の使い方に注意してもらいたい。チャートパターンについて述べるときは、厳格な規則ではなく、必ずその一般的な傾向を述べることになる。どんなパターンにも、常に例外が存在するのである。数あるチャートパターンをいくつかに分類することでさえ、意味があるとは思えないときもある。トライアングルと呼ばれるパターンは「通常」は継続パターンであるが、反転パターンになるときもある。トライアングルパターンは「通常」は中期パターンと考えられているが、時に長期にわたって現れ、メジャートレンドと同

じ重要な意味を持つことがある。トライアングルパターンのバリエーションである逆トライアングルパターンは「通常」は重要な天井のシグナルである。最も有名な反転パターンであるヘッド・アンド・ショルダーズでさえ、継続パターンとして現れることがある。

　ある程度のあいまいさと時に例外はあるが、チャートパターンは一般的に、上述のように２つに分類することができる。そして、チャート分析者がそれらを適切に解釈できるようになれば、相場のほとんどを占める動きを予測する助けになるだろう。

トライアングルパターン

　継続パターンのうち、トライアングルパターンの解説から始めたい。トライアングルパターンには、**対称トライアングル、上昇トライアングル、下降トライアングル**の３種類がある（チャート分析者のなかには第４のパターンである**拡大型トライアングル**を含める者もいる。これについては別のパターンとして後述する）。これらのトライアングルパターンはそれぞれ、わずかに異なる形をしており、先行きを予測するうえでの意味合いも異なる。

　図6.1a～図6.1cには、各トライアングルパターンの例が示されている。対称トライアングル（**図6.1a**）は、２つのトレンドがある１点に収束していく形状をしており、その上辺は下向き、下辺は上向きである。トライアングルの左側の垂直線は、そのパターンの高さを表しており、ベースと呼ばれる。右側にある交点（２つの直線が交わるところ）は、頂点と呼ばれる。対称トライアングルはその形状から**コイル**とも呼ばれている。

　上昇トライアングルは、その上辺が水平で、下辺が上向きのものをいう（**図6.1b**）。下降トライアングル（**図6.1c**）は、その上辺が下向きで、下辺が水平なものを言う。では、それぞれのトライアングルを

176

図6.1a　強気を表す対称トライアングルの例。2本の収束するトレンドラインのどちらかが終値ベースで見て突破すると、このパターンは完成する。パターン左側の垂直線が「ベース」で右側で2本の直線が交わる点が「頂点」

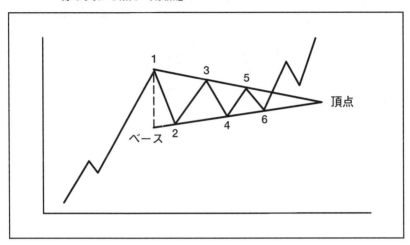

図6.1b　上昇トライアングルの例。水平な上辺と上向きの下辺があり、これは強気のパターンである

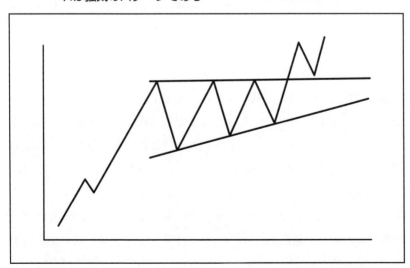

図6.1c　下降トライアングルの例。水平な下辺と下向きの上辺があり、これは弱気のパターンである

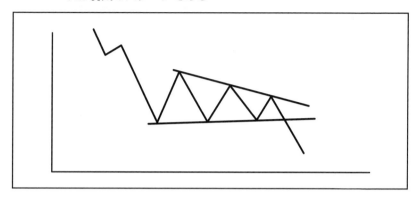

見ていこう。

対称トライアングル

　対称トライアングル（コイル）は通常、継続パターンとされる。つまり、現在進行中のトレンドの一時休止であり、その後、現在進行中のトレンドに復帰していくパターンである。図6.1aの例では、現在進行中のトレンドが上昇トレンドであることから、このトライアングルは強気の揉み合いになる確率が高い。もし下降トレンドのなかに対称トライアングルが現れたなら、それは弱気の揉み合いを意味している。
　トライアングルパターンが形成されるには、少なくとも４つの反転ポイントが必要である。前述したように、トレンドラインを引くには２つの点が必要であった。したがって、２本の収束するトレンドラインを引くためには、それぞれのラインに少なくとも２回接する点がなければならない。図6.1aのトライアングルパターンは、点１から始まり、そこから上昇トレンド内での揉み合いが始まる。価格は点２へ下落し、点３へ上昇している。しかし、点３は点１よりも低い。上辺の

トレンドラインは、価格が点3から下落した時点で初めて引くことができる。

　点4は点2より高いことが分かる。価格が点4から上昇しなければ、上向きの下辺を引くことができない。まさにこの点によって、アナリストは対称トライアングルではないかと考え始める。ここで4つの反転ポイント（1、2、3、4）と2本の収束するトレンドラインがそろったことになる。

　最低限必要なのは4つの反転ポイントであるが、**図6.1a**で示されているように多くのトライアングルパターンは、6つの反転ポイントを有している。この意味するところは、実際のトライアングルパターンは、3つの高値と3つの安値が組み合わされることで5つの波が形成され、その後、上昇トレンドに復帰するということである（このトライアングル内部の5つの波についてエリオット波動理論のところで詳述する）。

時間に制限があるトライアングルパターン

　パターンの完成には時間的に制限がある。それは2本のラインが交わるところ、つまり頂点である。一般原則として、価格はパターンの幅の3分の2から4分の3の辺りで、現在進行中のトレンドと同じ方向に揉み合いをブレイクアウトする動きをみせる。ここで言うパターンの幅とは、パターンの左側に位置する垂直的なベースから、右側に位置する頂点（交差する点）までの距離のことである。2本のラインはある点で交差しなければならないので、その時間は2本のラインを引くことのできた時点で測定する。上へのブレイクアウトのシグナルは、上辺のトレンドラインの突破である。もし価格がその4分の3のポイントを越えてもトライアングルパターンの内部にとどまっている場合は、そのトライアングルパターンは潜在能力を失いつつあると考

えられる。そのような場合、価格は通常、頂点まで揉み合ったまま、その頂点を越えても同じ動きを見せる。

このようにトライアングルパターンというのは、価格と時間の組み合わせでできているという点が興味深い。収束するトレンドラインがパターンの境界を作り、どこでパターンが完成するのかを指し示してくれるし、上昇トレンドの場合は上辺のトレンドラインの突破によって、どこでトレンドに復帰するかを指し示してくれる。また、このトレンドラインによってパターンの幅を測定することで、トレンドに復帰する時期がいつごろかも算出できるようになる。例えば、幅が20週間であったとしたら、保ち合いからのブレイクアウトはおよそ13週から15週の間に起こると予測できる（**図6.1d**）。

実際のシグナルは、終値ベースで見てトレンドラインの突破があったときに点灯する。その突破したあとに、トレンドラインまで逆行する場合もある。上昇トレンドにおいては、ブレイクされた上辺のトレンドラインがその後の支持線となる。下降トレンドにおいては、ブレイクされた下辺のトレンドラインがその後の抵抗線となる。また頂点は、ブレイクアウト後の重要な支持線水準や抵抗線水準になる。このような突破にはさまざまなルールがあるが、それは前の２章で扱ったものに類似したものである。有効な突破と認めるためには、少なくともトレンドラインが日中に突破されるのではなく、終値ベースで見て突破されることが必要だろう。

出来高の重要性

出来高は、トライアングルパターン内での値幅が狭くなるにつれて、減少していく傾向がある。出来高に関するこのような傾向は、すべての揉み合いパターンに当てはまる。しかし、出来高はそのパターンの完成となるトレンドラインを突破したときには顕著に増加する。逆行

第6章 継続パターン

図6.1d　1997年第4四半期にデルが強気の対称トライアングルになった。左から測って、トライアングルパターンの横幅は18週で、株価は13週目で上へブレイクアウトした（円内）。これはちょうど横幅の2/3を越えた時点になる

した動きのときには減少し、トレンドに復帰するときに出来高は再び活発になる。

　出来高については、言うべきことが2つある。1つは、出来高は反転パターンのときと同様に、相場の下落時よりも上昇時にその重要度が高いということである。すべての揉み合いパターンにおいて、上昇パターンに復帰するときは出来高の増加が必要不可欠になる。

　出来高について注意すべきもう1つの点がある。それは、パターンの形成途中では出来高は減るが、その出来高を注意深く見れば、出来高の増加が順行時と逆行時のどちらで起こっているのかということが分かる。例えば、上昇トレンドでは、出来高は上昇時（順行時）に増加し、下落時（逆行時）に減少する傾向が弱いながらも見られるとい

図6.2 対称トライアングルから目標値を算出する方法は2つある。1つはベースの高さ（AB）を測る方法である。この垂直距離をブレイクポイントCに当てはめる。もう1つの方法はトライアングルの下辺のトレンドラインに平行なラインを頂点Aから引く方法である

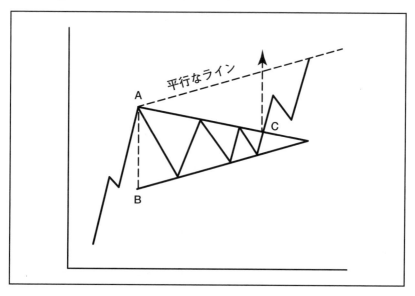

うことである。

目標値の算出法

　トライアングルパターンには目標値の算出法がある。対称トライアングルの場合は、一般的にいくつかの手法が用いられる。最も簡単な手法はトライアングルパターンの最も縦の幅が広い部分（ベース）でその垂直距離を測り、ブレイクアウトポイントからその距離を当てはめる方法である。**図6.2**で、その距離をブレイクポイントから上に伸ばされた様子が示されており、これは筆者が好む手法である。
　第2の手法は、ベースの頂点（点A）を起点として下辺のトレンド

第6章 継続パターン

図6.3a 上昇トライアングル。このパターンは上辺のトレンドラインを終値ベースで見て完全にブレイクすることで完成する。上へのブレイクアウト時には大商いでなければならない。上へのブレイクアウトのあと、上辺のトレンドラインは押しに対して支持線として働く。最小目標値はトライアングルパターンの高さ（AB）を測定し、その距離をブレイクポイントCから上方に延ばして算出する

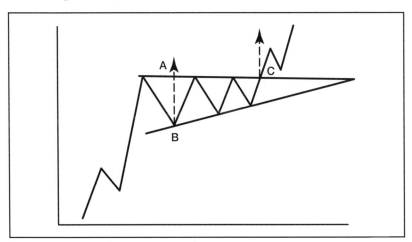

ラインに並行なトレンドラインを引く方法である。この上昇トレンドでは、上辺のチャネルラインが上値の目標値となる。また、価格が上辺のチャネルラインに到達する時間を算出することもできる。というのも、価格がチャネルラインに到達する時間は、2本のラインが交わるのに要する時間と同じになる傾向があるからである。

上昇トライアングル

　上昇トライアングルと下降トライアングルはどちらも対称トライアングルのバリエーションであるが、将来を予測するうえでの意味合いは異なっている。**図6.3a〜図6.3b**に**上昇トライアングル**の例を示し

183

図6.3b　1997年末頃、ダウ輸送株指数は強気の上昇トライアングルを形成した。3400ドルの水準にある水平な上辺のトレンドラインと上向きの下辺のトレンドラインがよく分かる。このパターンはチャートのどこに現れても強気のパターンになる

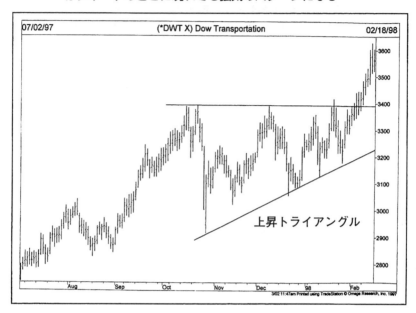

てある。上辺のトレンドラインは水平であり、下辺のトレンドラインは上向きである。このパターンは買い手が売り手よりも積極的であることを示している。これは強気パターンと考えられており、通常、上方へのブレイクアウトで完了する。

　対称トライアングルと、上昇トライアングルや下降トライアングルには次のような非常に重要な違いがある。つまり、上昇トライアングルにせよ、下降トライアングルにせよ、それらのパターンがトレンド途中に現れたときは、将来を予測するうえで、その意味が非常に限定されているということである。上昇トライアングルは強気、下降トライアングルは弱気を表す。一方、対称トライアングルは、本質的には

中立的なパターンである。しかし、このことは対称トライアングルに将来を予測する価値がないということを意味しているものではない。そうではなく、むしろ対称トライアングルは継続パターンであるので、アナリストは現在進行中のトレンドの方向を注意深く見極め、そのトレンドと同じ方向に予測を立てることができる。

ここで話を上昇トライアングルに戻そう。すでに述べたように上昇トライアングルはかなりの確率で相場の強気を表す。上へのブレイクアウトのシグナルは、水平な上辺のトレンドラインを終値ベースで見て完全にブレイクアウトしたときである。あらゆる有効な上へのブレイクアウトのシグナルがそうであるように、ブレイク時には顕著な出来高の増加が伴っていなければならない。支持線（上辺の水平なライン）までの押しがよく起こり、このとき出来高は減少する傾向がある。

目標値の算出法

上昇トライアングルの目標値の算出法は、比較的簡単である。パターンの最も広い縦の高さ（ベース）を測定し、そのブレイクアウトポイントからその距離を垂直に当てはめるだけである。これは、最小目標値を算出するために価格パターンのボラティリティが用いられた例である。

底値圏での上昇トライアングル

上昇トライアングルは、上昇トレンドにおいて最もよく出現するパターンであり、揉み合いパターンの一種とされるが、底のパターンとしても出現することがある。下降トレンドの終わりにかけて、上昇トライアングルパターンが形成されることは珍しいことではない。しかし、このパターンは、このような状況でさえ、強気相場の表れである

と解釈される。上辺のブレイクがパターン完成のシグナルであり、また強気のシグナルでもある。また、上昇トライアングルと下降トライアングルはどちらも**直角トライアングル**と呼ばれることがある。

下降トライアングル

下降トライアングルは、ちょうど上昇トライアングルの逆となるパターンであり、一般的に弱気のパターンとされる。**図6.4a**と**図6.4b**で、下向きの上辺と水平な下辺が見てとれる。このパターンは、売り手が買い手より積極的であるということを示しており、下へのブレイクアウトで完成する。下落のシグナルは、下辺のトレンドラインを終値ベースで見て完全に下抜くことであり、通常、出来高は増加する。その後、逆行した戻りがあることもあるが、下方トレンドラインが抵抗線として意識される。

目標値の算出法は、パターンの左のベースの高さを測定し、ブレイクアウトポイントからその距離を当てはめる。この点は上昇トライアングルとまったく同じである。

天井圏での下降トライアングル

下降トライアングルは、継続パターンの1つであり、通常、下降トレンドで出現する。しかし、このパターンは相場の天井圏に現れることも珍しくない。この種のパターンが天井圏で現れたときに、その下降トライアングルパターンを見つけるのはそれほど難しくない。この場合、価格が平行な下辺を終値ベースで見て下抜くことが、下降トレンドへの重要なトレンド転換のシグナルと見ることができる。

図6.4a 下降トライアングル。この弱気のパターンは水平な下辺のトレンドラインを終値ベースで見て完全に下にブレイクして完成する。目標値はトライアングルパターンの高さ（AB）をブレイクポイントCから下に延ばして算出される

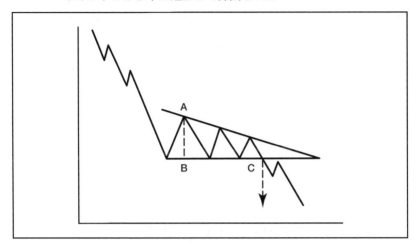

図6.4b 1997年秋、デュポンが弱気の下降トライアングルになった。上辺のトレンドラインは下向きで、下辺のトレンドラインは水平である。10月初旬、下辺のトレンドラインがブレイクされ、この下降トライアングルは完成した

出来高のパターン

上昇トライアングルと下降トライアングルは、出来高のパターンも非常に似通っている。どちらもパターンが進行するにつれて、出来高が減少し、揉み合いからブレイクアウトしたときに出来高が増加する。対称トライアングルのときと同様に、チャート分析者はそのパターンの形成中に、出来高が順行時や逆行時に微妙に変化する様子を見極めることができる。つまり、出来高は、上昇トライアングルでは価格の上昇時（順行時）にやや増加し、下落時（逆行時）に減少する。一方、下降トライアングルでは、下落時（順行時）に増加し、上昇時（逆行時）に減少する。

トライアングルパターンの時間的要因

トライアングルパターンについて確認しておくべき最後の点は、「期間（時間）」に関することである。トライアングルパターンは中期パターンとされ、通常、形成に１カ月以上を要するが、一般的に３カ月未満で終わる。１カ月未満のトライアングルパターンは、異なった種類のパターン —— 例えば、ペナントパターン —— である可能性が高い。ペナントについては、このあとすぐに解説する。前述したように、トライアングルパターンは長期チャートに出現することもあるが、基本的な考え方はいつも同じである。

拡大型パターン

これから述べるパターンは、トライアングルパターンの一種であるが、比較的珍しいパターンである。これは、実際見てみると、逆トライアングル（後ろ向きになったトライアングル）の形をしている。今

図6.5 拡大型の天井の例。この種の拡大型トライアングルは通常、大天井で現れる。切り上がった３つの連続した高値と切り下がった２つの連続した安値が分かる。２つ目の安値がブレイクされることでパターンは完成する。このパターンはトレードが非常に難しいパターンであるが、幸運なことにあまり出現しない

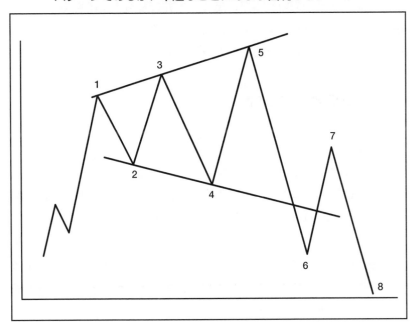

　まで分析してきたトライアングルパターンは、上下のトレンドラインが収束していく形をしていた。一方、**拡大トライアングル**は名前が示すように、そのちょうど反対になる。**図6.5**のパターンが示すように、拡大型パターンはトレンドラインが広がっており、ちょうどトライアングルが拡大していくような形をしている。これはメガフォントップとも呼ばれる。

　このパターンでは、出来高のパターンも異なる。ほかのトライアングルパターンでは、値幅が縮小するにつれて、出来高が減少する傾向があった。拡大型パターンでは、ちょうどその逆の現象が起こる。価

格の上昇幅や下落幅が広がるにつれて、出来高が増加するのだ。この
ような状況は、相場が制御を失い、非常に感情的になっている様子を
示している。このパターンはまた、一般の取引参加者数が異常に増え
ていることも表しているので、主要な天井で最もよく出現する。した
がって、拡大型パターンは通常、弱気を表すパターンである。一般的
に、メジャーな上昇相場の終わり近くで現れる。

フラッグとペナント

フラッグと**ペナント**は、よく現れるパターンである。これらのパタ
ーンは、見た目が非常によく似ており、どちらもトレンド内の同じよ
うな場所に現れ、また、その出来高と目標値を算出する基準も同じで
あることから、通常、一緒に扱われる。

フラッグとペナントは、活発な相場の動きのなかに見られる短い休
止を表している。実際、ペナントとフラッグの形成の必要条件の1つ
は、その直前に急激で直線的な値動きがあることである。これは、そ
の直前に鋭角的な上昇や下落があり、相場が呼吸を整えるために小休
止をしてから、その後、再び前のトレンドと同じ方向へ向かって疾走
するような状況を表している。

フラッグとペナントは継続パターンのうち、最も信頼のおけるもの
の1つであり、めったにトレンド転換をもたらすようなことはない。**図
6.6a～図6.6b**はフラッグとペナントの2つのパターンを示している。
初めに、パターンの形成前に、出来高の増加を伴いながら相場が急伸
しているのが分かる。その後、揉み合いとして一時休止状態が始まり、
次に突然、大商いを伴って、上へブレイクアウトしている。

図6.6a 強気のフラッグの例。フラッグは急激な値動きのあとに現れ、トレンドの一時休止を表す。フラッグはトレンド方向とは逆向きに傾斜している。出来高はパターン形成中に少なくなり、揉み合いからのブレイクアウト時に再び増加する。フラッグは値動きの中間点付近で現れる

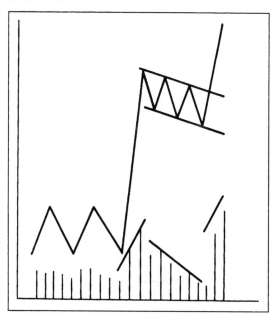

フラッグとペナントの構造

2つのパターンはわずかに異なっている。フラッグの形は平行四辺形かレクタングル(長方形)であり、それを形成する2本の平行線は、現在進行中のトレンドとは反対の方向に傾斜している。下降トレンドでは、フラッグはわずかに上向きに傾斜している。

ペナントを特徴づけるのは、2本の収束するトレンドラインであり、その向きは、より水平に近い。対称トライアングルを小さくしたものと非常によく似ている。ペナントとフラッグのどちらも、パターン形

図6.6b 強気のペナントの例。対称トライアングルを小さくしたものに似ているが、3週間以上続くことはない。パターン形成中、出来高は少なくなる。ペナント完成後、価格はペナント完成前の値動きと同じ距離だけ動く傾向がある

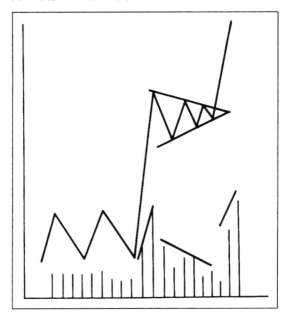

成中は出来高が減少するのが重要な条件になっている。

　両方のパターンは比較的短期間で形成され、通常、1～3週間で完成する。ペナントとフラッグは、下降トレンドではさらに短い期間で形成される傾向があり、1～2週間かからないこともよくある。どちらのパターンもトレンドラインをブレイクすることで完成する。上昇トレンドの場合は価格が上辺のトレンドラインをブレイクすることによって、また下降トレンドの場合は価格が下辺のトレンドラインをブレイクすることによって、前の現在進行中のトレンドに復帰したというシグナルになる。このようなトレンドラインのブレイクには、出来高の増加が伴う。今回の場合も、上昇するときの出来高は、下落のと

図6.7a　インターナショナル・ペーパーに現れた強気のフラッグ。フラッグは下向きに傾斜した平行四辺形のような形状をしている。フラッグが上昇トレンドのちょうど中間付近で現れているのが分かる

きに出来高がどう変化したかよりも決定的に重要である（図6.7a～図6.7b）。

目標値の算出の基本的な考え方

　両方のパターンとも目標値の算出に対する基本的な考え方は似通っている。フラッグとペナントは、旗竿から「半旗の位置ではばたく」と言われている。ここで旗竿とは、パターンの前に現れる急激な上昇や下落のことである。また、半旗とは、これらの小さな継続パターンが値動き全体のちょうど中間点辺りで現れる傾向があるため、こう言

193

図6.7b　キャタピラーのチャートに現れたペナント。ペナントは短期の継続パターンであり、対称トライアングルを小さくしたものに似ている。左側のペナントは上昇トレンドの途中に現れ、上昇トレンドを継続させている。一方、右側のペナントは下降トレンドの途中に現れ、下降トレンドを継続させている

われている。一般的に、前の現在進行中のトレンドに復帰したあと、相場は旗竿を複製するような動きを見せる。つまり、価格はパターン形成以前の値動きと同程度の距離を動くということである。

　より正確に言えば、もともとのブレイクポイントからの値動きの距離を測ればよい。つまり、そのブレイクポイントとは以前の支持線水準・抵抗線水準の突破や重要なトレンドラインの突破されたポイントで、現在のトレンドが始まった場所である。次に、今までの値動きの垂直距離をフラッグやペナントのブレイクポイント——つまり上昇トレンドでは上辺がブレイクされた点、下降トレンドラインでは下辺がブレイクされた点——を起点として算出すればよい。

まとめ

ここで両パターンの要点をまとめてみよう。

1. 両パターンとも、その直前に、ほとんど直線的な値動き（旗竿と呼ばれる）が大商いを伴って現れる。
2. その後、値動きは約1〜3週間停滞し、そのときは薄商いになる。
3. 出来高が急増し、前のトレンドに復帰する。
4. 両パターンとも市場の動きのほぼ中間付近で現れる。
5. ペナントは、対称トライアングルパターンを小さくしたものに似ている。
6. フラッグは、現在進行中のトレンドとは逆向きに傾斜した平行四辺形のような形をしている。
7. 両パターンとも、下降トレンドのときのほうがその形成に要する時間が短い。
8. 両パターンとも、金融市場では非常によく現れる。

ウエッジ

　ウエッジパターンは、その形状においても、それは形成される時間（期間）においても対称トライアングルに似ている。ウエッジは、対称トライアングルのように、ともに収束して頂点で交わる2本のトレンドラインによって形成されるパターンである。形成される時間（期間）の点から見れば、ウエッジは1カ月以上かかるが、3カ月もかかることはない。よって、中期パターンに分類される。

　ウエッジに特徴的なのは、見てはっきりと分かるように、その傾きである。ウエッジパターンは、上か下に傾いている。原則として、ウエッジはフラッグパターンのように、現在進行中のトレンドとは反対

方向に傾いている。したがって、**下降ウエッジは強気のパターンであり、上昇ウエッジは弱気のパターンである**。図6.8aでは、上昇トレンドの途上で2本の収束するトレンドラインが明らかに下向きに傾斜している。図6.8bでは、下降トレンドの途上で2本の収束するトレンドラインが明らかに上向きに傾斜している。

天井や底での反転パターンとしてのウエッジ

ウエッジは、存在するトレンドのなかで最もよく現れ、継続パターンとなる。また、ウエッジは天井圏や底値圏で現れ、トレンド転換のシグナルにもなる。しかし、このような状況は通常、あまり起こらない。上昇トレンドが終了する付近で、チャート分析者は明確な上昇ウエッジを観察することがある。上昇トレンドの途上で、継続パターンとしてのウエッジが現れたときは現在進行中のトレンドに対して下向きに傾いているはずである。しかし、そこに上向きの上昇ウエッジが現れたときは、チャート分析者にとってはもちろん、それは強気のサインではなく、弱気のサインとなる。底値圏で下降ウエッジが現れたのなら、下降トレンド終了のサインとなるだろう。

ウエッジがトレンドの中間点で現れようが、終わり近くで現れようが、市場アナリストは、上昇ウエッジは弱気、下降ウエッジは強気という一般的な原則どおりに考えるべきである（**図6.8c**）。

レクタングルパターン

レクタングル（長方形）パターンは別の呼び名で呼ばれることも多いが、通常、チャートで見れば、すぐに分かる。このパターンは、トレンド内での一時休止を表しており、価格は2本の平行な水平線の間で横ばいに動く（**図6.9a～図6.9c**）。

図6.8a　強気の下降ウエッジの例。ウエッジパターンは収束する2本のトレンドラインで構成されるが、その傾きは現在進行中のトレンドと逆向きである。下降ウエッジは通常、強気を表す

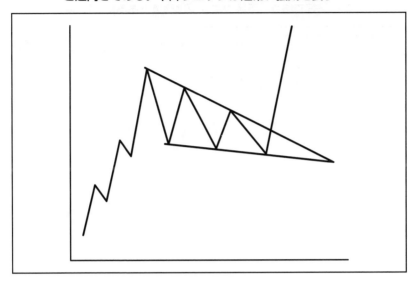

図6.8b　弱気のウエッジの例。弱気のウエッジは現在進行中の下降トレンドに対して逆向きに傾斜している

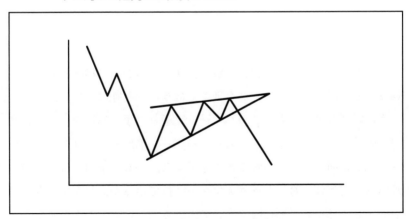

図6.8c　弱気の上昇ウエッジの例。収束する２本のトレンドラインが上向きに傾斜しているのがはっきりと分かる。ウエッジは現在進行中のトレンドに対して逆向きに傾斜している。そのため上昇ウエッジは弱気であり、下降ウエッジは強気である

　レクタングルパターンは、**トレーディングレンジ**や**揉み合い**と呼ばれることもある。これは、ダウ理論ではラインと呼ばれていた。どのように呼ばれようとも、このパターンは通常、現在進行中のトレンド内での揉み合い期間を表しており、パターン形成前から存在しているトレンドと同じ方向に進むことで完了する。将来を予測するうえでの価値はと言えば、対称トライアングルと似ているが、収束するトレンドラインではなく、平行なラインで構成されているところが異なる。
　価格が上辺のトレンドラインか、下辺のトレンドラインを終値ベースで見て完全に突破して引けたときが、レクタングルパターンの完成

図6.9a 上昇トレンドでの強気の長方形の例。このパターンはトレーディングレンジとも呼ばれ、2本の水平なトレンドラインの間で取引が行われている。またこれは揉み合いとも呼ばれる

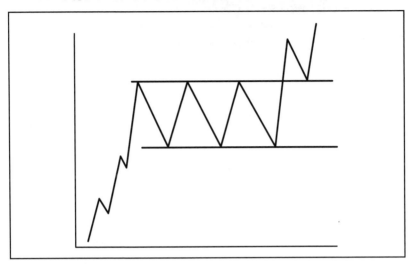

図6.9b 弱気の長方形の例。長方形パターンは継続パターンとされているが、トレーダーはこのパターンがトリプルボトムのような反転パターンに転化しないか、たえず注意しておかなければならない

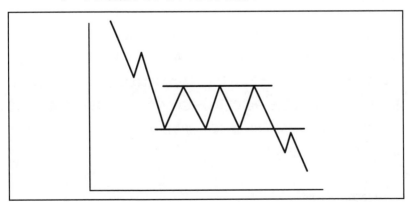

図6.9c　強気の長方形の例。コンパックの上昇トレンドは横ばいのまま4カ月が過ぎた。5月上旬、上辺のトレンドラインが上にブレイクされてパターンが完成し、上昇トレンドに復帰した。長方形パターンは継続パターンである

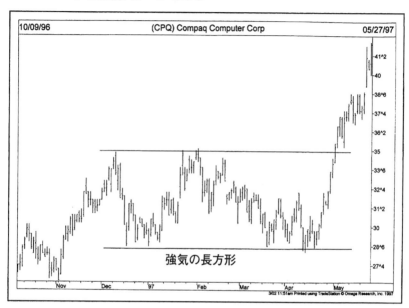

である。それによってトレンドの方向が示される。しかし、市場アナリストは、レクタングルパターンの揉み合いが反転パターンに転化していないかどうかを絶えず注意しておかなければならない。例えば、上昇トレンドにおいて図6.9aで示されているような3つの高値を持ったレクタングルパターンが現れれば、初めは反転パターンであるトリプルトップだと思うだろう。

出来高の重要性

出来高は重要な手がかりになる。上下への価格のスイング幅はかな

り大きいので、アナリストはどちらに動いたときに出来高が増加したかということを絶えず注視しておくべきである。上昇時に出来高が増加し、下落時に減少しているのなら、それは上昇トレンドでの継続パターンである可能性が高い。上昇トレンドで下落時に出来高が増加しているのなら、それはトレンド転換が近いという警告とも考えられる。

レンジ内でのスイングでトレードする

　チャート分析者のなかには、このようなパターン内での価格のスイングを利用し、下落したときはレンジの底値付近で買い、上昇したときは天井付近で売るというトレードを行う者もいる。このトレード手法を用いることで、短期トレードでは明確に特定された価格帯を利用し、トレンドのない相場であっても利益を得ることができる。ポジションを取るのはレンジの端であるため、比較的リスクが小さく、限定されてもいる。もしトレーディングレンジが継続しているのならば、この逆張りの手法は機能するだろう。ブレイクアウトが起こった場合、トレーダーはすぐに含み損を抱えたポジションを損切るだけではなく、新しいトレンドの方向に新規のポジションを建てることによって、前のポジションをドテンさせることもできる。横ばいではオシレーターが有効に機能するが、一度ブレイクアウトが起こると、オシレーターは有効に機能しなくなる。この理由は第10章で説明する。

　また、レクタングルパターンは継続パターンであると想定し、上昇トレンド内では価格帯の下値付近で新規の買いのポジションを取り、下降トレンド内では価格帯の上値付近で新規の売りポジションを取るトレーダーもいる。他方、このようなトレンドのない相場を避けて、明確なブレイクアウトを待ってから、資金を投入する者もいる。このような横ばいのトレンドのない相場では、ほとんどのトレンドフォローシステムの成績は非常に悪くなる。

201

その他の類似点と相違点

　期間の観点からいえば、レクタングルパターンは１～３週間の類型に分類され、トライアングルやウエッジに似ている。出来高はほかの継続パターンとは異なる。すなわち、広い値幅で価格が動くので、通常、ほかのパターンに見られたような出来高の減少が起こらない。

　多くのレクタングルパターンの目標値の算出法のうち最もよく用いられるのは、価格レンジの高さを基準とするものである。トレーディングレンジの高さ（上値から下値まで）を測定し、ブレイクアウトポイントを起点にして、その垂直距離を当てはめる。このような方法は、すでに述べたほかの垂直距離に基づく算出法によく似ており、相場のボラティリティを基準とするものである。このあと、ポイント・アンド・フィギュアを説明するときに、水平距離に基づく目標値の算出法については詳述したい。

　前述したブレイクアウトのときに出来高が増えることや、ブレイクアウト後に逆行する動きが起こる可能性については、このパターンも同様に適用することができる。パターンの境界である上辺のトレンドラインと下辺のトレンドラインは水平であり、レクタングルであると明確に分かるために、支持線水準と抵抗線水準も大変明白である。このことは、上昇トレンドで相場が上にブレイクアウトした場合、トレーディングレンジの上値付近がそのあとの押しに対して堅固な支持線となることを意味している。また、下降トレンドで相場が下にブレイクアウトした場合、トレーディングレンジの下値付近（前の支持線領域）がそのあとの戻りに対しての堅固な抵抗線となることを意味している。

図6.10a　メジャードムーブの例。これは２つ目の上昇レグ（CD）は１つ目の上昇レグ（AB）の大きさと傾斜を繰り返すと考えられている。調整的なレグ（BC）は上昇トレンドに復帰する前にABの1/3から1/2くらい押すことが多い

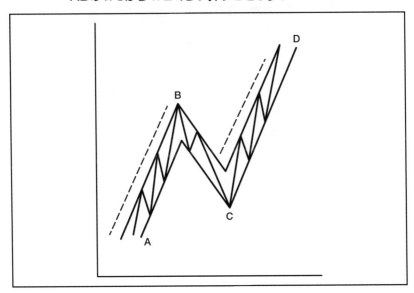

メジャードムーブ

　メジャードムーブ（スイングメジャーメントとも呼ばれる）とは、**図6.10a**に示したように、２つの均等で並行な動きに分割されるメジャーな相場上昇やメジャーな相場下落を言う。このような分析手法がうまく機能するのは、相場がかなり秩序立っており、非常に明らかな場合だろう。実際、メジャードムーブは今までに学習した手法のバリエーションにすぎない。すでに見たように、フラッグやペナントのような揉み合いパターンは通常、トレンドのちょうど中間点辺りで出現する。また、相場は現在進行中のトレンドを３分の１から２分の１程度リトレース（押したり・戻したり）してから、トレンドに復帰する傾

図6.10b　メジャードムーブでは先行する上昇レグ（AB）を測り、調整的な逆行の動きの底（点C）から加算する。このチャート上では上昇トレンド（AB）の高さは20ポイントである。底値である点C（62ドル）にその数値を足せば、82（点D）という目標値を得ることができる

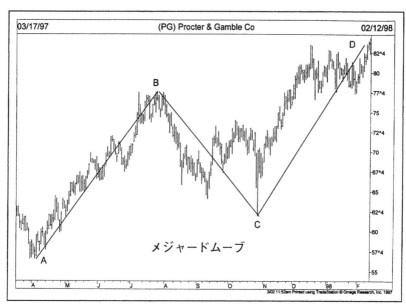

向があるとも述べた。

　メジャードムーブが現れたときは——チャート分析者がそれを見るのは非常に限定された状況においてであるが——、**図6.10a**に示されるように点Aから点Bへの上昇に続いて、点Bから点Cへのトレンドとは逆行する動き（レグABの3分の1～2分の1程度の押し）が見られる。このとき想定されるのは、上昇トレンドの次のレグ（CD）は、最初のレグ（AB）を繰り返すということである。したがって、点Dは、点CからレグABの高さを当てはめるだけでよい。

継続型ヘッド・アンド・ショルダーズ

前章においてやや詳細にヘッド・アンド・ショルダーズを解説した。すべての反転パターンのなかで最もよく知られ、最も信頼に値するパターンであると述べた。しかし、ヘッド・アンド・ショルダーズが反転パターンではなく、継続パターンとして現れることもある。

継続型ヘッド・アンド・ショルダーズは、横ばいのレクタングルパターンと非常に似通った値動きをする。違いは、上昇トレンドにおいては、その中間の安値がほかの２つの肩の安値よりも低くなるという点である（**図6.11a**）。下降トレンドにおいては、揉み合い圏にある中間の高値がほかの２つの肩の高値よりも高いということである（**図6.11b**）。この両方のケースの結論は、通常のヘッド・アンド・ショルダーズと正反対である。正反対であるから、これを反転パターンと間違えることはないだろう。

確認とダイバージェンス

確認の原則とは、市場分析全般に通底するテーマの１つであり、**ダイバージェンス**という用語と併せて用いられる。この２つの用語の考え方とその意味をこれから説明するが、これらは非常に重要なので本書では繰り返して学習することにする。ここではチャートパターンにおける確認について解説するが、この考え方は実質的にテクニカル分析のあらゆる局面に応用可能である。**確認**とは、テクニカルのシグナルや指標同士を比較したときに、多くの指標が同一の方向を指し示し、お互いの一致を確認し合っていることである。

ダイバージェンスは確認の逆であり、異なるテクニカル指標がお互いの一致を確認できない状態を言う。ここではこれを否定的な意味合いで用いるが、ダイバージェンスは、市場分析のなかでは有益な概念

205

図6.11a　強気の継続型ヘッド・アンド・ショルダーズの例

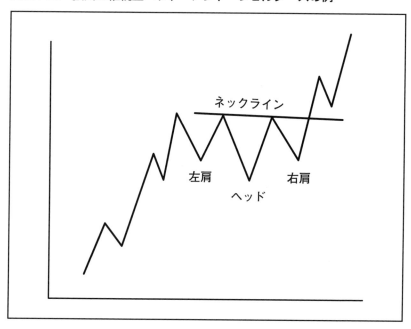

図6.11b　弱気の継続型ヘッド・アンド・ショルダーズの例

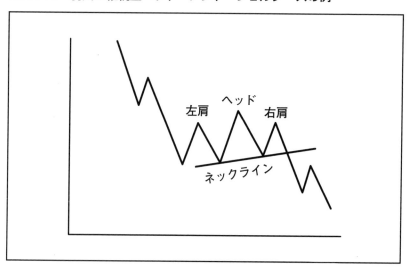

図6.11c　1997年前半、GMは継続型ヘッド・アンド・ショルダーズを形成した。このパターンは非常に明確であるが、現れる場所は特異である。このパターンは60ドルのネックラインを価格が上回って引けることで完成し、上昇トレンドに復帰する

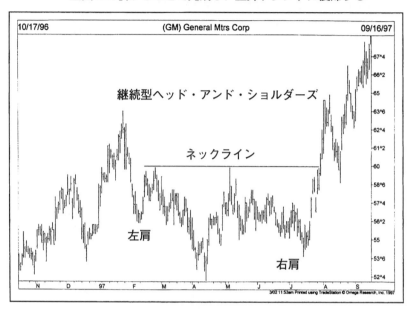

であり、目先のトレンド転換を示す警告のシグナルのうちで、最も最初に現れるものである。ダイバージェンスの原則については、第10章「オシレーターとコントラリーオピニオン」のところでさらに詳しく説明する。

おわりに

これで価格パターンの解説は終了する。前述のように、テクニカル分析に用いられるデータには、価格・出来高・取組高の3つがある。今まで言及してきたのはほとんどが価格に関するものであった。次では出来高と取組高にその焦点を合わせ、この出来高と取組高がテクニカ

ル分析の過程で、どのように利用されているのかを見ていきたい。

出来高と取組高

Volume and Open Interest

はじめに

　金融市場を対象とするテクニカルアナリストのほとんどは、価格・出来高・取組高という３つの数字の動きを追いかけることで、多面的な市場分析を行う。出来高の分析はあらゆる市場に応用でき、取組高は主として先物市場で用いられる。第３章では、日足チャートの仕組みと上の３つの要素がチャート上にどのように描かれるかを解説した。その第３章で述べたのは、先物市場では、各限月の出来高と取組高が利用できるが、一般的に将来を予測するのに使用される数字は全限月の出来高と取組高を合計した数である。一方、株式市場のチャート分析者は、価格の動きに合わせて単純に出来高の合計を描いていくだけでよかった。

　チャート理論のこのような点に関して、議論の的になるのは価格の先行きについてであるが、出来高についてもある程度言及される。本章では、値動きを予測するうえで、出来高と取組高が果たす役目を詳しく見ていくことで、三次元的な分析手法を完成させたいと思う。

二次的指標としての出来高と取組高

ここで出来高と取組高を正しい視点でとらえてみよう。価格は最も重要なものである。出来高と取組高は、重要度で言えば二次的なものであり、主に確認のための指標として用いられる。この2つのなかでは出来高のほうがより重要である。

出来高

出来高とは、ある期間内に実際に取引された取引量のことである。ここでは主に日足チャートで見るので、着目されるのは日次単位の出来高である。日次の出来高とは、1日の値動きを表す足の下に垂直なヒストグラムで表す（**図7.1**）。

出来高は週足チャートでも同じように表わされる。その場合、週の値動きを示す足の下に表示される。しかし、月足チャートでは出来高を表示させることはあまりない。

先物取引における取組高

取組高とは、取引日の終了時点で「建てられている玉」、つまり未決済取引量の総数のことを言う。**図7.2**において取組高は、対応する価格の動きのすぐ下側（出来高のヒストグラムの上）に実線で表示される。先物市場では、正式な出来高と取組高の数字は1日遅れで発表されることを思い出してほしい。したがって、表示には1日のタイムラグが生じている（直近の取引においては出来高の推計しか利用できない）。つまり、チャート分析者は各取引日において、今日の高値・安値・終値は表示させることができるが、出来高と取組高の正式な数字は前日のものになる。

図7.1　価格の上昇時に出来高が顕著に増えているのが分かる。これは出来高が価格の上昇を確認しており、相場が強気であることを意味している

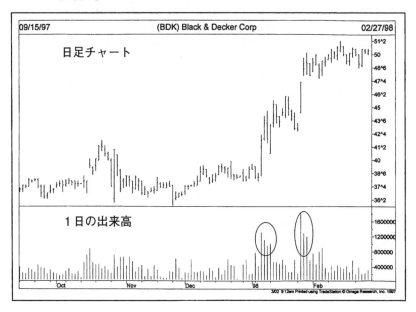

　取組高は、市場に存在する「売り建て」や「買い建て」のどちらか一方の総数を表しており、その両方の合計ではない。取組高は取引の成立数である。取引が成立するには「売り手」と「買い手」がいなければならない。したがって、その2者の市場参加者（売り手と買い手）が合わさって、1つの取引を成立させる。毎日発表される取組高の数字の後ろに、その日の取組高の増減を示すプラスやマイナスの数字が続く。まさにこの取組高水準の変化（つまり、取組高の増減）によって、チャート分析者は市場参加者の質的な変化の手がかりを得ることができる。そして、これによって取組高に相場予測上の価値が出てくるのである。

表7.1

	買い手	売り手	取組高の変化
ケース1	新規買い	新規売り	増加
ケース2	新規買い	決済売り	変わらず
ケース3	決済買い	新規売り	変わらず
ケース4	決済買い	決済売り	減少

取組高の変化はどのように起こるのか

取組高の変化がどのように解釈されるのかというのは重要なことである。その重要性を理解するために、トレーダーはまず、各トレードが取組高にどのような変化をもたらすかを理解しなければならない（**表7.1**）。

取引所の立会場で取引が成立するときはいつも、取組高は増加・減少・不変という3つのうちどれかになる。ここでその変化がどのように起こるかを見てみよう。

ケース1では、買い手と売り手の両者が新規建てをしており、新しい取組高が作り出される。ケース2では買い手は新規の買い建てをしているが、売り手のほうは単に保有ポジションの決済をしている。これは一方が参入し、もう一方が退出していく取引となる。結果は相殺され取組高には変化がない。ケース3も、ケース2と同じことが起こっている。違いは、売り手が新規の売り建てをしているが、買い手のほうが単に保有ポジションを決済しているということだ。一方のトレーダーが参入して、もう一方は退出しているので、この場合も変化は生まれない。ケース4では両方のトレーダーが保有ポジションの決済をしているため、取組高はそれに応じて減少する。

要するに、両方の取引参加者が新規建てをすれば、取組高は増加す

価格	出来高	取組高	相場の強さ
上昇	増加	増加	強い
上昇	減少	減少	弱い
下落	増加	増加	弱い
下落	減少	減少	強い

る。また、両者が保有ポジションを決済すれば、取組高は減少する。一方が新規建てを行い、もう一方が決済取引を行えば、取組高は変わらない。その日の終了時点におけるネットの取組高を見ることによって、チャート分析者は資金が市場に流入しているのか、市場から流出しているのかを判断することができる。この情報によってテクニカルアナリストは現在の価格トレンドの強弱についてある程度の結論を出すことができるのである。

出来高と取組高の解釈に関する一般原則

先物市場のテクニカルアナリストは出来高と取組高の情報を市場分析に取り入れている。出来高と取組高の解釈に関する原則は、非常に似通っているため、一般的に組み合わせて用いられる。しかし、両者には述べておかなければならないいくつかの違いが存在する。ここでは両者に共通する一般原則から述べよう。それから個々の原則を分けて考察し、最後にそれらを組み合わせて述べることにする。

出来高と取組高の両方が増加した場合は、現在進行中のトレンドが上昇中であれ下降中であれ、そのままそのトレンドが継続する可能性が高い。しかし、出来高と取組高が減少している場合は、現在進行中

213

図7.2 原油先物の日足チャートに出来高と取組高が示している。取組高のラインは価格が下落するにつれて上昇しており、これは弱気を意味する

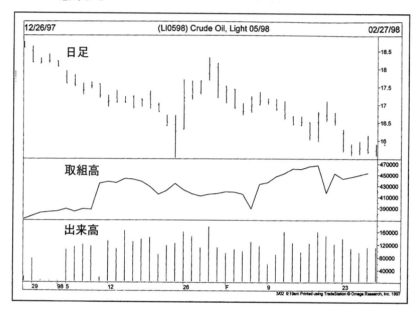

のトレンドが終わりを迎えつつあることを示す警告とみなすことができる。それを踏まえて、次は出来高と取組高を分けて見てみよう（図7.2）。

全市場における出来高の解釈

　出来高の水準を見ることで、価格の動きの背後に存在する相場の激しさや緊迫性を測ることができる。出来高が多いということは、相場の展開の速さや売買の圧力の強さを反映している。価格の動きに合わせて出来高を監視することで、テクニカルアナリストは相場の動きの背後にある売りと買いの圧力を読み取ることができる。また、この情

図7.3　マクドナルドの株価は1997年に付けた高値を大商いを伴って上にブレイクアウトした。これは強気を意味する

報は価格の動きの確認や、価格の動きが信頼に値しない場合の警告として用いることができる（**図7.3、図7.4**）。

　この原則をより簡単にいえば、**出来高は現在進行中の価格トレンドと同じ方向に増加する**ということである。上昇トレンドでは、出来高は価格が上昇すると増加し、価格が押すと減少する。このようなパターンが続くかぎり、出来高は価格トレンドを「確認」していると言われる。

　また、チャート分析者は、**ダイバージェンス**（この言葉は以前に言及している）の兆候がないかも見ている。ダイバージェンスとは、価格が前の高値を突破しているのにもかかわらず、出来高は前の高値のときよりも減少しているようなときのことをいう。チャート分析者は、

図7.4　インテルの出来高は株価の上昇トレンドと同じ動きをしている。出来高は価格の上昇時に増加し、下落時に減少している。最後の3日で価格が急騰したときには大商いになった

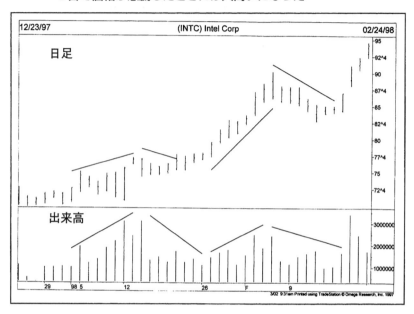

このような動きを買い圧力の減退と見る。また、価格が押したときに出来高が増えれば、上昇トレンドに何らかの問題が生じている可能性を考え始めるべきであろう。

価格パターンの確認としての出来高

　第5章と第6章で価格パターンを扱ったときも、出来高を重要な確認の指標として何回か言及した。ヘッド・アンド・ショルダーズ・トップ形成の最初の兆候が現れるのは、ヘッドの形成時に出来高が少ないのに価格が新高値へと上昇し、その後、取引を活発化させながらネックラインへと下落したときだった。ダブルトップとトリプルトップ

図7.5 チャートの前半には価格の上昇日に出来高が増加する強いトレンドが示されている。天井の枠内には大商いを伴った急落が示されているが、これは弱気のサインである。継続型トライアングルパターンが下にブレイクされたとき、出来高が急増した

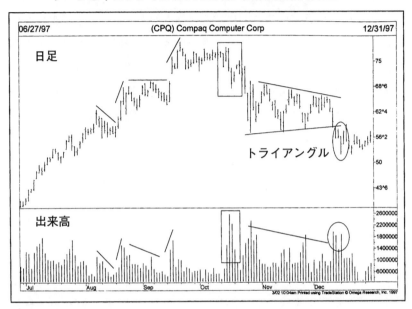

は、各高値では出来高は少なく、その後の下落では取引が増えた。トライアングルパターンのような継続パターンは、出来高が徐々に減少していく傾向が見られた。原則として、価格パターンがブレイクアウトによって完成したとき、そのブレイクアウトのシグナルが本物であるならば、取引が活発化するはずである（**図7.5**）。

下降トレンドでは、出来高が価格の下落時に増加し、価格が戻るときには減少しなければならない。パターンが継続するかぎり、売り圧力が買い圧力よりも大きく、下降トレンドは継続する。チャート分析者が相場の底のサインを探し始めるのは、このパターンが変化し始めたときだけである。

出来高は価格に先行する

　価格と出来高の両方を見ることによって、相場圧力を異なる２つの
ツールを用いて見ていることになる。価格が上昇トレンドを形成して
いるという事実によって、チャート分析者は買い圧力が売り圧力より
も強いということを知る。もしそうであるならば、現在進行中のトレ
ンドと同じ方向に相場が動くときには出来高が増加するのが理にかな
っている。テクニカルアナリストは、**出来高が価格に先行する**と確信
しているのだ。つまり、価格がトレンド転換という目に見えるように
なる前に、上昇トレンドでの上昇圧力の欠如や下降トレンドでの下落
圧力の欠如という形で出来高に現れると確信しているのである。

オンバランスボリューム

　テクニカルアナリストは、買い圧力と売り圧力を数値化するために
多くの出来高指標を検証してきた。チャートの下の出来高を示すヒス
トグラムを血眼になって見たところで、いつも重要な変化を発見でき
るとは限らないからだ。最も単純で最もよく知られた出来高指標は、**オ
ンバランスボリューム（OBV）**である。実際のオンバランスボリュー
ムは価格チャート上に描かれる曲線であり、ジョセフ・グランビルの
1963年の著書『グランビルズ・ニュー・キー・トゥー・ストック・マ
ーケット・プロフィッツ（Granville's New Key to Stock Market
Profits)』で発表し、世に広まった。この曲線は、価格の動きとのダイ
バージェンスを見ることで、現在のトレンドの質の確認や目先のトレ
ンド転換の警告として用いることができる。

　図7.6は、価格の下に出来高のヒストグラムではなく、オンバラン
スボリュームを表示させたチャートである。オンバランスボリューム
を見れば、出来高のトレンドが簡単に追跡できるのが分かる。

第7章　出来高と取組高

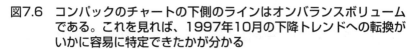

図7.6　コンパックのチャートの下側のラインはオンバランスボリュームである。これを見れば、1997年10月の下降トレンドへの転換がいかに容易に特定できたかが分かる

　オンバランスボリュームの引き方それ自体は単純である。各取引日の出来高を、その日の相場が上昇して引けた場合はプラス、下落して引けた場合はマイナスを割り当てる。つまり、ある日を基準に、その日の相場が上昇して引けた場合はその日の出来高はプラス、その日の相場が下落して引けた場合はその日の出来高はマイナスを割り当てて、合計していく。終値を前日比で見て、その日の出来高を足したり、引いたりして、その合計を日々書き込むのである。
　オンバランスボリュームは、数値そのものではなく、その方向（トレンド）が重要である。オンバランスボリュームの数値は、表示させるチャートの期間によって異なってくる。計算はコンピューターが行うので、オンバランスボリュームの方向に意識を集中させるだけでよ

219

い。

　オンバランスボリュームは、トレンドと同じ方向に動かなければならない。価格が切り上がった高値と安値（上昇トレンド）を持っているのなら、オンバランスボリュームはそれと同じ動きをしなければならない。価格が切り下がった高値と安値（下降トレンド）を持っているのなら、オンバランスボリュームはそれと同じ動きをしなければならない。出来高が価格と同じ方向に動かなければ、そこにダイバージェンスが存在し、トレンド転換の恐れがある。

オンバランスボリュームの代替指標

　オンバランスボリュームは、ある程度役立つものであるが、いくつかの欠点を持っている。その１つは、１日の出来高全体をプラスかマイナスの値を割り当てることにある。仮に市場が引けたとき、１～２ティックほどのごくわずかな値幅しか上昇しなかった場合は、どう考えればよいのだろうか。その日の取引全体にプラスの値を与えることに合理性はあるだろうか。あるいは、その日の大半が上げ相場だったが、終値はわずかに下げたような場合はどうだろうか。そのような日の出来高全体にもマイナスの値を与えるべきだろうか。この問題を解決するために、テクニカルアナリストは上昇にかかわる出来高と下落にかかわる出来高を誤りなく判別することを目指して、さまざまなオンバランスボリュームを試してきた。

　その１つが、トレンドが強かった日に重みをつけるというものである。例えば、相場が上昇した日には、出来高にその上昇した値幅を掛ける。この手法は、プラスとマイナスの値を割り当てるというところに変わりはないが、値幅が大きくなればなるほどより多くの重みをつけ、価格変動が小さいときの影響を減らしている。

　出来高と取組高を価格と融合させる、より高度な手法も存在する。例

図7.7 インテルで株価とオンバランスボリュームの間に生じた弱気のダイバージェンスは下降メジャートレンドへの転換を正確に知らせた

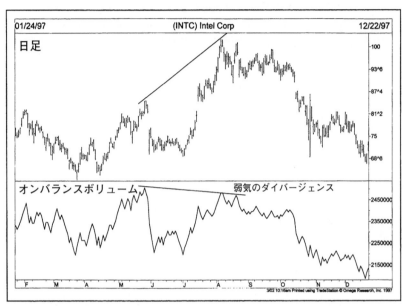

えば、ジェームズ・シベットの「需要指数」がある。これは価格と出来高を組み合わせて作られた優れた指標である。「ヘリックペイオフ指数」は、資金フローを測定するために取組高を用いるものだ（この２つの指標の解説は「**付録Ａ**」を参照）。

特筆すべきは、株式市場における出来高は先物市場よりも相当利用価値が高いということである。株式の出来高はすぐに公表され、先物市場のように１日遅れになるということはない。また、株式市場では、先物市場にはない「上昇銘柄の出来高」「下落銘柄の出来高」の水準なども利用できる。株式市場では、日中取引の最中に個々の銘柄の取引が約定するたびに出来高データが取得できることから、「資金フロー」と呼ばれるより高度な指標も生み出された（ラスロ・ビリンニ・ジュ

図7.8 オンバランスボリューム（実線）を価格足に重ねて表示させることで、価格と出来高の比較が容易になる。このマクドナルドのチャートではオンバランスボリューム線が価格上昇に先行しており上へのブレイクアウトの予兆となった

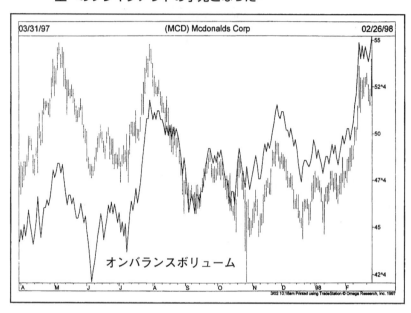

ニア考案）。このリアルタイム版オンバランスボリュームは、株式市場への資金の流入や流出を判別するために、個々の銘柄の約定ごとに出来高水準をとらえるものである。しかし、この高度な計算法は非常に高度なコンピューターの計算能力を要し、実際のところ大半のトレーダーにとっては簡単に利用できるものではない。

これらのより高度なオンバランスボリュームは、基本的に同じ意図を持っている。つまり、これらはすべて出来高の動きが相場の上昇（強気）で起こっているのか、下落（弱気）で起こっているのかを判別するために用いられる。オンバランスボリュームは、考え方は単純であるが、先物市場と株式市場の両方で、出来高のフローをとらえるとい

う点で非常に良い働きをする。そして、ほとんどのチャートソフトが
オンバランスボリュームを採用している。また、ほとんどのチャート
ソフトでは、比較をさらに容易にするために、オンバランスボリュー
ムを価格足の上に重ねて表示させることができるようになっている（**図
7.7と図7.8**）。

先物市場における出来高のその他の制約

すでに先物市場では、出来高の公表が1日遅れるという問題点は述
べた。また、個別の取引を分析するために、その個々の限月の出来高
の代わりに、すべての限月の合計値を用いるというやや面倒な方法を
取ることも述べた。そのような合計を用いることには正当な根拠があ
った。しかし、ある同じ日の取引で、ある限月は上昇して引けたが、あ
る限月は下落して引けたような場合はどのように扱うべきだろうか。ス
トップ高（あるいはストップ安）になった日も別の問題を生み出す。ス
トップ高（あるいはストップ安）になった日はそれ以上取引が行われ
ないため、通常、出来高は非常に少ない。しかし、これは相場の強さ
（あるいは弱さ）を示すサインである。というのも、このようなときは、
買い手の数が売り手の数を圧倒的に上回っているため、価格が値幅制
限の上限にまで達し、取引が中断している状態であるからだ。ただ、従
来の考えでは上昇しているのにもかかわらず出来高が少ないというの
は、弱気のサインである。このようにストップ高（あるいはストップ
安）になって出来高が少ない日は、従来の原則を破るものであり、オ
ンバランスボリュームの数値を歪める恐れがある。

しかし、このような制約があるにもかかわらず、先物市場において
出来高を見ることの有用性に変わりはない。テクニカルトレーダーは、
出来高指標にたえず注意を払っておくことを強く勧める。

図7.9 銀価格の上昇トレンドは同様の動きを見せる取組高の増加によって確認できる。右側の枠内には価格が押したとき、取組高も正常に減っている様子が示されている

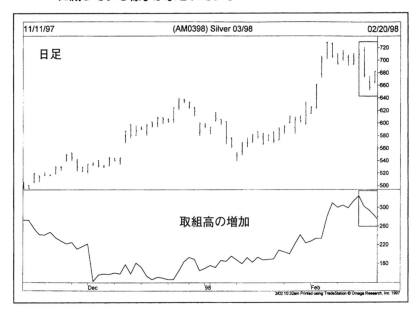

先物市場における取組高の解釈

　取組高が増減した場合の解釈は出来高と類似しているが、いくつか説明を付け加える必要がある。

1．上昇トレンドで価格が上昇し、取組高が増加したときは、市場に新規の資金が流入しており、積極的な新規の買い意欲が存在していると見るべきである。これは相場が強いことを表していると言える（図7.9）。
2．しかし、価格は上昇しているが、取組高が減少しているときの上昇は買い戻し（含み損を抱えた売りポジションの保有者が損切り

図7.10 金先物相場の弱い上昇の例。価格の上昇時に取組高が減少し、下落時には増加している。トレンドが強い場合、取組高は価格と同じトレンドを示し、逆になることはないと考えられる

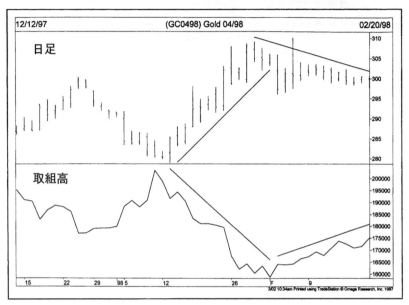

をしていること）によってもたらされたものである（図7.10）。

3. 下降トレンドで価格が下落し、取組高が増加したときは、テクニカルアナリストは市場に新規の資金が流入しており、積極的な新規の売り意欲が存在していると見るべきである。このような動きがあるときは、下降トレンドが継続する確率は高く、相場が弱いことを表していると言える（図7.11）。

4. しかし、価格の下落時に取組高が減少しているときは、その下落は失望売りか、損を抱えた買いポジションの損切りによってもたらされたものである。このような動きが現れたときこそ、テクニカル分析が機能する状況であると信じられている。というのも、下降トレンドが終了するのは、買い方のほとんどが損を抱えたポ

図7.11 1997年夏、銅相場は転換して下降トレンドに入った。その後の下落には取組高の増加が伴っている。価格の下落時に取組高が増加するときは積極的な売り手が存在しているためで、相場は弱気である

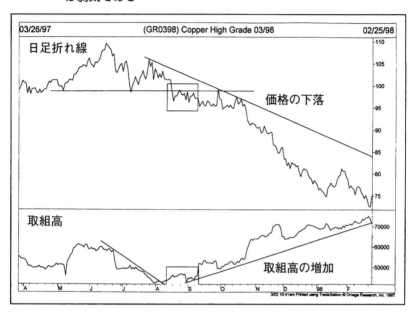

ジションの決済を完了し、取組高が十分に減少したときである可能性が高いからだ。

これら4つのポイントを要約してみる。

1. 上昇トレンドで取組高が増加したときは強気
2. 上昇トレンドで取組高が減少したときは弱気
3. 下降トレンドで取組高が増加したときは弱気
4. 下降トレンドで取組高が減少したときは強気

そのほかに取組高が重要となる状況

前述した傾向に加えて、取組高を見ることが有益となる相場状況はほかにも存在する。

1. メジャーな相場の動きの終焉に向けて、それまでトレンドを通じて増加してきた取組高に相殺の動き、つまり**取組高の減少が見られたときにはトレンドに変化がある早期の警告であることが多い。**

2. **天井圏で取組高が多く、価格の下落が突然起こった場合、弱気であると考えられる。**これは、天井付近で建てられた新規の買いポジションのすべてが含み損になったということを意味する。このポジションの損切りのために、相場は取組高が十分に減少するまで売り圧力にさらされることになる。

   その一例として、上昇トレンド中の相場を想定してみよう。先月から取組高は顕著に増加していた。新規の取組高は、1つの新規買いと1つの新規売りが合わさってできているということを思い出してほしい。突如として価格が急落し始め、先月に付けた最安値を下回ったとしよう。そうすると、先月に新規に建てたすべての買いポジションは現在、含み損を抱えていることになる。このような買いポジションの損切りがあるため、相場はそれらの損切りがすべて終わるまで、売り圧力にさらされる。さらに悪いことに、そのような損切りはしばしば売りを自ら加速させる。価格がさらに下落すると、ほかの買い手も売り手に回り、その下落をさらに促進させるのである。この点から、上昇相場で異常に取組高が多いときは危険を示すシグナルであるという結論になる。

3. **もし相場が横ばいや水平的なトレーディングレンジ内での動きを見せている間に取組高が増加していくようならば、ブレイクアウトが起こったときの値動きは大きくなる。**これは当然の結果であ

る。相場はどちらに動くか分からない状態にあった。相場がどの方向にブレイクアウトしてトレンドを形成するかはだれにも分からない。しかし、取組高が増加しているということは、それだけ多くのトレーダーがブレイクアウトを予想しながらポジションを取っていることが分かる。一度、ブレイクアウトが起これば、反対方向のポジションを持った多くのトレーダーは捕まることになるのである。

　ここで、ここ３カ月で取組高が１万枚増加した相場を想定してみよう。これは、新規買いポジション１万枚と新規売ポジション１万枚が成立したことを意味する。その後、上へのブレイクアウトが起こり過去３カ月の最高値を付けたとしよう。過去３カ月で最も高い水準で取引されているので、ここ３カ月以内に新規に建てられた売りポジションのすべて（１万枚の売りポジションすべて）が、今は含み損を抱えていることになる。この損を抱えた売りポジションの手仕舞いが自然発生的に相場の上昇圧力を生み出し、相場はさらなるパニック状態になる。この１万枚のすべて、あるいはそのほとんどが買い戻しによって相場を上げる動力になり続けるのだ。その動力が尽きるまで、価格は強く推移する。仮に、下へのブレイクアウトが起こっていたのであれば、今度は買い手が厄介に巻き込まれる側になる。

　ブレイクアウトの直後に新しいトレンドが発生し、その初期段階では通常、このような誤った方向のポジションを保有した者の損切りによって、相場により動意を与えることになる。誤った方向のポジションを保有しているトレーダーが多ければ多いほど（これは取組高が多いことで分かる）、突然の相場反転の動きに対する反応は激しいものになる。これをもう少しプラスの面からとらえれば、正しい方向のポジションを保有し、判断の正しさが証明された形となった者たちと、増えた含み益でさらに増し玉をした者

たちによって、新しく発生したトレンドはさらに進展することになる。このように、**なぜトレーディングレンジ内での取組高の増加（ほかの価格パターンにおいても同様）が、その後の値動きの潜在力を高めることになるのかが理解できるだろう。**

4. **価格パターンの完成と同時に取組高が増加すると、シグナルの信頼性はさらに高まる。**例えば、ヘッド・アンド・ショルダーズ・ボトムでネックラインのブレイクがあったとき、出来高の増加だけでなく取組高の増加も伴えば、そのブレイクアウトはより説得力を増すことになるであろう。ここでテクニカルアナリストが注意しなければならないことがある。早期のトレンドシグナルが出たあとの相場の勢いは、しばしば反対ポジションを保有していた人々の損切りによってもたらされるため、**新しいトレンドの初期段階には取組高がわずかに減少することがある。**この初期段階で取組高が減少するという現象は、不注意なチャート分析者の判断を誤らせることがあり、超短期の取組高の変化に注意を払いすぎるのは気をつけたほうがよい。

出来高と取組高に関するまとめ

ここで価格・出来高・取組高に関する重要な点をまとめておこう。

1. 出来高はあらゆる市場分析に用いられる。一方、取組高は主に先物市場で用いられる。
2. 先物市場では、総出来高と総取組高が用いられる。
3. 出来高と取組高の増加は、現在進行中のトレンドが継続する見込みが高いことを示している。
4. 出来高と取組高の減少は、現在進行中のトレンドが転換する可能性を示唆している。

5．出来高は価格に先行する。買い圧力と売り圧力の変化は価格よりも先に出来高の変化に現れることが多い。

6．よって、オンバランスボリューム（OBV）とそのバリエーション版を用いれば、より正確に出来高の圧力を測定することができる。

7．上昇トレンドで突然に取組高の減少が見られたときは、トレンド転換の警告であることが多い（これは先物市場のみに当てはまる）。

8．相場の天井付近で取組高が非常に多いときは危険であり、下落圧力が高まっている可能性がある（これは先物市場のみに当てはまる）。

9．揉み合いやトレーディングレンジで取組高が増えていれば、その後のブレイクアウトの力はより強くなる（これは先物市場のみに当てはまる）。

10．出来高や取組高の増加は、価格パターンの消滅や、新しいトレンドの開始シグナルの重要なチャートの形成を確認する助けになる。

ブローオフとセリングクライマックス

今まで言及しなかったが特筆すべきものとして、相場の天井や底で現れるダイナミックな相場の動きである**ブローオフ**と**セリングクライマックス**を挙げておきたい。ブローオフは大天井で現れ、セリングクライマックスは大底圏で現れる。先物市場でのブローオフには、最後の上昇中に取組高の減少が伴うことが多い。大天井でのブローオフでは、長期にわたる上昇のあとに、大商いを伴いながら価格が急激に上昇を開始し、その後、突如、天井を打つ（**図7.12**）。大底圏のセリングクライマックスでは、大商いのなか価格が急落したあと、素早く上昇に転じる（**図4.22c**を再掲）。

図7.12 コーヒー先物の天井で２つのブローオフが発生している。両方とも大商いを伴いながら価格が急上昇している。両方とも相場の急騰時（矢印）に取組高が減少（実線）して、下落の警告となっている

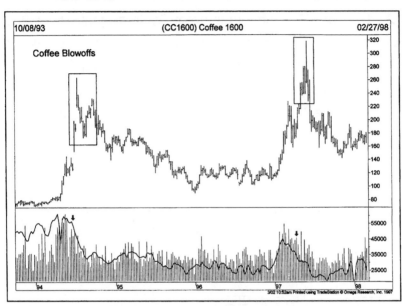

図4.22c セリングクライマックス

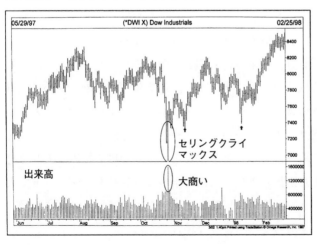

COTリポート

今まで取組高について述べてきたが、**COT（コミットメンツ・オ ブ・トレーダーズ［Commitments of Traders］リポート**が何かと いうことと、これが予測ツールとして先物市場のテクニカルアナリス トにどのように用いられるかについて、触れずに終わることはできな い。このリポートはCFTC（米商品先物取引委員会）によって、月2 回（月の中ごろと月末）公表される。このリポートでは、取組高が大 口のヘッジャー、大口の投機家（トレーダー）、小口のトレーダーに分 類されて報告される。大口のヘッジャーはコマーシャルズとも呼ばれ、 彼らは先物市場を主としてヘッジ目的に利用する。大口の投機家は巨 大な商品ファンドを含み、その多くがメカニカルなトレンドフォロー システムを運用している。最後の小口のトレーダーは一般投資家を含 み、前の2つよりも少額の取引を行うグループである。

コマーシャルズを見よ

COTリポート分析を見るコツは、「通常、プロの大口のヘッジャー （コマーシャルズ）は正しく、大口と小口のトレーダーは間違ってい る」というものだ。これが真実なら、理想的なのはコマーシャルズと 同じ方向にポジションを取り、大口と小口のトレーダーたちとは反対 のポジションを取るということである。例えば、底値圏において上昇 シグナルが出るのは、コマーシャルズがネット（正味）で大量の買い ポジションを取り、大口と小口のトレーダーたちがネットで大量の売 りポジションを取ったようなときになる。上昇相場で相場が天井を打 つ警告のシグナルが出るのは、大口と小口のトレーダーがネットで大 量の買いポジションを取り、同時にコマーシャルズがネットで大量の 売りポジションを取っているような場合である。

図7.13 S&P500先物の週足チャートに３つの買いシグナルが出ている。チャートの下側は、コマーシャルズ（実線）と大口トレーダー（破線）のネットポジションであり、コマーシャルズのネットの買いが膨らみ、同時に大口トレーダーのネットの売りが膨らんだときが買いシグナル（矢印）になる

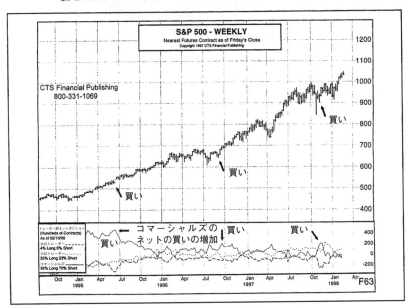

トレーダー別ネットポジション

　これら３組の市場参加者のトレンドをチャートに示し、そのトレンドを用いて、彼らのポジションの推移から天底をとらえることができる。これを行うための１つの方法として『フューチャーズ・チャート（Futures Chart）』の取引者別ネットポジションを研究することを挙げておく。このチャートは、３本のラインが週足チャート上に引かれている。このラインは３組のトレーダー別のネットポジションの推移を示し、各市場の過去４年分のデータを見ることができる。４年分のデータが提供されているので過去との比較も容易にできる。このチャー

図7.14 この銅先物の週足チャートには3つの売りシグナル(矢印)が出ている。売りシグナルが現れるのはコマーシャルズがネットの売りを増やし、あとの2グループはネットの買いを増やしているところである。やはりコマーシャルズは正しかった

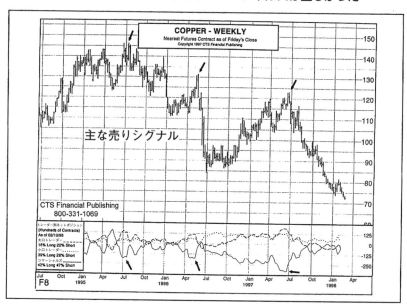

ト集の発行者であるニック・バン・ナイスは売り時や買い時を見つけるために、図7.13と図7.14のようなチャートで、コマーシャルズのポジションが一方に片寄り、大口と小口のトレーダーがその反対側に片寄った状況を探している。このCOTリポートを仕掛けのために利用することはなくても、これら3組がどのような動きをしているかを監視しておくことは悪い考えではない。

オプションの取組高

ここまで取組高に関する議論は**先物**市場の取組高に集中していた。

オプション取引でも、取組高は重要な役割を果たす。プットオプションとコールオプションの日々の取組高は、先物市場、株価平均、工業株指数、個別株それぞれについて公表されている。オプションの取組高は、先物市場とまったく同じように解釈されるわけではないが、本質的には同じことを教えてくれる。すなわち、利益がどこにあるかということと、流動性がどこにあるかということである。オプショントレーダーのなかには、市場のセンチメントを測るためにコール（強気）の取組高とプット（弱気）の取組高の数を比較している者もいる。また、オプションの出来高を用いる者もいる。

プット・コール・レシオ

オプション市場の出来高は、本質的に先物や株式の場合と同じように用いられる。つまり、出来高を見れば、その市場に存在する買い圧力と売り圧力の強さを知ることができる。オプションの出来高は、コール（強気）とプット（弱気）の出来高に分けることができる。プットに対するコールの出来高を監視することで、市場が強気か、弱気かをある程度判別することができる。オプション取引で出来高のデータを用いる主な目的の1つは、プット・コール・レシオを算出することにある。オプショントレーダーが強気のときは、コールの出来高はプットの出来高を上回り、プット・コール・レシオは下落する。オプショントレーダーが弱気のときは、プットの出来高はコールの出来高を上回り、プット・コール・レシオは上昇する。プット・コール・レシオは通常、逆指標（コントラリーインディケーター）と言われる。比率が高くなれば売られ過ぎで、比率が低くなれば買われ過ぎを示す警告になる。

オプション市場のセンチメントとテクニカル分析を組み合わせる

オプショントレーダーは、強気と弱気の行きすぎを判別するために取組高と出来高のプット・コール・レシオを用いる。このようなセンチメント指数は、対象とする市場の支持線や抵抗線や現在進行中のトレンドのようなテクニカル手法と組み合わせたときに最も有効に機能する。オプション市場ではタイミングが非常に重要なので、多くのオプショントレーダーはテクニカル分析を重要視する。

おわりに

ここで出来高と取組高についての解説をひとまず終えることにする。出来高の分析は、先物やオプションや株式などすべての金融市場で利用できる。取組高は先物とオプションのみに適用できるものである。しかし、先物とオプションは非常に多くの株式を原資産として取引されるので、取組高がどのように利用されるかを理解しておくことはこの3つの金融市場では有益である。ここまでの解説では、そのほとんどで日足チャートに焦点を当てていた。次の第8章では、長期のトレンド分析を行うために、時間軸を広げ、今までに学習した分析手法を週足や月足のチャートに応用して説明する。

8

長期チャート

Long Term Charts

はじめに

　日足チャートは、テクニカルアナリストが予測に用いるチャートの
なかでも最も一般的なものである。日足チャートは通常、6～9カ月
の期間を表示するにすぎない。しかし、トレーダーの大半は比較的短
期の市場の動きに関心を向けているので、日足チャートは、チャート
分析者から主要な分析ツールとして受け入れられている。

　しかし、平均的なトレーダーはこのような日足チャートに頼りがち
で、もっぱら短期的な市場の振る舞いに関心を持っているため、価格
チャートの非常に有益で見返りの大きい利用法を見逃していることが
多い。その利用法とは、より長期のトレンド分析と予測のために週足
や月足のチャートを利用することである。

　日足チャートは、比較的短期の市場の動きを把握するものである。し
かし、市場のトレンド分析を徹底しようと思えば、日中の価格が長期
トレンドの構造とどのように関連して動いているのかについても考え
なければならない。これを実現するためには長期の時間枠を持つチャ
ートを用いる必要がある。日足チャートでは、各足は1日の値動きを
表すが、週足や月足のチャートの各足は、それぞれ1週間、1カ月の
値動きを表す。週足や月足のチャートの目的は、時間軸を大幅に長く

237

し、さらなる長期分析が可能になるように値動きを圧縮していること
である。

長期的視野を持つことの重要性

　**長期チャートは、市場トレンドに対する１つの大局観を与えてくれ
るが、これは日足チャートでは得ることができないものである。**第１
章でテクニカル分析の哲学について述べたときに、チャート分析の最
大の利点はその原理を実質的にあらゆる長さの時間枠（長期予測を含
む）に適用できることであると指摘した。また、テクニカル分析は、短
期での「タイミング」を見定めるための使用に限定して、長期での分
析はファンダメンタルズ分析に委ねるべきであるという一部の誤った
見解についても述べた。

　テクニカル分析の原理——トレンド分析、支持線・抵抗線水準、ト
レンドライン、リトレースメント（押し・戻り）比率、価格パターン
など——が長期の価格動向分析にも役立つことは本書に掲載したチャ
ートによっても実証されるだろう。**このような長期チャートを顧みな
い者は、必ず膨大な量の貴重な情報を見逃すことになる。**

先物取引のためのつなぎ足チャートの作り方

　平均的な先物取引は、納会までの残存期間がおよそ１年半程度であ
る。このような残存期間のある取引対象は、テクニカルアナリストが
数年前までの長期チャートを描こうとするときにいくつかの問題が生
じる。株式市場のテクニカルアナリストには、このような問題は一切
生じない。個別株や株価平均のチャートでは、取引開始時からのデー
タが容易に入手できる。では、次々と限月が納会していく先物取引を
扱うテクニカルアナリストはどのように長期チャートを作成すればよ

いのだろうか。

その答えは**つなぎ**足チャートにある。「つなぎ」という言葉を強調してあるのに注意したい。最もよく用いられるのは単純に個々の限月をつなぎ合わせて、チャートを連続させるものである。1つの限月が納会したら、次の限月を使う。これを実現するために、非常に簡単で多くの市販チャートに採用されている方法が、期近の価格を用いる方法である。期近の取引が終了したら、2番限が期近となり、その価格が表示される。

そのほかの連続チャートの作成方法

期近の価格をつなげる方法は比較的簡単で、価格を連続させるという問題を解決してくれる。しかし、この方法にはいくつかの問題点がある。納会した限月は、時折、2番限に対して有意なプレミアムが付いていたり、ディスカウントされていたりする可能性があり、2番限が期近になったときに急激な価格の下落や上昇が起こってしまう恐れがあるのだ。もう1つは、納会直前の現物取引によって相場のボラティリティが極端に上昇し、価格がゆがめられる可能性もある。

先物取引のテクニカルアナリストは、このようなゆがみに対応するための方法を多く開発してきた。その1つに、現物の受け渡しが行われる期近の高いボラティリティを回避するため、納会が1～2カ月後に迫った期近の価格をつなぎ足に採用しないという方法である。もう1つは、期近の価格を一切使用しないで、代わりに2番限や3番限を用いるという方法である。そのほかは、受渡月に最も正しい市場価値を示すという理論に基づき、チャートの価格には取組高の1番多い限月を採用する方法がある。

また、つなぎ足チャートは毎年、特定の限月をつなげて作成することもできる。例えば、大豆の11月限つなぎチャートは、1年のうち11

月限のデータだけをつなぎ合わせて作成される（このような特定の限月のみをつなぎ合わせる手法はW・D・ギャンが好んで用いた）。チャート分析者のなかには、このような手法をさらに進展させ、いくつかの限月の価格を平均して用いたり、価格のプレミアムやディスカウントを修正することによって、限月交代の影響を減少させるチャートを作ったりする者もいる。

パーペチュアルコントラクト

　価格の連続性に関する問題の革新的な解決方法の１つがパーペチュアルコントラクト（永久限月）と呼ばれるものである。これは、コモディティと株式のデータサービスを行うコモディティ・システム代表のロバート・ペルティエによって開発された（パーペチュアルコントラクト［Perpetual Contract］は同社の登録商標である）。

　パーペチュアルコントラクトの目的は、数年にわたる先物価格の履歴を１つの連続した足にして提供することにある。これは、未来の一定期先を基準にして時系列を構成するものである。例えば、その期間として、３カ月や６カ月先の将来を設定するのである。その期間設定は変更可能で、使用者が選択することができる。パーペチュアルコントラクトは、その希望した期間を含む２つの限月を加重平均することで作られる。

　パーペチュアルコントラクトの価値は実際の価格とは異なり、２つの違う価格の加重平均である。パーペチュアルコントラクトの主な利点は、納会が迫った期近限月を単独で使用することを回避でき、限月交代に伴って発生する恐れのある価格のゆがみを取り除くことで価格系列を平滑化できるところにある。チャート分析を行ううえでは、市販のチャートが提供する期近をつなぐつなぎ足チャートで十分事足りる。しかし、トレードシステムや指標のバックテストを行うには、連

第8章　長期チャート

続性のある価格系列がより有効である。つなぎ足チャートを作成する方法のより完全な解説はグレッグ・モリスの**付録D**を参照されたい。

長期トレンドはランダム性に異議を唱える

　長期チャートの最も顕著な特徴は、トレンドが非常に明確に特定されることと、そのトレンドが数年にわたって継続しているのが目に見えることである。驚くべきことに、このような長期トレンドに基づいて予測をしておけば、その予測は数年間にわたって変更する必要がないのだ。

　このような長期トレンドの持続性によって、もう1つ興味深い問題がある。ランダム性の問題である。テクニカルアナリストは、市場の動きはランダムで予測不可能であるという考えには同意しないが、価格の動きにランダム性が存在するのなら、それはおそらく非常に短期の現象であろうと述べておくのが無難であろう。長期（数年もの間）にわたって持続するトレンドの存在は、価格が連続的に独立しており、過去の値動きが未来の値動きに何も影響を与えないというランダムウォーク仮説に対する説得力を持った反論となる。

チャートパターン —— 週反転・月反転

　長期チャート上にも価格パターンが現れ、それらは日足チャートの場合と同じように解釈される。長期チャートでは、ダブルトップやダブルボトムがひと際目立つパターンである。また、ヘッド・アンド・ショルダーズ型の反転パターンも同様である。トライアングルパターン（継続パターンである）もしばしば見られる。

　長期チャート上で頻出する別のパターンが週反転・月反転のパターンである。例えば、月足チャートで新高値を付けたあと、月の終値が

241

前月の終値を下回ることがある。これは重要な反転ポイントを示すことが多く、特にそれが主要な支持線・抵抗線の付近で起こったときはその傾向が強い。週反転のパターンは、週足チャート上に非常によく現れるものである。このようなパターンは、日足チャートで言うところの「キーリバーサルデイ」と同じものであるが、長期チャートで起きたこのような反転パターンは、日足チャートで起こるよりもさらに重要度が高い。

短期チャートと長期チャート

　綿密なトレンド分析を行ううえで特に重要なのが、個々のチャートを研究するときの順序である。チャート分析では、まず長期チャートから始め、次第に短期なものへと向かうのがよい。その理由は、異なった時間軸で分析を行ってみると明らかになる。短期チャートのみで分析を行うアナリストは、考慮するデータ量が増えるにつれて、結論の変更をいつも迫られることになる。日足チャートの綿密な分析を行うなら、長期チャートを見たうえで一から分析をしなければならない。長期チャートで過去20年程度さかのぼって分析を始めることによって、考慮すべきデータの全部がすでにチャートのなかに含まれることになり、適切に全体像を把握することができる。テクニカルアナリストは、長期的視野から相場の現在地を一度把握し、そこから徐々に短期に「照準」を合わせていくのである。

　最初に見るべきチャートは、20年間の月足チャートである。ここでテクニカルアナリストは、より明白なチャートパターンやメジャーなトレンドライン、主要な支持線・抵抗線の水準がないかを探す。次にテクニカルアナリストは、直近5年の週足チャートを調べ、同じ手順を繰り返す。それが終わったあとで日足チャートを使って直近6〜9カ月の相場の動きに焦点を合わせる。このようにして、マクロからミ

クロへと分析を進めるのである。もしトレーダーがさらなる短期分析をしたい場合は、より短期の動きをミクロ的視点で分析できる日中足チャートを用いてもよいだろう。

なぜ長期チャートはインフレ調整しなければならないのか

長期チャートに関する問題の1つは、チャート上に表示される過去の価格をインフレ調整する必要があるかどうかというものである。詰まるところ、これは長期にわたって形成された高値と安値は、通貨価値の変動を反映させて調整を加えることなく、その妥当性が保持されるかどうかということを論じているのだ。この点については、アナリストの間で議論がある。

筆者は、いくつかの理由から長期チャートに通貨価値による調整は必要ないと考えている。その理由は「市場はそれ自体すでに必要な調整がなされている」というのが筆者の思っていることだからだ。通貨価値の下落は、その通貨で表示されるコモディティ価値の上昇をもたらす。したがって、米ドルの下落はコモディティ価格の上昇要因と考えられる。また米ドルの上昇は、ほとんどのコモディティ価格の下落要因となる。

1970年代のコモディティ市場での大幅な価格上昇と1980年代と90年代の価格下落は、インフレの影響が見られた典型例である。1970年代に2倍や3倍になったコモディティ価格に対してインフレの影響を反映させるべきだという主張はまったく意味がない。すでに商品相場の上昇がインフレを背景にしているからだ。1980年代に見られた商品相場の下落は長期にわたるデフレを反映していた。今さら金の価格を取り上げて、現時点では1980年代の価値の半分もない価格に対して、わざわざインフレ率の低下を反映させる必要があるだろうか。市場はす

図8.1　金価格は1980年に天井を打ち、その後20年間低インフレが続いた。このチャートが示すように低インフレは金価格にとっての下落要因になり、株価には上昇要因になる。なぜ再度インフレ調整を施す必要があるだろうか。調整はすでになされているのである

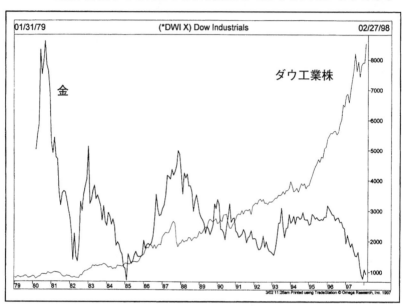

でにそれを織り込んでいると思われる。

　この議論に関して述べたい最後のポイントは、テクニカル理論の核心を突くものである。つまり、価格の動きはすべてを織り込んでいるということだ。インフレもその例外ではない。すべての金融市場は、インフレとデフレや通貨価値の変動に対して、すでに調整されているのだ。長期チャートにインフレ調整を行うべきかどうかという問いへの実際的な答えは、チャート自体のなかにあるというものである。多くの市場では、数年前に打ち立てられた過去の抵抗線水準の突破に失敗したり、ここ数年間に見られなかったような支持線水準で反発したりしている。また、1980年代前半からの債券と株式の上昇を支えたのが、

インフレ率の低下であることは明白である。このように市場はそれ自身ですでにインフレ調整がされているように思われる（図8.1）。

長期チャートはトレード用ではない

長期チャートはトレード目的で用いられるものではない。いつも価格の先行きを予測する市場分析か、仕掛けるタイミングを計るものかという区別をつけておく必要がある。長期チャートは、分析過程ではメジャートレンドを見定め、目標値を決定する際には有効である。しかし、それは仕掛けや手仕舞いのタイミングを計る目的には合わないし、むしろ用いるべきではない。よって、仕掛けや手仕舞いのタイミングを計るときには、より繊細な日足チャートや日中足チャートを用いるべきであろう。

長期チャートの例

以下のページには長期チャートである週足と月足のチャートを掲載している（図8.2～図8.12）。チャート上での分析は、長期の支持線・抵抗線水準、トレンドライン、リトレースメント比率、週足の反転、価格パターンのみにとどめた。しかし、日足チャートで行える分析は、すべて週足や月足のチャートでも行えるということを覚えておいてほしい。本書の後半では、このような長期チャートに対してさまざまなテクニカル指標がどのように適用されるかということと、週足チャートのシグナルが短期のタイミングを計るうえで有効なフィルターとなることを示したい。また、長期のトレンドを分析するときは、対数目盛りチャートが有益であることを覚えておいてほしい。

図8.2 セミコンダクターのチャートは週足チャートの貴重な読み方を提示している。1997年後半の下落はちょうど62%のリトレースメント水準で止まり、前年の春に形成された支持線で反発している（円内）

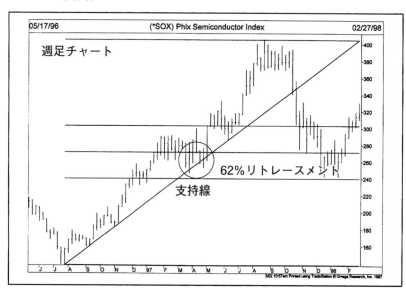

図8.3 GMの株価は1998年前半に1995年から1996年の安値にそって引かれたトレンドラインで押し返されている。このように週足チャートを追ってみるのは良いアイデアである

図8.4 バーリントン・リソースの月足チャートでは1997年の上昇がちょうど1989年と1993年の高値と同じ水準で頭を抑えられている。1995年の安値は1991年の安値と同じ水準である。これを見てチャートに記憶はないと誰が言えるだろうか

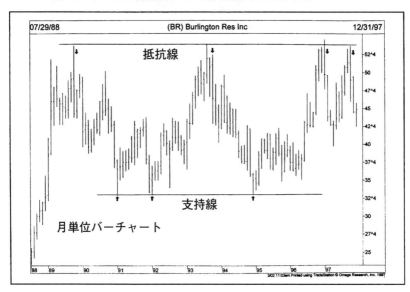

図8.5 インコの投資家は1989年と1991年と1995年の高値がちょうど38ドルのところで形成されたことを知っていたなら、1997年の下落で利益を得ることができただろう

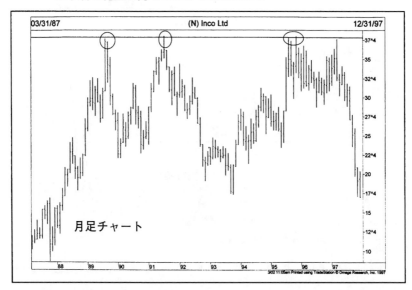

図8.6 長期チャートは重要だろうか。1993年に付けたIBMの底は20年前の1974年に付けた大底と同じ水準にある。1995年に起こった8年間続いた下降トレンドラインのブレイク（枠内）は新しいメジャーな上昇トレンドを確認している

図8.7 ヘルマリックアンドペインは1987年と1990年と1993年の下落のあと、1996年ついに19ドルの抵抗線を上にブレイクした。1996年後半には1980年に付けた抵抗線で押しが入った

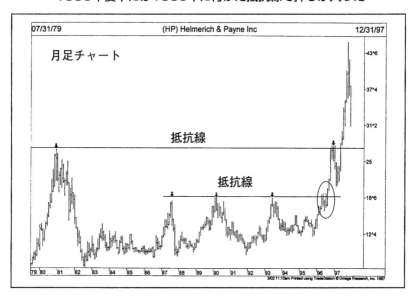

図8.8 このダウ・ジョーンズの月足チャートには1988年から1997年の10年間にわたるヘッド・アンド・ショルダーズ・ボトムが形成された。また、右肩は強気の上昇トライアングルを形成している。42ドル水準に引かれたネックラインのブレイクによって底パターンは完成した

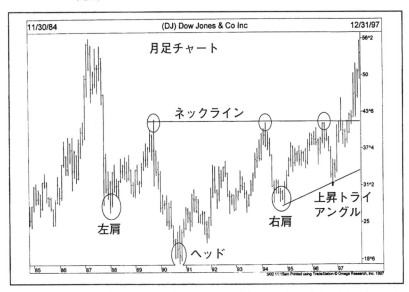

図8.9 サウスウエスト・エアラインズの月足チャートでは強気の対称トライアングルを簡単に特定することができる。しかし、日足チャードでは発見することはできなかっただろう

図8.10　1994年のダウ公共株指数の底は20年続くトレンドライン上で上昇している。過去の値動きは将来の動きと何の関係もないと主張する者もいる。いまだにそのような言説を信じるなら、本書に掲載したこれらの長期チャートを再度見てほしい

図8.11　日経平均の均等目盛りチャートでは1982年と1984年の安値をつないだ長期トレンドライン（線1）が1992年前半に2万2000円付近で下にブレイクされている（円内）。これは大天井を付けたときから2年後のことである

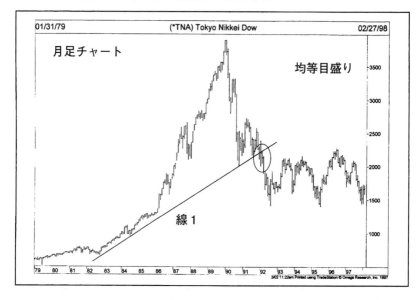

図8.12 図8.11と同じ日経平均を対数目盛りで表示した。線1は図8.11のトレンドラインである。より傾斜が急な線2は1990年半ばに3万円の水準で下にブレイクされている。対数目盛りチャートでは上昇トレンドラインが均等目盛りチャートのときよりも早くブレイクされている

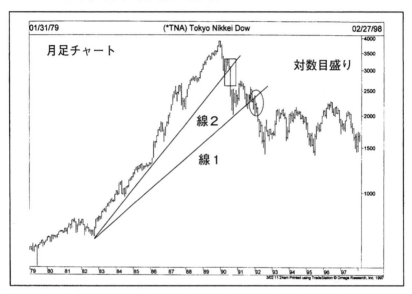

移動平均

Moving Averages

9

はじめに

移動平均は、あらゆるテクニカル分析指標のなかで最も万能で、広く利用されているものの１つである。移動平均は、その作成方法と、定量化や検証が非常に容易であるということから、今日、多くのメカニカルなトレンドフォローシステムの基礎として用いられている。

チャート分析は、大部分が主観的で検証するのが困難である。その結果として、チャート分析はうまくコンピューター化することができない。対照的に移動平均のルールは、容易にコンピューターにプログラムすることができ、それによって具体的な売買シグナルを出すことができる。テクニカルアナリストが２人いれば、ある価格パターンが**トライアングル**なのか**ウエッジ**なのか、ある出来高のパターンは強気なのか弱気なのかで対立することもあるだろうが、移動平均のトレンドシグナルに関しては、あまり意見が食い違うことはない。

まず、**移動平均**とは何かというところから始めたい。後ろの単語の**平均**という言葉が示唆しているように、移動平均とは、ある期間のデータの「平均」である。例えば、仮に10日間の終値の平均値が算出したいのなら過去10日の終値をすべて足していき、その合計を10で割れば算出できる。**移動**という言葉は、計算に直近10日間だけの価格を足

図9.1a S&P500の10日移動平均線。価格は移動平均線と何度か交差したのち（矢印）、最終的に上昇に転じている。上昇中の価格は移動平均線の上にとどまっている

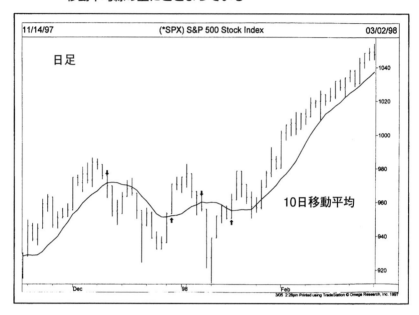

していくという理由から用いられている。したがって、平均されたデータ（直近10日間の終値）が、次の新しい取引日が訪れるたびに前方に移動する。移動平均を計算する最も一般的な方法は、直近10日間の各終値を合計することから始まる。毎日、新しい日の終値が合計に追加され、11日前の終値は引かれる。その次に、その新しく算出された合計を日数（10）で割っていくのである（**図9.1a**）。

上記の例は、終値を基準とした単純な10日移動平均であった。しかし、単純ではない移動平均もある。また、移動平均をどのように使うことが最善の方法なのかということについては、多くの問題がある。例えば、何日の移動平均にするべきなのか。短期や長期の移動平均を用いるべきなのか。すべての市場、あるいは個々の市場に**最適な**移動平

均は存在するのか。平均する価格は終値が最適なのか。1つ以上の平均値を用いることは良い結果をもたらすのか。どの種類の移動平均——単純平均・加重平均・指数平滑平均——が望ましいのか。移動平均がほかの指標よりうまく機能する期間はあるのか。

移動平均を使用するときは、考慮すべき多くの問題が存在する。本章では、このような多くの問題を解説し、より一般的な移動平均の利用法を示したいと思う。

移動平均 —— 時間の差を平滑化する手法

移動平均は本質的にトレンドフォローのためのツールである。その目的は、新しいトレンドの発生やトレンド終了やトレンド転換のシグナルを知らせることにある。また、トレンドの進展をとらえるためにも使われる。移動平均は曲線のトレンドラインのようなものだ。しかし移動平均は、標準的なチャート分析がやろうとしているのと同じ意味での市場予測を行うことはしない。移動平均は、市場を追随するだけの指標であり、市場の先行指標ではない。けっして相場を予測することはなく、ただ相場に反応するのみである。移動平均は市場の動きを追いかけ、トレンドが始まったことを教えてくれたりはするが、それは実際に始まったあとにしか教えてくれない。

移動平均は平滑化のための装置である。価格データを平均することでより滑らかなラインを引くことができ、それによって潜在的に進行中のトレンドを容易に判別することができる。しかし、当然のことであるが、移動平均線は市場の動きからは遅れてしまう。20日移動平均のような短期の移動平均は、200日移動平均よりは市場の動きと近い動きになる。平均する期間を短くすることで現在価格との時間差を減らすことはできる。しかし、完全に時間差を取り除くことはできない。短期の移動平均は価格の動きに敏感であるが、その期間を長くすれば、そ

図9.1b　20日移動平均線と200日移動平均線の比較。8月から1月の横ばいの期間に、価格は20日移動平均線と数回交差している。しかし、全期間を通して200日移動平均線の上方にとどまっている

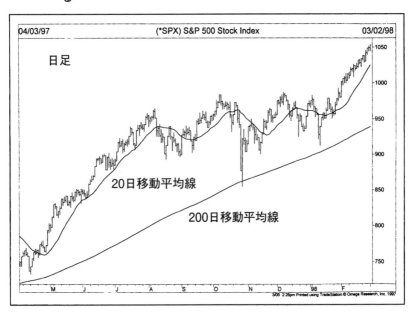

の感応度は弱まる。短期の移動平均を用いたほうが優位性が高まる市場もあれば、より長期のあまり感応度の高くない移動平均を用いたほうが優位性が高まる市場もあることが分かっている（**図9.1b**）。

どの価格を平均すべきか

　今までの例では平均を算出するのに終値を用いていた。終値は1日のうちで最も重要な価格であり、移動平均を作成するときに最もよく用いられる価格であるが、テクニカルアナリストのなかには終値以外の価格を好んで用いる者もいる。その例の1つは**中値**である。この値

は、1日の値幅を2で割って算出する。

　そのほかに終値に高値と安値を足して、3で割った数字を用いる者もいる。また、高値と安値をそれぞれ平均して価格帯を作る者もいる。これは、2本の別の移動平均線であり、価格変動の一種の緩衝装置とか、中間地帯として機能する。このようなバリエーションがあるにもかかわらず、移動平均の作成には終値が最もよく用いられる。また終値は本章においても一番焦点を当てる価格である。

単純移動平均

　単純移動平均（算術平均）は、大半のテクニカルアナリストが用いる手法である。しかし、これに対しては、2つの批判がある。1つ目の批判は、考慮されるのが平均される期間（例えば、10日移動平均なら直近の10日間）のみであるという点だ。2つ目の批判は、単純移動平均は各取引日の価格に均等な重み付けがなされているという点である。10日移動平均では、最後の日と最初の日は、計算上同じ重みが与えられる。これは、各取引日の価格にそれぞれ10％の重みが与えられることを意味する。5日の移動平均では、各取引日は均等に20％の重みを持つことになる。一部のアナリストは現在に近い価格ほど、より大きい重み付けがなされるべきであると考えている。

加重移動平均

　重み付けの問題を修正する試みとして、**加重移動平均**を用いる場合がある。この計算では、10日移動平均の場合、10日目の終値は10を掛け、9日目には9を掛け、8日目には8を掛けるというように、順番に掛けていく。この方法によって、現在に近い終値ほどその重みは大きくなる。次に、その計算結果の合計を乗数の合計（10日移動平均の

257

場合は、10 + 9 + 8 + … + 1 = 55となる）で割る。しかし、この加重平均を用いたとしても、期間内の値動きしか考慮されていないという問題は解決されていない。

指数平滑移動平均

この移動平均は、単純移動平均が持つ２つの問題を解決してくれるものである。まず、**指数平滑移動平均**は、現在に近いデータほど重みを大きくしている。したがって、これは加重移動平均の一種である。しかし、この平均法も過去のデータの重要度を低く見積もりながら、同時にその計算にはその過去の価格データをすべて含めている。さらに、利用者は直近の取引日の価格に対する重み付けの強弱を調節することが可能である。この計算法は、期間最終日の価格にある一定の比率を掛けて算出した値を、その前の取引日の値（これもまた一定の比率を掛けて算出される）に加算して算出する。この両者の比率の合計は100になる。例えば、最後の日の価格には10％（0.10）の値を割り当てたとすると、この値を前の取引日の値の90％（0.90）の値に加える。こうすることで、期間の最終日に全体の重みの10％を割り当てることになる。この平均値は20日単純移動平均とほぼ等価の働きをする。期間の最終日により小さい５％（0.05）の数値を設定すれば、期間の最終日のデータの重みがより小さくなり、この移動平均の価格感応度は低下する。この平均値は40日単純移動平均とほぼ等価の働きをする（**図9.2**）。

これらの計算はすべてコンピューターを利用することで簡単に行うことができる。利用者は、移動平均の日数（10、20、40など）を選択し、続いて平均の種類 —— 単純移動平均、加重移動平均、指数平滑移動平均 —— を選択するだけでよい。また、期間の違う移動平均線を２種類でも３種類でも、希望する数だけの移動平均線を表示させること

図9.2　40日指数移動平均線（点線）は40日単純移動平均線（実線）よりも価格感応度が高い

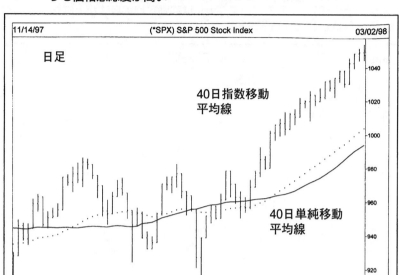

ができる。

１本の移動平均を使用する方法

　単純移動平均は、テクニカルアナリストの間で最もよく利用されているものであり、本書でも重視しているものである。一部のトレーダーは、移動平均を１本だけ用いてトレンドシグナルを発生させている。移動平均は、チャート上に１日の価格足と一緒に描かれる。終値が移動平均を上抜いたときは買いのシグナルである。終値が移動平均を下抜いたときは売りのシグナルである。また、さらなる確認のために、価格と交差した同じ方向に移動平均線が向きを変えるまで待つテクニカルアナリストもいる（図9.3）。

図9.3 価格は10月に50日移動平均線を下回っている（左上円）。売りシグナルは移動平均線を価格が下抜いたときにより明確になる（左上矢印）。1月の買いシグナルは移動平均線自体が上向きになって確認された（右下矢印）

　非常に短期の移動平均（5日や10日）を使えば、非常に敏感に価格の動きを追いかけることになり、移動平均との交差の回数は多くなる。このような動きには一長一短がある。非常に価格感応度が高い移動平均を使えば、取引回数が多くなり（その分取引手数料もかさむ）、ダマシが頻発する。感応度が高すぎる移動平均を用いると、短期のランダムな値動きの影響を受け、誤ったシグナルが多く点灯することになる。
　確かに、期間が短期の移動平均はダマシを発生させてしまうが、トレンド発生の早い段階でシグナルが与えられるという点では優位性を持っている。価格感応度の高い移動平均であればあるほど、シグナルが出るのが早いというのは理にかなっている。よって、ここには機能

図9.4 短期の移動平均線は早い段階で売りシグナルを与えてくれた。長期の移動平均線を用いれば、反応は遅いが信頼性は高まる。底値圏で最初に10日移動平均線が上向いているが、買いシグナルとしては不完全である（左枠）。また、2月の売りシグナルも時期尚早である（右枠）

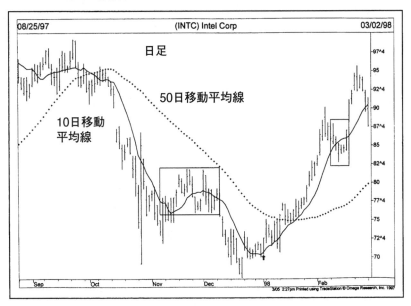

のトレードオフが存在する。要するに、移動平均というものは価格感応度を高くすれば早くシグナルを出すことができるが、ランダムな「ノイズ」を回避するためにはその感応度を低くしなければならない（図9.4）。

さて、前述の比較をさらに深めてみることにしよう。長期の移動平均は、トレンドが進行中は有効に機能するが、トレンドが反転するときは多くの授業料を市場に返さなければならない。長期の移動平均は、価格感応度が非常に低いので（距離をおいてトレンドを眺めることができるという事実によって）トレンド内で起こる短期の調整的な値動きに惑わされることはないが、トレンドが実際に反転したときはトレ

図9.5　二重交差メソッドは2本の移動平均線を用いる。5日移動平均線と20日移動平均線の組み合わせは先物トレーダーに好まれる組み合わせである。10月に5日移動平均線が20日移動平均線を下抜いている（円内）。これがその後の原油価格の下降トレンド全体をとらえた形になった

ーダーの足を引っ張ることになる。したがって、ここにもう1つ、導かれる結論がある。それは、トレンドが継続しているときはその移動平均の期間が長ければ長いほどうまく機能するが、トレンド転換のときは移動平均の期間が短いほうがよいということである。

　したがって、1本の移動平均での使用が不利益をもたらすのは明白である。通常、2本の移動平均を用いることでその優位性は高まる。

シグナル発生のために2本の移動平均を使用する方法

　この手法は**二重交差メソッド**と呼ばれる。この手法では、短期の移

図9.6 株式トレーダーは10日移動平均線と50日移動平均線を用いる。10月に10日移動平均線が50日移動平均線を下抜いた（左円）。このときがまさに売りのシグナルだった。1月には逆の方向に強気の交差が出現した（下円）

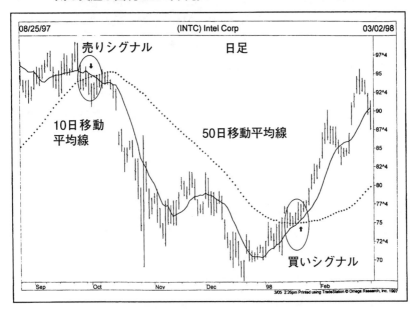

動平均が長期の移動平均を上回ったときに買いシグナルが出される。例えば、5日と20日、10日と50日などがよく使われる組み合わせである。前者の例では、5日移動平均線が20日移動平均線を上抜いたときに買いシグナルが点灯し、5日移動平均線が20日移動平均線を下抜いたときに売りシグナルが点灯する。後者の例では、10日移動平均線が50日移動平均線を上抜いたときが上昇トレンドのシグナルであり、10日移動平均線が50日移動平均線を下抜いたときが下降トレンドのシグナルである。2本の移動平均を併せて使用すると、移動平均を1本だけ使用したときよりも相場への反応に時間的な遅れが生じてしまうが、ダマシを減らすことができる（図9.5と図9.6）。

263

3本の移動平均を使用する方法 —— 三重交差メソッド

続いて**三重交差メソッド**を説明する。最も広く用いられている三重交差システムは、4日と9日と18日の移動平均を組み合わせたものである。この4－9－18日の手法は主に先物取引で用いられる。この考え方は、1972年のR・C・アレンの著書『ハウ・ツー・ビルド・ア・フォーチュン・イン・コモディティーズ（How to Build a Fortune in Commodities）』で初めて言及された。また、同著者の1974年の著書『ハウ・トゥー・ユーズ・ザ・4デー・9デー・アンド・18デー・ムービング・アベレージズ・トゥー・アーン・ラージャー・プロフィッツ・フロム・コモディティーズ（How to Use the 4.Day, 9.Day, and 18.Day Moving Averages to Earn Larger Profits from Commodities）』でも再度言及されている。4－9－18日システムは、先物市場で広く使われている5日、10日、20日移動平均のバリエーションである。市販のチャートの多くが4－9－18日移動平均を採用している（チャートソフトの多くが4－9－18日の組み合わせを3本の移動平均の設定の初期値として採用している）。

4－9－18日移動平均システムの使用法

すでに説明したように、移動平均はその平均を取る期間が短ければ短いほど、価格に敏感に反応して追随していく。3本の移動平均のうち最も短い期間の平均である4日移動平均線は価格に最も接近して追随していき、そのあとに9日移動平均線、さらにそのあとに18日移動平均線が続く。したがって、上昇トレンドの場合、18日線の上に9日線が、さらにその上に4日線がある状態が適切な並び順である。下降トレンドでは、その並び順は反対になる。4日線が1番下で、その上に9日線が、さらにその上に18日線が来る（**図9.7a～図9.7b**）。

264

図9.7a 先物トレーダーは9日移動平均線と18日移動平均線の組み合わせを好む。10月後半、9日移動平均線が18日移動平均線を下抜いたときに(左上円)、売りシグナルが出た。また1998年前半、9日移動平均線が18日移動平均線を上回ったときに買いシグナルが出た(右下円)

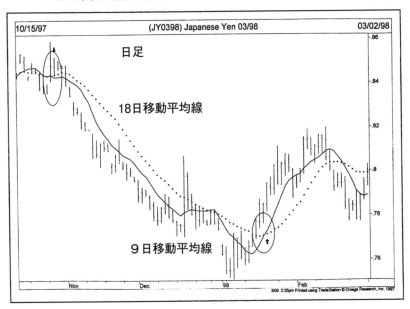

　下降トレンドで買いシグナルが点灯するのは、4日移動平均線が9日移動平均線と18日移動平均線の両方を上回ったときである。次に、この買いシグナルは9日移動平均線が18日移動平均線を上回ったときに確認される。これは18日移動平均線の上に9日移動平均線があり、さらにその上に4日移動平均線がある状態である。調整期間や揉み合いの間は、移動平均線の並び順に乱れがあるだろうが、上昇トレンドにあることに変わりはない。トレーダーのなかには、このような調整期間で利益を得る者もいるし、また、このときこそ買い時と見る者もいる。このようなルールを実際に適用するときは、言うまでもなく、トレーダーの積極度に応じて、柔軟に対応するのが望ましい。

265

図9.7b ４－９－１８日の移動平均の組み合わせを先物トレーダーは好む。底値圏で最初、４日移動平均線（実線）がほかの２本の移動平均線を上抜いている。その後、９日移動平均線が１８日移動平均線を上抜けている（右下円）。これは底のシグナルである（明瞭化のため価格足は省略）

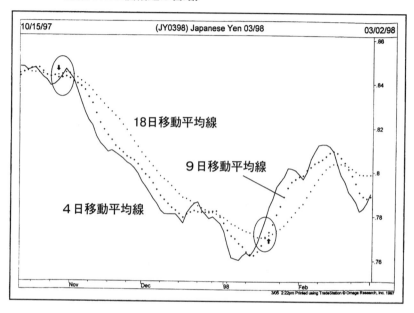

　上昇トレンドが下降トレンドに転換したというには、まず初めに、最短の（最も価格感応度が高い）移動平均線である４日移動平均線が９日移動平均線と１８日移動平均線を下回らなければならない。これが唯一の売りへの警告である。しかし、トレーダーのなかには、最初の交差の時点で十分な根拠があると考え、買いポジションを手仕舞い始める者もいるだろう。それから、２番目に長い９日移動平均線が１８日移動平均線を下回ったときには売りシグナルの確認が得られたことになる。

図9.8a ダウ平均の21日移動平均線の上下に3％のエンベロープを引いた。エンベロープの外側まで価格が動くときは株式相場の行きすぎを示唆している

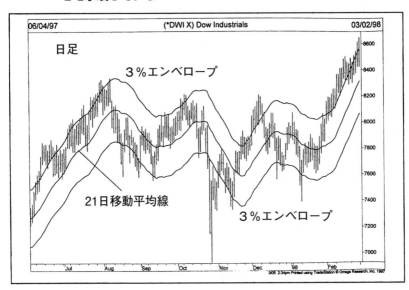

図9.8b 長期分析のために10週移動平均線と5％エンベロープを用いる。エンベロープの外側に出る値動きは相場が行きすぎている判別の手がかりになる

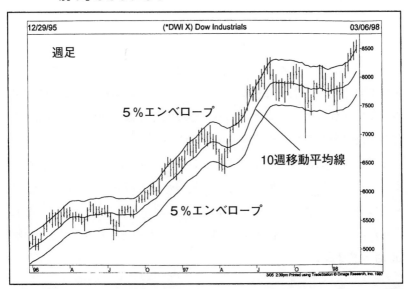

移動平均エンベロープ

　1本の移動平均を使用するときは、それを取り囲むエンベロープを用いることで、その有用性を高めることができる。**%エンベロープ**は、一方向への相場の行きすぎを判別するために用いることができる。換言すれば、%エンベロープの使用によって、価格が移動平均線からどれだけ離れてしまったかを知ることができる。これを実現するためにエンベロープは、平均線の上下に一定比率で算出されたラインを引く。例えば、短期のトレーダーは21日単純移動平均線の周囲に3％のエンベロープを引いて用いる。価格がエンベロープの一方のライン（平均線から3％）に達したとき、短期のトレンドは行きすぎとみなされる。長期の分析には、例えば10週移動平均線に5％エンベロープ、40週移動平均線に10％エンベロープを合わせるなど、いくつかの組み合わせが考えられる（**図9.8a～図9.8b**）。

ボリンジャーバンド

　この手法はジョン・ボリンジャーによって考案された。エンベロープと同様、移動平均線の上下に2本のひも状の境界（トレーディングバンド）が設定される。エンベロープと異なる点は、移動平均線（通常は20日平均）の上下に引かれる2本のラインは価格の標準偏差に基づいて引かれるということである。**標準偏差**とは、価格が平均値からどの程度分散しているかを測る統計的な概念である。2標準偏差を用いることで、価格の95％が2本のトレーディングバンドの内部に収まるということになる。原則として、価格が上のバンドに触れたときは、価格は上方に行きすぎており（買われ過ぎ）、価格が下のバンドに触れたときは価格は下方に行きすぎている（売られ過ぎ）とみなされる（**図9.9a～図9.9b**）。

図9.9a 20日移動平均線の上下に描かれたボリンジャーバンド。8月から1月の横ばいの期間、価格は外側のバンドに接触する状態が続いている。一度、上昇トレンドになると、価格は上のバンドと20日移動平均線の間で推移する

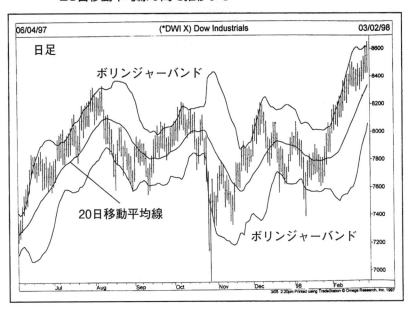

目標値としてのボリンジャーバンド

　ボリンジャーバンドを使用する最も単純な方法は、上下のバンドを目標値として用いる方法である。すわなち、もし価格が下のバンドで反発して20日移動平均線を上抜いたのなら、上値の目標値は上のバンドになる。20日移動平均線を下抜いたのなら、下値の目標値は下のバンドになる。強い上昇トレンドでは、価格は通常、上のバンドと20日移動平均線の間で上下する。そのようなときに、20日移動平均線を下回ったときは下降トレンドへの転換を示唆する警告ともなる。

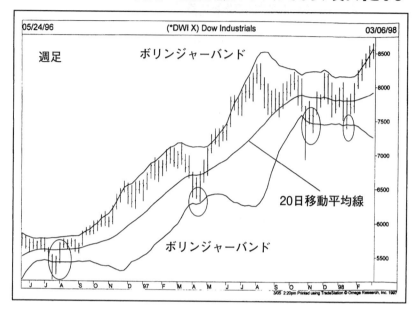

図9.9b　ボリンジャーバンドは週足チャートでも、中心線を20週移動平均線とすることで同じの効果を発揮する。価格が下のバンドに触れたときは（円内）、重要な底のシグナルであり、買い時となる

バンドの幅はボラティリティを示す

　ボリンジャーバンドがエンベロープと大きく異なる点が1つある。それは、エンベロープの幅は％が一定で変動することはないが、ボリンジャーバンドの幅は過去20日の価格そのもののボラティリティに基づいて拡張したり、収縮する。ボラティリティが高まった期間は2本のバンド間の距離は広がる。反対に、ボラティリティが低い期間はバンド間の距離は縮まる。バンド幅の拡張や収縮は交互にやってくる傾向がある。バンド幅が異常に広がったときは、現在のトレンドが終わりに近づいているサインであることが多い。また、2本のバンド間の距離が極端に狭まったときは、市場で新しいトレンドが発生しつつある

というサインであることが多い。ボリンジャーバンドは週足や月足の
チャートにも適用可能で、その場合は20日の代わりに20週や20カ月が
使われる。ボリンジャーバンドは、買われ過ぎ・売られ過ぎを示すオ
シレーターと組み合わせることで、さらに効果が高まる。オシレータ
ーについては次の第10章で解説する（バンドの手法に関するさらなる
解説は「**付録A**」を参照）。

平均値を中心に配置する

移動平均線をチャート上に描くとき、より統計的に正確な方法はそ
の値を中心に配置する方法である。これは、平均値の対象となる期間
の中間点に移すということを意味している。例えば、10日移動平均で
あれば、その最後の平均値を5日前にずらして描く。20日移動平均で
あれば、10日前にずらして描く。しかし、平均値を平均を算出する真
ん中の日に配置する方法は、トレンド転換のシグナルが大幅に遅れて
しまうという大きな欠点を持っている。したがって、移動平均の値は
期間の中間点ではなく期間の最後に描かれるのが普通である。このよ
うな平均値を中心に配置する手法は、もっぱら相場サイクルの分析者
が基礎となっているサイクルを探し出すために用いる手法である。

移動平均は相場サイクルに結び付いている

多くの市場分析者は、**サイクル**というものが市場動向のなかで重要
な役割を果たしていると確信している。このようなサイクルは何度も
発生し、また、測定も可能であることから、サイクルを用いて天井や
底が現れるおおよその時間も割り出すことができる。このようなサイ
クルは、短いものだと5日から、長いものだと54年とさまざまなもの
が同時に存在している。テクニカル分析においても興味深いこの分野

については、第14章で深く掘り下げてみたいと思う。

　これからサイクルというテーマについて述べるが、ここでは特定の相場に影響を与える基礎的なサイクルと、使用する正確な移動平均との間に存在すると思われる関連性の解説だけにとどめたい。換言すれば、移動平均は各市場の「ドミナントサイクル（支配的なサイクル）」に合うように調節することができるのである。

　移動平均とサイクルには明確な関係があるように思われる。例えば、**月次のサイクル**はコモディティ市場全体にわたって存在する最も有名なサイクルの１つである。１カ月には、20～21日の取引日がある。あるサイクルは、その次に長いサイクルとその次に短いサイクルとは**調和的に**、つまり「２」という係数によって関係づけられる傾向がある。これがどういうことかと言うと、あるサイクルが存在したとき、そのサイクルの次に長いサイクルはその周期の長さが２倍となり、そのサイクルの次に短いサイクルはその周期の長さが半分になるということである。

　したがって、月次サイクルである20日サイクルを中心にして見れば、５、10、20、40日移動平均が人気である理由が分かるだろう。40日移動平均は20日移動平均の２倍であり、10日移動平均は20日移動平均の半分であり、さらに５日移動平均は10日移動平均の半分である。

　よく使用される移動平均の多く（５、10、20日移動平均から派生した４、９、18日移動平均を含む）は、隣接するサイクルとのサイクル的影響と調和的関係によって説明が可能である。ちなみに、４週サイクルによって、本章で後述する「４週間ルール」とその短期版である「２週間ルール」が機能する理由を説明することができる。

移動平均として用いられるフィボナッチ数列

　フィボナッチ数列についてはエリオット波動理論の第13章で解説し

図9.10　移動平均は週足チャートでも利用価値が高い。ここで示されているように、上昇相場は40週移動平均線によって下値を支持されている

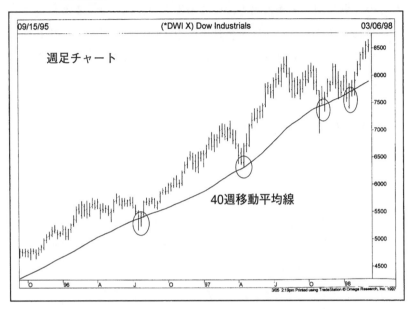

たいと思う。しかし、ここでは移動平均分析に非常に役立ちそうな、その謎めいた数列（13、21、34、55など）について言及しておきたい。これは日足チャートだけではなく、週足チャートにも同じように当てはまる。**21日移動平均**はフィボナッチ数である。週足チャートでは13週移動平均が、株式とコモディティの両分析で利用価値が高いことが判明している。このような数字に関する議論の詳細は、第13章に譲ることにしよう。

移動平均を長期チャートに適用する

移動平均が長期トレンド分析にも用いられることを見逃すべきでは

ない。長期の移動平均、例えば10週移動平均や13週移動平均は、30週移動平均や40週移動平均とともに株式市場分析で長い間使用されてきたものであるが、先物市場では、このような長期のサイクルはあまり注目されてこなかった。10週移動平均や40週移動平均は、先物と株式の週足チャート上でメジャートレンドを見るために用いることができる（**図9.10**）。

移動平均の長所と短所

移動平均を用いることの最大の利点は何だろうか。移動平均がトレンドフォロー型システムとして広く支持されている理由は何だろうか。それは最古の相場格言のなかにある。つまり、「トレンドの方向にトレードする」「利を伸ばし、損切りは早く」ということだ。移動平均システムはこのような原則に基づいた売買シグナルを提供してくれるので、利用者はルールに従ったトレードがしやすくなるのだ。

しかし、移動平均システムはまさにトレンドフォローを主眼に置いているため、相場にトレンドのある期間は有効に機能するが、相場がちゃぶついている時期や横ばいの時期はあまり成績が良くない。そして、ちゃぶついていたり、横ばいの期間は相場全体の3分の1から半分にも及ぶことがあるのだ。

それほど長い期間、システムがうまく機能しないということは、過度に移動平均という手法に依存すると危険であることを表している。しかし、トレンドのある市場では、移動平均ほど有効なものはない。そのようなときは、自動的に利益が上がるようなものだ。トレンドのないときは非トレンド型の手法、例えば買われ過ぎ・売られ過ぎを判断するオシレーターなどが適切に機能するようになる（第15章ではADXと呼ばれる指標を解説する。この指標は市場にトレンドが出ているか否かを判別する指標であり、今の市場の状況に移動平均と非トレンド

型のどちらの指標が適しているかを教えてくれる）。

オシレーターとしての移動平均

オシレーターを作る方法の１つは、２本の移動平均の差を比較することである。したがって、二重交差メソッドのように２本の移動平均を用いることで、その意義が増し、手法の有用性がさらに高まる。この手法は第10章で学ぶことにする。１つ例を挙げると、２本の指数平滑移動平均を比較するMACD（移動平均収束拡散法。マックＤ）と呼ばれる手法がある。この手法は部分的にオシレーターとして用いられる。したがって、このような手法の解説は第10章に譲ることにする。

移動平均をその他のテクニカルデータに適用する

移動平均は事実上、どのようなテクニカルデータやテクニカル指標にも適用することができる。オンバランスボリュームを含む取組高や出来高の数値にも適用できる。移動平均はさまざまな指標や比率に対しても用いることができる。オシレーターに対しても同様に適用できる。

ウイークリールール

移動平均をトレンドフォローの仕組みとして用いる方法は、前述のほかにもいくつか存在する。そのなかで最もよく知られ、最も有効なものは**ウイークリープライスチャネル**と呼ばれるもので、単に**ウイークリールール**とも呼ばれている。この手法は、移動平均の利点を多く活用しており、しかも使用に際して時間や手間があまりかからない。

近年のコンピューター技術の発達によって、テクニカルトレードシ

275

ステムの開発に関して、相当量の研究がなされた。このようなシステムは本来メカニカルに、つまり、人間の感情や判断が排除されるように作られている。このようなシステムは最近、急速に高度化した。まず、単純な移動平均が利用できるようになり、次に、移動平均の二重交差や三重交差が追加された。平均法には、加重平均と指数平滑平均が加えられた。このようなシステムは、主にトレンドフォロー型、すなわち存在するトレンドを確認し、その方向にトレードすることが目的である。

しかし、より空想的で複雑なシステムや指標に魅惑されるあまり、単純だが継続して有効に機能し、時の試練に耐えた手法を見逃してしまう傾向がある。ここで、このような手法のうち最も単純なものの1つである「ウイークリールール」について解説したい。

1970年、インディアナ州ラファイエットのダン・アンド・ハージット・フィナンシャルサービスから『トレーダーズ・ノートブック（Trader's Notebook)』という小冊子が出版された。そのなかで、当時、世に出ていたコモディティトレードシステムがコンピューターで検証され、比較検討されていた。その研究で検証されたすべてのシステムのうち、最も成績が良かったのはリチャード・ドンチャンによって考案された**4週間ルール**であるという最終結論が出された。ドンチャンはメカニカルシステムを用いて行う、コモディティのトレンドフォロー型取引の分野ではパイオニアとして認められた人物である（1983年、ドンチャンは『マネージド・アカウント・リポート［Managed Account Report]』によって、先物取引による資金運用の分野で際立った業績を上げたとして最優秀パフォーマー賞の最初の受賞者に選ばれた。また同誌はドンチャン賞を創設し、ほかの優秀者に授与している)。

ダン・アンド・ハージットの前研究責任者兼ウィザード・トレーディング社（マサチューセッツ州のCTA［商品投資顧問業者]）の現社長であるルイス・ルーカクの最近の研究では、ウイークリールールに

類似したブレイクアウト・チャネル・システムは優れた成績を継続して出すという当時の結論を支持している（ルーカクほか）。

1975～84年の期間で検証された12のシステムのうち、利益を出したと言えるのはわずか4つのシステムであった。この4つのうちの2つがチャネルブレイクアウトシステムであり、1つが移動平均の二重交差システムだった。『ザ・フィナンシャル・レビュー（The Financial review)』（1990年11月）に掲載されたルーカクとブローセンの論文のなかで、彼らは1976～86年のデータを用いて23のテクニカルトレードシステムを比較するという広範囲な研究を行い、その結果を公表している。再度、チャネルブレイクアウトシステムと移動平均システムが1位を取ったのである。ルーカク個人としては最終的に、あらゆるテクニカルトレードシステムの開発と検証の出発点としてチャネルブレイクアウトシステムが最善であるという結論に達したのであった。

4週間ルール

4週間ルールは主に先物取引において用いられる。

この4週間ルールに基づいたシステムは以下のように単純なものである。

1．価格が過去4週間の高値を上抜いたときは売りポジションを手仕舞いし、買いポジションを建てる。
2．価格が過去4週間の安値を下抜いたときは買いポジションを手仕舞いし、売りポジションを建てる。

ここで提示したシステムは、その性質上、売買が継続しているということである（ドテン売買のこと）。つまり、トレーダーは常に買いポジションか売りのポジションを保有していることになる。一般原則と

して、継続的なシステムには基本的な弱点がある。それはトレンドの
ない期間も、ポジションを保有しているということになり、「ダマシ」
の影響も受けてしまう。すでに述べたように、トレンドフォロー型シ
ステムは、相場が横ばいの状態にあるとき、つまり、トレンドがない
時期にはあまり機能しない。

　この4週間ルールは非継続的なもの（ドテンしないこと）に修正す
ることができる。これは手仕舞いの基準期間をより短く、例えば、1
週間や2週間に設定するのである。つまり、新規ポジションを仕掛け
るには、過去4週間を基準とした「ブレイクアウト」が必要であるが、
1週間か2週間の反対売買シグナルでポジションは手仕舞いされる。し
かし、このあとトレーダーは、4週間ルールを基準としたブレイクア
ウトが起こるまで、ポジションを仕掛けない状態が続くことになる。

　このようなシステムの根底にあるロジックは、妥当なテクニカル分
析の原理に基づいている。そのシグナルはメカニカルに点灯し、明快
である。またトレンドフォロー型であるから、実際にはすべての重要
なトレンドの「正しい側」に乗ることが保証されている。また、この
ようなシステムは、よく言及される相場格言「利益を伸ばし、損切り
は早く」に従うようになっている。もう1つ見逃してはならないこと
は、このような手法は取引回数が少なくなるので、手数料を抑えるこ
とができるということである。さらに、このシステムはコンピュータ
ーを用いて実行されるのはもちろん、コンピューターを用いずに実行
することもできる。

　このウイークリールールに対する主な批判は、すべてのトレンドフ
ォロー型手法に向けられるものと同じである。つまり、天井と底をつ
かまえることはできないというものだ。しかし、どのようなトレンド
フォロー型システムであれば、天井と底をつかまえることができるの
だろうか。重要なのは、4週間ルールは少なくともほかのトレンドフ
ォロー型システムと同等か、それ以上の成績を残しているのにもかか

278

わらず、システム自体は驚くほど単純であるという点である。

４週間ルールの調整

これまで４週間ルールを従来の方式で取り扱ってきたが、これには
さまざまな修正版や改良版があって、それらも利用できる。まず、こ
のルールは必ずしもトレードシステムとして用いる必要がない。ウイ
ークリールールに基づくシグナルは、ブレイクアウトやトレンド転換
を判別するための１つのテクニカル指標として採用することができる。
ウイークリールールに基づくブレイクアウトは、移動平均の交差など
のほかの手法を確認するためのフィルターとしても利用できる。１週
間ルールや２週間ルールは、このようなフィルターとして効果的に機
能する。例えば、移動平均の交差を利用してポジションを取ることを
考えているのなら、その確認として２週間ルールによる交差と同方向
のブレイクアウトを用いることができるだろう。

価格感応度を調節するために期間を長くしたり、短くする

リスクマネジメントや価格感応度の好みに応じて、その設定を長く
したり、短くしたりすることができる。例えば、システムの価格感応
度を高めたいときは期間を短くする。価格が急角度のトレンドを発生
させ、かなりの高値圏で取引されている場合はシステムの価格感応度
を高めるために期間を短く設定する。例えば、仮に４週間ルールによ
るブレイクアウトによって買いポジションを取り、損切りの逆指値注
文は過去２週間の安値のすぐ下に置いているとしよう。このときに相
場が急上昇したため、トレーダーが損切りの逆指値注文をより近くに
置きたいと思うなら、１週間ルールによる逆指値注文の水準（過去１
週間の安値）に置き換えるなどの対応が可能になる。

279

このようなときにトレンドを利用するトレーダーならば、重要なトレンドシグナルが出るまで取引を控えるだろう。また、揉み合い相場では、期間は8週間に延ばすことができる。こうすることで、より期間の短いダマシの多いシグナルでポジションを取ってしまう事態を防ぐことができる。

4週間ルールとサイクルの関係

本章の前半で、コモディティ市場における月次サイクルの重要性について述べた。4週（20日）というサイクルは、あらゆる市場に影響を及ぼすドミナントサイクル（支配的なサイクル）である。このことは、なぜ4週という期間の成績が良くなるのかの理由を知る手がかりになる。また、1週、2週、8週というサイクルにも言及した。サイクル分析における**調和**の原理とは、あるサイクルとそれに隣り合うサイクル（次に長いサイクルと次に短いサイクル）とは「2」という数字が関係しているという原理であった。

移動平均の解説では、1日、10日、20日、40日という移動平均の人気の理由が月次サイクルと調和的なサイクルにあることも説明した。同じ期間をウイークリールールでも当てはめることができる。これらの日数を週次に置き換えてみると、それぞれ1週、2週、4週、8週になる。したがって、4週間ルールに対する調整は、最初の数字（4）を2で割ったり、2を掛けたりするとよい。期間を短くするには4週を2週にすればよい。さらに期間を短くしたい場合は、2週を1週にする。長くするときは4週を8週にする。この手法は価格と時間を考慮しており、サイクルの調和の原理が重要な役目を果たすことは明らかである。期間を短くするために週という係数を2で割ったり、また長くするために2倍したりする手法の背後にはサイクルの法則が存在しているのである。

図9.11 米長期国債に適用された20日（4週）価格チャネル。価格が上側のチャネルを上抜いたときが買いシグナル（円内）。その反転シグナルは価格が下側のチャネルを下抜いて引けたときである

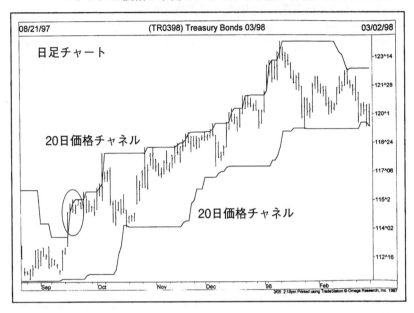

　4週間ルールは単純なブレイクアウトシステムである。この本来のシステムを修正し、手仕舞いシグナルのために1週や2週といった短い期間を設定することもできる。もし利用者がより価格感応度の高いシステムを求めるのであれば、仕掛けのシグナルとして2週間という期間を採用することもできる。このルールは単純であることを意図して作られているので、そのようなレベルで対応するのが最も良い。4週間ルールは単純であるがよく機能するシステムである（チャートソフトを利用することで、チャネルブレイクアウトを判別するために、現在価格の上下に**価格チャネル**を描くことができる。この価格チャネルは、日足や週足や月足のチャートで用いることができる。**図9.11**と**図9.12**）。

図9.12 S&P500指数に適用された4カ月の価格チャネル。1995年前半、価格が上側のチャネルを上抜き、買いシグナルが点灯した（矢印）。それはその後、3年間も続いた。売りシグナルは下側のチャネルを下抜いて引けたときに点灯する

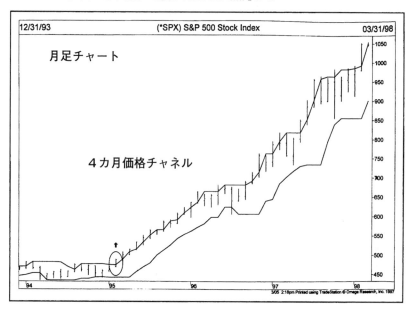

最適化すべきか否か

　本書の初版にはメリルリンチによって実施された広範な研究調査の結果を載せていた。その研究とは、コンピューター化されたトレード手法を1978～82年の先物市場に適用した研究として同社が発表したものである。各先物市場で最も効果的な組み合わせを発見するため、移動平均とチャネルブレイクアウトの係数の広範な検証が行われた。そして、メリルリンチは各市場について異なる最適な数値を見つけだした。
　ほとんどのチャートソフトには、システムと指標の最適化を行う機

能が付いている。例えば、すべての市場で同じ移動平均を用いるのではなく、コンピューターによって過去にその市場で最も良い成績を残した移動平均や移動平均の組み合わせを見つけだすのだ。そのような最適化は、日や週でのブレイクアウトシステムと実質的に本書で扱われているテクニカル指標のすべてに対して実行することができる。最適化を行うことで、テクニカル指標を相場状況の変化に適応させることができるのだ。

　最適化がトレードの成績を向上させるのかどうかについては意見の分かれるところである。この議論の核心は、データをどのように最適化するかという点にある。研究者たちは、最適な係数の選択はデータの一部を用いて行い、残りのデータは検証に使用するのが正しい手順であると主張している。「アウトオブサンプル」のデータを用いて検証することで、最終的な検証結果を今後実際に行うトレードの結果に近づけることができる。

　最適化するかどうかは個人の選択である。しかし、出てきた証拠の大部分を見てみると、最適化は人が思うほど「聖杯」ではないことが分かる。筆者も最適化の実験をするのであれば、わずかな市場に絞って行うようにと、トレーダーに助言している。そもそも米長期国債やドイツマルクと、トウモロコシや綿花の移動平均がまったく同じ期間でよいはずがない。株式市場のトレーダーにはまた別の話がある。数千銘柄もの株価を追いかけること自体が最適化と逆行しているということである。もし数銘柄の市場に特化するなら最適化すればよい。もし数多くの市場を把握したいゼネラリストであるなら、それらすべてに対して同じテクニカル係数を用いるべきである。

まとめ

移動平均という手法をさまざまな角度から検討してきた。ここで少

し簡単にまとめておこう。テクニカルアナリストの大半は２本の移動平均を組み合わせて用いる。この２本の移動平均は、通常は単純移動平均である。指数平滑移動平均は最近よく用いられるようにはなったが、指数平滑移動平均が単純移動平均よりも良い成績を出すことは実証されていない。先物市場で最もよく用いられる日足の移動平均の組み合わせは、「４日と９日」と「９日と18日」と「５日と20日」と「10日と40日」である。株式市場のトレーダーは、50日（10週）の移動平均を信頼している。長期の株式市場分析で好まれる週足での移動平均は、30週と40週（200日）のものである。ボリンジャーバンドは、20日と20週の移動平均が用いられる。また、20週移動平均は100日移動平均を利用することで、利用価値の高い日足の移動平均に変換することができる。チャネルブレイクアウトシステムは、トレンドのある市場では極めて良い成績を残すことができ、これは日足や週足や月足のチャートでも利用することができる。

適応移動平均

　移動平均を用いるときに直面する問題の１つが、速度の速い移動平均か、遅い移動平均のどちらを選択すればよいのかという問題である。速い移動平均はレンジ相場で成績が良く、遅い移動平均はトレンドのある市場で用いるのが良い。２本のうちどちらを選ぶかという問題の答えは、「適応移動平均（AMA）」と呼ばれる革新的手法にある。

　ペリー・カウフマンは、この手法を彼の著書『スマーター・トレーディング（Smarter Trading）』で発表した。カウフマンの「適応移動平均」の速度は、市場のノイズ（変動性）の水準に応じて自動的に調節される。この適応移動平均は、相場が横ばいのときはゆっくりと動くが、相場にトレンドが発生したときは素早く動く。このようにして、レンジ相場で速い移動平均を用いてしまうという事態（そして何度も

第9章　移動平均

ダマシに遭う）や、トレンドのある相場で遅い移動平均を用いて相場
の動きに乗り遅れてしまうという事態を避けるのである。

　カウフマンは、相場の方向性のボラティリティの水準に対する比率
である「最適比率（Efficiency Ratio）」を算出することでこの移動平均
を作成している。最適比率が高い場合は、ボラティリティに対して方
向が出ている状態にあるので、速い適応移動平均が望ましい。最適比
率が低い場合は、ボラティリティに対して方向が出ていない状態にあ
るので、遅い適応移動平均が望ましい。この最適比率を算出すること
で、適応移動平均は現在の相場に対して最適な速度を自動的に選択し
てくれるのである。

移動平均に代わるもの

　移動平均がいつも機能するわけではない。それらが最も機能するの
は相場にトレンドが発生している期間であった。相場が横ばいの状態
であるトレンドのない期間はあまり役に立たない。幸運なことに、こ
のようなストレスのたまるレンジ相場で、移動平均よりも優秀な成績
を残す別のタイプの指標が存在する。それが「オシレーター」と呼ば
れるものである。これについては次の第10章で解説することにする。

285

オシレーターと
コントラリーオピニオン 10
Oscillators and Contrary Opinion

はじめに

　本章では**オシレーター**と呼ばれるトレンドフォロー型手法に代わるアプローチについて解説したい。オシレーターはトレンドのない市場では極めて有効に機能する。価格が一定の値幅帯（トレーディングレンジ）の内側で変動するような相場では、トレンドフォロー型システムの大半がうまく機能しない。オシレーターというツールを用いることで、テクニカルトレーダーは定期的に現れる横ばいの相場やトレンドのない相場環境でも利益を生み出すことができるようになるのである。

　しかし、オシレーターの価値は横ばいのレンジ相場での利用に限られるものではない。トレンドのある相場でもチャートと併せて使用することで、オシレーターはトレーダーにとって極めて有用な味方となる。オシレーターは、**買われ過ぎや売られ過ぎ**と呼ばれる短期的な相場の行きすぎを知らせてくれる。また、オシレーターはトレンドが力を失いつつあることを、それが価格の動きとなって現れる前に教えてくれる。トレンドが終わりに近づくと、オシレーターと価格の間にダイバージェンスが起こり、それがシグナルとなって知らせてくれるのである。

287

まずは、オシレーターとは何かということと、その作成方法、解釈の仕方について解説する。次に、モメンタムの意味とその相場の先行きを予測するうえでの意義について述べる。そこで一般的なオシレーター手法のなかからいくつか —— 非常に単純なものから複雑なものまで —— を紹介したい。ダイバージェンスに関する重要な問題についても取り上げる。オシレーター分析を相場サイクルと連携させる手法の有用性についても触れる。最後に、オシレーターが市場のテクニカル分析全体のなかの一部として、どのように利用されるべきかを解説する。

オシレーターをトレンドと連携させる方法

オシレーターは基本的なトレンド分析を補うものという意味において、二次的な指標にすぎない。テクニカルアナリストが用いるさまざまなオシレーターについて検討していくが、メジャートレンドの方向に沿ってトレードすることの重要性には変わりない。また、オシレーターにはそれが有効になる一定の期間があることにも注意してほしい。例えば、トレンドが始まった直後では、オシレーター分析は役立つどころか、判断を誤らせる原因にもなる。しかし、そのトレンドの終了間際の時期では、オシレーターは極めて利用価値が高いものになる。このような点について順次解説していく。最後に、相場の行きすぎを研究するうえで「コントラリーオピニオン（反対意見）」は欠かせないものである。そこではコントラリアン（逆張り主義者）の哲学と、それがどのように市場分析とトレードに利用されるのかを論じたい。

オシレーターの解釈

モメンタムのオシレーターを作る方法は多種多様であるが、これら

の解釈についてはあまり違いがない。多くのオシレーターは非常によく似ている。オシレーターは、チャートでは価格の下側に表示され、横に伸びたひも（バンド）のように見える。基本的にオシレーターバンドは、価格の上昇・下落・横ばいにかかわらず、いつも横向きに動く。しかし、オシレーターの山と谷は価格の高値と安値に一致している。オシレーターのいくつかは中心線を設定するものがあり、その表示領域を上と下に二分している。オシレーターの値を算出する公式によるが、この中心線は通常、**ゼロライン**となる。また、値を０（下限）から100（上限）に設定するオシレーターも存在する。

解釈の原則

一般的な原則としては、オシレーターが表示領域の上限や下限に達したときは、現在の値動きに行きすぎや性急さがあり、ある種の調整や揉み合いが起こる可能性があることを示唆している。もう１つの一般的な原則としては、トレーダーはオシレーターが表示領域の下限に達したときに買い、上限に達したときは売るというものである。中心線との交差が売買シグナルになることが多い。次に、このような一般的な原則がさまざまなオシレーターにどのように適用されるかを見ていきたい。

オシレーターの最重要な３つの使用法

オシレーターが最も有効となる３つの状況がある。この３つの状況は、多くのオシレーターに共通しているものである。

1. オシレーターは、値の上限付近や下限付近に達したときに最も利用価値が高まる。値が上限付近にあるときは**買われ過ぎ**、下限付

近にあるときは**売られ過ぎ**となる。このようなときは、価格に行きすぎがあり、相場が不安定であることを知らせてくれる。

2. オシレーターの値が極端に振れている状況で、オシレーターと価格の動きにダイバージェンスがあるときは重大な警告となる。

3. ゼロライン（中心線）と交差する動きは、トレード上、重要なシグナルになる。この場合、トレンドと同じ方向にポジションを取る。

モメンタムの測定

モメンタムという考え方はオシレーター分析の最も基本的な応用である。モメンタムとは、実際の価格水準ではなく、価格の変化の大きさ（上昇や下落の速度）を測ることである。相場のモメンタムとは、一定の期間を設けて継続的に価格の差を測ることである。10日モメンタムラインを描くには、単純に直近の終値から10日前の終値を引けばよい。その正や負の数値をゼロラインを中心にして記入する。モメンタムの公式は、次のとおりである。

$$M = V - V_x$$

ここでVは直近の終値、V_xはx日前の終値を示している。

もし直近の終値が10日前の終値よりも高ければ（つまり、価格が上昇しているのなら）、ゼロラインの上側に正の値が描かれる。もし直近の終値が10日前の終値よりも安ければ（つまり、価格が下落しているのなら）、ゼロラインの下側に負の値が描かれる。

10日はモメンタムではよく用いられる期間であるが（理由は後述する）、どんな期間を用いてもよい（**図10.1a**）。期間を短く設定すれば（例えば、5日）、感応度が高まり、よく上下に振れるオシレーターに

図10.1a　10日モメンタムはゼロラインを中心に変動する。数値がゼロラインの上方に大きく振れると「買われ過ぎ」、下方に大きく振れると「売られ過ぎ」である。モメンタムは市場のトレンドと一緒に用いられるべきである

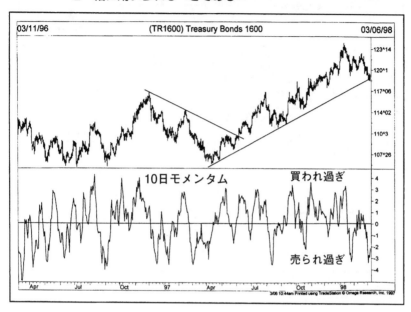

なる。期間を長く設定すれば（例えば、40日）、振れの少ない滑らかなラインのオシレーターになる（図10.1b）。

モメンタムは上昇率と下落率を測る

　ここからはモメンタム指標が何を測るかについて話を進めたい。ある一定期間の価格の差を描くことで、チャート分析者は上昇率と下落率を調べている。もし価格が上昇しており、モメンタムラインもゼロラインの上側で上昇しているなら、上昇トレンドは加速していることを意味している。もし上向きに傾斜していたモメンタムラインが平坦

図10.1b　10日モメンタムと40日モメンタムの比較。メジャーな相場の転換をとらえるには長期の指標のほうが有用である（円内）

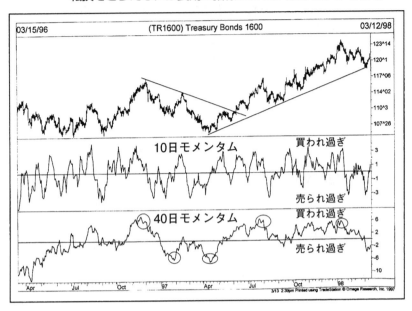

になり始めたのなら、それは直近の終値の前日比の上昇幅が10日前の終値の前日比の上昇幅と同じであるということを意味している。このときには価格は上昇しているが、上昇幅（上昇の速度）には変化がない。モメンタムラインがゼロラインに向けて下落し始めたときは、上昇トレンドはなお力を保ってはいるものの、上昇幅は低下してきている。上昇トレンドはモメンタムを失いつつあるのである。

　モメンタムラインがゼロラインを下回ったときは、直近の終値が10日前の終値を下回ったということであり、相場が短期的に下降トレンドに入ったということを意味する（ちなみに、このとき10日移動平均も下落し始めている）。モメンタムがゼロラインの下でさらに下落を続けたときは、下降トレンドが力を増している。モメンタムラインが再び上昇し始めれば、テクニカルアナリストは下降トレンドが減速しつ

つあると判断する。

　重要なのは、モメンタムが一定の期間に起こる価格の差を測定しているという点である。モメンタムラインが上昇するためには、10日前の終値の前日比の上昇幅よりも、直近の終値の前日比の上昇幅が大きくなければならない。もし昨日から今日の上昇幅が11日前から10日前の上昇幅と同じなら、モメンタムラインは水平になる。昨日から今日の上昇幅が11日前から10日前の上昇幅を下回った場合、価格は上昇しているのにもかかわらず、モメンタムラインは下降し始める。このようにしてモメンタムラインはトレンド内での価格の上昇・下落の加速度や減速度を測定しているのである。

モメンタムラインは価格の動きに先行する

　モメンタムラインはその構造から価格の動きよりも一歩先行する。トレンドがいまだ効力を失っていない状態にあっても、モメンタムラインは価格の動きに先立ち平坦になる。価格の動きが横ばいになり始めたときには、モメンタムラインはすでに逆方向に動き始めている。

トレードシグナルとしてのゼロラインの交差

　モメンタムチャートにはゼロラインが引かれている。このゼロラインと交差する動きを、売買シグナルとするテクニカルアナリストは多い。このときモメンタムラインがゼロラインを交差して上昇する動きは買いのシグナルとなり、ゼロラインを交差して下降する動きは売りのシグナルとなる。しかし、もう一度強調しておくが、この場合でも基本的なトレンド分析は重要である。オシレーターによる分析を現在進行中のトレンドに逆行してトレードする口実として用いるべきではない。ゼロラインを上回る動きがあった場合は、上昇トレンドのとき

293

図10.2a　モメンタムのトレンドラインがブレイクされてすぐに価格のトレンドラインもブレイクされた。モメンタムの価値は相場の転換よりも早くにその動きが現れること。つまりその先行指標性にある

のみに実行する買いポジションを取るべきである。また、ゼロラインを下回る動きがあった場合は、下降トレンドのときのみに実行する売りポジションを取るべきである（**図10.2a～図10.2b**）。

上限と下限の必要性

　モメンタムラインに関する問題は、その上限と下限が固定されていないことにある。すでに述べたように、オシレーターの主な利点は、相場の行きすぎを判別できることにあった。しかし、モメンタムラインがどれだけ高ければ高すぎると言えるのか、また、どれだけ低ければ低すぎると言えるのだろうか。この問題を解決するには、目で見るの

図10.2b ゼロラインを上抜いたら買いシグナル、下抜いたら売りシグナルとみなすトレーダーもいる（円内）。移動平均線はトレンド転換を確認するには有効である。モメンタムは価格よりも先にピークを迎えている（矢印）

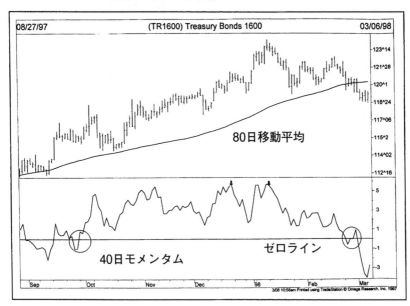

が最も簡単な方法である。チャートを過去にさかのぼってモメンタムラインを見てみる。そして、その上限と下限を起点に水平線を引く。そして、この線を定期的に調整する。特に、重要なトレンド転換があったときは調整が必要である。この方法は最も単純であるが、ラインの外側への行きすぎを判別するのに最も効果的な方法である（**図10.3**と**図10.4**）。

ROCの測定

ROC（変化率）とは、ある特定の日数だけさかのぼって、その終値に対する直近の終値の比率を測定する。例えば、10日ROCを求めるた

図10.3 アナリストは目で見てモメンタムの上限と下限を発見できる。このようなラインはどの市場においても同じように引くことができる(水平線)

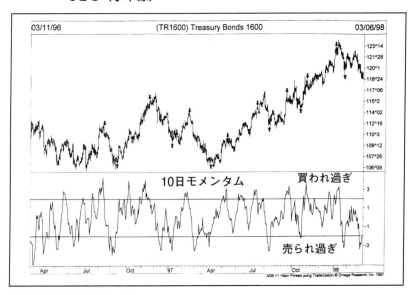

めには、直近の終値を10日前の終値で割ればよい。計算式は次のとおりである。

$$ROC = 100 \; (V \div V_x)$$

ここでVは直近の終値、V_xはx日前の終値を表す。

この場合、中心線は100のところに引かれる。直近の価格が10日前の価格よりも高ければ(価格が上昇していれば)、そのROCは100を上回る。もし直近の終値が10日前の終値よりも安ければ(価格が下落していれば)、ROCは100を下回る(チャートソフトによっては、モメンタムとROCの算出に、上記の計算式とは異なるものを用いるものがある。算出法は異なるが解釈の仕方は同じである)。

図10.4 13週モメンタムが米長期国債のチャートの下側に描かれている。矢印は極端に振れたモメンタムの転換点を指し示している。価格がメジャーな反転を示す前に、モメンタムが方向を転換している（点1、点2、点3）

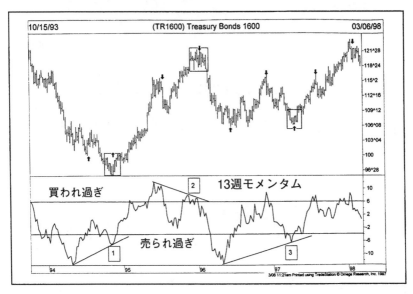

2本の移動平均を用いるオシレーター

　第9章では売買シグナルのために2本の移動平均を用いる手法を解説した。短期の移動平均が長期の移動平均を上回ったときは買いシグナルで、短期の移動平均が長期の移動平均を下回ったときは売りシグナルであった。また、このような2本の移動平均を組み合わせることで、オシレーターのチャートを作ることが可能であるとも述べた。この2本の移動平均の差はヒストグラムとして描くことができる。これはゼロラインを中心として、その上下にプラスとマイナスの値を持ったヒストグラムとして表示される。この種のオシレーターには3つの利用目的がある。

297

図10.5 ヒストグラムの縦線は２つの移動平均の差を表している。ゼロラインを上抜いたら買い、下抜いたら売りのシグナルになる（矢印）。ヒストグラムの反転は実際のシグナルよりも早く現れる（円内）

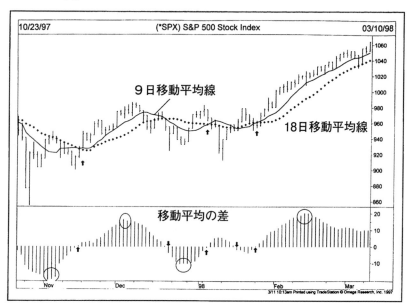

1. ダイバージェンスの特定をしやすい
2. 長期のトレンドのなかの短期的な変化（短期の移動平均が長期の移動平均を短期間に何回も上回ったり、下回ったとき）を確認する
3. ２本の移動平均が交差した瞬間（オシレーターがゼロラインを交差したとき）をとらえる

短期の移動平均を長期の移動平均で割って算出するオシレーターもある。しかし、どちらの場合も、短期の移動平均が長期の移動平均（実質的にはゼロラインとして機能する）の周りを交差しながら動く形に

図10.6　ヒストグラムは10日移動平均と50日移動平均の差を表している。ヒストグラムの反転は必ずゼロラインとの交差よりも早くに現れる。上昇トレンドにあるこのチャートのヒストグラムはゼロラインのところで支持され再び上昇に転じている（右端の矢印）

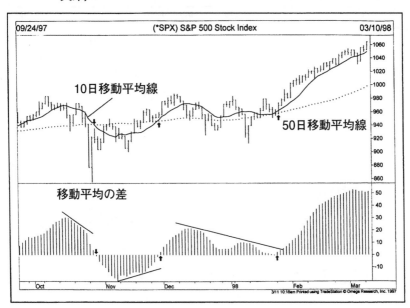

なる。もし短期の移動平均が長期の移動平均を上回れば、オシレーターは正の値をとる。もし短期の平均が長期の平均を下回れば、オシレーターは負の値をとる（図10.5～図10.7）。

　2本の移動平均線の距離が大幅に離れれば、相場の行きすぎが発生し、トレンドの一時休止が必要になる（図10.6）。短期の移動平均線が長期の移動平均線のところに戻ってくるまでの間は、トレンドが停滞するということがよくある。短期の移動平均線が長期の移動平均線に到達するときが重要なポイントである。例えば、上昇トレンドでは短期の移動平均線が長期の移動平均線まで下落したとしても、そこで跳ね返されるはずである。通常、ここが理想的な買い場となる。また、

図10.7 ヒストグラムは２つの週足移動平均の差を示している。ヒストグラムはそれが実際にゼロラインと交差する前に、新しいトレンドと同じ方向に反転している。これによって買われ過ぎ・売られ過ぎの水準が容易に判別できる

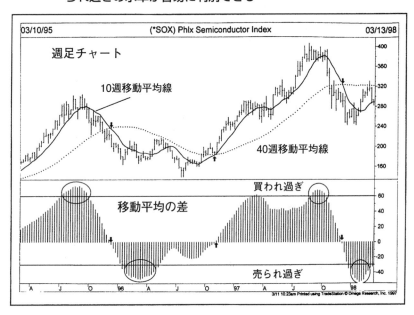

　これは上昇トレンドラインの試しと非常によく似ている。もしこのとき短期の移動平均線が長期の移動平均線を下回れば、トレンド転換のシグナルとなる。
　一方、下降トレンドでは、短期の移動平均線が長期の移動平均線まで上昇したときが理想的な売り場となる。ただし、長期の移動平均線と交差して短期の移動平均線が上回れば、トレンド転換のシグナルとなる。このように、２本の移動平均線の関係は、優れたトレンドフォロー型システムに使用されるだけではなく、短期の買われ過ぎや売られ過ぎを確認するためにも利用されている。

図10.8 20日コモディティチャネルインデックス。この指標の元の意図はこの図で示されているように、＋100超で買い、－100未満で売るというものだった

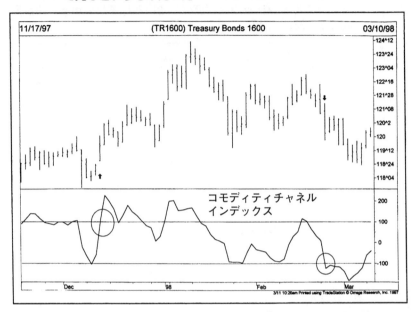

コモディティチャネルインデックス

　オシレーターは、一定の数値で割ることによって正規化することができる。ドナルド・R・ランバートが考案したコモディティチャネルインデックス（CCI）では、現在価格と移動平均をある一定の期間（例えば、20日間）比較する。次に、このオシレーターの数値を、平均偏差を基準にした数値で割って正規化する。こうすることで、コモディティチャネルインデックスは一定のレンジ内（上が＋100、下が－100）で変動するようになっている。ランバートは、コモディティチャネルインデックスが＋100を上回れば買いポジションを取ることを推奨し、その反対に、－100を下回れば売りポジションを取ることを推奨してい

図10.9 コモディティチャネルインデックスは株価指数にも用いられ、ほかのオシレーターのように相場の行きすぎを判別するために用いられる。価格が高値と安値を付けるよりも早くコモディティチャネルインデックスが反転している様子が分かる。設定期間の初期値は20日

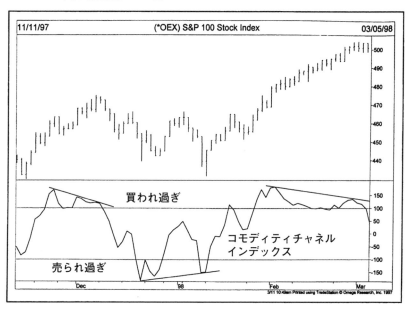

る。

しかし、チャート分析者のほとんどはコモディティチャネルインデックスを単に買われ過ぎ・売られ過ぎを判別するオシレーターとして利用しているようである。そのような利用法では、数値が+100を上回ったときは買われ過ぎ、-100を下回ったときは売られ過ぎとみなされる。コモディティチャネルインデックスはもともとコモディティ取引のために考案されたものであるが、S&P500のような株価指数先物やオプション取引にも利用されている。コモディティチャネルインデックスの一般的な初期設定値は20日であるが、利用者はこれを調節し価格感応度を変化させることができる（**図10.8と図10.9**）。

RSI

　RSI（相対力指数）はウエルズ・ワイルダーが考案し、1978年に刊行された『ワイルダーのテクニカル分析入門──オシレーターの売買シグナルによるトレード実践法』（パンローリング）で紹介された。ここではその要点だけを押さえておきたい。より深く学びたい読者は、ワイルダーの『ワイルダーのテクニカル分析入門』を読むことをお勧めする。特に、このオシレーターはトレーダーたちの間で非常に馴染みの深いものなので、このRSIを用いてオシレーター分析の原理を説明することにする。

　ワイルダーが指摘したように、価格差を利用したモメンタムラインを作るうえで、考慮すべき大きな問題が2つある。1つは計算上の問題である。計算期間から外れる数値の影響が大きい場合に、モメンタムが誤った動きを見せることがよくある。例えば、10日モメンタムラインの場合、10日前の上昇幅や下落幅が大きければ大きいほど、現在の価格がほとんど動いていなくても、モメンタムラインが突然方向を変える可能性がある。したがって、このようなゆがみを最小限にするため、少し修正を施さなければならない。もう1つの問題は比較上の問題である。モメンタムラインを比較するには、数値の上限と下限を一定にしなければならない。RSIの計算式は、上記の修正の問題を解決するだけではなく、後者の問題も解決しており、0から100という一定の範囲で動くように作られている。

　ちなみに「レラティブストレングス（相対力)」という名称は用語として適切ではなく、株式市場分析で用いられる**レラティブストレングス**を知っている者にとっては非常に紛らわしい。**レラティブストレングス**とは、一般的に2つの値を比較したときの比率を意味する。S&P500株価指数に対する株式や業種の比率を算出することは、あるベンチマークに対して異なる株式や異なる業種の**レラティブストレング**

スを測定する１つの方法である。本書の後半では、**レラティブストレングス**や比率分析がいかに有益かを示そうと思う。ワイルダーの**RSI**は、実際のところ２つの値のレラティブストレングスを測定しているわけではなく、その意味では少し誤った名称である。しかし、RSIは、異常値が出る問題や上限と下限を一定にするという問題に解決策をもたらしてくれた。実際の計算式は以下のとおりである。

$$RSI = 100 - 100 \div (1 + RS)$$

$$RS = 上昇幅のX日平均 \div 下落幅のX日平均$$

　この計算では14日を用いる（週足チャートでは14週を用いる）。上昇幅の平均値を算出するためには、14日間のなかで上昇した日の値幅を合計して14で割る。下落幅の平均値を算出するためには、14日間のなかで下落した日の値幅を合計して14で割る。次に、上昇幅の平均を下落幅の平均で割って、RS（相対力）を算出する。日数は単にXの値を変えるだけで変更できる。

　ワイルダーが採用していた日数は14日だった。**期間を短くすれば、それだけオシレーターの価格感応度が高まり、振れ幅は広くなる。**RSIが最もうまく機能するのは、数値が上限と下限まで振れたときである。したがって、利用者が短期トレーダーで、細かく振れるオシレーターを求めているのなら、設定期間を短くすればよい。また、設定期間を長くすれば、オシレーターの動きは滑らかになり、上下の振れ幅は狭くなる。したがって、９日RSIのオシレーターの上下の振れ幅は、14日RSIの上下の振れ幅よりも広くなる。９日RSIと14日RSIという設定期間は最もよく利用されるが、テクニカルアナリストはほかの期間も試している。RSIのボラティリティを高めるために５日RSIや７日RSIという短い期間を用いる者もいる。また、RSIを滑らかにしてシグナルを減らすために21日RSIや28日RSIを用いる者もいる（**図10.10**

図10.10　14日RSIは、70超が買われ過ぎ、30未満が売られ過ぎを示す。このチャートではS&P100が10月に売られ過ぎ、2月に買われ過ぎとなっている

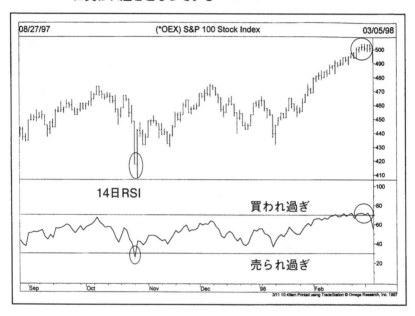

と図10.11）。

RSIの読み方

　RSIの値は０から100の間を取る。70超は買われ過ぎ、30未満は売られ過ぎとみなされる。通常、上昇相場や下落相場ではこの数値に変化が起こるため、上昇相場では80超が買われ過ぎ水準、下落相場では20未満が売られ過ぎ水準になる。
　ワイルダーが名付けた「フェイラースイング（失敗したスイング）」は、RSIが70超か30未満の水準で起こる。**トップフェイラースイング**

図10.11 RSIの振れ幅を大きくするには設定期間を短くすればよい。7日RSIは14日RSIよりも極値に達する頻度が高い。このことから7日RSIのほうが短期トレーダーに向いている

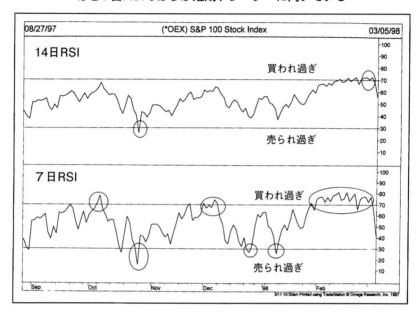

は、上昇トレンド中に70を超えたRSIが前の高値を上抜くことができず、その後、前の安値を下抜いたときに起こる。**ボトムフェイラースイング**は、下降トレンド中に30を下回っているRSIが新安値を付けることに失敗し、その後、前の高値を上抜いたときに起こる（**図10.12a〜図10.12b**）。

RSIと価格にダイバージェンスがあり、かつRSIが70超か、30未満のときは要注意である。ワイルダー自身は、ダイバージェンスを「RSIが指し示す最大の特徴の1つ」と考えていた。

RSIはトレンド転換を見極めるために、トレンドライン分析と同じような用いられ方もする。また、移動平均も同じ目的で用いられる（**図10.13**）。

図10.12a　RSIのボトムフェイラースイング。RSIの2つ目の安値（点2）は30未満の水準にあり、価格も下落しているが、1つ目の安値（点1）よりも高い位置にある。RSIの高値（点3）のブレイクは相場が底を打ったシグナルである

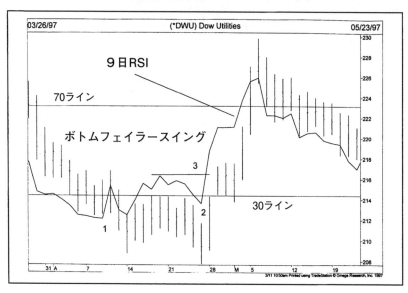

　筆者の個人的な経験では、RSIの最大の価値は、RSIが70超や30未満のときに起こるフェイラースイングやダイバージェンスにあると考えている。ここでオシレーターの利用に関してもう1つの要点を明確にしておこう。上昇トレンドであれ下降トレンドであれ、強いトレンドが発生しているときは、オシレーターの値はあまりにも早く極値まで振れてしまう。そのようなとき、買われ過ぎ・売られ過ぎと見るのは時期尚早で、利益をもたらしてくれるトレンドから早く降りてしまう事態にもなりかねない。強い上昇トレンド中には、買われ過ぎの状態はしばらく続くものである。そこで単にオシレーターがより高い水準に振れたからといって、買いポジションを手仕舞う理由にはならない（もっと悪いことは、強い上昇トレンド中に売りポジションを取ってし

図10.12b　トップフェイラースイング。RSIの2番目の高値（点2）は、70超の水準にあり、価格も上昇しているが、1つ目の高値（点1）よりも低い位置にある。RSIが中間の安値（点3）の水準をブレイクしたときが天井を打ったシグナルである

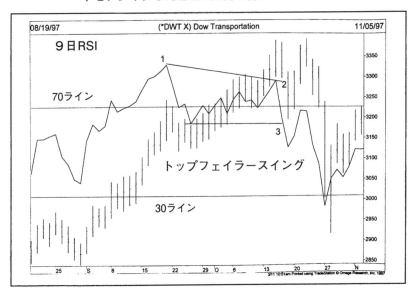

まうことである）。

　オシレーターが最初に買われ過ぎ・売られ過ぎに達したときは、単なる警告である。そして、再びオシレーターがその**危険ゾーン**に到達する動きを見せたときは、細心の注意を払わなければならない。もしこの2回目の動きで、価格が新高値や新安値を付けることの「確認」に失敗した（また、オシレーター上でもダブルトップやダブルボトムを形成している）ときは、ダイバージェンスになっている可能性がある。この時点では保有するポジションを守るためにいくつかの防御策をとる必要がある。もしオシレーターが逆方向に振れて、前の高値か安値をブレイクしてしまったら、そのときはダイバージェンスやフェイラースイングが「確認」されることになる。

図10.13　RSIにトレンドラインを用いることは非常に有効である。この
　　　　 チャートでは2本のトレンドラインのブレイクがタイミングの
　　　　 良い売買シグナルを点灯した（矢印）

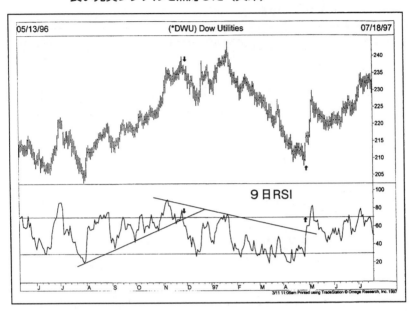

50の水準はRSIでは中心値であり、押した（下落した）ときの支持線や戻った（上昇した）ときの抵抗線としての役割を果たす。トレーダーのなかにはRSIの50の水準を上抜いたら買い、下抜いたら売りのシグナルと考える者もいる。

70と30のラインをシグナルとして利用する

オシレーターを描くチャートソフトには、70と30の水準に水平線が引かれている。トレーダーはよくこの水準を買いシグナルや売りシグナルとして用いる。30未満は売られ過ぎであるということはすでに述べた。ここで、相場がまさに底を形成しつつあり、買い場を探してい

図10.14　RSIは月足チャートにも用いることができる。売られ過ぎによる２つの買いシグナルが1974年と1994年に出ている。RSIが示す買われ過ぎのピークが公共株の重要な天井をかなり的確にとらえている

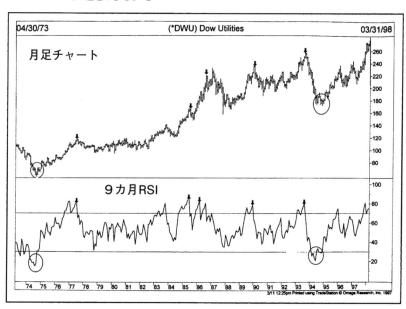

るトレーダーを想定してみよう。彼は、オシレーターの値が30まで下落したのを確認した。この領域では、オシレーターがダイバージェンスやダブルボトムを見せる可能性がある。その後、オシレーターが30の水準を再び上回る動きを見せたなら、多くのトレーダーはそれをオシレーターのトレンドが上昇へ転換した「確認」と受け取るだろう。これと同じように、買われ過ぎの相場でも70のラインを下回る動きが売りシグナルとしてよく用いられる（**図10.14**）。

ストキャスティックス

ストキャスティックスはジョージ・レイン（インベスメント・エデ

ュケーター社代表）によって広められた。これは、上昇トレンドでは価格が上昇するにつれて、その終値は価格レンジの上限に接近していく傾向があり、反対に、下降トレンドでは価格が下落するにつれて、その終値は価格レンジの下限に接近していく傾向があるという観察を基に作られた指標である。このストキャスティクスの過程では、%Kと%Dという2本の曲線が用いられる。これらのうち%Dがより重要であり、この%Dが主要なシグナルを点灯させる。

このオシレーターの狙いは、選択した期間の価格レンジの上限と下限に最も接近した終値はどこにあるかを判別することにある。このオシレーターに最もよく用いられる設定期間は14日である。2本の曲線のうち価格感応度が高い%Kの計算式は次のとおりである。

$$\%K = 100 \left[(C - L14) \div (H14 - L14) \right]$$

ここで、Cは直近の終値、H14は14期間の最高値、L14は14期間の最安値である（ここの14期間は、日、週、月のどれでもよい）。

この計算式は、単に終値が、選択した期間の値幅のなかでどの位置にあるかをパーセント（0～100％）で表したものにすぎない。値が非常に高いとき（80超）は、終値が値幅の上限付近にあることを示す。逆に、値が非常に低いとき（20未満）は、終値が値幅の下限付近にあることを示している。

2番目の曲線である%Dは、%Kの3期間の移動平均である。この計算によって算出される曲線は**ファストライン**と呼ばれる。さらに、この%Dの3期間の移動平均を算出することで、**スローライン**と呼ばれるより滑らかな曲線を作ることができる。このスローラインのほうが信頼性の高いシグナルとなるので、多くのトレーダーがこちらを使用する（曲線を滑らかにする計算を2回行うと、計3本の曲線が作られる。この場合、初めの2本がファストラインとして用いられ、最後の

図10.15 下向きの矢印は80超の水準で%Kが%Dを下抜いて、売りシグナルとなったポイントを示している。20未満の水準で%Kが%Dを上抜いたときは買いシグナルである（上向き矢印）

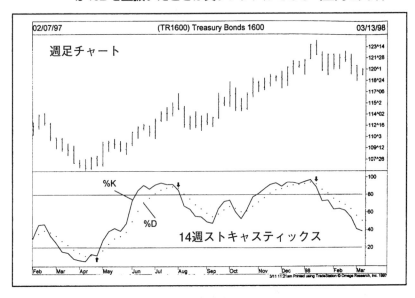

2本がスローラインとして用いられる）。

　このような計算を行うことで、0から100の間を振れる2本の曲線が算出される。このときのKラインはより速い曲線であり、Dラインはより遅い曲線である。ここではシグナルとして、Dラインが買われ過ぎ・売られ過ぎの領域にあるとき、Dラインとその元となる価格の間にダイバージェンスがないかを見る。値が行きすぎかどうかは、値が80超か20未満かで判断する（**図10.15**）。

　価格が上昇しているのにもかかわらず、Dラインが80超の水準で切り下がっていく高値を2つ形成したときは、弱気を示すダイバージェンスとなる。一方、相場が下落しているのにもかかわらず、Dラインが20未満の水準で切り上がっていく安値を2つ形成したときは、強気を示すダイバージェンスとなる。このような要素がすべてそろったと

図10.16　14週ストキャスティックスが80超と20未満の水準で見せる反転は米長期国債のメジャーな反転をうまくとらえている。ストキャスティックスは14日や14週や14カ月などの設定で描くことができる

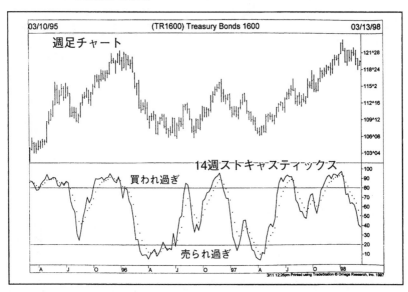

きの実際の売買シグナルは、より速いKラインがより遅いDラインと交差したときに点灯する。

　ストキャスティックスにはこのほかにも改良版が存在するが、この解説ではより本質的な部分のみを取り上げることにする。いくら指標の高度化を行ったところで、その基本的な見方は同じだ。シグナルが点灯するのは、Dラインが極値に振れたときとDラインと値動きとの間にダイバージェンスが発生したときである。そして、実際の売買シグナルが点灯するのは、速いKラインがDラインと交差するときである。

　ストキャスティックスは、週足や月足といった長期的視野を持ったチャートでも利用できる。また、短期トレード用の日中足のチャート

図10.17　14週RSIと14週ストキャスティックスの比較。RSIはストキャスティックスに比べてボラティリティが低く極値に達する回数が少ない。2つのオシレーターとも、買われ過ぎ・売られ過ぎの領域にあるときに格好のシグナルを点灯させる

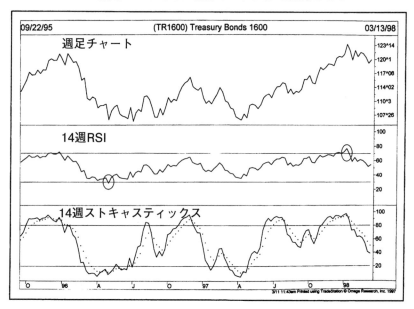

でも効果を発揮する（図10.16）。

　日足と週足のストキャスティックスを組み合わせて使用する方法は、相場の方向を見るために週足でのシグナルを利用し、タイミングを計るために日足でのシグナルを利用するというものである。ストキャスティックスとRSIを組み合わせるのも良い考えである（図10.17）。

ラリー・ウィリアムズの％R

　ラリー・ウィリアムズの％Rは、直近の終値が特定の期間（日数）の値幅との関連でどこに位置するかを測定するものであり、ストキャスティックスとよく似た考え方に基づいている。現在の終値を特定期間

図10.18 ラリー・ウィリアムズの%Rはほかのオシレーターと同じように使用される。値が80超または20未満のときに相場は行きすぎとみなされる

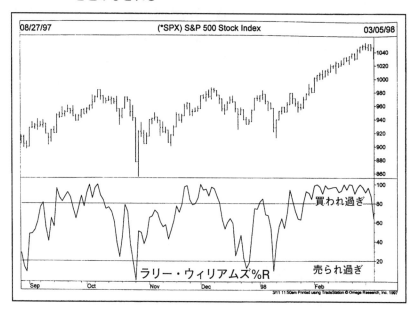

の高値から引き、その差を同期間の総値幅で割る。これも今までに述べたオシレーターの解釈と同じ考え方で、買われ過ぎ・売られ過ぎの領域でダイバージェンスが発生しているかどうかを見るのが主要な着目点である（図10.18）。%Rは高値から引かれるので、ストキャスティックスが逆さになったように見える。チャートソフトでは、これを修正して反転させた%Rが表示される。

期間の選択はサイクルと関連している

　オシレーターに採用する期間は、その根底にあるマーケットサイクルと関連している。期間としては、マーケットサイクルの2分の1が

315

用いられる。好まれる期間としては、カレンダー上の期間である14、28、56日を基礎とした5、10、20日である。ワイルダーのRSIは28日の半分である14日を使用している。前の第9章で、5、10、20といった数字がなぜ移動平均とオシレーターの計算によく用いられるのかについてすでに解説しているので、再び繰り返すことはしない。ここでは、カレンダー上の28日間（取引日で20日間）という数字が再度、重要で主要な月間の取引サイクルとして登場し、そのほかの数字も、月間サイクルと「調和的」に関係していると言えば、それで十分であろう。よく用いられる期間であるモメンタムの10日とRSIの14日は、主に28日の取引サイクルを基礎としており、その主要な取引サイクルを2分の1にしたものである。サイクルの重要性については、第14章で再び解説する。

トレンドの重要性

　本章では、相場の短期的な買われ過ぎ・売られ過ぎを判別するオシレーターという市場分析手法の使用法と、そこで起こるダイバージェンスの読み方について解説してきた。まず、モメンタムの解説から始めた。また、価格の差ではなく比率を用いるROC（変化率）を測定する方法についても解説した。それから2本の移動平均を用いて短期の相場の行きすぎや交差を特定する仕方についても述べた。最後に、RSIとストキャスティックスに焦点を当てて、どのようにオシレーターをサイクルと一致させるべきかについて考察した。

　ダイバージェンス分析は、オシレーターの価値を最大限に高めてくれるものである。しかし、ダイバージェンス分析を重視しすぎて、基本的なトレンド分析を無視したり、見過ごしたりしてはならない。オシレーターによる買いシグナルは、その大部分が上昇トレンドで最もうまく機能し、オシレーターによる売りシグナルは、下降トレンドで

最も多くの利益を生む。市場分析はいつも相場のトレンドを判別するところから始まる。上昇トレンドでは、買いを基に戦略を立てる。そのときオシレーターは相場を仕掛けるタイミングを計るために用いられる。上昇トレンドでは、相場が売られ過ぎのときに買う。下降トレンドでは、相場が買われ過ぎのときに売る。あるいは、メジャートレンドが強気ならば、モメンタムオシレーターがゼロラインを下から上に交差したときに買い、メジャートレンドが弱気ならば、モメンタムオシレーターがゼロラインを上から下に交差したときに売る。

　メジャートレンドの方向に沿って売買することの重要性は、いくら主張してもしすぎるということはない。オシレーターを過度に重視することが危険なのは、現在進行中のトレンドとは逆行するような取引をする口実としてダイバージェンスを利用してしまうことがあるからだ。一般的に、このような行為はコストが高くつき、痛みを伴う。オシレーターは、確かに便利ではあるが、数多く存在するツールの1つにすぎない。オシレーターは基本的なトレンド分析のツールとして用いるべきではなく、トレンド分析の補助的なツールとして利用したほうがよい。

オシレーターが最も有効に機能するとき

　オシレーターが最も有効に機能する期間がある。それは、相場が不安定なときである。価格が数週間から数カ月の間、横ばいになっているようなときは、オシレーターは非常によく値動きをとらえてくれる。価格の高値と安値がオシレーターの高値と安値とほぼぴったり一致する。価格とオシレーターの両方が横向きに動く期間なので、両者の動きが非常に似通ってくるのである。しかし、あるとき、ブレイクアウトが起こり、新しい上昇トレンドか、新しい下降トレンドが始まる。当然のことだが、そのブレイクアウトが起こった時点でオシレーターは

極値の位置まで振れている。つまり、そのブレイクアウトが上向きならば、オシレーターはすでに買われ過ぎの領域にある。下へのブレイクアウトがあったときは、オシレーターは売られ過ぎの状態になる。このとき、トレーダーはジレンマに直面する。オシレーターが買われ過ぎを示しているのに、上へのブレイクアウトで買うべきなのかどうか。また、オシレーターが売られ過ぎを示しているのに、下へのブレイクアウトで売るべきなのかどうか。

このような場合、当面はオシレーターを無視して、ポジションを取るのが最善の策である。というのも、相場に重要なブレイクアウトが起こり、新しいトレンドが始まる初期段階ではオシレーターは非常に素早く極値に達して、しばらくの間そのままの状態でとどまることがよくあるからである。このようなときは基本的なトレンド分析を主に考えるべきであり、オシレーターはあまり重視しないほうがよい。その後、トレンドが成熟し始めたら、オシレーターを重視したほうがよい（第13章でエリオット波動における第５番目と最後の波がしばしばオシレーターの弱気のダイバージェンスによって確認されることを解説する）。メジャートレンドのシグナルを注視しているトレーダーは力強い相場の上昇を心待ちにしているが、その多くのトレーダーが買われずに見送る。彼らはオシレーターが売られ過ぎになるまで待ってしまうからである。要は、重要な値動きの初期段階ではオシレーターをあまり重視すべきではないが、相場が成熟したときはオシレーターに細心の注意を払うのがよい。

MACD

前の第９章で２本の指数平滑移動平均を用いたオシレーターについて言及した。ここでそれについて解説したい。MACD（移動平均収束拡散法）はジェラルド・アペルによって考案された。この指標を非常

に有効なものにするためには、すでに２本の移動平均を交差させる手法を使って説明したいくつかのオシレーターの原理と組み合わせればよい。これは、ディスプレイの画面に表示された２本の線を見るだけである（その計算には３本の線が使われる）。MACDラインと呼ばれるより速い先行線は、２つの終値の指数平滑移動平均（通常、直近の12日［12週］と26日［26週］）の差を表している。シグナルラインと呼ばれるより遅い遅行線は通常、MACDの９期間指数平滑移動平均が使われる。アペル自身は、買いシグナルと売りシグナルにそれぞれ別の数値を設定することを推奨していた。しかし、すべての場合で、初期値である12、26、9という数値を用いるトレーダーがほとんどである。この数値は、日の場合もあれば、週の場合もある（**図10.19a**）。

　実際に売買シグナルが出るのは、２本のラインが交差したときである。速いMACDラインが遅いシグナルラインを上抜いたときが買いのシグナルである。速いMACDラインが遅いシグナルラインを下抜いたときが売りのシグナルである。この点で、MACDは二重交差メソッドに似ている。しかし、MACDはゼロラインの上下を変動する。この点はオシレーターに似ている。買われ過ぎの状況を示すのは、２本の線がゼロラインのはるか上方まで進んだときである。また、売られ過ぎは、２本の線がゼロラインのはるか下方まで進んだときである。格好の買いシグナルが点灯するのは、値がゼロラインを十分下回ったときである（売られ過ぎ）。ゼロラインを上抜けるのは買いシグナル、ゼロラインを下抜けるのは売りシグナルとなる。これも前述したモメンタムの手法に似ている。

　ダイバージェンスは、MACDラインのトレンドと価格のトレンドの間に現れる。ネガティブな弱気のダイバージェンスが現れるのは、MACDラインがゼロラインを上回って十分上昇しているとき（買われ過ぎ）で、価格は上昇しているのにもかかわらず、MACDラインが弱まりつつあるときである。これはしばしば相場の天井の兆候となる。ポ

319

図10.19a　MACDの2本の線が示されている。シグナルが与えられるのは、速いMACDラインが遅いシグナルラインと交差したときである。矢印はナスダック総合指数に点灯した5つのシグナルを示している

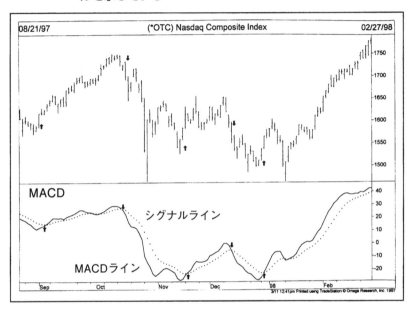

ジティブな強気のダイバージェンスが現れるのは、MACDラインがゼロラインを下回って十分下落しているとき（売られ過ぎ）で、価格は下落しているのにもかかわらず、MACDラインが強まりつつあるときである。これはしばしば相場の底の兆候となる。MACDラインの重要なトレンド転換を確認するために、MACDライン上に単純なトレンドラインを引くと分かりやすい（**図10.19b**）。

MACDヒストグラム

本章の前半において、2本の移動平均の差を描くためにヒストグラ

図10.19b　MACDラインはゼロラインの上下を変動するため、オシレーターの性質を持っている。買いシグナルはゼロラインの下側で点灯するときがもっとも好ましい。売りシグナルはゼロラインの上側で点灯するときがもっとも好ましい。10月に弱気のダイバージェンスが発生している（下向き矢印）

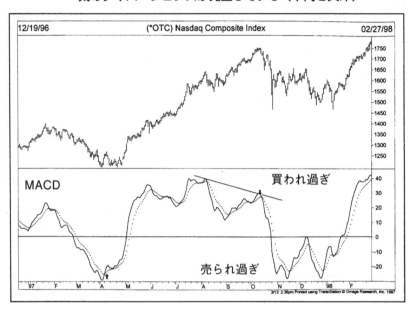

ムを作る方法を示した。これと同じ手法を用いて、MACDラインとシグナルラインからMACDヒストグラムに変えることができる。これは、2本のラインの差をヒストグラムで表したものである。ヒストグラムには専用のゼロラインが引かれる。2本のラインの差が正のとき（速いMACDラインが遅いシグナルラインの上方に位置するとき）、ヒストグラムはゼロラインの上方に伸びている。ヒストグラムがゼロラインを交差して、上方（下方）に伸び出たときは、ちょうどMACDラインとシグナルラインの交差によって買いシグナル（売りシグナル）が点灯したときと一致する。

　このヒストグラムの真価は、2本のラインの差が広がっているのか、

図10.20a　MACDヒストグラムは２本のヒストグラムの差を表している。シグナルが与えられるのはゼロラインと交差したときである。ヒストグラムの反転が交差シグナルの前に現れている。トレーダーにとってこの反転は事前の警告になる

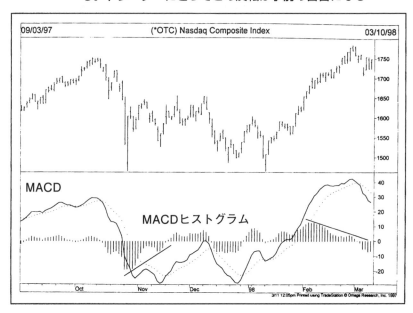

縮まっているのかを特定できることにある。ヒストグラムがゼロラインの上方に伸びている（プラスである）が、ゼロラインに向かって下降し始めているときは上昇トレンドは弱まっている。反対に、ヒストグラムがゼロラインの下方に伸びている（マイナスである）が、ゼロラインに向かって上昇し始めているときは下降トレンドは弱まっている。ヒストグラムがゼロラインと交差しなければ、売買シグナルは点灯されないが、ヒストグラムの反転は現在進行中のトレンドが力を失いつつあるという初期の兆候である。ヒストグラムが反転してゼロラインに向かう動きは、常に実際の交差によるシグナルよりも先行する。ヒストグラムの反転は、保有ポジションを手仕舞うタイミングを計

図10.20b　MACDヒストグラムは週足チャートでも有効である。ヒストグラムの高値（8月）ではヒストグラムの反転が売りシグナル（下向き矢印）よりも10週早く現れている。ほかの2つの上昇への反転ポイントでもヒストグラムの反転が買いシグナル（上向き矢印）よりもそれぞれ2週と4週早く現れている

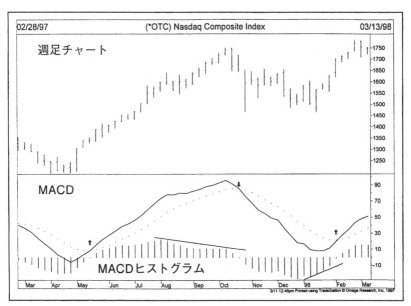

最初のシグナルとしては最適である。ヒストグラムの反転を現在進行中のトレンドとは逆の新規ポジションを建てる口実として用いるのは大変危険である（図10.20a）。

週足と日足を組み合わせる

　ほかのテクニカル手法と同様に、週足チャートのシグナルは日足チャートよりも重要である。それらを組み合わせる最も良い方法は、週足でのシグナルは市場の方向を特定するために用い、日足でのシグナ

ルは仕掛けと手仕舞いポイントを微調整するために用いるという方法である。日足でのシグナルは、週足でのシグナルが示すのと同じ方向に出たときだけ採用される。週足でのシグナルをこのような方法で用いれば、日足でのシグナルのトレンド判定用フィルターになる。こうすることによって、現在進行中のトレンドと逆のトレードを仕掛けるために日足のシグナルを用いてしまうことを防ぐことができる。2本のラインの交差の原理を用いたMACDとストキャスティックスには、特にこの原理が当てはまる（**図10.20b**）。

先物取引におけるコントラリーオピニオンの原理

オシレーターでの分析は、相場の行きすぎを見るものである。相場の行きすぎを測定する理論で最も広く知られているものの1つにコントラリーオピニオン（反対意見）の原理がある。本書の初めで、市場分析における2つの主たる哲学 ―― ファンダメンタルズ分析とテクニカル分析 ―― について述べた。コントラリーオピニオンは、一般的にはテクニカル分析に分類されているが、心理的分析に分類されるのがより適切だろう。コントラリーオピニオンは、さまざまな金融市場における市場参加者の強気・弱気を判定することによって、市場分析に「心理」という3つ目の重要な分析軸を打ち立てた。

コントラリーオピニオンでは、多数派が同意するものは何であれ、すべて間違っていると考える。したがって、本当のコントラリアンは、まず多数派が行っていることを特定して、次に、それとは反対の行動を取る。

コントラリーシンキング界の長老とされているハンフリー・B・ニールは、1954年の彼の著書『ザ・アート・オブ・コントラリー・シンキング（The Art of Contrary Thinking）』のなかで彼の理論を書いている。それから10年後の1964年、ジェームズ・H・シベットはニール

324

の原理を商品先物取引に応用する試みを始めた。彼は、マーケット・ベイン・アドバイザリー・サービス社を創設し、「強気一致指数（Bullish Consensus numbers）」を発表した。コモディティ取引のプロ投資家の強気・弱気の程度を知るために毎週投票が実施される。この投票の目的は、市場のセンチメント（感情）を定量化して分析し、市場予測のプロセスに利用できるようにすることであった。この分析方法の論理的根拠は、多くの先物トレーダーが投資助言サービスの影響を大きく受けているというところにある。したがって、プロ投資助言サービスをモニターすることによって、一般投資家の投資態度を判断するうえで、かなり正確な傾向が得られると考えたのだ。

　市場のセンチメントを測るもう１つのサービスは、『コンセンサス・ナショナル・コモディティ・フューチャーズ・ウイークリー（Consensus National Commodity Futures Weekly）』によって発表される「強気市場意見一致指数（Consensus Index of Bullish Market Opinion）」がある。この指数は毎週金曜日に発表される。また、75％を買われ過ぎ、25％が売られ過ぎとされる。

強気一致指数の読み方

　多くのトレーダーがこのかなり単純な分析手法を採用しており、毎週発表される数値を分析している。この数値が75％超のときは、相場は買われ過ぎとされ、天井が近づいている可能性がある。この数値が25％未満のときは、相場は売られ過ぎとされ、底が近づいている可能性がある。

コントラリーオピニオンは残存する買い圧力・売り圧力を測定する

　個人のトレーダーの場合を考えてみよう。そのトレーダーは自分の好きなニュースレターを読んで、相場は大幅に上昇すると確信したとする。その予測が強気であればあるほど、そのトレーダーは積極的にトレードを行うだろう。しかし、その個人のトレーダーの資金を全部その特定の銘柄につぎ込んでしまえば、彼自身のなかで買いすぎになってしまう。つまり、その相場に投入しようとする資金は底を突いてしまう。

　この状況を拡大して、全市場参加者に当てはめて考えてみよう。市場に参加するトレーダーの80～90％がその銘柄に対して強気であるのなら、彼らはすでにポジションを取っていると想定される。では、さらにその銘柄を買い、価格を押し上げる者はまだ残されているだろうか。これがコントラリーオピニオンを理解するための1つの鍵となる。市場に参加するトレーダーのセンチメントが一方向に傾き、圧倒的な力を持ったときは、現在進行中のトレンドを持続させるための十分な力はもう残っていないのである。

コントラリーオピニオンはトレーダーの強弱を比較する

　このコントラリーオピニオンの2番目の特徴は、トレーダーの強弱を比較できるということである。先物取引はゼロサムゲームである。すべての買いには、売りが伴っている。トレーダーの80％が買い手に回れば、残りの20％（売りポジションの保有者）はほかの80％に保有されている買い玉を吸収するだけの資金を調達してこなければならない。そうして、売り方は買い方よりも相当大きなポジションを保有しなければならないことになる（この場合、保有割合は4対1になる）。

326

これが意味するところを突き詰めてみると、このときの売り方は資金的な余裕があり、強いトレーダーであると考えることができる。トレーダー1人当たりの保有枚数が相当少ない80%の買い方は、弱いトレーダーであり、価格が突然反転したときは手仕舞いを余儀なくされるだろう。

強気一致指数のその他の特性

ここで強気一致指数を利用するときに考えるべきいくつかのポイントを検討してみたい。基準となる点（均衡点）は55%のところである。これは、一般の投資家たちには構造的に買いバイアスが存在することを考慮に入れた数字である。指数の上限は90%、下限は20%とされる。繰り返しになるが、これらの設定値は買いバイアスのためにわずかに上方にシフトしている。

コントラリアンは、強気一致指数が90%超か、20%未満になったときにポジション保有を検討する。指数が75%超か、25%未満のときは警戒水準とされ、反転が近いことを示唆している。しかし、一般的には、トレンドに逆行するようなポジションを取る前に、強気一致指数のトレンドが変化するまで待つことのほうが望ましい。強気一致指数のトレンドの変化に対して、それが危険水準で起こった場合は特に注意を要する。

先物の取組高の重要性

強気一致指数では、取組高もまた重要な役割を果たす。一般的に取組高が増加すれば、コントラリアンのポジションの含み益が増える可能性も高まる。しかし、取組高が増加している間は、コントラリアンはポジションを取るべきではない。取組高が持続的に増加している間

は、現在進行中のトレンドも持続する可能性が高いからである。取組高が横ばいか、減少し始めてからポジションを取るべきである。

COTリポート（コミットメンツ・オブ・トレーダーズ・リポート）の研究によって、ヘッジャーが保有する取組高が全体の50％に満たないことが分かる。コントラリーオピニオンが最も機能する場面は、取組高のほとんどが弱いトレーダーとされるスペキュレーター（大口と小口のトレーダー）によって保有されているときである。大口ヘッジャーに向かうトレードをすることは望ましいことではない。

ファンダメンタルズ情報に対する市場の反応を観察する

ファンダメンタルズ情報に対する市場の反応を綿密に観察してみるべきである。買われ過ぎの状態にある市場で、相場が強気のニュースに反応しなくなったときは、反転が近いことを知らせるサインである。相場の動きと逆行するような最初のニュースは、反対方向に相場を素早く突き動かすだけの十分な力を持っている。それに対して、売られ過ぎの状態（25％未満）にある相場において市場が反応しなくなったときは、悪いニュースはすべて現在の価格に織り込み済みとも解釈できる。このようなときは、何か好材料が出れば、それがどのようなものであれ相場は上昇するだろう。

コントラリアンオピニオンをほかのテクニカルツールと組み合わせる

一般的な原則として、強気一致指数が行きすぎの領域に達するまでは、強気一致指数のトレンドと同じ方向でトレードを行うべきである。そのような行きすぎを示す数値は、トレンド転換の兆候として注視しておかなければならない。このように非常に重要な場面では、相場の

反転を確認するために標準的なテクニカル分析ツールを利用することができるし、むしろ利用しなければならないというのは言うまでもない。支持線水準・抵抗線水準やトレンドラインや移動平均などのブレイクを見ることも、トレンドが現に反転しつつあることの確認として有益である。強気一致指数が買われ過ぎ・売られ過ぎの水準にあるときのオシレーターのダイバージェンスは、非常に役に立つ。

投資家センチメント指数

毎週金曜日に発行される投資週刊紙バロンズの市場研究欄には「投資家センチメント指数（Investor Sentiment Readings）」という見出しの付いた数字が掲載されている。そのなかの１つに、株式市場の強気・弱気の度合いを測るために、４つの異なるグループに分けられた投資家に対して実施された投票の結果がある。直近の週の数字と、それと比較するためにその前週と前々週の数字が掲載されている。次に示された例は、直近の週とよく似たものをランダムに抽出したものである。このような指標は逆指標（コントラリーインディケーター）であることを覚えておいてほしい。つまり、過度な強気は悪い兆候であり、過度な弱気は良い兆候である。

インベスターズ・インテリジェンス指数

インベスターズ・インテリジェンス社は、毎週投資アドバイザーに対して投票を実施し、投資アドバイザーのうち、①強気の占める割合、②弱気の占める割合、③相場の調整を予想する者の占める割合——といった３つの数字を集計している。強気の数値が55％を上回ったときは過度に楽観的な状態を示しており、市場にとっては潜在的な悪材料である。強気の数値が33％を下回ったときは過度な弱気を反映してお

表10.1

インベスターズ・インテリジェンス	
強気	48%
弱気	27%
調整	24%
強気市場意見一致指数	
強気意見	77%
AAII指数（アメリカ個人投資家協会）	
強気	53%
弱気	13%
中立	34%
マーケットベイン	
強気	66%

　り、市場には好材料とされる。調整の数値は基本的に強気であるが、近い将来に関しては弱気であることを示している。

　インベスターズ・インテリジェンス社は毎週、株価が10週移動平均線と30週移動平均線よりも上方に位置する株式の銘柄数を集計し発表している。この数値も逆指標的である。数値が70％を超えると、株式市場は買われ過ぎであることを示している。数値が30％未満のときは売られ過ぎを示している。10週の数値はマイナーからインターメディエートな相場の転換を見るために有効である。30週の数値はメジャーな相場転換を見るためにさらに有効である。この潜在的なトレンド転換の兆候が実際の売買シグナルとなるのは、一度下がった数値が30超の水準まで上昇したときと、一度上がった数値が70未満の水準まで下落したときである。

330

ポイント・アンド・フィギュア
Point and Figure Charting

はじめに

　18世紀、株式市場のトレーダーたちによって使われていた最初のチャートがこのポイント・アンド・フィギュアである。「ポイント・アンド・フィギュア」という名称は、ビクター・デ・ビリエが1933年に著した『ザ・ポイント・アンド・フィギュア・メソッド・オブ・アンティシペイティング・ストック・プライス・ムーブメンツ（The Point and Figure Method of Anticipating Stock Price Movements)』に由来する。この手法は長年の間、さまざまな名称で呼ばれてきた。1880年代と1890年代は「ブックメソッド（book method)」と呼ばれていた。この名称は、チャールズ・ダウが1901年7月20日にウォール・ストリート・ジャーナルの論説のなかで命名したものである。

　ダウは、このブックメソッドが使われ始めたのが1886年で、その後約15年間使用されていたと書いている。「フィギュアチャート」という名称は1920年代から1933年まで用いられ、この相場の動きをとらえる手法が「ポイント・アンド・フィギュア」という名称で人々に知られるようになったのは1933年以降である。また、R・D・ワイコフは1930年代前半にポイント・アンド・フィギュアの手法について言及した数冊の著書を発表している。

1896年、ウォール・ストリート・ジャーナルは日々の高値・安値・終値の掲載を開始し始めた。これがポイント・アンド・フィギュアよりも一般的でよく知られているバーチャートの最初の参照値となった。したがって、ポイント・アンド・フィギュアは、少なくとも10年はバーチャートより先行しているように思われる。

ここでは2つの段階に分けて、ポイント・アンド・フィギュアを説明してみたい。まず日中の値動きを示す本来の手法を見てみる。その後、どの市場であっても高値と安値だけを用いて作成可能な、より簡単なポイント・アンド・フィギュアを説明する。

ポイント・アンド・フィギュアとバーチャート

まず、ポイント・アンド・フィギュアとバーチャートの基本的な違いを述べることから始め、いくつかのチャート例を示してみたい。**ポイント・アンド・フィギュアは、純粋に値動きだけを記録するものである。**つまり、価格の動きを描くときに、「時間」は考慮されない。一方、バーチャートは価格と時間を組み合わせて描く。そのため、バーチャートの縦軸は価格で、横軸は時間になっている。例えば、日足チャートであれば、最新の日の値動きは右端に足として描かれる。新しい足はその日に値動きがほとんどか、まったくなかったとしても、描かれる。つまり、直近の足の右隣に何かしらを必ず書き込んでいかなければならない。ポイント・アンド・フィギュアで記録されるのは、価格が変化したときだけである。値動きがなければ、チャートはそのままで変更はない。値動きが激しい相場ではかなり多くのことを描く必要がある。逆に、穏やかな相場ではほとんどか、まったく何も描く必要がない。

出来高の扱い方に関しても重要な違いがある。バーチャートでは、出来高は価格の下側に描かれる。ポイント・アンド・フィギュア・チャ

図11.1 S&P500の同一期間の日足チャート（左）とポイント・アンド・フィギュア・チャート（右）。ポイント・アンド・フィギュア・チャートでは価格の上昇では×、下落では○を記入していく

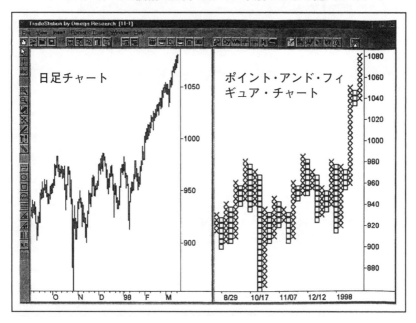

ートでは、出来高は値動きとは別のものとして無視される。この「別のものとして」という部分が重要である。ポイント・アンド・フィギュア・チャートには出来高は記録されていないが、このことは必ずしも出来高（取引活動）は完全に忘れられた存在であるということを意味するものではない。反対に、日中のポイント・アンド・フィギュア・チャートではすべての価格変化を記録するので、出来高の増減はチャート上に記録された価格変化の量のなかに反映されている。出来高は支持線と抵抗線の潜在力を測るうえで非常に重要な要素であるので、どの価格帯で取引が最も活発であったかが分かるポイント・アンド・フィギュア・チャートは、重要な支持線や抵抗線を判断するのに役立つのだ。

図11.2 買いシグナルは×列が前の×列の高値を上回ったとき（上向き矢印）。売りシグナルは○列が前の○列を下回ったとき（下向き矢印）。ポイント・アンド・フィギュア・チャートのシグナルは明瞭である

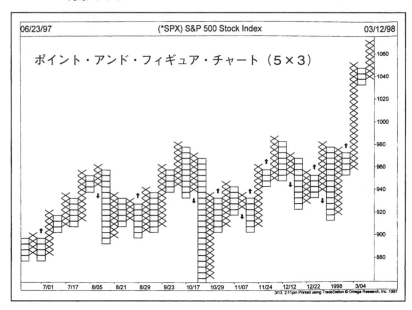

図11.1は、バーチャートとポイント・アンド・フィギュア・チャートを、期間を同一にして、比較したものである。両者は、ある意味では似ているように見えるが、かなり違っているとも言える。両チャートには、価格とそのトレンドがとらえられているが、価格の記録方法が異なっている。図11.2では、○の列（図表では□）と×の列が交互に現れているのが分かる。×列は上昇、○列は下落を表す。ある×列が前回の×列を上回って上昇したときは毎回、ブレイクアウトが起こっていることになる（図11.2の矢印）。

それに対して、○の列が前回の○列を○1つ分だけ下回ったときは、下へのブレイクアウトが起こっていることになる。このようなブレイクアウトがバーチャートに比べて明確に判別できるのが分かる。もち

図11.3 枠サイズを5ポイントから10ポイントに引き上げると、ポイント・アンド・フィギュア・チャートの価格感応度は下がり、シグナルが点灯する回数は減少する。これは長期トレードに向いている

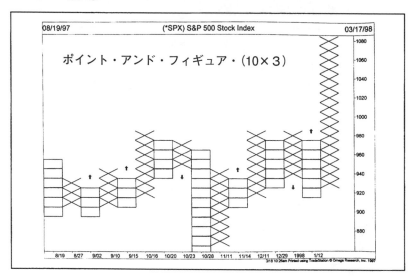

ろん、このようなブレイクアウトを売買シグナルとして用いることは可能である。売買シグナルについては後半でより詳しく述べることにする。しかし、このチャートが示しているように、ポイント・アンド・フィギュア・チャートの優位性とは、トレンドシグナルを認識するのに明瞭かつ簡単であることだ。

　図11.3と図11.4は、ポイント・アンド・フィギュア・チャートのもう1つの重要な優位性である柔軟性ということを示している。図11.2を含めた3つのポイント・アンド・フィギュア・チャートは同じ値動きを表したものであるが、見た目はずいぶん異なる。このようにポイント・アンド・フィギュア・チャートは、目的に応じてその様相を自在に変化させることができる。ポイント・アンド・フィギュア・チャートを変化させる1つの方法は、その**反転基準**を変更することで

図11.4　枠サイズを3ポイントに引き下げるとシグナルが点灯する回数は増える。これは短期トレードに向いている。チャート後半の920ポイントから1060ポイントへの上昇では6つの異なる買いシグナルが点灯している（矢印参照）。仕切りの逆指値注文は一番高い位置にある○列の下に置く

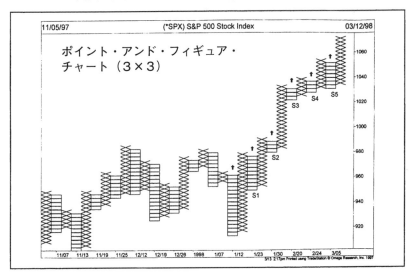

ある（例えば、反転基準を3枠から5枠に変えることが考えられる）。反転とみなすときの枠数を増やすと、その分、チャートの感応度は下がる。チャートを変化させるもう1つの方法は、**枠の大きさを変更する**ことである。図11.2の枠幅は5ポイントであるが、図11.3では枠幅を10ポイントに変更している。図11.2では列数も5×3サイズの44列であったが、図11.3では16列まで減少している。図11.3のように枠のサイズを大きくすると、点灯するシグナルの数が減少する。こうすることでチャートの価格感応度が低下し、短期的な売買シグナルが除外されるので、投資家はメジャートレンドの動きに集中することができる。

　図11.4は枠の大きさを5から3に小さくしている。こうすることで

チャートの価格感応度は上がる。なぜこのような設定を望むトレーダーがいるのだろうか。それは、短期売買に向いているからである。ここで920から1060までの上昇について、3つの各チャートで比較してみよう。10×3チャート（**図11.3**）で示されている最後の列は、○がない1本の×列で表現されている。5×3チャート（**図11.2**）では、この上昇は5列（3本の×列と2本の○列）で表されている。3×3チャート（**図11.4**）では、この上昇は11列（6本の×列と5本の○列）まで分割されている。上昇トレンドで言えば、上昇の回数（列）が増えれば、それだけ買いシグナルも増え、その後の新規注文や増し玉の注文が出しやすくなる。また、最後の○列の下に仕切りの逆指値注文を置くことで、仕切りの水準を上げることもできる。ここで肝心なのは、トレーダーは自身の必要に応じて価格感応度を調整し、ポイント・アンド・フィギュア・チャートを自由に変更できるということである。

日中のポイント・アンド・フィギュア・チャートの作り方

すでに述べたように、もともとポイント・アンド・フィギュア・チャートの利用者の間で用いられていたのは日中足のチャートである。それは本来、株式の値動きを追うためのものだった。その目的は投資を検討中の株式の1ポイントの値動きを紙の上に記録し、とらえることにあった。この手法を用いると、アキュミュレーション（買い集め）とディストリビューション（売り抜け）の様子をより明確に目で見ることができるからだ。このチャートでは整数だけが用いられる。1ポイントに1枠が割り当てられ、どちらか一方へ1ポイント動けば、それが記録される。小さな動きは無視される。あとになってこの手法がコモディティ市場で採用されたとき、枠の値を各コモディティ市場に適合するように調整しなければならなかった。では、実際の価格データ

表11.1

4/29	4875	4880	4860	4865	4850	4860	4855							
5/02	4870	4860	4855	4855	4860	4855	4860	4855	4860	4855	4865	4855		
5/03	4870	4865	4870	4860	4865	4860	4870	4865						
5/04	4885	4880	4890	4885	4890	4875								
5/05	4905	4900	4905	4900	4905									
5/06	4885	4900	4890	4930	4920	4930	4925	4930	4925					
5/09	4950	4925	4930	4925	4930	4925	4935	4925	4930	4925	4935	4930	4940	4935
5/10	4940	4915	4920	4905	4925	4920	4930	4925	4935	4930	4940	4935	4940	
5/11	4935	4950	4945	4950	4935	4940	4935	4945	4940	4965	4960	4965	4955	4960	4955	4965	4960	4970

を用いて日中足チャートを作ってみることにしよう。

表11.1の数値は、スイスフラン先物の９日間の実際の取引を記したものである。枠のサイズは５ポイントである。したがって、どちらかの方向に５ポイント動いたときにその動きが記録される。それでは、１枠反転チャートから始めてみよう。

図11.5aは、**表11.1**の数値をチャートにしたものである。チャートの左側から説明を始めよう。チャートの目盛りは、各枠が５ポイントであることを反映させている。

列１　まず、4875のところに点を打つ。次の数値は4880であり、4875より高いので、4880のところまで枠を埋めていく。

列２　次の数値は4860。右へ１列ずらして１枠下げる。そこから4860まで○ですべて埋める。

列３　次の数値は4865。右へ１列ずらして１枠上げる。4865に×を記入する。ここでひとまずやめる。ここまでのところ、３列目には×印が１つだけ記入されている状態である。１枠反転チャートでは、各列は少なくとも２つの枠が埋められる必要がある。次の数値は4850であるから、4850まで○を記入する。下落を表す○を記入するために、次の列へずらす必要はないのだろうか。答えはノーである。なぜなら、列３には×印が１つだけしか記入されてい

図11.5a ドイツマルクの５×１ポイント・アンド・フィギュア・チャート。黒塗りの枠は各取引日の終値を示している

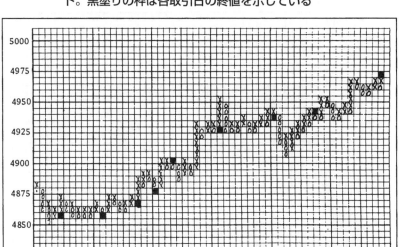

ないからだ。したがって、4850に至るまで○で埋める列は、１つの×しかない列（列３）である。

列４ 次の数値は4860。右へ１列ずらして１枠上げる。そこから4860まで×を記入する。

列５ 次の数値は4855。これは下落なので、右へ１列ずらして１枠下げる。4860のところに○を記入する。**表11.1**を見ると、これは取引日の最後の価格となっている。もう１日、やってみよう。

列６ ５月２日の最初の数値は4870。ここまで列５には１つの○しか記入されていない。各列には少なくとも２つの印が記入されなければならない。したがって、4870まで（価格が上昇しているので）×を記入する。ここで前日の最終価格が黒く塗りつぶされていることに気をつけたい。これは時間の流れを把握するためのものだ。各取引日の最終価格を黒塗りすることで、各取引日の区切りをすぐに把握できるようになる。

図11.5b   図11.5c

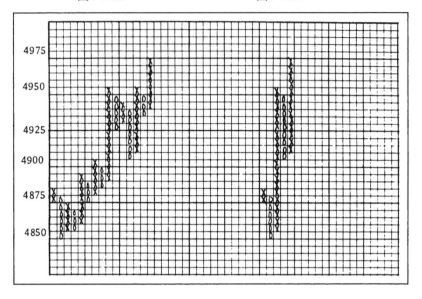

　残りの記入については、記入法の理解を深めるために読者自身でやってみてほしい。このチャートでは、○と×の両方が記入された列がいくつか存在する。このような状況が発生するのは1枠反転チャートの場合だけであり、各列最低2枠は埋めなければならないという規則によって引き起こされるものである。元来の手法を信奉する者は、1列に×と○を混在するのに反対するかもしれない。しかし、経験から言えば、こちらの記入法のほうが取引の順序を追いかけるのがより簡単になる。

　図11.5bは、図11.5aと同じデータを用いながら、それを3枠反転チャートにしたものである。このチャートは凝縮されており、たくさんのデータが失われていることが分かるだろう。図11.5cは、5枠反転チャートで表示している。伝統的に1枠・2枠・5枠という3つの反転基準が用いられる。一般的に、1枠反転チャートは、超短期の

取引のために用いられ、3枠反転チャートは中期トレンドのために用いられる。5枠反転チャートは、非常に凝縮された形状であるため、一般的に長期トレンドのために用いられる。これらを用いる正しい順序としては、ここで示したように、まず1枠反転チャートから始める。3枠と5枠の反転チャートは、1枠反転チャートを作成したあとで作ることができる。3枠と5枠の反転チャートから1枠反転チャートを作ることはできない。

水平カウント

1枠反転日中チャートの優位性は、**水平カウント**を用いて、目標値の算出ができることである。第5章のチャートと価格パターンのところで、目標値の問題点についてはすでに議論した。しかし、チャートの目標値の算出法に関しては、実質的にほとんどすべての手法が**垂直的算出法**と名付けたものを基礎としていた。これは、パターンの高さ（ボラティリティ）を測定し、ある地点からその距離分だけを上方や下方に伸ばしていく方法である。例えば、ヘッド・アンド・ショルダーズのパターンであれば、ヘッドからネックラインまでの距離を測定し、その距離をネックラインのブレイクポイントから下方に伸ばすことで算出される。

ポイント・アンド・フィギュア・チャートでは水平的算出法を用いる

水平カウントの原理は、揉み合いの横幅とその後のブレイクアウトの動きに直接的な関係があるという前提に立っている。**揉み合い**は土台（ベース）となるパターンを表し、いったんそのベースが完成されると、それによって潜在的な上昇力を推し測ることができる。そして、

図11.6 揉み合いの列数をカウントすることで、目標値を算出することができる。揉み合いの幅が広いほど目標も高くなる

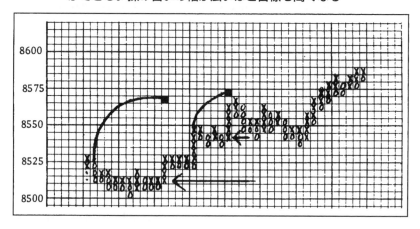

いったん上昇トレンドが開始されれば、その後に形成される揉み合いをベースとして、新たに潜在的な上昇幅を計算し直すことになる（図11.6）。

　ここでの目的は、パターンの横幅を測定することである。注意すべき点は、これは1枠反転日中チャートの話であるということだ。後述するほかのタイプのチャートに適用するときは少し修正が必要である。一度、天井やベースが特定されれば、その天井やベースの列数を数えるだけである。例えば、20個の列があったとしよう。このときの上値と下値の目標は、計測点から20枠目のところになる。鍵はどのラインから測定するかである。それを決めるのは簡単なときもあれば、難しいときもある。

　カウントの対象となる水平ラインは、揉み合いの中央付近にあるものを使う。より明瞭なルールとしては、最も空白の枠が少ないラインを用いる。換言すれば、最も多く×印と○印が記入されているラインを用いる。いったんカウントすべき正しいラインを見つけたのならば、そのラインの全列をカウントすることが重要である。このとき空白の

列も含めてカウントする。揉み合いの列数のカウントが済んだら、次にその個数をカウントに使用したラインを起点に上方か、下方に当てはめて目標値を算出する。

価格パターン

パターンの考え方は、ポイント・アンド・フィギュア・チャートにも適用できる。図11.7に最も一般的なタイプを示してある。

見れば分かるように、すでにチャートのところで学んだものとあまり変わりはない。パターンのほとんどがダブルトップ（ダブルボトム）、トリプルトップ（トリプルボトム）、ヘッド・アンド・ショルダーズ、Ｖ字、逆Ｖ字、ソーサーのバリエーションである。「支点（fulcrum）」という単語がポイント・アンド・フィギュアの本にはたまに出てくる。本質的に支点とは、相場が有意な上昇や下落を見せたあとにできる揉み合いを厳密に定義したものであり、アキュミュレーションベース（買い集めの底）やディストリビューショントップ（売り抜けの天井）を形成する。例えば、ベースでは、揉み合いの底が何度も試されるが、断続的な反発によって底が突破されることはない。支点はよくダブルトップやトリプルボトムの形として現れる。ベースの完成は、揉み合いの高値をブレイクアウトしたときである。

このような横幅にたくさんの記入がある反転パターンは、横幅をカウントするには好都合である。対照的にＶ字パターンは、水平的な価格領域が存在しないため、水平カウントには馴染まない。図11.7のチャート例に記されている黒塗りされた枠は、売買ポイントを示している。一般的に、このような仕掛けのポイントは、ベースでの支持線や天井での抵抗線を試すポイント、ブレイクアウトポイント、トレンドラインのブレイクポイントと一致する。

343

図11.7 反転パターン

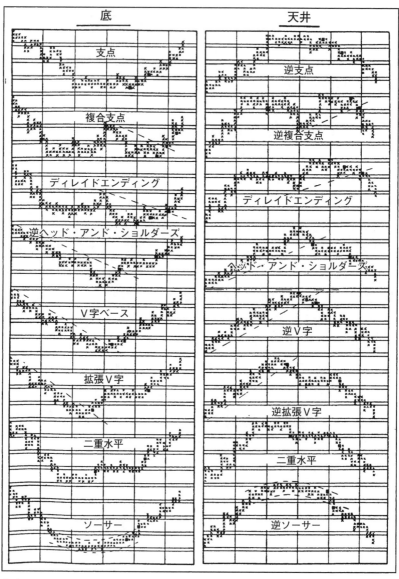

出所＝アレキサンダー・H・ウィーラン『スタディー・ヘルプ・イン・ポイント・アンド・フィギュア・テクニック』の25ページ

トレンド分析とトレンドライン

　図11.7に示された価格パターンには、パターンの一部としてトレンドラインが引かれている。日中足チャート上で行うトレンド分析は、バーチャートで行われたものと同じである。上昇トレンドラインは切り上げた安値の下に、下降トレンドラインは切り下げた高値の上に引かれる。この手法は、次に学習する単純なポイント・アンド・フィギュア・チャートには当てはまらない。その描き方は、トレンドラインとは異なる45度線を利用する。

3枠反転ポイント・アンド・フィギュア・チャート

　1947年、ポイント・アンド・フィギュアを扱った『ストック・マーケット・タイミング（Stock Market Timing）』がA・W・コーエンによって執筆された。その翌年、この本のタイトルは『ザ・チャートクラフト・メソッド・オブ・ポイント・アンド・フィギュア・トレーディング（The Chartcraft Method of Point & Figure Trading）』に変更された（同年には「チャートクラフト・ウイークリー・サービス」が開始されている）。それ以来、同書は数回改訂版が刊行されコモディティやオプションも対象とされた。1990年にはミッシェル・バークが『ジ・オール・ニュー・ガイド・トゥ・ザ・スリーポイント・リバーサル・メソッド・オブ・ポイント・アンド・フィギュア・コンストラクション・アンド・フォーメーションズ（The All New Guide to the Three.Point Reversal Method of Point & Figure Construction and Formations）』を執筆している。

　本来の1枠反転チャートを描く方法では、日中の価格が必要である。3枠反転チャートは1枠チャートを凝縮したものであり、中期のトレンド分析に向いている。コーエンは、株式市場の日中取引では3枠反

転はめったに起こらないので、3枠反転チャートを作成するのに必ずしも日中取引の価格を用いる必要はないと結論づけている。よって、高値と安値だけを用いるという選択も可能である。その場合、ほとんどの経済新聞で簡単にデータを入手することができる。この修正された手法は、チャートクラフト社の提供するサービスの基礎となっているものであるが、非常に単純化されたポイント・アンド・フィギュア・チャートであり、平均的なトレーダーでも利用できるものである。

3枠反転チャートの作成方法

このチャートの作成方法は比較的簡単である。まず、日中足チャートと同様にチャートに目盛りを付ける。1つの枠には、一定の値が割り振られなければならない。チャートクラフトのサービスの会員になると、すでに作成されたチャートを利用することができ、枠にも値が割り当てられているため、そのような作業は自動的に行われる。当該チャートには、上昇を表す×の列と下落を表す○の列が交互に現れている（**図11.8**）。

取引日の高値と安値のデータがあれば、×列と○列を実際に描くことができる。最後の列が×列（価格上昇）であるなら、その日の高値を見る。もしその高値が1枠か、それ以上の枠を×で埋められるだけ上昇しているのであれば、×印を記入して終了する。やることはこれだけである。気をつけなければならないのは、枠を埋めるときは、それを完全に埋めてしまう必要があるということである。枠の一部を埋めるような値動きはカウントしてはならない。次の日も、その日の高値だけを見て、同じ手順を繰り返す。価格が上昇し、かつその上昇が少なくとも1つの×印を記入できるだけ上昇しているのであれば、枠に×印を記入し続ける。このとき、安値は無視する。

そのうち日中の高値が次の枠を埋められるほど十分に上昇しない日

第11章 ポイント・アンド・フィギュア

図11.8

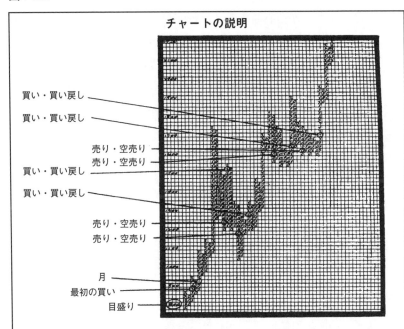

出所=チャートクラフト社

ポイント・アンド・フィギュア手法

買いシグナル ×列が前の×列のもっとも高い×を1枠上回ったとき。このポイントは予想することができるので、ポジションを取るための逆指値注文をその買いポイントに置いておく。

売りシグナル（空売り） ○列が前の○列のもっとも低い○印を下回ったとき。

買い戻しポイント 買いシグナルとまったく同じ。このポイントはあらかじめ特定することができるので、逆指値注文（仕掛けと損切り）を入れておくべきである。

売り手仕舞い 売りシグナルとまったく同じ。

注文 仕掛けと手仕舞いのポイントはあらかじめ分かっているので、前もって新規や手仕舞いの注文を置いておくことができる。しかし、このようなシグナルになるポイントは変更されるので、出された注文はすべて定期的に見直し、調節しなければならない。

伝統的な仕掛けシグナル 1つ以上の売りシグナルのあとに点灯した最初の買いシグナルと、1つ以上の買いシグナルのあとに点灯した最初の売りシグナル。

強気 直近のシグナルが買いシグナルなら、強気のポジションを取る。その強気は売りシグナルが出るまで続く。

弱気 直近のシグナルが売りシグナルなら、弱気のポジションを取る。その弱気は買いシグナルが出るまで続く。

押し・戻し シグナルのあとに反転が予想されるなら、そのシグナルに即座に反応するよりも、シグナルのあとにより手仕舞いポイントに近い位置でポジションを取る戦略のほうがリスクは低くなる

毎日のチャート更新

現行の列が×列の場合 まず日中の高値を見る。日中の高値が1つ以上の×印を追加できるほどまで高い場合は×印を追加し、日中の安値は無視する。もし新しい×印を1つも記入することができないときは、そのときに限って、反転が起こるかどうかを判定するために日中の安値を見る。反転が起こった場合は適切な数の○印を記入する。反転が起こらなければ何も記入しない。

現行の列が○印の場合 まず日中の安値を見る。日中の安値が1つ以上の○印を追加できるほどまで安い場合は○印を記入し、日中の高値は無視する。もし新しい○印を1つも記入することができないときは、そのときに限って、反転が起こるかどうかを判定するために日中の高値を見る。反転が起こった場合は適切な数の×印を記入する。反転が起こらなければ、何も記入しない。

同じ日に×印と○印が混在することはけっしてない。1日のなかでは現行の列が持続するか、反転するか、何も記入されないかのうちのどれかになる。

347

がやってくる。このとき初めて安値を見る。この安値で、3枠反転が起こったのかどうかを判断する。反転が起こった場合は、右に1列ずらし、1枠下げる。そして、そこから新しい下落の列を意味する○印で、そこから3枠を埋めるのである。この時点で下落の列に入ったので、次の日はこの○列が継続するかどうかを判断するために日中の安値を見ることになる。そのとき1枠か、それ以上の枠を埋められるのであれば、埋める。これ以上○印で埋めることができなくなったときに初めて高値を参照し、上昇の3枠反転が起こっているかどうかを調べる。もし反転が起こっていたら、右に1列ずらし、新しい×列を開始する。

チャートパターン

図11.9には、ポイント・アンド・フィギュア・チャートで最もよく用いられる16種類の価格パターンが示されている。8つの買いシグナルと8つの売りシグナルがある。

さて、各パターンを見ていこう。S-1からS-8が載っている図の右側は、ちょうど図の左側と正反対になっているため、ここからは買いパターンに焦点を合わせて解説していくことにする。最初の2つのシグナルであるB-1とB-2は、単純型である。このような**単純型買いシグナル**には、少なくとも3列必要である。2つ目の×列がその前の×列を1枠上回っている。B-2はB-1によく似ているが、やや違う点は4つの列があることである。2つ目の○列の底が1つ目の○列の底よりも上にある。B-1は単純な抵抗線を上へブレイクアウトしている。B-2は、同様に上へのブレイクアウトを示すとともに、安値の切り上げという強気の要素も加わっている。このような理由でB-2はB-1よりわずかに強いパターンである。

3つ目のパターンである**トリプルトップブレイクアウト**から、複合

第11章 ポイント・アンド・フィギュア

図11.9

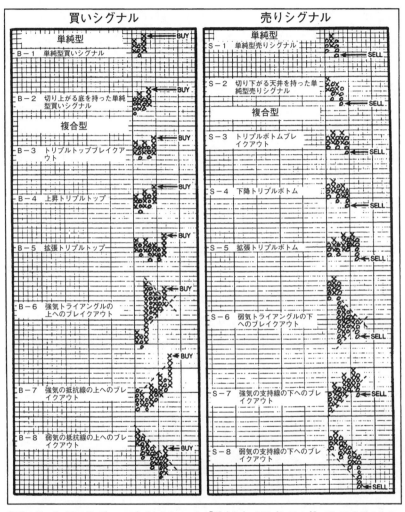

出所＝K・C・ジーグ・ジュニアとJ・カウフマン『ポイント・アンド・フィギュア・コモディティ・トレーディング・テクニック』

型となる。単純型の買いシグナルは、複合型の一部であることが分かる。また、番号が大きくなるにつれて、強い形態となる。このトリプルトップブレイクアウトは、全体で5列が関与しており、2つの×列が突破されているため、より強い形態となっている。ここで注意すべきは、パターンの横幅が長くなればなるほど、上昇の潜在力が大きくなるということである。次のパターンである**上昇トリプルトップ**（B－4）は、高値と安値がともに切り上がっているため、B－3よりも強い。**拡張トリプルトップ**（B－5）は、7列が関与しており、3つの×列がブレイクされているため、さらに強いパターンとなる。

強気トライアングルの上へのブレイクアウト（B－6）は、2つのシグナルが組み合わされている。まず、単純型買いシグナルがなければならない。それから、上のトレンドラインをブレイクする必要がある（このようなトレンドラインを描く方法は次節で説明する）。B－7のシグナルである**強気の抵抗線の上へのブレイクアウト**は、説明を要しないだろう。これもまた2つの要素が存在しなければならない。まず、買いシグナルがすでに点灯している状態で、その後、チャネルラインの上限が完全にブレイクされる必要がある。最後のパターンは、**弱気の抵抗線の上へのブレイクアウト**である。これもまた2つの要素が必要である。単純な買いシグナルが下降トレンドラインのブレイクと組み合わせられなければならない。もちろん、パターンB－1からB－8に関して述べたことは、S－1からS－8に対しても同じように当てはまる。両者の違いは、後者は価格が上昇ではなく、下落しているということだけである。

これらのパターンを一般の株式市場へ適用する場合と、コモディティ市場へ適用する場合では違いが出てくる。株式市場では、16種類すべてのシグナルを用いることができる。先物市場の特徴である素早い動きのために、複合型パターンはコモディティ市場ではあまり用いられない。したがって、単純型のシグナルがより一層重視される。多く

の先物トレーダーは、単純型の買いシグナルを単独で用いる。もしトレーダーが複合型でより強いパターンが完成するのを待っているようなことがあれば、多くの利益機会を失うことになるだろう。

トレンドラインの引き方

日中足チャートについて書いたところで、トレンドラインは従来の方法によって引かれると述べた。これは3枠反転チャートには当てはまらない。このチャートに対するトレンドラインは、45度の角度で引かれる。また、トレンドラインは必ずしも前回の天井や底とつなげる必要はない。

基本的な強気の支持線と弱気の抵抗線

ここで引こうとしているのは、基本的な上昇トレンドラインと下降トレンドラインである。このチャートはかなり凝縮されたものなので、切り下げた高値や切り上がった安値をつなぐのは実践的ではない。したがって、45度線が用いられる。上昇トレンドでは、**強気の支持線**は、最も低い位置にある○列の下から右上に向かって45度の角度で引かれる。価格がこの上昇トレンドラインの上側にあるかぎり、メジャートレンドは強気である。下降トレンドでは、**弱気の抵抗線**は、最も高い位置にある×列の上から右下に向かって45度の角度で引かれる。価格がこの下降トレンドラインの下側にあるかぎり、メジャートレンドは弱気である（**図11.10～図11.12**）。

これらのトレンドラインは、時に調整を要する場合がある。例えば、上昇トレンドで相場の調整が起こり、上向きの支持線が一時的に下にブレイクされ、その後、元のトレンドに復帰したような場合を考えてみよう。このような場合、切り上げた安値の下から45度の角度で新し

図11.10 チャートクラフトの株式3枠反転チャートの例。トレンドラインが45度で引かれている

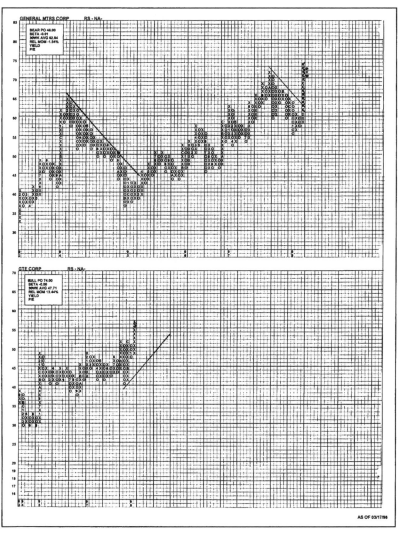

出所＝チャートクラフト

第11章 ポイント・アンド・フィギュア

図11.11 チャートクラフトが採用するポイント・アンド・フィギュア作成法である3枠反転チャートの例をさらに2つ示しておく。これらのチャートのトレンドラインは45度で引かれている

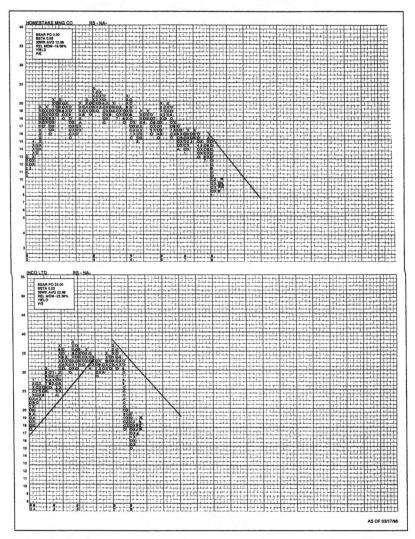

出所=チャートクラフト

図11.12 下図の左の四角形は水平法による目標値の算出を示している。ベース（左向きの矢印）を3倍し、その42ドルに50ドルを加えると、ブリティシュ・テレコムPLCの目標値は92ドルとなる。また、右側は垂直法による目標値の算出である。この場合、×列（下側の上向きの矢印）を3倍し、その39ドルに63ドルを加えると、102ドルという目標値になる

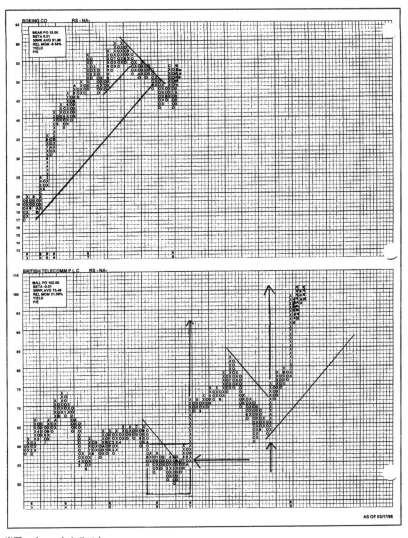

出所＝チャートクラフト

い支持線を引かなければならない。また、トレンドが非常に強く、元のトレンドラインが値動きに取り残されてしまうような場合を考えてみよう。このような場合は、最も適合した支持線となるように、値動きのより近くを通るようにトレンドラインを新たに引くべきである。

目標値の算出法

3枠反転チャートでは、**水平法**と**垂直法**といった2つの異なる目標値の算出法を用いることができる。水平法では、まず天井と底のパターンの列数を数える。それから、この列数に反転の値、つまり反転に要する枠数を掛ける。例えば、3枠反転チャートの1枠に1ドルを割り当てて考えてみる。価格のベースに沿って枠数を数えてみると、10列あった。これは3枠反転チャートなので反転の値は3.00ドルである（3×1.00ドル）。ベースの10列に3ドルを掛けると、答えは30ドルとなる。次に、ベースパターンの底からこの数値を加えるか、天井パターンの天井からこの数値を引くと、目標値が算出できる。

垂直法は、もう少し単純な方法となる。まず、新しいトレンドの1つ目の列の枠数を数える。上昇トレンドであれば、最初の上昇列である×列を数える。下降トレンドであれば、最初の下落列である○列を数える。その数値に3を掛けて、ある数値を求める。上昇トレンドであれば列の底からその数値を加え、下降トレンドであれば列の天井からその数値を引くことで算出する。最初の列を3倍するというのが、実際に3枠反転チャートで行っていることである。もしチャート上にダブルトップ（ダブルボトム）が形成された場合は、その2つ目の○列（×列）を用いる（**図11.12**）。

トレード戦術

　では、このようなポイント・アンド・フィギュア・チャートにおいて、仕掛けと手仕舞いのポイントがどのように決定するかを見てみよう。

1. 単純型買いシグナルは、保有している売りポジションの手仕舞いや買いポジションの新規の仕掛けに用いることができる。
2. 単純型売りシグナルは、保有している買いポジションの手仕舞いや売りポジションの新規の仕掛けに用いることができる。
3. 複合型シグナルは新規の仕掛けに利用し、単純型シグナルは手仕舞いのみに用いることができる。
4. トレンドラインをフィルターとして用いることができる。買いポジションはトレンドラインの上側で保有することにし、売りポジションはトレンドラインの下側で保有することにする。
5. 損切りと仕切りの逆指値注文（ストップ注文）は必ず、上昇トレンドでは最後の○列の下、下降トレンドでは最後の×列の上に置く。
6. 実際の仕掛けのポイントは以下のように変化する。
   a. 上昇トレンドでは上へのブレイクアウトで買う。
   b. より安いポイントで仕掛けるために上へのブレイクアウト後、3枠反転が起こった時点で買う。
   c. 相場の調整が起こったあと、元のトレンドの方向に3枠反転が起こった時点で買う。これによって相場が正しい方向に反転したことの確認ができるだけではなく、直近の○列の下に近接した損切りポイントを置くこともできる。
   d. 最初の上へのブレイクアウトと同じ方向に起こった第2のブレイクアウトで買う。

この一覧からもよく分かるように、ポイント・アンド・フィギュア
にもさまざまな使い方がある。基本的な手法を理解したあとは、上記
のようなアプローチによって、限りなく柔軟で最良の仕掛けと手仕舞
いのポイントを求めることができる。

仕切りの調整

売買シグナルとは通常、最初に現れるシグナルである。しかし、値
動きがしばらく続くと、チャート上にはいくつかの別のシグナルも現
れる。繰り返して現れるこのような売買シグナルは、増し玉をすると
きに利用できる。これを行うかどうかはトレーダー個人の判断である
が、上昇トレンドでは仕切りの逆指値注文を直近の○列の真下に置く
ことで、仕切りのレベルを徐々に引き上げることができる（下降トレ
ンドでは仕切りの逆指値注文を直近の×列の真上に置くことで、仕切
りのレベルを徐々に引き下げることができる）。このような**トレーリン
グストップ**を利用することで、トレーダーはポジションを保有しなが
ら、同時に含み益を伸ばすことができるのである。

長期的な動きのあとにすべきこと

トレンドの途上で断続的に相場の調整があれば、トレーダーは価格
がトレンドに復帰したときに仕切りの位置を調整することができる。し
かし、もしトレンドのなかに３枠反転が一度も起こらなかったら、ど
のように調整を行えばよいのだろうか。このようなとき、トレーダー
が直面するのは、上昇トレンドであれば長く伸びた×列であり、下降
トレンドであれば長く伸びた○列である。このような相場に調整が起
こらずに、×列や○列が長く伸びているような状態は、**ポール（柱）**

357

と呼ばれる。トレーダーは、トレンドにとどまりたいし、利益も確保したい。これを達成する方法がないこともない。それは、何ら妨害されることなく10枠以上枠が伸びたときは、3枠反転が起こったと仮定される位置に仕切りの逆指値注文を置くのである。もしその逆指値注文が約定し、ポジションがなくなってしまったとしても、元のトレンドと同じ方向に3枠反転がもう一度起こったときは、再度仕掛けることができる。この場合、上昇トレンドであれば直近の○列の下に、下降トレンドであれば直近の×列の上に、新しい仕切りの逆指値注文を置くことで、この手法の優位性はさらに高まることになる。

ポイント・アンド・フィギュア・チャートの優位性

ここでポイント・アンド・フィギュア・チャートの優位性を簡単におさらいしておこう。

1. 枠と反転基準を変更することで、このチャートはどのような要求にも合わせることができる。また、仕掛けと手仕舞いのポイントを決めるときも、さまざまな手法がある。
2. ポイント・アンド・フィギュア・チャートの売買シグナルは、バーチャートよりも簡潔である。
3. 特定のポイント・アンド・フィギュア・シグナルに従うことによって、トレードでより素晴らしい規律を得ることができる（図11.13～図11.18）。

ポイント・アンド・フィギュアのテクニカル指標

トーマス・J・ドーシーは、1995年の彼の著作『**最強のポイント・アンド・フィギュア分析── 市場価格の予測追跡に不可欠な手法**』（パ

図11.13 これは2年以上にわたる米長期国債のチャートである。矢印は売りと買いシグナルを示している。シグナルの大半が市場のトレンドをうまくとらえている。このチャートはダマシが出たときでも素早く修正されている

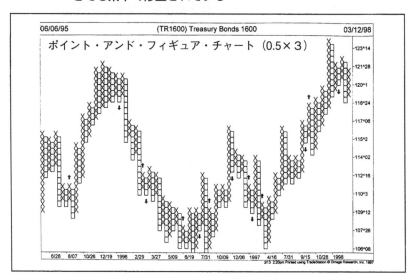

図11.14 1994年前半の売りシグナル（最初の下向き矢印）は1994年を通して継続している。1995年初頭の買いシグナル（最初の上向き矢印）は1997年まで2年間継続している。1997年半ばに出た売りシグナルは1998年初めの買いシグナルへと変わっている

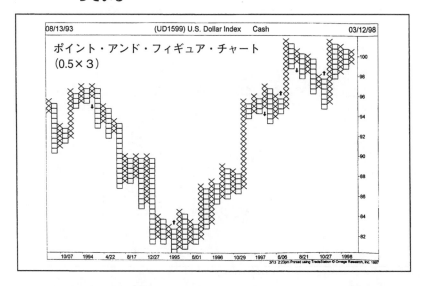

図11.15 このチャートは図11.14の米ドルチャートの枠サイズを2倍にして、凝縮したものである。あまり価格感応度は高くないので、シグナルは2つしか出ていない。最後のシグナル（上向き矢印）は、85付近で1995年半ばに与えられたものである。このシグナルはその後、ほとんど3年間継続している

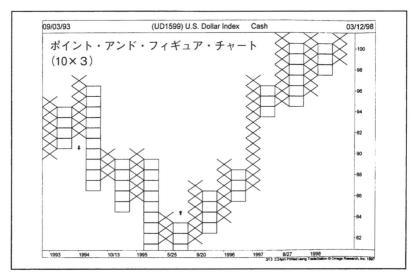

図11.16 この金のポイント・アンド・フィギュア・チャートでは1996年に380ドル近辺で売りシグナル（下向き矢印）が点灯している。金相場はこのあと2年間にわたってさらに100ドル下落した

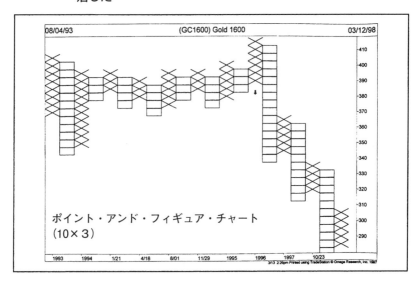

図11.17　この原油のポイント・アンド・フィギュア・チャートでは1997年10月に20ドル近辺で売りシグナル（下向き矢印）が点灯しており、その後の6ドルの下落をとらえた。下降トレンドの転換となるためには最後の×列である16.50を上回らなければならない。

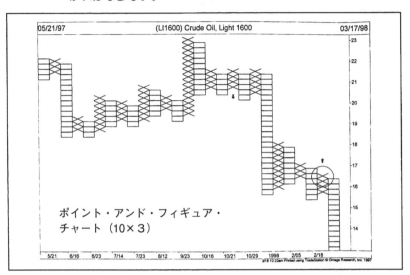

図11.18　この半導体指数のポイント・アンド・フィギュア・チャートでは2年半の間に4つのシグナルが点灯した。1995年と1997年の下向き矢印を見てみると、2つの売りシグナルがタイミング良く点灯している。1996年の買いシグナル（最初の上向き矢印）はその後の上昇の大部分をとらえている

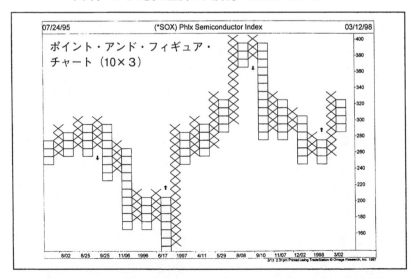

ンローリング）のなかで、チャートクラフトが提示する株式相場の3
枠反転チャートを支持した。また彼は、ポイント・アンド・フィギュ
アのコモディティ取引とオプション取引への応用を論じている。ドー
シーは、チャートの作成方法や読み方の解説に加えて、ポイント・ア
ンド・フィギュアでのレラティブストレングス分析やセクター分析へ
の応用、またNYSE（ニューヨーク証券取引所）の強気指数（BPI。
Bullish Percent Index）の算出でどのように用いられるかなども示し
ている。また、彼はポイント・アンド・フィギュア・チャートがNYSE
の騰落ライン、NYSEの高値安値指数、10週・30週平均超過株比率に
ついても作成できることを示した。ドーシーは、革新的なポイント・
アンド・フィギュア指標の発展に貢献したとして、チャートクラフト
の発行者であるマイケル・バークの功績を高く認めている。チャート
クラフトの提供するチャートおかげでポイント・アンド・フィギュア
は広く一般投資家にも利用できるようになった。

ポイント・アンド・フィギュア・チャートのコンピ
ューター化

　ポイント・アンド・フィギュア・チャート作成の面倒な作業はすべ
てコンピューターがやってくれる。毎日苦労して×と〇の列を書き込
む必要はない。ほとんどのチャートソフトがこのチャートを作成して
くれる。さらに、短期分析・長期分析に合わせた枠や反転基準の変更
はキーボードをたたくだけで行うことができる。また、リアルタイム
（日中）と終値、どちらのデータを用いてもポイント・アンド・フィギ
ュア・チャートを作成することができ、またそれらを希望するどの市
場にも適用することができる。しかし、コンピューターを駆使すれば、
もっと多くのことができるようになる。
　UST証券のテクニカルアナリストであるケニス・タワー（公認テク

図11.19 アメリカオンラインの対数ポイント・アンド・フィギュア・チャート。反転基準は比率で示されている。各枠は3.6%である。このチャートは2枠反転チャートであるので、反転には7.2%を要する。水平カウントによって、上値の目標値が69.7と136.5になるのが分かる（アーチ参照）

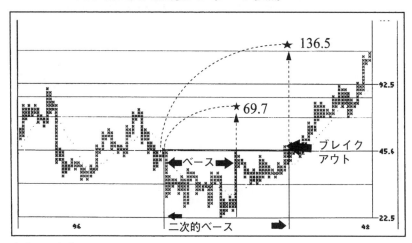

出所＝UST証券

ニカルアナリスト）は、ポイント・アンド・フィギュア・チャート作成に対数的手法を用いている。過去３年間の株価のボラティリティを測定しスクリーニングを行うことで、個々の株式に対する適切な枠の大きさ（比率）を決めることができる。**図11.19**と**図11.20**は、タワーの対数ポイント・アンド・フィギュア・チャートを用いて、アメリカオンライン（AOL）とインテルのチャートを描いたものである。**図11.19**に示されたアメリカオンラインの枠サイズは、3.6%である。したがって、１枠反転が起こるためには、3.6%の上昇や下落が必要である。このチャートはたまたま２枠反転チャートであるので、次の列を描くためには、価格は7.2%の上昇や下落をしなければならない。**図11.20**に示されたインテルの枠サイズは3.2%である。

両チャートに描かれている弧は、長期と短期の目標値を算出するた

363

図11.20　比率を用いたインテルの1枠反転ポイント・アンド・フィギュア・チャート。隣の列へ移るためには3.2%の反転が必要になる。ベースの右端から左端の水平距離を測定して得られた33と87.6（アーチ参照）が上値の目標値になる

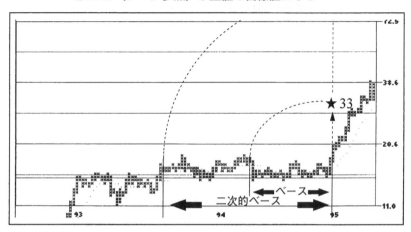

出所＝UST証券

めに、水平カウントを用いて、価格のベースをカウントした例である。例えば、インテルのチャートでは、短期の目標値は33となり、これは価格ベース（下側の弧）の半分を測定することで求めることができる。測定値が87.6となる大きいほうの弧は、価格ベース全体を測定し、その距離を上方へ伸ばすことで得られる。図11.19と図11.20を詳細に見れば、点が価格の動きを追っていることが分かる。この点は移動平均を表している。

ポイント・アンド・フィギュアの移動平均

移動平均は通常、バーチャートに用いられるものである。しかし、ここではそれがポイント・アンド・フィギュア・チャート上に描かれている（チャートはケン・タワーとUST証券の提供）。タワーは、10列

第11章　ポイント・アンド・フィギュア

平均と20列平均という2種類の移動平均を用いる。**図11.19**と**図11.20**に描かれていたものは、10列平均のほうである。このような移動平均は、まず各列の平均価格をとって作成する。それには単純に各列の各価格を足して、その列の×列か○列の個数で割る。次に、その結果得られた数値を10列と20列で平均する。この移動平均は、バーチャートと同じように利用する。

図11.21は、1つの株式チャートに10列平均（点線）と20列平均（破線）を描いたものである。**図11.21**は、ロイヤルダッチ・ペトロリアムの2.7％反転対数チャートであり、1992年までさかのぼったものである。1993年から1997年の4年にわたる上昇トレンドの間、速い移動平均が遅い移動平均の上方にとどまっていることが分かる。1997年の半ばに2本の移動平均が重なり、この年は保ち合いであったことが判明する。もっと右側を見れば、ロイヤルダッチはメジャーな上昇トレンドへ復帰する寸前であることが分かる。さらに観察すれば、上へのブレイクアウトの兆候を見つけることができるというのが**図11.21**の上図である。

上図は伝統的な1枠反転のチャートである。このチャートで捕捉できる時間は長期チャートより相当短い。しかし、1997年後半と1998年前半の値動きをよく見てみると、短期の上へのブレイクアウトが1998年の初めに起こっている。とはいえ、この場合、メジャーな上へのブレイクアウトを確認するためには、株価が60ドルを超えて引ける必要がある。揉み合い相場であるうちは、移動平均はあまり（あるいはまったく）役立たない。しかし、いったん上へのブレイクアウトが実現すれば、トレンドは上向き始める。移動平均をポイント・アンド・フィギュア・チャートに加えることによって、ケン・タワーはポイント・アンド・フィギュア・チャートにもう1つの貴重なテクニカル指標を持ち込んだ。また、対数チャートを用いれば、この旧来のチャート手法に最新の趣向を取り入れることができる。

365

図11.21　ロイヤルダッチ・ペトロリアムの2つのポイント・アンド・フィギュア・チャート。上のチャートは1年間を表示したチャートである。下のチャートは数年間を表示した対数チャートである。点線と破線はそれぞれ10列、20列の移動平均を表している

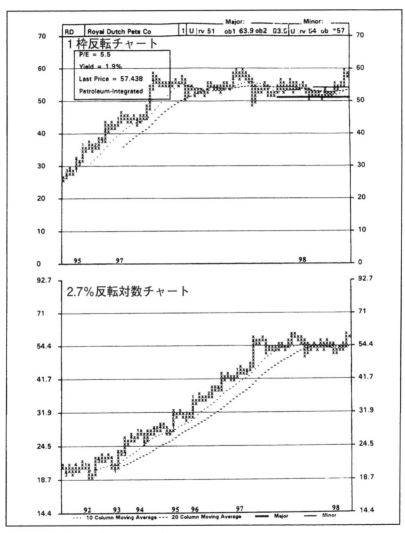

出所＝UTS証券（1998年3月26日改訂済）

第11章　ポイント・アンド・フィギュア

おわりに

　ポイント・アンド・フィギュア・チャートは、この世で最古の手法というわけではない。世界最古という称号は、数世紀にもわたって日本で使われてきたローソク足に与えられるべきだろう。次の第12章では、近年、欧米のテクニカルアナリストの間で好評を得ているこの日本古来の手法について紹介する。執筆は、ローソク足に関する2冊の著書があるグレッグ・モリスが担当する。

ローソク足

Japanese Candlesticks　　　グレッグ・L・モリス

12

はじめに

　ローソク足は、日本では数世紀にわたって用いられてきたチャートであり、市場分析法である。欧米で用いられるようになったのは、つい最近になってからである。実際、ローソク足という用語は、密接に関連した2つの異なった意味に用いられる。1つは、チャート分析用に株や先物のデータを足として目に見える形にすることであり、一般的に最も知られた使われ方である。もう1つは、長い間の経験から定義され、またローソク足のパターンのなかから、値動きと一致する組み合わせを探し出す技法のことを指す。幸運なことに、この2つは個別に用いることもできるし、組み合わせて用いることもできる。

ローソク足の作り方

　ローソク足で市場をチャート化するときに用いるデータは、始値・高値・安値・終値であり、標準的なバーチャートと同じである。このようにまったく同じデータを用いるのにもかかわらず、ローソク足チャートのほうが視覚的な表現力が非常に勝っている。まるで情報がページ（パソコン画面）から飛び出してくるようである。そのため、表

図12.1

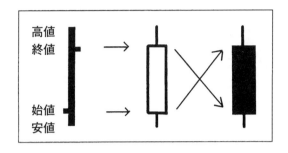

示されたチャートを見て、より簡単に解釈し、分析することができる。**図12.1**は、1日の値動きをバー（左側）とローソク足（右側）で示して、そのときの違いを表している（**図12.1**）。

　これを見て、なぜ「ローソク足」と呼ばれるのかが分かるだろう。それらは芯の付いたローソクのような形をしている。長方形の部分は、その日の始値と終値の差を表しており、**実体**と呼ばれる。この実体は、白色（陽線）か黒色（陰線）で表される。**陽線**は、終値が始値よりも高く引けたことを表している。実際は、実体は白色というわけではなく空白である（塗りつぶされていない）。こちらのほうがパソコンの画面では写りが良いし、パソコンでチャートを印刷したときに正確に印刷される。これは欧米で採用されている方式である。日本ではこの空白の実体は赤色を用いる。**陰線**は、終値が始値よりも安く引けたことを表している。このように始値と終値が日本のローソク足では非常に重視される。実体の上側と下側に付いている細い線が、**ヒゲ**、**影**、**芯**などと呼ばれる。この線は1日の高値と安値を表している。少し戸惑うかもしれないが、日本では通常、このヒゲをそれほど重視していない（**図12.2**）。

　図12.2は、同一の4本値のデータを一般的なバーチャートと日本のローソク足で表したものである。これを見れば、バーチャートでは容

図12.2

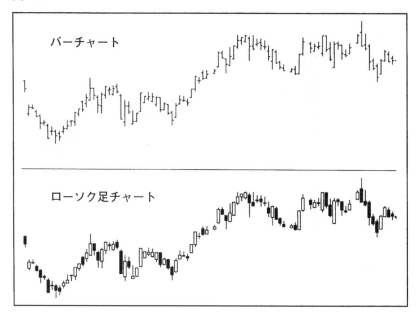

易に得られない情報がローソク足ではページ（パソコン画面）から飛び出してくる様子がすぐに分かる。初めは慣れるのに多少時間がかかるかもしれないが、すぐにローソク足のほうが良くなるだろう。

　ローソク足の多様な形態がそれぞれ異なった意味を持っている。日本では、始値・高値・安値・終値の関係性をもとにローソク足を定義している。このような基本的なローソク足を理解することが、ローソク足分析の始まりである。

基本のローソク足

　実体とヒゲの組み合わせによって、ローソク足が持つ意味は異なる。始値と終値の差が大きい日は**長大線（大陽線・大陰線）**と呼ばれる。一

図12.3 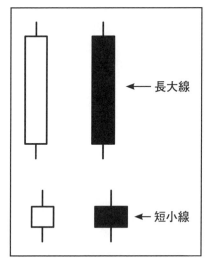 図12.4 コマ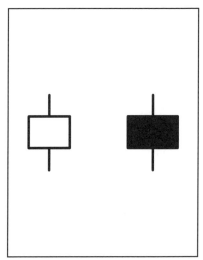

方、始値と終値の差が小さい日は**短小線（小陽線・小陰線）**と呼ばれる。ここでは実体の大きさに着目しているのであって、高値と安値については考慮していないことに注意したい（**図12.3**）。

コマとは、小さい実体に上ヒゲと下ヒゲが付いたもので、実体よりもヒゲのほうが長いものを指す。コマの実体の色はあまり重要ではない。このようなローソク足は気迷いを表すとされる（**図12.4**）。

始値と終値が同一のときは、**寄引同事線**と呼ばれる。寄引同事線のローソク足は、ヒゲの長さが変化する。寄引同事線で問題となるのは、始値と終値がまったく同じ価格になる必要があるのかどうかということである。これについては、特に値幅が大きい日などは、価格がまったく同じにならなくてもよいが、ほぼ同じにはなる必要があると考えるべきだろう。

寄引同事線のローソク足にはいろいろなタイプがあるが、どれも重要である。足長同事線は、長い上ヒゲと下ヒゲを持ったもので、市場

図12.5 寄引同事線

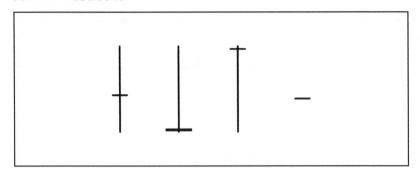

参加者の側にかなりの気迷いが生じていることを表している。トウバ（塔婆）は、上ヒゲだけが伸びており、下ヒゲが付いていないものをいう。上ヒゲが長ければ長いほど、弱気と解釈される。トンボはトウバの反対であり、下ヒゲが長く、上ヒゲはない。これは通常、かなりの強気相場とみなされる（図12.5）。

個々のローソク足を単独で見ることは、ローソク足の分析でも極めて重要である。このあと、あらゆるローソク足パターンが上で紹介したこのような基本のローソク足の組み合わせによって成り立っていることを見ていく。

ローソク足パターンの分析

ローソク足パターンの分析は、ある時点におけるトレーダーの精神状態を心理学的に描写したものである。ローソク足には、時の経過とともに相場でトレーダーが取った行動が鮮明に写し出される。ローソク足パターンの分析が機能するのは、類似した状況において人間は同じような行動を取るということからである。

ローソク足のパターンは、1本のローソク足だけで構成される場合

もあれば、複数のローソク足を組み合わせた場合もあるが、普通は5本を超えることはない。ローソク足パターンは、反転ポイントの特定に用いられることがほとんどであるが、トレンド継続の判定に使われるものもある。ある反転パターンが強気を表すものであれば、その逆パターンは必ず弱気を意味する。同様に、ある継続パターンが強気を表すものであれば、その逆パターンは必ず弱気を意味する。強気と弱気の両方で効力を有するパターンがあれば、それらには同じ名称が付けられている。しかし、まれではあるが、強気の場合と弱気の場合でまったく名称が異なるものもある。

反転パターン

ローソク足の反転パターンとは通常、トレンド転換を示すローソク足の組み合わせを言う。パターンが強気か弱気かを判定するときに考えなければならないのが、そのパターンができる前のトレンドである。上昇トレンド途上には、強気の反転パターンは存在しない。強気パターンによく似た一連のローソク足を見つけることはできるが、そのときのトレンドが上昇ならば、それは強気のローソク足パターンではない。同様に、下降トレンド途上には、弱気の反転パターンは存在しない。

これは市場分析において、古くからある1つの問題を提起している。つまり、トレンドとは何かということである。効果的にローソク足パターンを利用するには、まずその前に現在進行中のトレンドを判別しなければならないのである。トレンド判定ということについては、すでに本書でも多くのことを書いているが、ローソク足パターンでも移動平均はかなり有効であろう。10期間程度の短期トレンドを確定できれば、ローソク足パターンを用いてトレンド転換を特定することができるようになる。

374

第12章 ローソク足

図12.6　かぶせ線　　　図12.7　切り込み線

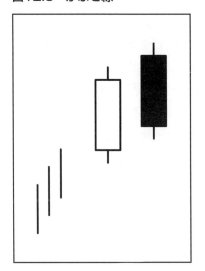
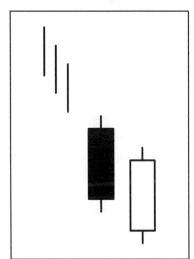

　日本の文献では、どの本でもおよそ40種類の反転パターンが解説されている。それらは1本のローソク足から最高5本のローソク足を組み合わせたものまでさまざまある。ローソク足に関する優れた参考文献は多く存在するので、ここでは、よく用いられるパターンを少し解説するだけにしておく。

　かぶせ線は、弱気を暗示する2日間の反転パターンである（**図12.6**）。また、このパターンには、まったく反対の強気を暗示するパターンが存在するが、それは**切り込み線**と言い、その呼び名がまったく異なるものの1つである。このパターンの1日目は、大陽線である。これは現在進行中のトレンドが反映された動きであり、トレーダーにとって上昇トレンドの確認となる。次の日は、前日の高値よりも高く寄り付き、再び強気の動きが加わる。しかし、その日の残りの取引で、前日の実体の中心よりも下で引ける。これは強気の心理状態に対する深刻な一撃であり、市場から多くの退出者が出ると考えられる。2日目は、

375

終値が始値より安いので、実体は黒色である。これが英語の名称のダーククラウドカバーの由来となっている。

切り込み線はかぶせ線の逆で、相場の強気を暗示する（**図12.7**）。このパターンが出来上がるシナリオはかぶせ線と酷似しているが、その意味は反対である。下降トレンド途上において、最初のローソク足は大陰線になり、トレーダーの下降トレンドの確信は強固となる。次の日、価格は新安値を付けて寄り付くが、その後の取引で、前日のローソク足の実体の中心よりも上で引ける。これは、下降トレンドの心理に重大な変更があったことを示しており、トレーダーの多くはポジションを手仕舞うか、ドテンさせる。

宵の明星と**明けの明星**は、２つの力強い反転パターンである。これらは両方とも３日間（３本）のローソク足で構成されたパターンであり、非常に有効なものである。明けの明星は宵の明星の反対なので、ここでは宵の明星で表されるトレーダーの心理の変化を理解するために、そのシナリオを詳しく解説しよう（**図12.8**と**図12.9**）。

宵の明星は、その名が示すとおり、弱気の反転パターンである。このパターンの１日目は大陽線であり、完全に現在進行中のトレンドを強化する動きを見せる。２日目は、１日目の実体よりも上にギャップ（窓）を空けて寄り付く。２日目のその後の取引はいくらか制限されて、１日目の実体の上方にはとどまっているが、寄り付き付近で引けてしまう。２日目の実体は小さい。長大線に続くこのような日のことを星（スター）と呼ぶ。星とは、長い実体からギャップを空けてできた小さい実体のことである。このパターンの最終日である３日目は、スターの下にギャップを空けて寄り付き、１日目の実体の中心よりも下で引ける。

上記の説明がパターンの完璧なシナリオである。多くの文献で宵の明星が有効なものとして解説されているが、その詳細については完全に一致しない部分がある。例えば、３日目はギャップを空けていない

図12.8 宵の明星   図12.9 明けの明星

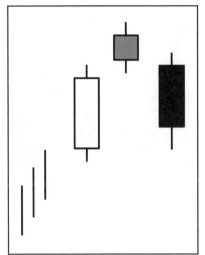
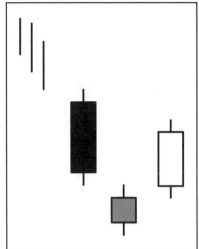

こともあるし、3日目の引けが1日目の実体の中心よりも下にないこともある。このような詳細は、ローソク足を見たトレーダーの主観によって決まるものである。しかし、パターンを特定するためにコンピュータープログラムを用いる場合には、そうはいかない。コンピュータープログラムにローソク足を読ませる場合は、明確な定義が必要で、解釈に主観的な幅があることは認められない。

継続パターン

各取引日において、トレードをするのかトレードをしないのか、あるいは相場にとどまるべきかどうかを決定しなければならない。このような場合、現在進行中のトレンドが継続するのかどうかという事実の判断に役立つローソク足パターンがあれば、事によると、先に示したものよりも利用価値が高いだろう。もちろんローソク足パターンは、

図12.10　上げ三法　　　　図12.11　下げ三法

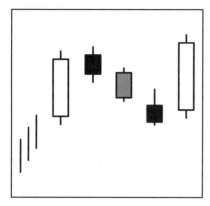
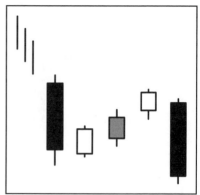

相場にとどまるべきかどうかの問いについても答えてくれる。日本の文献では、16の継続パターンについて言及されている。特に、そのうち１つの継続パターンとそれに関連したパターンがトレンド継続の判定には効果的である。

　上げ三法と**下げ三法**と呼ばれるローソク足による継続パターンはペアとなるパターンだが、その強気版の上げ三法で説明していこう。強気の継続パターンは上昇トレンド途上のみで発生し、弱気の継続パターンは下降トレンド途上のみで発生するものである。このことは、ローソク足パターンの分析において非常に重要なパターンはトレンドと深い関係であるので繰り返して述べておく（**図12.10**と**図12.11**）。

　上げ三法の１日目は、大陽線（長い陽線）であり、相場の上昇トレンドを完全に支持するものである。しかし、続く３日間は下落基調の小さい実体を持ったローソク足が連続して現れる。それらはすべて、１日目の大陽線の値幅内にとどまっており、小さい３本のローソク足のうち少なくとも２本は陰線である。このような相場がどちらの方向にも動かない期間は日本では「揉み合い」とか「保ち合い」と言われる。このパターンの５日目は長大陽線で新高値を付ける。最終的に価格は

狭いレンジ相場を上にブレイクし、元の上昇トレンドを継続させる形になる。

　上げ三法のような5日間のパターンを定義するためには、詳細な記述が必要である。このシナリオは、上げ三法パターンの完全な例である。柔軟性を持って対処することが成功の鍵であるが、これには経験あるのみである。例えば、2〜4日の3日間の揉み合いが1日目の実体の値幅内に収まるのではなく、1日目の高値と安値の値幅に収まるように変更を加えることもできよう。揉み合いが必ず陰線でなければならないというわけでもない。最終的には、揉み合いという概念を3日間以上に延長させることもできる。上げ三法と下げ三法はよく覚えておいてほしい。このようなパターンは、トレードの最中、利益が確保できるかどうか不安になったときに安心感を与えてくれる。

コンピューターを用いてローソク足パターンを特定する

　ローソク足パターンを識別するためにパソコンのチャートソフトを用いることは、感情的には非常に良い方法である。特にトレードの最中の感情に流されることがないためだ。しかし、パソコンの画面上でローソク足を見るときに気をつけるべきことがいくつかある。パソコンの画面は、ピクセルと呼ばれる細かい光の粒で構成されている。パソコンの画面上には、非常に多くのピクセルが集まっているにすぎない。そして、その量は使用するビデオカードとモニターの組み合わせによって決定する解像度に基づいている。短期間に大きく値が動き、その価格データが画面に表示されたとき、実際は存在しない、数多くの同事線（始値と終値が等しい日）があると勘違いすることがある。パソコンの画面上に広い値幅の足が表示されていると、1つのピクセルに多くの足の値幅が入ってしまうことがあるからである。数的な関係性に基づいてパターンを特定するコンピュータープログラムを用いれ

ば、このような視覚に依存することで発生する異常は克服できよう。上記の説明をよく読み、せめて自分のソフトウェアが無能と考えることはやめてほしい。

ローソク足パターンにフィルターをかける

1991年、グレッグ・モリスによってパターンフィルタリングと呼ばれる画期的な考え方が考案された。それはローソク足パターンの信頼性を高める簡単な手法である。この手法は、市場の短期的なトレンドはローソク足パターンが成立する前に特定されていなければならないが、伝統的なテクニカル分析を用いて買われ過ぎ・売られ過ぎを判別することで、ローソク足パターンの予測精度を高めることができるというものである。同時にこの手法は、ダマシであったり、完全でないローソク足パターンを除外するためにも役立つ。

まず、伝統的なテクニカル指標が価格データに対してどう反応しているかを把握しなければならない。ここの例では、ストキャスティックスの％Dを用いる。ストキャスティックスの値は0から100の間を振れ、20未満が売られ過ぎ、80超が買われ過ぎとなる。主にこの指標は、％Dが80を上回ってから、そのあとに80を下回ったときに売りシグナルが点灯する。同様に、20を下回ってから、そのあとに20を上回ったときに買いシグナルが点灯する（詳細は第10章の「ストキャスティックス」の項を参照）。

ここでストキャスティックスに関して知っていることは次のとおりである。すなわち、ストキャスティックスは80超と20未満の領域に入ったときに、シグナルが出される準備ができたということである。つまり、シグナルが点灯するのは時間の問題である。80超と20未満の領域は、シグナルが出る前段階の領域とされ、％Dがシグナルを点灯する前に到達しなければならない領域である（**図12.12**）。

図12.12 切り込み線

フィルタリングされたローソク足パターンの考え方では、このシグナルが出る前段階の領域を用いる。%Dがこのシグナルが出る前段階の領域内にあるとき（20未満か80超にあるとき）だけローソク足パターンを適用するのである。あるローソク足パターンが出現しても、ストキャスティックスの%Dが65の位置にあるのなら、それは無視するのである。なお、この考え方はローソク足の反転パターンに対してのみ採用する。

　ローソク足パターンのフィルタリングに用いられるのは、ストキャスティックスの%Dだけに限らない。通常、テクニカル分析に使われるすべての指標は、ローソク足パターンのフィルターとして用いることができる。いくつか例を挙げれば、ワイルダーのRSI（相対力指数）やランバートのコモディティチャネルインデックス（CCI）やウィリアムズの%Rなどが、ストキャスティックスの%Dと同様にうまく機

能するだろう（これらのオシレーターは第10章を参照）。

結論

　ローソク足とそのパターン分析は、相場のタイミングを計るために欠かせないツールである。ローソク足もほかのテクニカルツールや手法と同じ態度で、つまり、市場参加者の心理研究として用いるべきであろう。一度ローソク足のチャートを用いて価格を見ることに慣れてしまえば、バーチャートは二度と見たくないと思うかもしれない。ローソク足パターンは、ほかのテクニカル指標をフィルターとして組み合わせることによって、必ずや価格を基礎としたほかの指標に勝る売買シグナルを提供してくれるだろう。

ローソク足パターン

　以下は、ローソク足シグナルが一目で分かるように、ローソク足パターンの一覧表を作った。名称の最後にあるカッコ内の数字はパターンを構成するために必要なローソク足の本数を示している。強気の反転パターンと強気の継続パターン、弱気の反転パターンと弱気の継続パターンの４つに分けた。

強気の反転パターン
大陽線（１）
カラカサ（１）
トンカチ（１）
寄り切り線（１）
包み足（２）
はらみ足（２）
はらみ寄せ線（２）
切り込み線（２）
十字星（２）
出合い線（２）
赤三兵（３）
明けの明星（３）
明けの十字星（３）
捨て子線（３）
三つ星（３）
三手放れ（５）
はらみ上げ（３）
包み上げ（３）
行き違い線（２）
三川底（３）
南の三つ星（３）
子つばめ包み（４）
逆差し二点底（３）
二本小鳩返し（２）
はしご底（５）
毛抜き底（２）

弱気の反転パターン
大陰線（１）
首吊り線（１）
流れ星（１）
寄り切り線（１）
包み足（２）
はらみ足（２）
はらみ寄せ線（２）
かぶせ線（２）
十字星（２）
出合い線（２）
三羽烏（３）
宵の明星（３）
宵の十字星（３）
捨て子線（３）
三つ星（３）
三手放れ（５）
はらみ下げ（３）
包み下げ（３）
行き違い線（２）
はしご返し（５）
毛抜き天井（２）
上放れ二羽烏（３）
同時三羽（３）
赤三兵思案星（３）
赤三兵先詰まり（３）
二羽烏（３）

強気の継続パターン
振り分け線（２）
上げ三法（５）
上放れタスキ（３）
上放れの並び赤（３）
三手打ち（４）
上放れ三法（３）
あて首線（２）
入り首線（２）

弱気の継続パターン
振り分け線（２）
下げ三法（５）
下放れタスキ（３）
下放れの並び赤（３）
三手打ち（３）
下放れ三法（３）
あて首線（２）
入り首線（２）

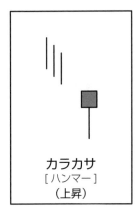
カラカサ
[ハンマー]
（上昇）

首吊り線
[ハンギングマン]
（下落）

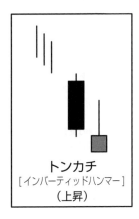
トンカチ
[インバーティッドハンマー]
（上昇）

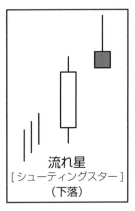
流れ星
[シューティングスター]
（下落）

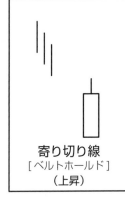
寄り切り線
[ベルトホールド]
（上昇）

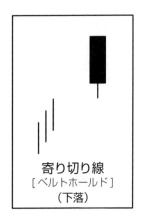
寄り切り線
[ベルトホールド]
（下落）

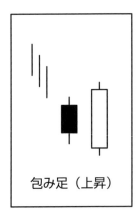
包み足（上昇）

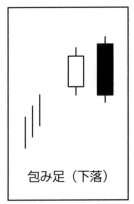
包み足（下落）

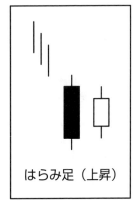
はらみ足（上昇）

第12章 ローソク足

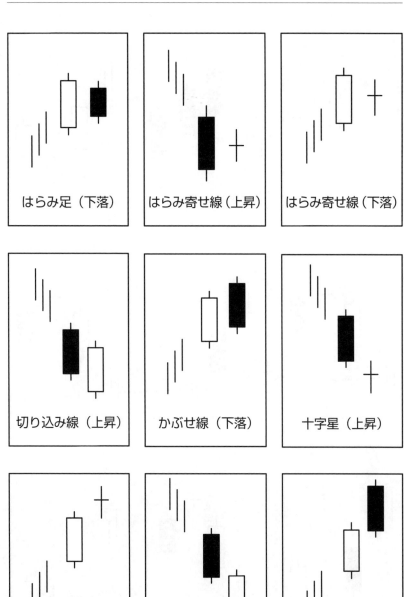

385

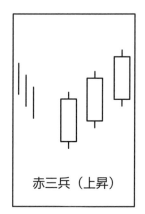
赤三兵（上昇）

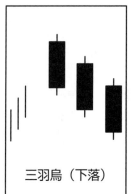
三羽烏（下落）

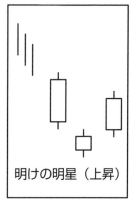
明けの明星（上昇）

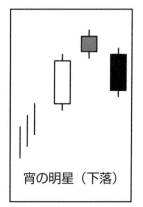
宵の明星（下落）

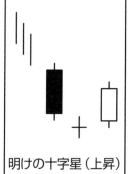
明けの十字星（上昇）

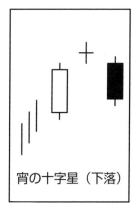
宵の十字星（下落）

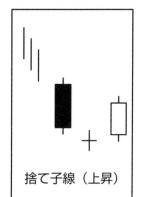
捨て子線（上昇）

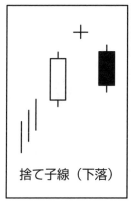
捨て子線（下落）

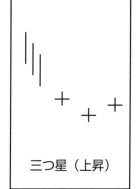
三つ星（上昇）

第12章 ローソク足

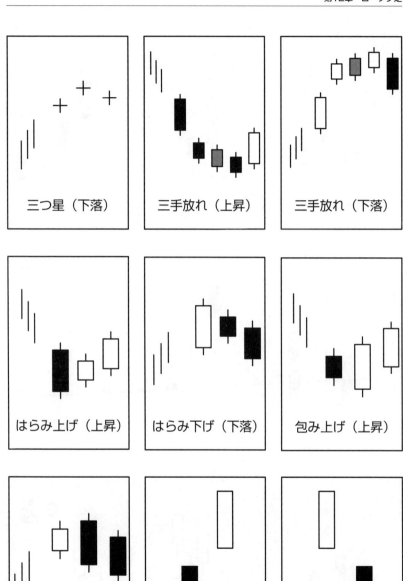

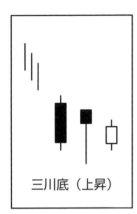
三川底（上昇）

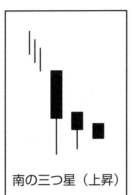
南の三つ星（上昇）

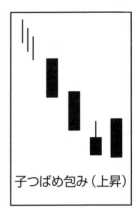
子つばめ包み（上昇）

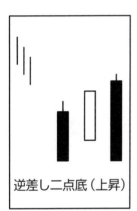
逆差し二点底（上昇）

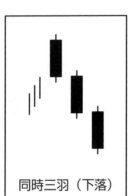
同時三羽（下落）

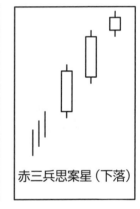
赤三兵思案星（下落）

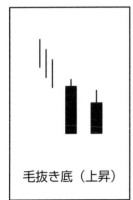
毛抜き底（上昇）

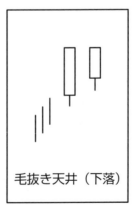
毛抜き天井（下落）

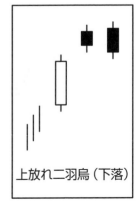
上放れ二羽烏（下落）

第12章　ローソク足

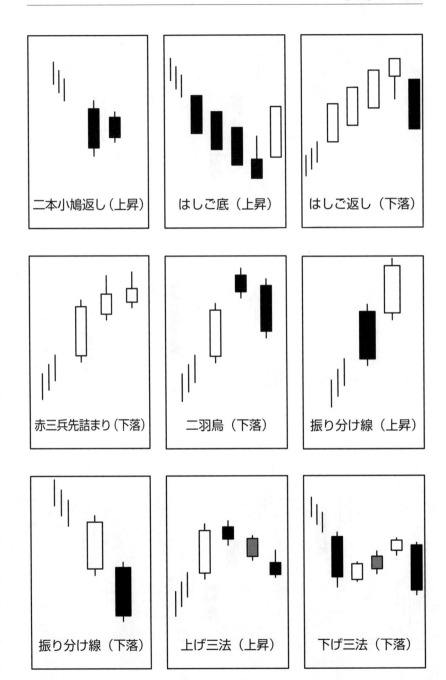

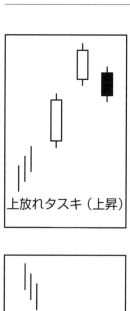
上放れタスキ（上昇）

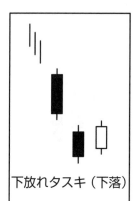
下放れタスキ（下落）

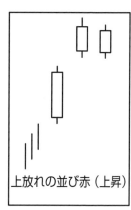
上放れの並び赤（上昇）

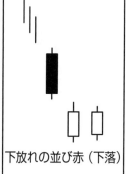
下放れの並び赤（下落）

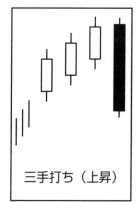
三手打ち（上昇）

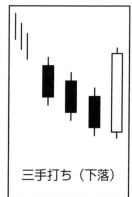
三手打ち（下落）

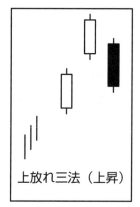
上放れ三法（上昇）

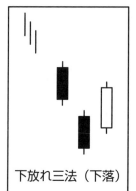
下放れ三法（下落）

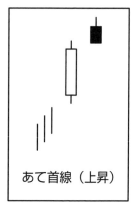
あて首線（上昇）

第12章 ローソク足

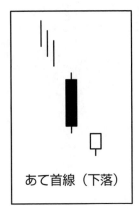
あて首線（下落）

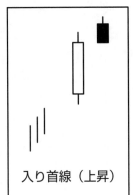
入り首線（上昇）

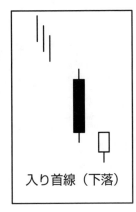
入り首線（下落）

エリオット波動理論

Elliott Wave Theory

13

歴史的背景

今日、**エリオット波動原理**として知られるものがはじめて言及されたのは、1938年に発行された「波動の原理」というタイトルの研究論文においてである。この研究論文は、チャールズ・J・コリンズが発表したが、波動原理の創始者であるラルフ・ネルソン・エリオットが彼に話した研究成果がその基礎になっている。

エリオットはダウ理論の影響を大きく受けており、波動原理にはダウ理論と共通する部分が多い。1934年、コリンズへの書簡で、エリオットは、ロバート・レアの株式市場リポートを購読しており、レアのダウ理論に関する著書もよく読んでいる、と書いている。また、「波動原理は、ダウ理論を補完する必要欠くべからざる理論である」と彼は続けている。

エリオットは亡くなる2年前の1946年、波動原理に関する決定版である『ネイチャーズ・ロー・ザ・シークレット・オブ・ザ・ユニバース（Nature's Law － The Secret of the Universe)』を執筆した。

もしA・ハミルトン・ボルトンが1953年に『エリオット・ウエーブ・サプリメント・トゥー・ザ・バンク・クレジット・アナリスト（Elliott Wave Supplement to the Bank Credit Analyst)』の刊行をしなければ

393

（その後、1967年に彼が亡くなるまでの14年間毎年発行し続けられた）、事によると、エリオットの着想は色あせていたかもしれない。A・J・フロストは、エリオットの補完的理論を引き継ぎ、1978年にロバート・プレクターと共著で『**エリオット波動入門 —— 相場の未来から投資家心理までわかる**』（パンローリング）を執筆した。本章で用いられる図表の多くはフロストとプレクターの著書から拝借した。プレクターはさらに研究を進め、1980年『ザ・メジャー・ワークス・オブ・R・N・エリオット（The Major Works of R.N.Elliott)』を発表した。これによって、長い間、書籍化されることのなかったエリオットのオリジナル原稿を読めるようになった。

エリオット波動原理の基本的着想

波動理論には３つの重要な側面があり、それらを重要度の高い順番から並べると、①パターン、②比率、③時間 —— となる。**パターン**とは波動のパターンや形態のことを指しており、理論のなかで最も重要な要素である。**比率**分析は、異なる波動の関係性を測定する分析であり、リトレースメント（押し・戻り）ポイントや目標値を決定するときに有効である。最後に、**時間**との関係性も存在しており、波動パターンと比率を確認するために用いられる。しかし、これに関しては、市場を予測するうえでの信頼性は低いと考えるエリオット波動分析者もいる。

そもそもエリオット波動理論は、主要な株価平均、特にダウ・ジョーンズ工業株価平均に対して用いられたものであった。理論の最も基本的な形では、株式市場は５つの上昇波動のあとに３つの下降波動がリズムのように繰り返し続く、とされている。**図13.1**には１つの完全なサイクルが示されている。波動の数を数えてみると、完全なサイクルは８つの波動（５つの上昇波［波動１・２・３・４・５］と３つの

図13.1　基本パターン

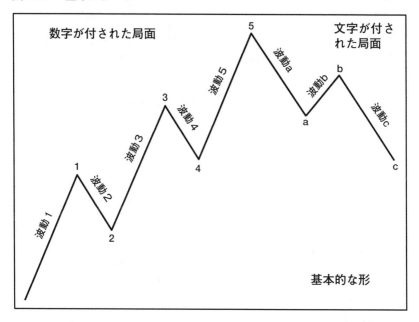

下降波［波動a・b・c］）を持っていることが分かる。サイクルの上昇部分に当たる５つの波動にはそれぞれ番号が付いている。このうち波動１・３・５は、**衝撃波**と呼ばれ、上昇する波動である。一方、波動２・４は上昇トレンドに逆行する動きを見せている。この波動２・４は、波動１・３を修正しているため**修正波**と呼ばれる。この番号が付いた上昇波動が完了したあとに、３つの調整的な下降波動が始まる。この３つの修正波には、波動a・b・cという文字が付いている。

　このような各波動の一定した形態とともに、その規模も重要な考えるべき点である。異なる規模を持った数多くのトレンドが存在しているのである。実際、エリオットはトレンドの規模を、200年にも及ぶ**グランドスーパーサイクル**からわずか数時間の**サブミニット**まで、９つに分類している。ここで注意すべきは、トレンドの規模にかかわらず、

図13.2

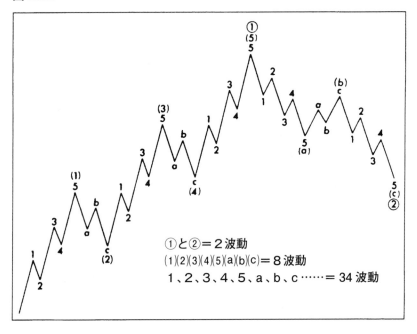

　トレンドには基本的な8つの波動のサイクルが一貫して現れるということである。
　各波動は、より低次の波動に再分割される。その再分割された各波動は、さらに低次の波動に分割される。また、各波動は一段階高次の波動の一部になっている。このような関係を目で見えるようにしたのが、図13.2である。最も大きな波動（波動①と波動②）は、まず8つの波動（波動（1）〜（5）と（a）〜（b））に分割され、続いて34個の波動（波動1〜5と波動a〜cとその他）に再分割されている。ここで示された最も大きな波動（波動①と波動②）でさえ、もう一段階高次の5つの上昇波のなかの初めの2つの波動にすぎない。さらに高次の3つ目の波動が今まさに作りだされようとしているのである。図13.3に示された34個の波動はさらにもう一段階低次の144個の波動に

図13.3

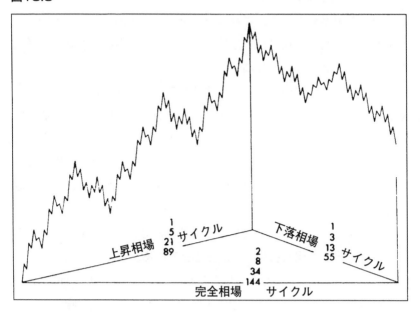

分割される（**図13.3**）。

　今までに登場した数字1、2、3、5、8、13、21、34、55、89、144は、無作為に抽出された数字ではない。これらは、エリオット波動理論の数学的基礎を形成しているフィボナッチ数列の一部である。これについてはこのあとすぐに解説する。ここでは、**図13.1**〜**図13.3**を見て、波動の非常に重要な特性を頭に入れておこう。与えられた波動が5つの波動に分割されるのか、3つの波動に分割されるのかは、一段階高次の波動の方向によって決定される。例えば、**図13.2**において、波動（1）（3）（5）が5つの波動に再分割されるのは、それらが所属している一段階高次の波動（波動①）が上昇波だからである。波動（2）（4）はトレンドに逆行する動きなので、3つにしか再分割されない。ここで高次の修正波②を構成する修正波（a）（b）（c）をさ

らに詳しく見てみよう。2つの下降波である（a）と（c）は、5つの波動に分割されている。これは一段階高次の波動②と同じ方向の値動きだからである。反対に、波動（b）は一段階高次の波動②と逆行しているので3つにしか分割されない。

この分析手法を用いるときは、波動が5つに分割されるか、それとも3つに分割されるかを判別できるかどうかが、極めて重要になってくることは明らかである。そのような情報をもとに、アナリストは次の展開を予測しようとする。例えば、5つの波動が完成した場合であっても、それは一段階高次の波動の一部が完成しただけで、さらなる波動が到来することを意味する（それが5つの波動の5番目でないかぎりは）。**ここで注意すべき最も重要な原則とは、5つの波動の内部ではけっして修正が起こらないということである**。例えば、上昇相場で5つの下降波が現れたのなら、おそらくそれは3つの下降波（波動a・b・c）の1つ目であり、さらなる下降波が現れることを意味する。また、下落相場において、3つの上昇波のあとには下降トレンドへの復帰が見られなければならない。もし5つの上昇する波動が現れたのなら、それは本格的な上昇が始まる兆候であり、もっと言えば、新しい上昇トレンドの最初の波動である可能性さえある。

エリオット波動とダウ理論の関連性

ここで少し脇道にそれて、上昇相場におけるエリオットの5つの上昇波動という考え方と、ダウの3つの上昇局面という考え方がよく関連していると指摘しておこう。エリオットの3つの上昇波とそれに反する2つの修正波という考えは、ダウ理論とうまく適合する。エリオットがダウの分析に影響を受けていたというのは疑いようがないところであるが、彼の理論がダウ理論を超えて、実際にダウ理論を改善したとみなしていたのも明らかである。また、両者とも自身の理論を定

式化するときに、海に影響されたことは興味深い一致点である。ダウは、市場のトレンドであるメジャートレンドとインターメディエートトレンドとマイナートレンドを、それぞれ海における潮と波とさざ波に例えた。エリオットも**引き潮**や**流れ**について言及しており、自身の理論を**波動**原理と名づけている。

修正波

ここまでは、主にメジャートレンドと同方向に動く衝撃波について述べてきた。ここからは、修正波に焦点を当ててみよう。一般的に、修正波は明確な定義付けがなされておらず、その結果、特定や予測が難しくなりがちである。しかし、1つはっきりしていることは、修正波はけっして5つの波動内には出現しないということである。修正波は3つで、5つになることはない（その例外として、トライアングルがある）。さて、修正波の3つの分類である、①ジグザグ、②フラット、③トライアングル ―― を順番に見ていくことにしよう。

ジグザグ

ジグザグは、メジャートレンドに逆行する3つの波動を持った修正パターンであり、この3つの波動はそれぞれ5－3－5の波動に分割される。**図13.4**と**図13.5**は上昇相場における修正波のジグザグを示している。他方、下落相場におけるジグザグは上昇で、**図13.6**と**図13.7**に示した。真ん中の波動Bが波動Aの開始点まで届かず、波動Cが波動Aの終了点を超えて逆行していることが分かる。

図13.8に示したのが、一般にあまり知られていないダブルジグザグと呼ばれるジグザグの変形版である。これは、比較的大きな修正波パターンの内部に出現するものである。これは、実質的には異なる2つ

図13.4 強気相場のジグザグ
　　　（5－3－5）

図13.5 強気相場のジグザグ
　　　（5－3－5）

図13.6 弱気相場のジグザグ
　　　（5－3－5）

図13.7 弱気相場のジグザグ
　　　（5－3－5）

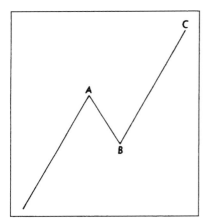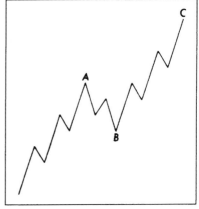

の5－3－5のジグザグが、Ⓐ・Ⓑ・Ⓒパターンの間で起こって連結したものである。

図13.8　ダブルのジグザグ

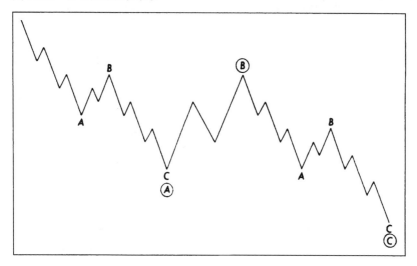

フラット

　フラット型修正波とジグザグ型修正波の違いは、フラット型は3・3・5のパターンを取るということである。図13.10と図13.12を見ると、波動Aは5波動ではなく3波動で構成されていることが分かる。一般的に、フラットは修正というよりも揉み合いの性格が強く、上昇相場の強さの証しとされる。図13.9〜図13.12には、通常のフラットの例が示されている。例えば、上昇相場では、波動Bは波動Aの頂上（開始点）まで上昇して、相場の強さを表す。最後の波動である波動Cはちょうど波動Aの底かそのすぐ下で終了している。一方、ジグザグは対照的にポイントAの底を下抜いて下落する。

　通常のフラット型修正波には、2つの不規則型変形版が存在する。図13.13〜図13.16には、1つ目の変形版を示した。上昇相場の例（図13.13と図13.14）において、波動Bの高値が波動Aの高値を上回

図13.9　強気相場のフラット（3－3－5）の通常の修正

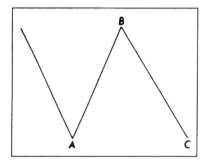

図13.10　強気相場のフラット（3－3－5）の通常の修正

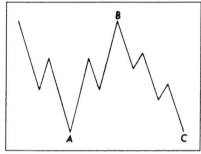

図13.11　弱気相場のフラット（3－3－5）の通常の修正

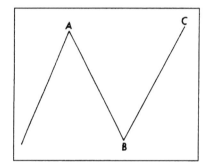

図13.12　弱気相場のフラット（3－3－5）の通常の修正

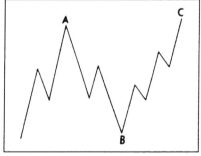

っており、波動Cが波動Aの安値を下抜いているのが分かる。

　もう1つの変形版は、波動Bが波動Aの高値に達し、波動Cが波動Aの底に達しなかった状態である。このパターンは上昇相場が非常に強いことを示すものである。**図13.17～図13.20**に、上昇相場と下落相場でのこのタイプの変形版を示しておいた。

図13.13 強気相場のフラット（3－3－5）の不規則の修正

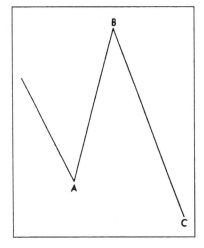

図13.14 強気相場のフラット（3－3－5）の不規則の修正

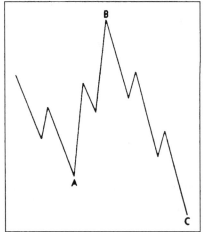

図13.15 弱気相場のフラット（3－3－5）の不規則の修正

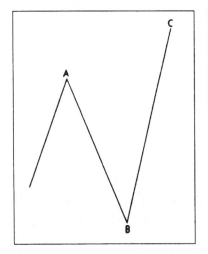

図13.16 弱気相場のフラット（3－3－5）の不規則の修正

図13.17 強気相場のフラット（3
－3－5）の逆不規則
の修正

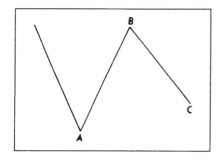

図13.18 強気相場のフラット
（3－3－5）の逆
不規則の修正

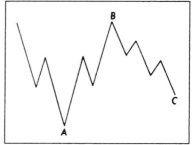

図13.19 弱気相場のフラット（3
－3－5）の逆不規則
の修正

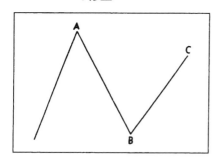

図13.20 弱気相場のフラット
（3－3－5）の逆
不規則の修正

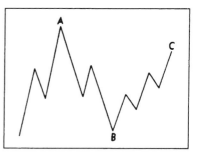

トライアングル

　トライアングルは通常、4番目の波動のときに出現し、最後にメジャートレンドと同じ方向へ動く（また、波動a・b・cのうちの波動bのときにも出現する）。したがって、上昇トレンドで、トライアングルは強気とも弱気とも解釈することができる。つまり、それが上昇トレンドへの復帰を示唆しているという意味においては強気であり、ま

たもう１つ上昇波動が出現したあと、価格が天井を打つことを示唆しているという意味からは弱気でもある（図13.21）。

　エリオットのトライアングルに対する解釈はパターンの従来の解釈と変わるところはないが、そこにエリオットのいつもの精密さが加えられている。第６章でトライアングルパターンは継続パターンであると述べたが、それはまさにエリオットが述べたことであった。エリオットのトライアングルは、５つの波動に分割される横向きの保ち合いパターンであり、各波動はさらに３つの波動を持っている。また、エリオットは、トライアングルを**上昇型**、**下降型**、**対称型**、**拡大型**の４種類に分類したが、これもすべて６章で解説したとおりである。**図13.21**には、上昇トレンドと下落トレンドでの４つのトライアングルを示した。

　先物のチャートパターンは、株式のパターンと完全に同じにはならないことがあるので、先物市場ではトライアングルの波動数が５ではなく、３になることも珍しくはない（しかし、収束する２本のトレンドラインを引くには、少なくとも４点［上に２点・下に２点］が必要である）。また、エリオット波動理論では、トライアングルの５番目と最後の波動が時にトレンドラインをブレイクしてしまい、相場が元のトレンドの方向への「スラスト」が始まるよりも前に、ダマシになってしまうという問題を抱えている。

　５番目と最後の波動が、トライアングルの完成したあとにどこまで伸びるかについてのエリオットの考え方は、古典的なチャート手法と本質的には同じである。つまり、相場はトライアングルの最も幅が広いところの距離（高さ）に見合った分だけ進む。もう１つ特筆すべきことは、最終的な高値と安値のタイミングに関するものである。プレクターによれば、トライアングルの頂点（２本トレンドラインが収束する点）は、最後の５番目の波動が完成する点であることが多いということである。

図13.21 修正波—（水平）トライアングル

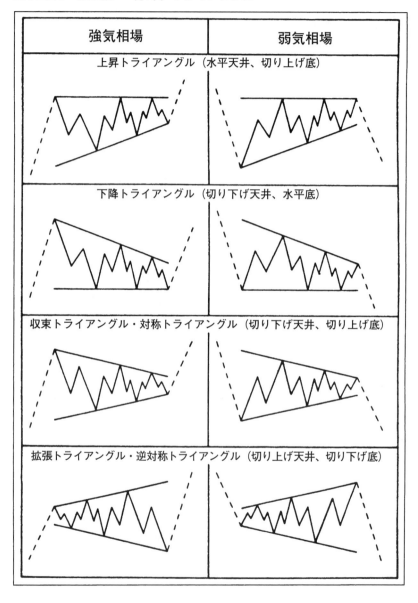

交代の原則

このような手法の適用に関して、より一般的なものとして、通常は相場は連続して2回同じ振る舞いを見せないという原理・原則がある。前にあるタイプの天井や底を付ければ、今回はおそらく前回とは違うタイプになるだろう。このような交代の原則は、次に何が起こるかは正確に教えてはくれないが、何が起こらないかは教えてくれる。この原則による具体的な応用法としては、最も現れそうなのがどのタイプの修正パターンなのかを予想するものがある。修正パターンは交代する傾向が強い。換言すれば、もし修正波2が単純なa・b・cパターンであったならば、波動4はトライアングルのような複合パターンになる可能性が高いということである。反対に、波動2が複合パターンであったならば、波動4は単純なパターンになる可能性が高いということである。**図13.22**にはいくつかの例を示しておく。

チャネル化

波動理論のもう1つの重要な側面は**プライスチャネル**の利用である。第4章では、トレンドのチャネル化について述べた。エリオットはプライスチャネルを目標値の算出法として、また波動をカウントするときの確認手段として用いた。上昇トレンドが形成されれば、最初のトレンドチャネルは、波動1と波動2の安値に沿って上昇トレンドラインを引くことで作成できる。次に、**図13.23**に示されているように、平行チャネルラインが波動1の高値を覆うように引かれる。ほとんどの場合、上昇トレンド全体はこの2本の境界線の内側にとどまる。

波動3が上辺のチャネルラインを上回るポイントまで加速した場合は、**図13.23**に示したように、波動1の高値と波動2の安値に沿ってラインを再び引き直す必要がある。最後のチャネルは、**図13.24**に示

図13.22 交代の法則

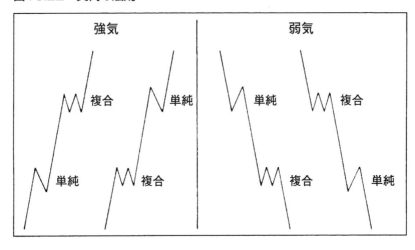

したように、通常、2つの修正波（波動2と波動4）の下に沿って引かれたものと、波動3の高値の上に沿って引かれたもので作られる。もし波動3が異常に強い――すなわち拡張波動なら、上限は波動1の高値を覆うように引かなければならないだろう。5番目の波動はそれが終了する前に上辺のチャネルラインに接近していなければならない。長期トレンドのチャネルラインを引くには、算術目盛りチャートに合わせて、対数チャートを使ったほうがよい。

波動4と支持線領域

波動の形態と指針についての議論に結論を出す前に、もう1つ言っておくべき重要なことがある。それは、上昇波のあとの下降波で支持線領域として機能する波動4の重要性である。5つの上昇波動が完成し、下降波に移ったとしても、その下落は通常、1段階低次の波動である前の波動4――つまり、前の上昇波のときに形成された最後の波

第13章 エリオット波動理論

図13.23　前のチャネルと新チャネル

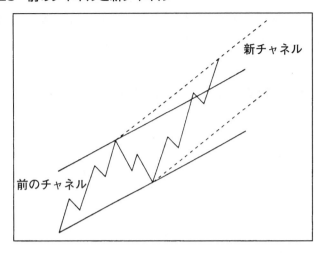

図13.24　最終チャネル

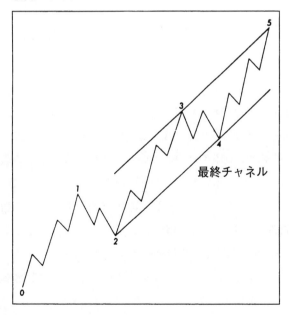

409

動４──を下回ることはない。この原則にも例外はあるが、通常、波
動４の安値は下降波を食い止める。この価格に関する情報は、最大の
下値目標を算出するときに非常に有効である。

波動原理の基礎としてのフィボナッチ数列

　エリオットは『ネイチャーズ・ロー』のなかで、波動原理の数学的
基礎は19世紀にレオナルド・フィボナッチによって発見された数列で
あると述べている。この数列は、その発見者とともに人々に知られる
ようになり、一般的に「フィボナッチ数列」と呼ばれている。この数
列は、1、1、2、3、5、8、13、21、34、55、89、144と始まって、
無限に続いていく。

　この数列には、たくさんの興味深い特性があり、各数値間のほぼ一
貫した関係性もけっして無視することはできない。

1．任意の連続した2つの数字を足したものは、次の数字と等しい。例
　えば、3＋5は8に等しく、5＋8は13に等しい。
2．最初の4つの数字を除けば、任意の数字の、その次に続く数字に
　対する比率が0.618に近づいていく。例えば、1÷1は1.00、1÷
　2は0.50、2÷3は0.67、3÷5は0.60、5÷8は0.625、8÷13は
　0.615、13÷21は0.619と続いていく。このような最初の数字の比率
　は、0.618を中心としてその上下に触れながら、徐々にその幅が狭
　まっていくのが分かる。また、1.00、0.50、0.67という数値が出て
　きている。このような数値については、比率分析とリトレースメ
　ント比率のところでさらに述べたい。
3．ある任意の数字の、それより1つ小さい数字に対する比率は約1.618
　となり、0.618の逆数となる。例えば、13÷8は1.625、21÷13は
　1.615、34÷21は1.619である。このような比率は、数字が大きくな

第13章　エリオット波動理論

ればなるほど、1.618に近づいていく。

4．1つ飛ばしの比率は、2.618（あるいは、その逆の0.382）に近似していく。例えば、13÷34は0.382、34÷13は2.615である。

フィボナッチ比率とリトレースメント

　前に述べたように波動理論には、①パターン、②比率、③時間 ── の3つの側面がある。この3つのうち最も重要な波動のパターンについては、すでに解説した。ここでは**フィボナッチ比率とリトレースメント（押し・戻り）**の応用について考えてみよう。この関係は、価格と時間の両方に適用することができるが、前者の価格のほうがより信頼性が高いとされている。時間については後半で解説する。

　まず、**図13.1**と**図13.3**に戻って見てほしい。基本的な波動のパターンは必ずフィボナッチ数に分割されていることが分かる。1つの完全なサイクルは、5つの上昇波動と3つの下降波動という8つの波動から構成されている。これらはすべてフィボナッチ数である。2回の再分割によって34と144の波動が生み出されるが、これらもフィボナッチ数である。波動理論の数学的基礎であるフィボナッチ数列は、単に波動のカウントにとどまるものではない。異なる波動間の比例的関係の問題にもかかわってくるのである。以下に、最もよく用いられるフィボナッチ比率からいくつかを挙げてみる。

1．3つの衝撃波のうち1つが拡張することがある。このときほかの2つの波動は時間的にも規模的にも等しくなる。もし波動5が拡張したら、波動1と波動3はほとんど等しくなるはずである。もし波動3が拡張したら、波動1と波動5が等しくなる傾向がある。

2．波動3の高値の最小目標値は、波動1の距離を1.618倍し、それを波動2の安値から足すことで得られる。

411

3．波動5の高値は、波動1に3.236（＝2×1.618）を掛け、それを波動1の高値から足すと最大目標値の近似値が得られ、安値から足すと最小目標値の近似値が得られる。

4．波動1と波動3がほとんど等しく、波動5の拡張が予測されるときは、目標値は波動1の安値から波動3の高値までの距離を1.618倍し、それを波動4の底から足すことで得られる。

5．修正波において、通常の5－3－5のジグザグ型修正波を見せるときは、波動cの長さは波動aと同じになることが多い。

6．波動cの予想される距離を知るもう1つの方法は、波動aの長さに0.618を掛けて、それを波動aの安値から引けばよい。

7．3－3－5のフラット型修正派の場合、波動bが波動aの高値に届くか、それを上回るようなときは、波動cは波動aの約1.618倍となる。

8．対称トライアングルの場合、個々の連続する波動はその前の波動に0.618という数字を掛けたものになる。

フィボナッチリトレースメント比率

　前述の比率は、衝撃波と修正波の目標値を決定するときにも役立つ。目標値を決定するもう1つの方法として、**リトレースメント比率**を用いる方法がある。リトレースメントの分析で最もよく用いられる数値は、61.8％（通常、四捨五入して62％）、38％、50％である。第4章で、相場は前の上昇分や下落分をある予測可能な比率分だけ逆行すると述べた。このとき最もよく用いられる比率が、33％、50％、67％である。フィボナッチ数列によって、このような数値はもう少し精緻化される。強いトレンドが進行中のときは、最小のリトレースメント比率は約38％となる。弱いトレンドが進行中のときは、リトレースメント比率は最大で62％となる（**図13.25**と**図13.26**）。

412

図13.25 3本の水平線はＴボンドの1981年の安値から1993年の高値までを基準に算出された38％、50％、62％のフィボナッチリトレースメント水準を示している。1994年のＴボンド価格の調整はちょうど38％のリトレースメント線のところで止まっている

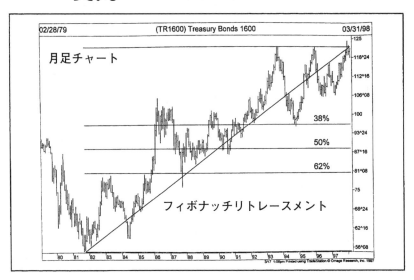

　初めに指摘したように、隣り合うフィボナッチ数の比率は、最初の4つ以上の数字になれば、0.618に近づいていく。最初の3つの比率は、1÷1（100％）、1÷2（50％）、2÷3（66％）である。エリオット波動を学ぶ多く人は、有名な50％リトレースメントが2/3リトレースメントとともに、フィボナッチ比率であるということに気づいていないかもしれない。また、前回の上昇分と下落分を完全に打ち消す水準の100％リトレースメントは重要な支持線・抵抗線領域となる。

フィボナッチ目標時間

　ここまで波動分析での時間の側面についてあまり述べてこなかった。

図13.26　1994年の安値から1996年前半の高値までを基準に算出されたTボンド価格のフィボナッチ比率線が3本引かれている。Tボンド価格は62％ラインまで調整している

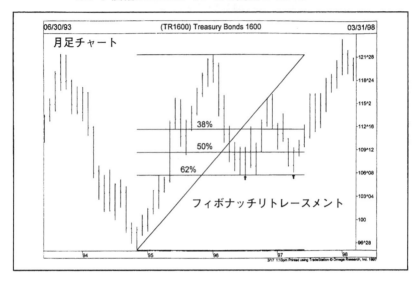

しかし、フィボナッチ数と時間の関係も存在している。ただそれは、エリオット波動実践者からも予測するのが困難と言われ、3つの側面のうち最も重要度が低いとされている。フィボナッチ目標時間は、重要な高値や安値から未来に向かって取引日を数えることで得られる。日足チャートでは、重要な高値や安値の日から未来に向かって取引日数を数えていく。転換日からフィボナッチ日数（例えば、13日目、21日目、34日目、55日目、89日目）を数えていき、将来のその日が次の高値や安値になると予測するのである。同様の手法を週足や月足や年足のチャートにも応用することができる。週足チャート上で最初に重要な天井や底を特定し、そこからフィボナッチ日数を未来に向かって数え、目標時間を予測する（図13.27と図13.28）。

図13.27 1981年の安値から月足チャートによって算出されたTボンドのフィボナッチ目標時間。偶然の一致の可能性もあるが、最後の4つの目標時間（垂直線）はTボンドの重要な反転と一致している

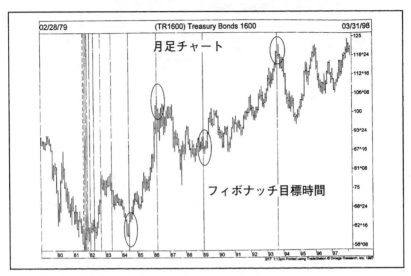

波動理論の3つの面を組み合わせる

　理想的な状況は、パターン・比率・時間の結果が重なったときである。波動の研究によって、まず第5波動が完成し、次に波動5が波動1の安値から波動3の高値までの距離の1.618倍まで伸び、最後にトレンドが開始してからの時間が前の安値から13週、前の高値から34週になったと仮定してみる。さらに、第5波動が21日間続いたとしよう。このようなときは重要な高値が近づいているという強い予測を立てることができると言える。
　株式市場と先物市場の両方のチャートを研究することで、数多くのフィボナッチ数的な時間関係の存在が明らかになる。しかし、問題は多種多様で潜在的な関係が存在することである。フィボナッチ目標時

図13.28 1982年の底から月足チャートによって算出されたダウ平均のフィボナッチ目標時間。最後の3本の垂直線は1987年、1990年、1994年の株式の下落相場の年と一致している。1994年の高値は1982年の安値から13年目に当たる。これもフィボナッチ数である

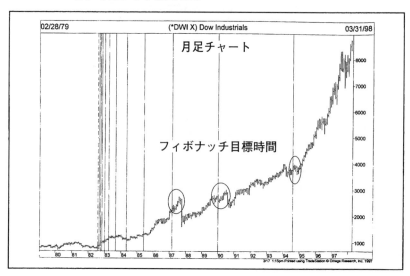

間は、「高値から高値」「高値から安値」「安値から安値」「安値から高値」から選択して設定できる。このような関係は、すでに起こった事実からは必ず発見できる。しかし、いくつかの潜在的な関係性のうち、どれが現在進行中のトレンドに関係するものかは必ずしも明白ではない。

エリオット波動の応用 —— 株式市場とコモディティ市場

波動理論の適用に関して、株式とコモディティではいくつかの相違点がある。例えば、株式市場では波動3が拡張し、コモディティ市場

では波動5が拡張する傾向がある。株式市場には、波動4はけっして波動1とは重なるまで下落しないという確固たる原則があるが、コモディティ市場ではそれほど強固たる原則ではない（日中のブレイクは先物チャートでも発生する）。コモディティでは、先物よりも現物市場のほうが明確にエリオットパターンを描くことがある。また、商品先物市場ではつなぎ足チャートを使用するため、そこから生じるゆがみが長期で見たエリオットパターンに影響を与えることがある。

おそらく両者の最も大きな違いは、コモディティ市場のメジャーな上昇相場は「抑えられる」という点にある。これは、上昇相場の高値がいつも前の上昇相場の高値を上抜くものではないということを意味している。したがって、コモディティ市場では、完結した5つの波動を持った上昇トレンドが前の上昇相場の高値に達しないということが十分起こり得る。多くのコモディティ市場で1980年から1981年にかけて大天井を付けたが、そのときもその7～8年前に付けた大天井を更新することはできなかった。2つの領域の比較として最後に一言言うと、コモディティ市場における最良のエリオットパターンは、ベース（底）を長期にわたって延長し、そこからのブレイクアウトが起こったときに形成されるように思われる。

ここで注意すべきは、波動理論は元々、株価平均に適用されるために考えられたという点である。個別株で同じように機能するというものではない。また、商いの薄い先物市場でも有効に機能はしない。なぜなら、集団心理がこの理論が依拠する重要な基礎となっているからである。金（ゴールド）には多くの取引参加者がいる厚い市場なので、格好の分析対象になっている。

要約と結論

ここで波動理論の要点を簡単に要約し、正しく理解しておこう。

417

1. 上昇相場の完全なサイクルは8つの波動で構成されており、5つの上昇波のあとに3つの下降波が続く。

2. トレンドは、より長いトレンドと同じ方向に動くときは5つに分割される。

3. 修正波はいつも3つの波動として現れる。

4. 単純な修正には、ジグザグ（5-3-5）とフラット（3-3-5）の2種類がある。

5. トライアングルは4つの波動によって作られ、必ず最終波動がそのあとに現れる。また、トライアングルは修正波Bになり得る。

6. 波動はより長い波動に拡張することができ、またより短い波動に分割することもできる。

7. 衝撃波の1つが長く伸びることがある。そのとき、ほかの2つの波動は時間的にも規模的にも等しくなる（はずである）。

8. フィボナッチ数列はエリオット波動理論の数学的基礎である。

9. 波動の数はフィボナッチ数列に従う。

10. フィボナッチ比率とそのリトレースメント（押し・戻り）は、目標値を決定するときに用いられる。最もよく用いられるリトレースメント比率は、62％、50％、38％である。

11. 交代の原則とは、連続して同じものが現れないということである。

12. 下落相場は、前の第4波動の安値を下回らない（はずである）。

13. 波動4は波動1と重なるようになるまで下落しない（はずである。ただし、先物市場では厳格なルールではない）。

14. エリオット波動理論を構成するものを重要度の高い順番に並べると、①パターン、②比率、③時間——である。

15. この理論は本来、株価平均に適用するために考えられたものであり、個別株で同じように機能するものではない。

16. この理論は、金（ゴールド）のように広く大衆が参加しているコモディティ市場では最もうまく機能する。

第13章　エリオット波動理論

17. コモディティ市場での主な相違点は、上昇相場で見られる「抑えられる」ものの存在である。

　エリオット波動原理は、ダウ理論や伝統的なチャートパターンのような、より古典的なアプローチを基礎に組み立てられている。よって、そのような価格パターンのほとんどは、エリオット波動の枠組みのなかで説明することができる。また、エリオット波動原理は、フィボナッチ比率での予測とリトレースメント比率を採用しており、相場の上げ下げに基づいた目標値の算出を行うものである。エリオット波動原理は、このような要素のすべてを考慮に入れているだけでなく、それらに秩序と高い予測性を与えることで、それらを超越したと言えるのである。

波動理論はほかのテクニカルツールと組み合わせて用いるべきである

　エリオットのパターンが鮮明に現れるときもあれば、そうでないときもある。判然としない相場の動きを無理にエリオット波動に当てはめようとしたり、分析過程でほかのテクニカルツールを無視するのはエリオット波動理論の間違った利用法である。肝心なのは、エリオット波動を相場予測というパズルの答えの一部として考えることである。本書で解説したそのほかのテクニカル理論と組み合わせて用いれば、エリオット波動理論の利用価値と成功の可能性はより高まるだろう。

参考文献

　エリオット波動理論とフィボナッチ数に関する２つの優れた情報源として、ロバート・プレクター・ジュニア著『ザ・メジャー・ワーク

ス・オブ・R・N・エリオット（The Major Works of R.N. Elliott ）』
と、A・J・フロストとロバート・プレクター著『**エリオット波動入門**』（パンローリング）を挙げておく。

　また、**図13.1〜図13.24**で用いたすべての図表は、ニュー・クラシック・ライブラリー社の好意によって、A・J・フロストとロバート・プレクター著『Elliott Wave Principle』（『**エリオット波動入門**』［パンローリング］）から拝借し、再編成したものである。

　フィボナッチ数に関する入門書としては、エドワード・D・ドブスン著『アンダースタンディング・フィボナッチ・ナンバーズ（Understanding Fibonacci Numbers)』が最適であろう。

【編集部注】
本章の図13.1から図13.24の出所はすべて「A・J・フロストとロバート・プレクター著『Elliott Wave Principle』（『エリオット波動入門』［パンローリング］）」です。

サイクル
Time Cycles

14

はじめに

　第13章までは主に価格の動きについて焦点を当ててきたが、相場予測というパズルを解くときの**時間**の重要性についてはあまり述べてこなかった。ただ時間に関する問題は深くは書いてこなかったが、テクニカル分析全般にわたって存在している問題で、二次的なものとして脇に追いやられてしまっている。本章では、相場予測という問題を、**サイクル（周期）**が相場の上昇や下落を解き明かす究極的な鍵であるとするサイクルアナリストの視点から見ていきたい。その過程で種類を増やしつつある分析ツールのリストのなかに、時間軸という重要なツールをもう１つ追加することになる。すなわち、相場が「どのように」「どこまで」動くのかと問うだけでなく、「いつ」動き始め、そこに「いつ」到達するのかというところまで検討していきたい。

　標準的な日足チャートを考えてみよう。縦軸は価格の目盛りである。しかし、それはデータの半分にすぎない。横軸の目盛りは時間を表す。このように、実際、チャートは時間と価格のチャートになっている。いまだに時間を考慮することなく、価格データだけを分析の対象とするトレーダーが多くいる。チャートパターンを学習すれば、パターン形成に要した時間とその後の潜在的な値動きの間に関係があることに気

421

づく。トレンドラインや支持線・抵抗線水準が効力を長く保持すれば
するほど、その有効性も増す。移動平均を使用するときは、それに適
切な期間を設定しなければならない。オシレーターでさえも期間を決
定する必要がある。前の第13章では、フィボナッチ目標時間の有効性
についても検討した。

　テクニカル分析はそのあらゆる局面において、時間をどうとらえる
かということにある程度依存していることは明らかだろう。しかし、時
間のとらえ方は実際には首尾一貫しておらず、信頼に値する方法では
行われない。このようなときはサイクルの出番である。サイクルのア
ナリストは、サイクルが相場動向の二次的・補助的な役目を演じるの
ではなく、上昇相場・下落相場の決定的な要因であると考えている。時
間は有力な要因であるというだけでなく、ほかのあらゆるテクニカル
ツールにサイクルの考えを取り入れることで、それらを改良すること
もできると考えている。例えば、移動平均とオシレーターでは、それ
らと支配的サイクルを結びつけることで最適化することができる。ト
レンドライン分析は、サイクル分析を用いて有効なトレンドラインを
判別することで、より正確なものとなる。価格パターン分析は、サイ
クルの高値と安値を組み合わせることでより精度を高めることができ
る。また「タイムウインドウ」を用いることによって、価格の動きに
フィルターをかけることができる。そうすることで関係のない値動き
を無視し、重要なサイクルの高値と安値を付けると予測されるときだ
けに注力することができるのである。

サイクル

　筆者が読んだサイクルを主題とした文献のなかで最も興味深かった
ものは、サイクル第一人者の1人であるエドワード・R・デューイが
オズ・マンディーノと共著で書いた『サイクルズ——ザ・ミステリア

ス・フォース・ザット・トリガー・イベンツ（Cycles : The Mysterious Forces That Trigger Events）』である。一見、無関係と思われる何千ものサイクルを、数百年、場合によっては数千年にも及ぶ期間から発見している。大西洋のサケの生息数に関する9.6年のサイクルから、1415年から1930年までの世界的な戦争に見られる22.20年サイクルまで、ありとあらゆるサイクルを追跡している。1527年からの太陽黒点活動の増減の平均周期は11.11年であることが発見された。不動産取引に関する18.33年サイクルと株式相場に関する9.2年サイクルを含むいくつかの経済サイクルも記されている（**図14.1**と**図14.2**）。

デューイの議論によって、2つの驚くべき結論が導き出されている。1つは、相互に無関係と思われる多くのサイクルが、同じような期間を持っているということである。デューイは『サイクルズ』で、9.6年サイクルを持つ37の異なる例を挙げている。これにはニュージャージー州のイモムシの個体数やカナダのコヨーテの生息数、アメリカの小麦の作付面積、アメリカの綿花の価格などが含まれる。なぜこのような無関係な現象にもかかわらず、同じようなサイクルが現れるのであろうか。

もう1つの発見は、このような類似したサイクルは同調して動く、つまり、同時に反転するということである。**図14.3**には、18.2年というサイクルを持った異なる12の例が示されている。これには、アメリカにおける結婚や移民や株価などが含まれる。デューイの導き出した驚くべき結論は、宇宙の「あちら側」にある何かがこのようなサイクルを引き起こしているに違いないというものだった。すなわち、人間存在の多くの領域で見られるこのようなサイクルの存在を説明するのに、「宇宙の鼓動」のようなものが存在するというのである。

1941年、デューイは「サイクル研究基金（The Foundation for the Study of Cycles）」を設立した。この組織は、サイクル研究に関する組織では最も古く、この分野においてはリーダー的地位を占めている。

図14.1 太陽黒点の出現に関する22.2年サイクル。干ばつは太陽黒点がもっとも少ない年の2年後に起こることが多い。直近で黒点がもっとも少なかったのは1970年前半であるから、次に干ばつが起こるのは1990年の半ばと考えられる。チャート上に描かれた破線は「理想的な」サイクルであり、実線はトレンドが除去された実際のデータである

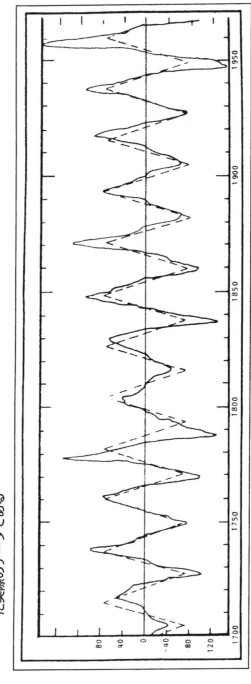

出所＝サイクル研究基金

第14章 サイクル

図14.2 世界の戦争に関する22.2年サイクルでは1982年に天井を付ける予定である。チャート上に描かれた破線は「理想的」サイクルであり、実線はトレンドが除去された実際のデータである

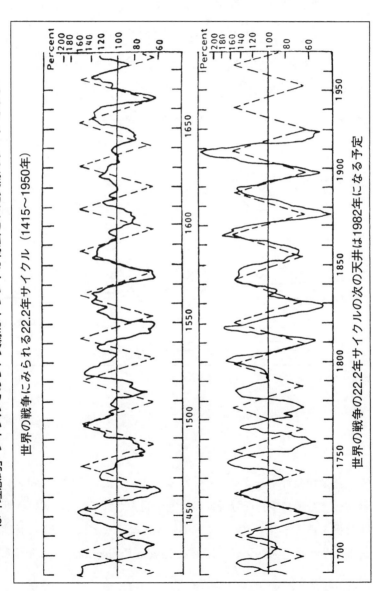

出所=サイクル研究基金

図14.3　18.2年サイクルの一覧

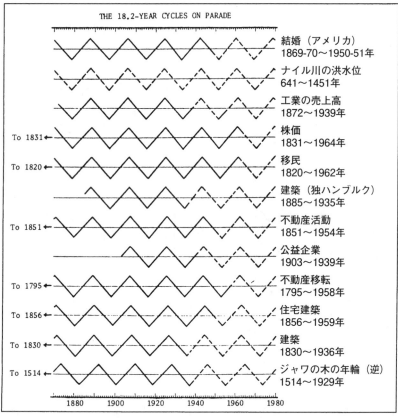

出所＝エドワード・R・デューイ著『サイクルズ』より

　この基金が発行する『サイクルズ（Cycles）』という雑誌では、経済や経営を含む多種多様な分野での研究が発表されている。また、サイクル分析を株式・コモディティ・不動産・経済などに応用した月次リポート『サイクルプロジェクション（Cycle Projections）』も発行している。

図14.4　２つのサイクルを持った価格の波。このような単純１個の波が組み合わさって、株価や商品の価格の動きは形成されている。この波では２つのサイクルしか示されていないが、波というものは左右に無限に拡張される。このような波がサイクルからサイクルへと反復しているのである。その結果、波が特定されば、過去や未来の任意の時点の値は決定される。波によって株価の動きをある程度予測することができるのはまさにこのような特性による

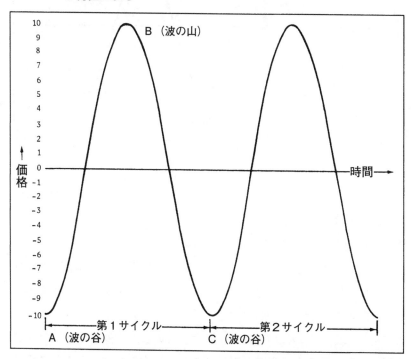

サイクルの基本概念

1970年、J・M・ハーストは『ザ・プロフィット・マジック・オブ・ストック・トランザクション・タイミング（The Profit Magic of Stock Transaction Timing)』を執筆した。この本は、主に株式相場のサイク

図14.5　波の振幅。この図では波の振幅は10ドルである（－5ドル～＋5ドル）。振幅を知るには波の谷から山の距離を測ればよい

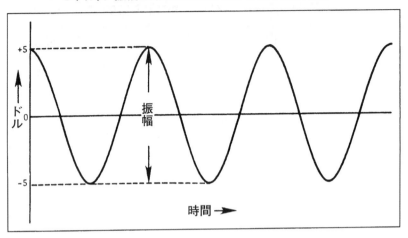

ルを扱ったもので、サイクル理論に関して入手可能な最良の解説書であり、一読を強くお薦めしたい。以下で用いる図表は、ハーストの著作から引用させてもらったものである。

まず、サイクルがどのようなものなのかを概観し、3つの主要な性質について解説したい。**図14.4**は、価格サイクルの2つの反復を示したものである。サイクルの底は**谷**と呼ばれ、天井は**山**と呼ばれる。ここで示された2つの波の長さは、谷から谷の長さを測定する。**サイクルアナリストは底と底を結んでサイクルの長さを測定することを好む**。山と山の間隔を測定することもできるが、谷間の測定ほど安定性や信頼性があるとみなされていない。したがって、この例で示されているように、サイクル波の初めと終わりを測るときはその底値で測定するのが一般的な慣行となっている。

サイクルの3つの性質とは、**振幅、波長、位相**である。振幅は、**図14.5**で示されるように、波の高さを測定したものであり、ドルやセントやポイントで表現される。波長とは、**図14.6**で示されるように、谷

図14.6 波長。この図では波長は20日である。これは連続する2つの波の谷の間の距離を測定することで分かる。波長は波の山の間の距離を測定することでも同様に測ることが可能である。しかし、価格の波の場合、後述する理由によって、波の谷のほうが波の山よりも明確に特定される。結果として、価格の波長としては谷と谷の間の距離を測定し用いることが多い

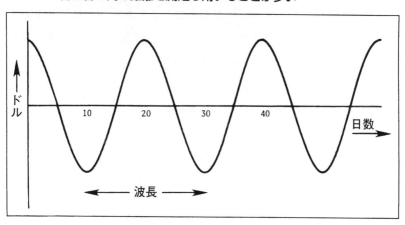

図14.7 位相の異なる2つの波。この2つの波の位相には6日のずれがある。この位相の相違を測定するには2つの波の谷の間の距離を測る。その理由をもう一度述べれば、波の谷は価格の波を特定するポイントとして、もっとも都合が良いからである

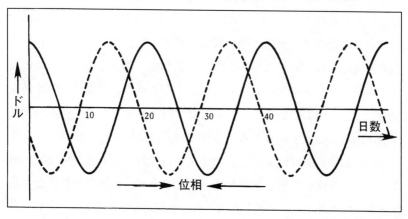

と谷の間の時間である。この例では、波長は20日となっている。位相とは、波の谷の時間的な位置を指す。**図14.7**では、2つの波における位相の違いが示されている。いくつかの異なるサイクルが同時に発生しているため、サイクルアナリストは、位相分析（フェイジング）を行うことで、異なるサイクルの長さの間にある関係性を研究する。また、位相分析は最終のサイクルの底の日付を特定するために用いられる。例えば、20日サイクルの底が10日前であれば、次に訪れるサイクルの底を決定することができる。いったんサイクルの振幅・波長・位相が分かると、サイクルを用いて理論的に将来を予測することができる。サイクルが相当程度一定であり続けると仮定すれば、サイクルを用いて将来の高値と安値を予測することができる。このようなやり方は、サイクル分析の最も簡単で基礎となる方法である。

サイクルの原則

ここでサイクルの考え方の基礎にあるいくつかの原則を見てみよう。最も重要な4つの原則は、①総和の原則、②調和の原則（調和性）、③一致の原則（一致性）、④比例の原則——である。

総和の原則とは、あらゆる価格の動きは現行のサイクルをすべて足し合わせたものになるという原則である。**図14.8**では、1番上の価格パターンがその下にある2つの異なるサイクルを単純に足し合わせて形成されたものであることが実際に示されている。ここでは、特に複合波Cがダブルトップの形をしていることが見てとれよう。サイクル理論では、すべての価格パターンは2つ以上の異なるサイクルの相互作用によって形成されると考える。この点については、後半で再度述べたい。総和の原則によって、サイクルによる相場予測の論理的根拠についてより深い理解が得られる。ここですべての値動きが異なる長さを持ったサイクルの単純な総和であると仮定してみよう。さらに、当

図14.8 2つの波の総和。破線は各時点で波Aの値が波Bの値に加算され、複合的な波Cが作り出される様子を示している

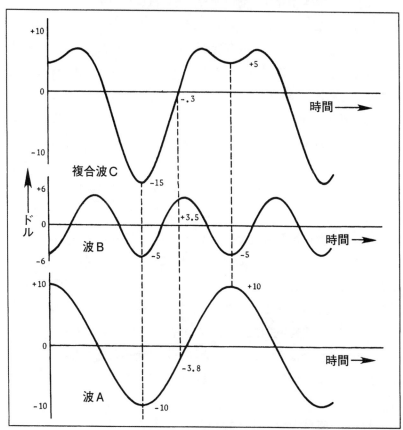

該の各サイクルはそれぞれ個別に取り出して測定することができるものとする。また、当該の各サイクルは、将来にわたって変動し続けるものとする。そのとき、各サイクルを単純に将来にわたって伸ばしていき、それらを足し合わせることによって、将来の価格が導き出せるはずである。そうでなければ、この理論は成立しない。

調和の原則とは、隣り合う波はある小さい整数によって関係付けら

れているという単純な原則である。通常、その数字は２である。例え
ば、20日サイクルが存在するのなら、その次に短いサイクルはその長
さの半分、すなわち10日となる。そのとき、次に長いサイクルは40日
となる。第９章で述べた「４週間ルール」を思い出してほしい。そこ
では、より短期の２週間ルールやより長期の８週間ルールの有効性を
説明するために、調和の原理が引き合いに出された。

　一致の原則とは、異なる長さを持った波がほぼ同時に底を打つ強い
傾向のことをいう。**図14.9**は、調和の原則と一致の原則の両方を示す
ことを意図している。チャートの下部にある波Ｂは、波Ａの長さの半
分である。波Ａのなかには、より小さい波である波Ｂの反復が２つ含
まれており、これは２つの波の間にある調和性を示している。波Ａが
底を打ったとき、波Ｂも底を打つ傾向があり、これは２つの波の間に
ある一致性を示している。また、一致性には、市場が異なっていても
同じような長さを持つサイクルは、同時に反転するという意味もある。

　比例の原理とは、サイクルの波長と振幅の間にある関係を示したも
のである。長い波長（長さ）を持ったサイクルは、それに比例して、よ
り広い振幅を持つはずである。例えば、40日サイクルの振幅（高さ）
は、20日サイクルの約２倍の振幅を持つはずである。

多様性の原理と名目性の原理

　上記のほかにも、サイクルにはより一般的な意味で、その振る舞い
を表す原理が２つある。それは**多様性の原理**と**名目性の原理**と呼ばれ
るものである。

　多様性の原理とは、その名が示すように、すでに述べたサイクルの
原理である総和・調和・一致・比例といった原理は強い傾向を持つが、
常に一様に当てはまるものではないということである。通常、現実の
世界というものは「多様性」に富んでいるということである。

第14章 サイクル

図14.9 調和性と一致性

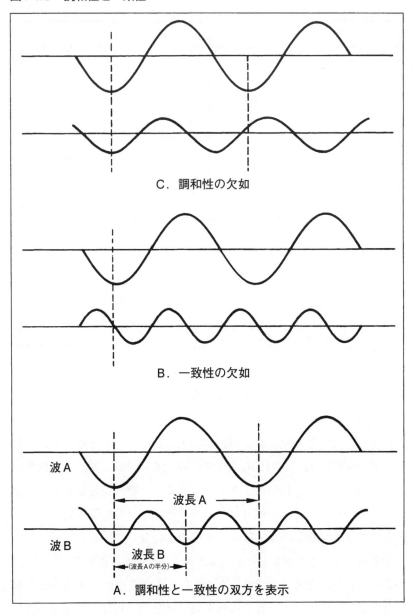

図14.10　単純な名目モデル

年	月	週	日
18			
9			
	54		
	18		
		40	
		20	
			80
			40
			20
			10
			5

　名目性の原理とは、以下のような前提に基づくものである。つまり、さまざまな市場にはそれぞれに違いがあり、サイクルの原理を実際に適用するときには原理どおりにはいかないものの、あらゆる市場に影響を与えるような調和的に関連した一連の名目的な（＝実質にかかわらず一定した形を持つ）サイクルが存在する、という前提に基づいているということである。そして、どんな市場を分析するときでも開始点になるのは、このサイクルの長さの名目的なモデルを用いるのである。図14.10には、名目的なモデルの単純なバージョンが示されている。このモデルは、18年サイクルから始まり、その長さを半分にしながら続いていく。唯一の例外は、54カ月と18カ月の関係である。このときにかぎり、2分の1ではなく3分の1になっている。

　個別市場でのさまざまなサイクルの長さについて解説するときに、このような名目的なモデルでサイクルのほとんどを説明できることを示したいと思う。ここで「日」の列を見てほしい。40日・20日・10日・5日と記されている。すぐに、これらの数字は最もよく用いられる移

動平均の期間であることに気づくだろう。よく知られた4・9・18日という移動平均の期間は、5・10・20日のバリエーションである。オシレーターの多くは、5・10・20日を用いる。ウイークリールールを採用したブレイクアウトシステムでは、同じ数字を2・4・8週に変えて用いている。

サイクルの考え方がチャート分析手法をいかに助けるか

　ハーストの著作の第3章では、サイクルの原理をうまく組み合わせることによって、トレンドラインやチャネルやチャートパターンや移動平均などの標準的なチャート分析手法をより深く理解でき、またより優位に利用することができるということが極めて詳細に書かれている。**図14.11**はトレンドラインとチャネルの存在を説明する助けになる。横に直線的に動くサイクル波は、長期の上昇トレンドを表す上昇直線と合成すれば、上昇プライスチャネルとなる。チャートからトレンドを分離して水平なサイクルだけを取り出せば、オシレーターとよく似ていることが分かるだろう。

　ハーストの第3章に掲載されている**図14.12**は、ヘッド・アンド・ショルダーズ・トップのパターンが異なる長さを持った2つのサイクルと、より長期の持続的成分の総和を表す上昇線を組み合わせることによって形成されることが示されている。ハーストはさらにダブルトップやトライアングルパターンやフラッグやペナントなどに、サイクルの考え方を応用して説明している。例えば、V字トップ（V字ボトム）は、中期的なサイクルの反転が次に長い（短い）波長のサイクルの反転と同時に起こったときに発生するものであると説明している。

　また、ハーストは、移動平均について、その長さが支配的サイクル（ドミナントサイクル）と一致したときにより有効性が増すと述べてい

図14.11 チャネルの形成

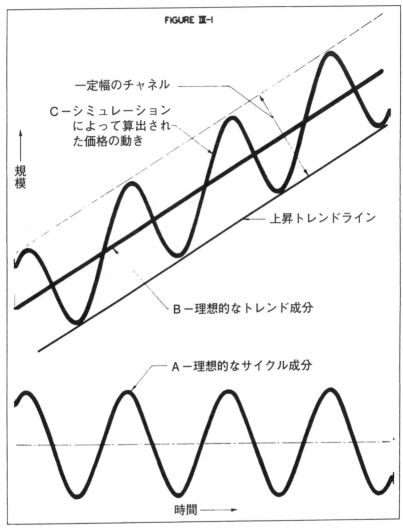

出所＝J・M・ハースト著『ザ・プロフィット・マジック・オブ・ストック・トランザクション・タイミング』より

図14.12a　成分の追加

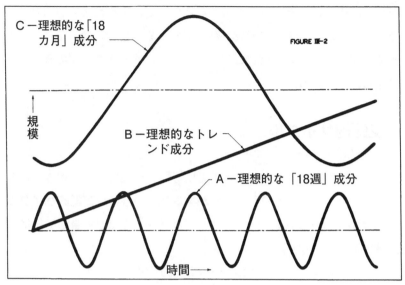

出所＝Ｊ・Ｍ・ハースト著『ザ・プロフィット・マジック・オブ・ストック・トランザクション・タイミング』より

図14.12b　総和原則の適用

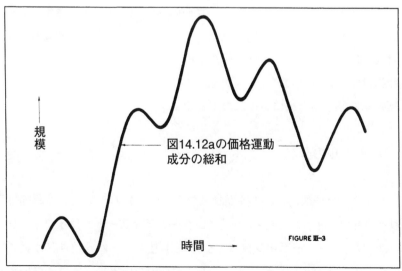

出所＝Ｊ・Ｍ・ハースト著『ザ・プロフィット・マジック・オブ・ストック・トランザクション・タイミング』より

る。伝統的なチャート手法の学習者は、ハーストの著作の「チャートパターンの実証」という章を読むことで、このようなよく見られるチャートの形がどのように形成され、事によるとさらには、それらがなぜ機能するのかといったところまで、深く理解することができるようになるはずである。

支配的サイクル

　多くの異なるサイクルが金融市場に影響を与えている。相場予測を目的とした場合、実際の利用価値がある唯一のものは**支配的サイクル（ドミナントサイクル）**である。支配的サイクルとは、一貫して価格に影響を与えるもので、明確に特定することができるものを言う。多くの先物市場では、少なくとも５つの支配的サイクルがある。本書の第８章の長期チャートの使用に関する章で、あらゆるテクニカル分析は長期の見通しから始め、そこからだんだんと短期に向かうべきであると強調して述べた。その原則は、サイクルの研究においても当てはまる。つまり、正しい手順として、長期の支配的サイクル（数年）の研究から始め、それから中期の支配的サイクル（数週間から数カ月）に対象を向ける。そして最後に超短期のサイクル（数時間から数日）を仕掛けや手仕舞いのタイミングを計ることや、より長期のサイクルの反転を確認するために用いるのである。

サイクルの分類

　サイクルは一般的に、①**長期サイクル**（長さが２年以上）、②**季節性サイクル**（１年）、③**メジャー（インターメディエート）サイクル**（９〜26週）、④**トレーディングサイクル**（４週）——に分類される。このうちトレーディングサイクルはより期間の短い**アルファサイクル**と

図14.13

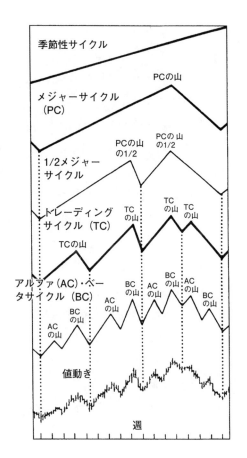

ベータサイクルに分かれる。これらの期間は平均２週間である（図14.13に書かれたメジャー、トレーディング、アルファ、ベータという名称は、ウォルト・ブレザートがさまざまな長さを持ったサイクルを記述するために用いたものである）。

コンドラチェフの波

さらに長いサイクルも存在する。そのうち最もよく知られているの

が、約54年のサイクルを持つコンドラチェフの波である。1920年代ロシアの経済学者ニコライ・D・コンドラチェフによって発見されたよく論争の的となる経済活動の長期サイクルは、実質的にすべての株価やコモディティ価格に大きな影響を与えている。特に54年サイクルは、金利と銅と綿花と小麦と株式と卸売商品の価格のなかに確認することができる。コンドラチェフは、1789年からこの「長期の波」をイングランドのコモディティ価格や銑鉄の製造や農業労働者の賃金などをもとに追跡した（**図14.14**）。コンドラチェフのサイクルは、よく議論の的となるが、1920年代に起こった直近の大天井と訪れるべき次の天井が長い間到来していないので、近年、特に議論されている。コンドラチェフ自身は、サイクルに関して資本主義経済的な見解を持っていたため、重い代償を支払うこととなった。彼はシベリアの労働収容所で息を引きとったとされている。彼の理論に関する詳細は、彼の『ザ・ロング・ウエーブ・サイクル（The Long Wave Cycle）』を参照してほしい（また、このテーマについて書かれた、デビッド・ノックス・バーカー著『ザ・Kウエーブ（The K Wave）』とディック・ストーケン著『ザ・グレート・サイクル（The Great Cycle）』の2冊を挙げておく）。

サイクルの長さを組み合わせる

　一般原則として、長期サイクルと季節性サイクルが市場のメジャートレンドを決定する。仮に2年サイクルが底を打ったとすれば、谷から山の長さ分（つまり、少なくともその後1年間）は、上昇が期待できるのは明らかであろう。したがって、長期サイクルは市場の方向に大きな影響を与える。また、市場は年単位で動く季節性パターンを持っている。すなわち、市場は1年のある時点で山を迎え、あるいは底を打つ傾向を持っている。例えば、穀物市場では、収穫時期に安値を

第14章 サイクル

図14.14 コンドラチェフの長期波（詳細はニコライ・コンドラチェフ著『ザ・ロング・ウエーブ・サイクル』を参照のこと）

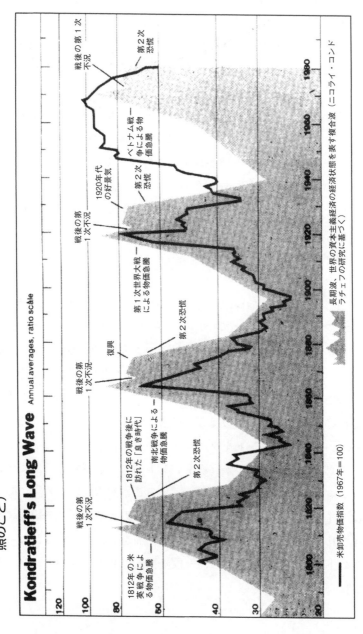

441

付け、そこから上昇する。季節性の動きは数カ月間持続する。

　トレード目的では、週単位のメジャーサイクルが最も有用性が高い。3〜6カ月のメジャーサイクルは、インターメディエートトレンドと同じであり、一般的にどちらの方向にトレードすべきかを決定するものである。次に短いサイクルである4週間のトレーディングサイクルは、メジャートレンドの方向に沿って、どのポイントで仕掛けて、手仕舞うかを決めるために用いる。メジャートレンドが上昇トレンドであるのなら、トレーディングサイクルの谷は買いのチャンスである。もしメジャートレンドが下降トレンドであるのなら、トレーディングサイクルの山で売るべきである。10日のアルファサイクルとベータサイクルはそれらの微調整のために用いることができる（**図14.13**）。

トレンドの重要性

　「トレンドの方向に沿ってトレードせよ」という考え方は、テクニカル分析のあらゆるところで強調されてきた。前半の章で書いたのは、インターメディエートトレンドが上昇トレンドであるのなら、短期の押しで買い、反対に下降トレンドであるのなら、短期の戻りで売れというものだった。エリオット波動の章では、一段階高次のトレンドと同じ方向のときだけ波動の数は5つになるということを指摘した。したがって、短期のトレンドをタイミングを計る目的で用いる場合は、それに先だってまず、一段階高次トレンドの方向を特定し、次にその長いトレンドの方向に沿ってトレードすることが重要になる。この考え方はサイクルにも当てはまる。**各サイクルのトレンドは一段階高次のサイクルの方向によって決定される**。立場を変えていえば、長いサイクルのトレンドが判明すれば、一段階低次のサイクルのトレンドが明らかになる。

第14章　サイクル

コモディティ市場における28日トレーディングサイクル

　コモディティ市場の大半に影響を与える傾向のある重要な短期サイクルに、**28日トレーディングサイクル**というものがある。換言すれば、ほとんどの市場では、４週ごとに安値を付ける傾向があるということである。これはすべてのコモディティ市場を通して見られる、この強いサイクル的傾向を説明するものが**月のサイクル**である。バートン・ピューは、1930年代の小麦相場でこの28日サイクルを研究した（『サイエンス・アンド・シークレッツ・オブ・ウイート・トレーディング［Science and Secrets of Wheat Trading］』）。そして、月の満ち欠けは相場の転換に何らかの影響を与えると彼は結論づけている。彼の理論では、小麦は満月のときに買われ、新月のときに売られる。しかし、ピューは、月の効力は緩慢であり、より長期のサイクルや重要なイベントのニュースによって打ち消されてしまう可能性があることを認めている。

　月の満ち欠けが関係しているのかどうかは別にして、このような28日サイクルは確かに存在し、短期指標やトレードシステムの開発で多く用いられる数字の根拠を説明するものであることには間違いない。とりわけ、28日サイクルは暦に基づくものである。28という数値を実際の取引日に換算すると20になる。よく利用される移動平均やオシレーターやウイークリールールの多くが20という数字と、それと調和的に関連するさらに短期のサイクル（10と５）を基礎としていることはすでに述べた。５・10・20日の移動平均と、それから派生する４・９・18日の移動平均はトレーダーの間で広く利用されている。トレーダーの多くは、10・40日移動平均をよく用いるが、この40という数字も20という数値の２倍であるという点で調和的に関連した一段階高次のサイクルになっている。

　第９章では、リチャード・ドンチャンによって考案された４週間ル

443

ールの収益性について解説した。買いシグナルは市場が過去４週間の高値を付けたときに点灯し、売りシグナルは市場が過去４週間の安値を付けたときに点灯した。４週間のトレーディングサイクルが存在するという事実を知ることで、その数字の重要性をより深く理解し、また４週間ルールが年月を経ても有効に機能している理由を知る助けになるだろう。相場が過去４週間の高値を上抜いたとき、サイクルの論理では、少なくとも一段階高次のサイクル（８週サイクル）が底を打ち、反転上昇するということを示しているのである。

左右変換

　変換という考え方は、サイクル分析の最も有効な側面と言えるかもしれない。左右変換とは、サイクルの山を理想的なサイクルの中点に向けて左右どちらかに移動させることをいう。例えば、20日トレーディングサイクルは谷から谷の距離を測定することで特定されるので、理想的な山は10日目のところ、すなわち中点に出現するはずである。もし理想的な山が現れるのであれば、10日の下落のあとに続く10日の上昇を予測することが可能になる。しかし、そのような理想的なサイクルの山が現れることはめったにない。サイクルのいろんなバリエーションは、谷ではなく山で起こることがほとんどである。このことが、サイクルの谷がより信頼性が高いものとみなされ、サイクルの長さの測定に用いられる理由でもある。

　サイクルの山は、一段階高次のサイクルのトレンドに応じてその振る舞いを変える。もし上昇トレンドであるのなら、サイクルの頂点を理想的な中点の右へ移動させる（右変換）。もし一段階高次のトレンドが下降トレンドであるのなら、サイクルの頂点を中点の左へ移動させる（左変換）。このように、右変換は強気で、左変換は弱気である。この点について深く考えることはやめておこう。ここで言える唯一のこ

図14.15 左右移動の例。図Aは単純なサイクルを示している。図Bはより大きいサイクルを持ったトレンドを示している。図Cは複合的効果を示す。もし、より長期のトレンドが上昇であるなら、中間の頂点を右に移動させる。もし、より長期のトレンドが下降なら、中間の頂点を左に移動させる。右移動は強気であり、左移動は弱気である

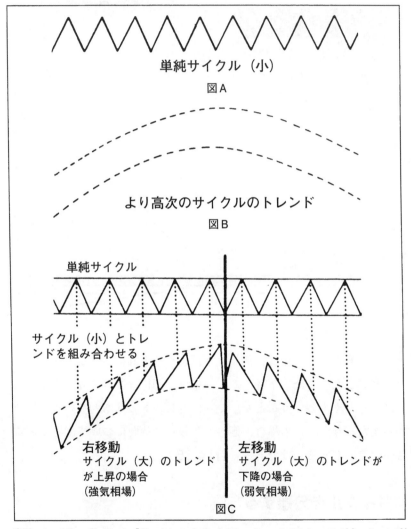

出所＝ウォルト・ブレザート『ザ・パワー・オブ・オシレーター・サイクル・コンビネーションズ』

図14.16 エールリッヒサイクルファインダーを使用すれば、4年の大統領選挙サイクルをはっきりと特定することができる（垂直線参照）。もしサイクルが効力を保ち続けるなら、1998年中に次の主要な安値を付けると予測される

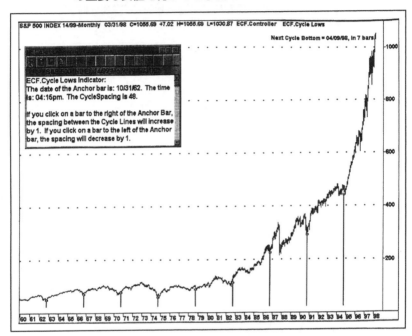

とは、上昇トレンド中は、価格は下落よりも上昇に長い時間を費やすということだ。また、下降トレンド中は、価格は上昇よりも下落に長い時間を費やすということだ。これはトレンドの基本的な定義ではなかっただろうか。この場合、価格の代わりに時間について話しているという違いがあるだけである（図14.15）。

サイクルを分離する方法

特定の市場に影響を与えるさまざまなサイクルの研究を行うために、

図14.17　エールリッヒサイクルフォーキャスターが特定しているのは、S&P500先物価格の49日トレーディングサイクルである（垂直線参照）。エールリッヒサイクルフォーキャスターの予測によれば、サイクルが次に安値を付けるのは直前の安値から49日目（1998年3月30日）である

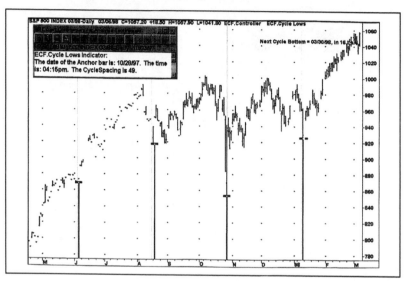

　まず各支配的サイクルを分離して取り出す必要がある。この作業をするにはさまざまな方法がある。そのなかで最も単純なものは目視による調査である。例えば、日足チャートを見ることで、市場に現れた明白な高値と安値を特定することができる。このようなサイクル的な高値と安値を付けた期間の平均を計算することで、一定の平均的距離を見つけることができる。

　このような作業を少し簡単にするツールもいくつか存在する。その1つが考案者であるスタン・エールリッヒにちなんで名付けられた**エールリッヒサイクルファインダー**である。このサイクルファインダーは、目視で行うために価格チャートの上に設置することができるアコーディオン型の装置である。この装置の各ポイントは等間隔になって

図14.18 エールリッヒサイクルフォーキャスターによって、ボーイングの133日サイクルが判明した（垂直線参照）。サイクルが最後に安値を付けたのが11月中であったので、次に安値を付けるのは133日後の1998年6月3日になるとエールリッヒサイクルフォーキャスターは予測している

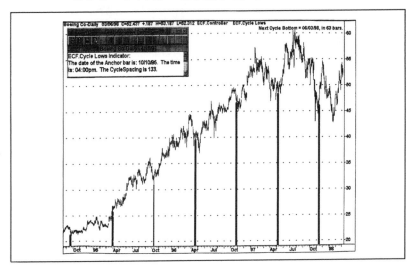

おり、サイクルの長さに合わせて、拡張・収縮させることができる。はっきりと現れたサイクルのそれぞれの谷の間の距離を測定し記入していくことで、同じ長さを持ったそのほかの谷が存在するかどうかを素早く見つけることができる。この装置の電子版は「エールリッヒサイクルフォーキャスター」と呼ばれ、オメガリサーチ社（現トレードステーショングループ社）のトレードステーションとスーパーチャートの分析手法として利用可能である（**図14.16～図14.18**）。

目視によるサイクルの発見にはコンピューターが役立つ。まず、ユーザーは最初に価格チャートを表示させる。その次に、チャート上にある顕著な底を始点として選択する。これさえ行えば、10日（初期値）ごとの垂直線（またはアーチ）が表示される。このサイクルの期間は、長くすることも短くすることもできる。また、チャート上のサイクル

図14.19a ダウ平均の重要な切り上げた安値が40週間隔で描かれたサイクルのアーチの底と一致している。これはダウ平均にある40週サイクルを示すものである。最後の2つのサイクルの谷は1997年の春と1998年の初頭に出現している（矢印参照）

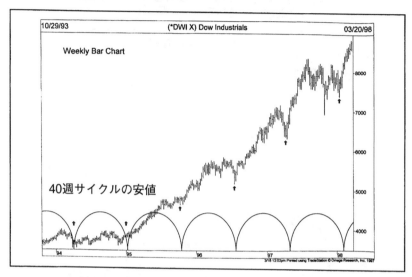

図14.19b 日次サイクルのアーチによって、1997年後半と1998年初頭のダウ平均に50日サイクルの底が存在することが判明した。これはアーチの底を価格チャート上にあるいくつかの切り上げた安値に一致するまで移動させるという発想である

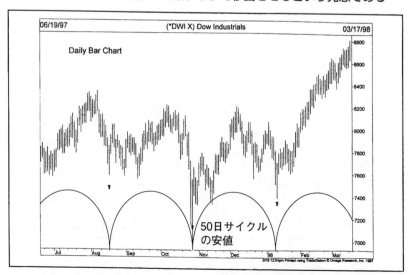

図14.20a サイクルファインダーのアーチによって、Tボンドには1981年の主要な底から始まる75カ月（6.25年）ごとに重要な底を付ける傾向が明らかになった。この数字は時間の経過とともに変化する可能性があるが、そうだとしてもなお取引には有益な情報である

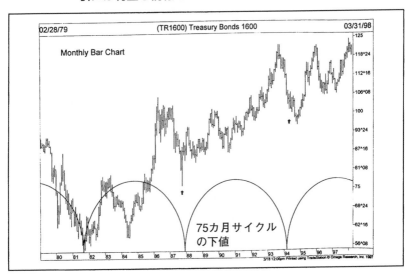

図14.20b サイクルのアーチを日次チャートに適用すると、この期間ではTボンドに55日ごとに底を打つ傾向があった（矢印参照）

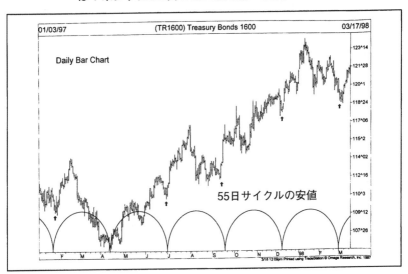

図14.21 大豆は5月に天井を付け、10月に底を打つ

に適合させるために左右に移動させることもできる（図14.19と図14.20）。

季節性サイクル

あらゆる市場は、1年単位の季節性サイクルにある程度影響を受けている。季節性サイクルとは、1年のある一定の時期に、ある特定の方向に相場が動く傾向のことをいう。最も分かりやすい季節性サイクルは、穀物市場に関するもので、季節性サイクルの谷は供給量が最も増える収穫時期に出現する。例えば、大豆相場では季節性サイクルの山の大半が4月から6月の間に出現し、季節性サイクルの底は8月か

図14.22　銅は9月と2月に底を打つが、天井は4～5月に付ける

ら10月に現れる（**図14.21**）。もう1つよく知られた季節性は「2月のブレイク」と呼ばれるもので、これは、穀物と大豆価格が12月後半または1月前半から2月にかけて下落する傾向をいう。

　農産物市場で季節性サイクルによって天井や底を付けるのは明らかであるが、現実的にはすべての市場で季節性がある。例えば、銅は1月～2月辺りから上昇トレンドを示し、3月～4月に天井を付ける傾向がある（**図14.22**）。金は8月に底を打つ傾向がある。石油製品は10月中に天井を付ける傾向があり、冬が終わるまで底は打たない（**図14.23**）。また、金融市場にも季節性のパターンがある。

　米ドルは2月に底を打つ傾向がある（**図14.24**）。米長期国債の価格は1月中に重要な高値を付ける。1年を通して見ると、米長期国債

図14.23 原油価格は10月に天井を付け、3月から上昇する

の価格は、年の前半が弱く、後半になると強くなるのが通例である（図14.25）。季節性の例を示すチャートは、先物市場の季節性分析を専門としているムーア・リサーチ・センターより提供された。

株式市場のサイクル

株式市場において、11月から翌年1月にかけて出現する最も強い3カ月をご存知だろうか。続く2月は弱くなるが、3月と4月は強い。穏やかな4月のあと、7月中に相場は強い反転を見せる（伝統的なサマーラリー［夏の上昇］の始まりである）。1年で最も弱いのは9月である。最も強いのは12月である（これはよく知られたクリスマスのすぐ

図14.24　1月に付けるドイツマルクの天井は年初に付ける米ドルの安値と一致する

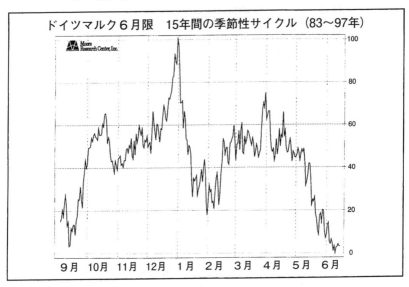

図14.25　Tボンドは年初に天井を付け、その後、年前半の大半は弱いままである。年後半は強気になる

あとのサンタクロースラリーで終わる）。このような情報や株式市場の
サイクルに関する全体像を知りたい場合は、エール・ハーシュが執筆
している年次刊行物『ストック・トレーダーズ・アルマナック（Stock
Trader's Almanac)』を参照されたい。

１月のバロメーター

　ハーシュによれば、１月に上がればその年は上がる。よく知られた
「１月のバロメーター」に、１月のS&P500がその年全体を決めるとい
うものがある。また、これと同じようなものに、１年の最初の５日間
でS&P500がどの方向に取引されるかが、その年の相場動向を占ううう
えでヒントになるというものがある。このような１月のバロメーター
を「１月効果」と混同してはならない。ここで１月効果とは、１月中
は小型株が大型株よりも良い成績を残すという傾向のことである。

大統領選挙サイクル

　もう１つ株式市場の振る舞いに影響を与えるサイクルでよく知られ
たものに、大統領選挙サイクルと呼ばれるものがある。このサイクル
は４年で、大統領選挙の期間と一致するためにこう呼ばれる。その４
年の各年は、それぞれ異なった収益率を記録している。選挙の年（１
年目）は強い。選挙の翌年と中間選挙の年（２年目と３年目）は弱い。
選挙の前年（４年目）は強い。ハーシュの『ストック・トレーダーズ・
アルマナック』によれば、1904年以来、各年の平均収益率は、選挙の
年が224％、選挙の翌年が72％、中間の年が63％、選挙の前年が217％
となっている（**図14.16**）。

ほかのテクニカルツールとの併用

サイクルと併用することで最も効果が上がると思われる伝統的なテクニカル指標を2つ挙げるとするならば、それは移動平均とオシレーターである。この2つの指標は、設定する期間を各市場の支配的サイクルと合わせることで、その有効性がより高まると信じられている。ある市場が、支配的サイクルとして20日のトレーディングサイクルを持っていると仮定してみよう。通常、オシレーターを設定するときは、サイクルの半分の長さを用いるのがベストである。この場合では、オシレーターの期間は10日になる。40日サイクルでトレードをするのなら、20日のオシレーターを使う。ウォルト・ブレザートは彼の著書『ザ・パワー・オブ・オシレーター・サイクル・コンビネーションズ（The Power of Oscillator/Cycle Combinations）』のなかで、CCI（コモディティチャネルインデックス）とRSI（相対力指数）、ストキャスティクス、MACD（移動平均収束拡散法）の期間を調整するために、サイクルをどのように用いるべきかについて論じている。

また、移動平均もサイクルと組み合わせることができる。異なる長さを持ったサイクルを追跡するために異なる移動平均を用いることもできる。40日サイクル用に移動平均交差システムを作成するために、40日移動平均と20日移動平均（40日サイクルの半分）や、10日移動平均（40日サイクルの4分の1）を組み合わせて用いることができる。この手法の問題点は、ある特定の時点における支配的サイクルをどのように見極めるかということである。

最大エントロピースペクトラル分析

サイクルの長さは静的ではない（つまり、時間の経過につれ変化し続ける）と信じられているため、市場の正しい支配的サイクルを発見

することはそう簡単ではない。1カ月前にうまくいったものが、これからの1カ月間はうまくいかない。ジョン・エーラースは、彼の著書『MESA・アンド・トレーディング・マーケット・サイクル（MESA and Trading Market Cycle）』のなかで、最大エントロピースペクトラル分析（MESA）と呼ばれる統計的手法を用いた。エーラースの解説では、MESAの主な優位性は、比較的短期のサイクルに対して高分解能測定ができる点にあり、これは短期トレードには非常に重要なものである。また、エーラースは、本書ですでに言及した移動平均やオシレーター型指標の長さを、サイクルを用いてどのように最適化するかについても説明を加えている。サイクルを明らかにすることができれば、テクニカル指標を現在の相場状況に適合させるために動的に調節できる可能性が出てくる。また、エーラースが述べるのは、**サイクル**モードにある市場と**トレンド**モードにある市場の区別の問題である。市場がトレンドモードにあるときは、移動平均のようなトレンドフォロー型の指標がトレードに合っている。サイクルモードにある市場では、オシレーター型指標を利用するほうが好ましい。サイクルを測定することで、現在の市場がどちらのモードにあるのか、またトレード戦略としてどのタイプのテクニカル指標を採用することが適切なのかを判断することができる。

サイクルに関する文献とソフトウェア

本章で言及したサイクルに関する文献のほとんどは、トレーダーズ・プレス社やトレーダーズ・ライブラリー社でメールの注文によって入手することができる。また、コンピューターを用いれば、サイクル分析の効果を高めてくれるソフトウェアが数多く存在する。「エールリッヒサイクルフォーキャスター」とウォルト・ブレザートの「サイクルトレーダー」は両者ともオメガリサーチ社チャートソフトの追加オプ

ションとして利用可能である。ブレザートの「サイクルトレーダー」は彼の著書『ザ・パワー・オブ・オシレーター・サイクル・コンビネーションズ』の考え方を統合したものとなっている。MESAのコンピュータープログラムに関する詳細は、ジョン・エーラースから得ることができる。サイクルに関する研究と分析を停滞させないためにも、サイクル研究基金（The Foundation for the Study of Cycles）を忘れてはならない。

コンピューターと
トレードシステム
Computers and Trading Systems

はじめに

　近年、テクニカル分析の分野でコンピューターの担う役割はますます重要になっている。本章では、コンピューターを用いることで、数年前ならば莫大な作業が必要であったテクニカルツールや研究の結果を素早く簡単に利用することができ、それによってテクニカルトレーダーの行う仕事の手間が大いに省けることを見ていきたいと思う。もちろん、コンピューターを用いる場合、トレーダーがこのようなツールの使い方を知っていることを前提にしている。そして、これがコンピューターのデメリットの１つでもある。

　さまざまな指標の基本的な概念をきちんと習っておらず、各指標をどのように解釈するかについて不安のあるトレーダーは、現在、利用できるコンピューターソフトの膨大な内容に圧倒されてしまうかもしれない。さらに悪いことには、指１本で優れたデータを大量に扱えることが、誤った安心感と全能感を助長することにもなりかねない。トレーダーが、コンピューターの力を十分に利用できるということだけで、自動的にそのトレーダーが優れていると思うのは間違っている。

　この章で強調したいのは、すでに基本的な学習を済ませたテクニカルトレーダーがコンピューターを用いるのであれば、コンピューター

は極めて有益なツールとなるということである。コンピューターで実行可能な多くの定型作業（ルーティン）を見直してみると、そのなかのかなり多くのツールと指標は非常に基本的で、すでに本書で扱われたものであることが分かるだろう。もちろん、より上級なチャート作成ソフトを必要とする高度なツールも存在する。

　テクニカル分析に関連した多くの作業は、コンピューターを用いなくても行うことができる。単純なチャートと定規を用いれば、コンピューターでプリントアウトをするよりも簡単にできることもある。ある種の長期分析には、コンピューターは必要ない。確かにコンピューターは便利ではあるが、多くのツールのなかの１つにすぎない。優秀なテクニカルアナリストであれば、コンピューターを使うことによってさらに優れた仕事ができるだろう。しかし、未熟なテクニカルアナリストがコンピューターを使ったところで、急に優れた成果がもたらされるというものではないのである。

チャート作成ソフト

　チャート作成ソフトで行うことのできるテクニカル分析の定型作業のいくつかは前章ですでに述べた。ここで現在利用可能なツールと指標をいくつか見てみることにする。それから利用者の選択で作業を自動化する機能など、いくつかの追加の機能についても述べたい。また、コンピューターはテクニカル分析の研究に寄与するだけではなく、さまざまな収益に関する研究の検証にも用いることができる。そして、事によると、それこそがコンピューターに行わせる最も利用価値の高い分野かもしれない。プログラミングの経験がほとんど、あるいはまったくないユーザーであっても、指標やシステムを作ることができるようなソフトでさえ存在する。

第15章 コンピューターとトレードシステム

ウエルズ・ワイルダーのディレクショナルムーブメントとパラボリックシステム

ここでウエルズ・ワイルダーの最も人気のあるシステムである**ディレクショナルムーブメントシステム（DMI）とパラボリックシステム**について詳しく見ていきたい。ここでは、メカニカルなトレードシステムに頼ることの相対的なメリットについて、この2つのシステムを用いて話を進めたい。そして、メカニカルなトレンドフォロー型システムは、ある一定の相場環境においてのみ機能するということを実証したい。また、メカニカルなシステムをどのようにテクニカル分析に取り入れ、それをテクニカル指標の確認として容易に利用できるということを示そうと思う。

良いものがありすぎる

指標を選ぶにしても数が**あまりに多すぎる**という印象を受けるかもしれない。コンピューターは人間の生活を便利にした代わりに、あまりに多くの選択肢をわれわれに与えて物事を複雑にしたのだろうか。チャート作成ソフトは、テクニカルアナリストに80もの異なる研究対象を与えてくれる。非常に多くの取り組むべきデータを用いて、分析者はどのようにして結論にたどり着くことができるのだろうか（そして、どうやってトレードする時間を見つけるのか）。そうなりがちな仕事についても少し言及しようと思う。

必要なコンピューター

チャート作成ソフトは、事実上、すべての金融市場に適用することができる。ソフトのほとんどはユーザーフレンドリーである。つまり、

461

利用者は利用可能な作業のリストから選択するだけで、簡単にそれを実行できるように作られている。まず始めることは、自分が持っているか、持とうと考えているコンピューターで動くチャートソフトを入手することである。また、チャートソフトの大半は、IBM互換機（ウィンドウズ）用に書かれていることに注意してほしい。

チャートソフトは、日次の市場データを提供していない。利用者は、どこかからそのデーターを入手してこなければならない。データは、データ提供会社からネットを通じて集めることができる（モデムが必要となる）。チャート作成ソフトは、使うデータ提供会社を選択できるようになっている。このようなデータ提供会社は、設定とデータファイルの収集に必要なソフトと取扱説明書をすべて提供している。

まず最初に、利用者は分析用に少なくとも過去数カ月の時系列データを入手しなければならない。その後は、データは毎日入手する必要がある。日中取引の場合は、データ会社に接続して「オンライン」データで分析を行うこともできる。しかし、日次データを使用するときは終値を用いることになり、これは市場が引けたあとにしか入手できない。最後に必要となる機器は、パソコン画面に表示されたものを印刷するプリンターである。パソコンはCD-ROM用のドライブがあるものを強く推奨する。というのもソフト会社のなかには、利用開始にあたって、数年にわたる時系列データをCD-ROMで提供するところもあるからである。データ提供会社のなかには、チャート作成機能も加えて提供しているところもあり、これを利用すれば作業の単純化にさらに寄与するだろう。

ツールと指標の分類

以下のリストは、選択可能なチャートと指標を分類したものである。

●**基本チャート** バー、ライン、ポイント・アンド・フィギュア、ローソク足

●**チャートの目盛り** 算術目盛り、対数目盛り

●**バーチャート** 価格、出来高、取組高（先物のみ）

●**出来高** オンバランス、需要指数

●**基本ツール** トレンドラインチャネル、リトレースメント（押し・戻り）比率、移動平均、オシレーター

●**移動平均** エンベロープ、ボリンジャーバンド

●**オシレーター** CCI（コモディティチャネルインデックス）、モメンタム、ROC（変化率）、MACD、ストキャスティックス、ウィリアムズの%R、RSI（相対力指数）

●**サイクル** サイクルファインダー

●**フィボナッチツール** ファンライン、アーチ、タイムゾーン、リトレースメント

●**ワイルダー** RSI、CSI（銘柄選択指数）、ディレクショナルムーブメント、パラボリック、スイングインデックス、ADX ライン

ツールと指標の使用

あまりにも多くある選択肢をどのように扱えばよいのだろうか。まずは、価格、出来高、トレンドライン、リトレースメント比率、移動平均、オシレーターなどの基本的なツールから利用してみることを勧める。多くのオシレーターが利用できるようになっていることが分かるだろう。そのなかから最も使いやすいものを１つか２つ選び、まずは使ってみる。サイクルやフィボナッチツールなどは、この分野に特別の関心がある場合を除き、これらは二次的なものとして利用すべきである。サイクルは移動平均やオシレーターの長さを調節するときには役立つが、使用するには学習と実践経験が必要である。自動売買シ

ステムでの利用を考えているのなら、特にワイルダーのパラボリックとDMIは注目すべき指標である。

ウエルズ・ワイルダーのパラボリックシステムとディレクショナルムーブメントシステム

しばらくの間、特に重要な２つの指標について時間を割いて学習することにする。この研究は、Ｊ・ウエルズ・ワイルダー・ジュニアによって考案され、彼の著書『**ワイルダーのテクニカル分析入門──オシレーターの売買シグナルによるトレード実践法**』（パンローリング）のなかで論じられている。コンピューター上のメニューにも含められている彼のそのほかの３つの指標──CSI、RSI、スイング指数──も、またこの本のなかに収められている。

パラボリックシステム

ワイルダーのパラボリックシステム（SAR）は、時間・価格反転システムで、ポジションを常に保有した状態となる。「SAR」という文字は、「Stop And Reverse（ストップ・アンド・リバース）」の略であり、「仕切り水準に価格が触れたときにポジションをドテンさせる」という意味である。これはトレンドフォロー型システムの一種である。トレーリングストップを置く位置がパラボラのようにカーブを描く傾向があることから、このような名前が付けられた（**図15.1～図15.4**）。値動きの下側にある上昇する点線（ストップ・アンド・リバース・ポイント）は、初めはゆっくりと進み、その後、価格の上昇が強まるにつれて、加速する傾向がある。下降トレンドでも同様のことが起こるが、その向きは逆である（点線は値動きの上にある）。このSARの数値はコンピューターで計算され、翌日にはその数値を利用することが

464

図15.1 パラボリックのSARがチャート上に点線で示されている。上のSARに到達したとき(最初の矢印)に、買いシグナルが出た。上昇の間にSARが加速して上昇しており、上昇トレンドのほとんどをとらえている様子が分かる。ダマシが右上に見られるが、すぐに訂正されている。このシステムはトレンドのある相場ではうまく機能する

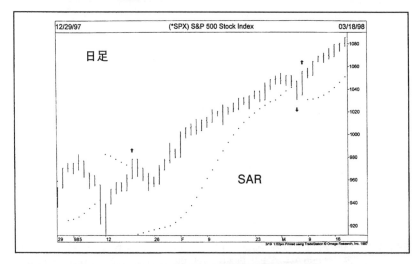

図15.2 図15.1のチャートをもっと長期で見たときに、パラボリックのトレンドフォロー型システムの長所と短所がよく示されている。トレンドのある期間はうまく機能している(チャートの左側と右側)。しかし、8月から翌年1月のレンジ相場の時期にはあまり機能していないことが分かる

図15.3 パラボリックはメジャートレンドを追うために月足チャートで使用することもできる。1994年前半に売りシグナルが出たあと、夏の終わりに買いシグナルが点灯した。この時期のS&P500は買いの状態が約4年間続いた

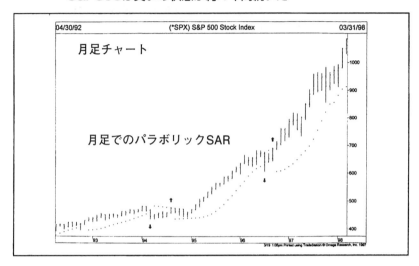

図15.4 パラボリックをデル・コンピューターの月足チャートに適用した。1997年の大半は買いの状態が続いたが、10月に売りシグナルが出た。この売りが1997年の終わりに買いのドテンに変わった

できる。

　ワイルダーは、システムに加速因子を組み込んでいる。仕切りの位置は、日々にトレンドが進む方向へ移動する。最初、仕切りの位置の移動は、トレンドの形成を待つ必要から比較的緩慢である。加速因子が上昇するにつれ、SARは動きを速め、ついには値動きに追いついてしまう。トレンドがつまずいた（つまり、トレンドの進展に支障が出てきた）場合は、通常であれば、ストップ・アンド・リバース・シグナルが出る。掲載のチャートが示すように、パラボリックシステムはトレンドのある市場では極めて良い成績を残す。このシステムは、トレンドのあるところでは相場をうまくとらえるが、横ばい、つまりトレンドのない期間では何回もダマシに遭ってしまう。

　この指標は、トレンドフォロー型システムの長所と短所の両方を如実に表している。このシステムは強いトレンドのある場面では有効に機能するが、そのトレンドのある期間は、ワイルダー自身の推計でも全期間のわずか30％程度しかない。その推計が真実であるとすれば、トレンドフォロー型システムは全期間の約70％で有効に機能しないことになる。では、この問題をどう扱えばよいのだろうか。

DMIとADX

　ある市場がトレンドのある状態にあるかどうかを判断するための方法として、フィルターや装置を用いる方法が考えられる。ワイルダーのADXラインは、0から100の間の目盛り上を動き、さまざまな市場の方向性（ディレクショナルムーブメント）の強さを見ることができる。ADXラインの上昇は市場にトレンドのあることを意味し、トレンドフォロー型システムを利用する最適な期間であることを教えてくれる。ADXラインの下落は市場にトレンドのないことを意味し、この市場はトレンドフォロー型のアプローチには向いていないことを示して

図15.5 ADXラインは相場の方向性の強さを測定するものである。40の水準を上から下に抜いた場合（左矢印）はトレーディングレンジ開始のシグナルである。20の水準を下から上に抜いた（右矢印）ときはトレンド局面への復帰を示すシグナルである

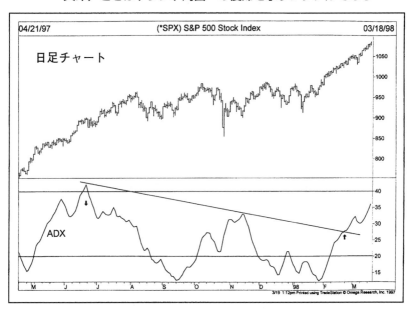

くれる（**図15.5**）。

　ADXラインは0から100の間を動くので、トレンドを利用してトレードするトレーダーは、トレンドがあるという評価が最も高い市場でトレードを行うことができる。非トレンド型システム（オシレーターなど）は、ディレクショナルムーブメントが低い市場で用いればよい。

　ディレクショナルムーブメントは、それ自体を1つのシステムとして使用することもできるし、またパラボリックシステムやそのほかのトレンドフォロー型システムのフィルターとしても使用することができる。DMIでは、＋DIと－DIという2本のラインがある。＋DIのラインは正（上昇）の動きを測定し、－DIの数値は負（下落）の動きを

第15章 コンピューターとトレードシステム

図15.6 ディレクショナルムーブメントラインはチャートの下に示されており、パラボリック（上チャート）のフィルターとして用いられる。＋DIラインが－DIラインの上にあるときは（チャートの左端と右端）、パラボリックの売りシグナルをすべて無視することができる。そうすることで、相場の揉み合いに現れるダマシを取り除くことができる

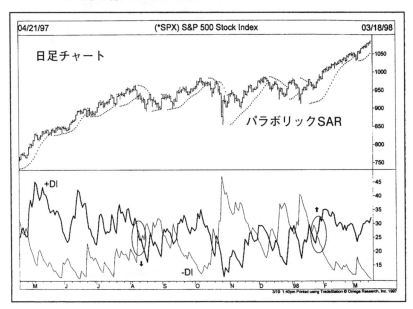

測定する。**図15.6**は、２本のラインを示している。濃い色の線は＋DIで、薄い色の線は－DIである。買いシグナルは＋DIラインが－DIラインを上回ったときに、売りシグナルは＋DIラインが－DIラインを下回ったときに点灯する。

また、**図15.6**はパラボリックシステムとディレクショナルムーブメントシステムの２つのシステムを示したものである。パラボリックシステムのほうが明らかに感応度の高い（すなわち、より頻繁で、より早期にシグナルを出す）システムである。しかし、ディレクショナルムーブメントをフィルターとして使用し、ディレクショナルムーブメントラインと同じ方向のシグナルだけをとらえることで、パラボリッ

図15.7 14週ADXラインは1996年前半に40超の水準でピークを付け、そこから18カ月にわたって公共株のトレーディングレンジが始まった。ADXが20の水準を下から上に抜いたのは1997年の夏で、これは公共株がトレンドを開始したというシグナルである

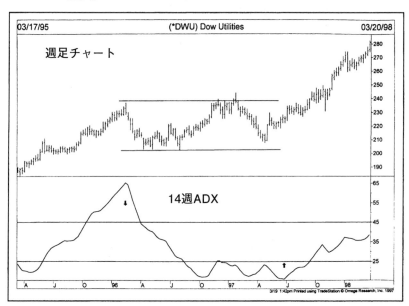

クシステムが出すダマシのいくつかを回避することができる。もっと言えば、パラボリックシステムとディレクショナルムーブメントシステムは一緒に用いるべきであると思っている。それは、感応度の高いパラボリックシステムのスクリーンやフィルターとして、ディレクショナルムーブメントを利用するのである。

　トレンド型システムを利用するのに最も適している時期は、ADXラインが上昇しているときである（図15.7と図15.8）。しかし、ADXラインが40の水準を上から下に抜いたときはトレンドが弱まり始めたという初期の警告なので、注意が必要である。また、ラインが20の水準を下から上へ抜いたときは新しいトレンドが開始したサインである

図15.8 AMEXオイル指数（XOI）の月足チャートにADXラインが重ねて描かれている。1990年、ADXは40を超えてピークを付けており、石油関連株の上昇も終了した。ADXラインが20未満の水準から反転上昇し始めたのは1995年初頭であり、これが4年間続いた石油関連株のトレーディングレンジ終了のシグナルとなり、新しい上昇トレンドの開始を正しくとらえた

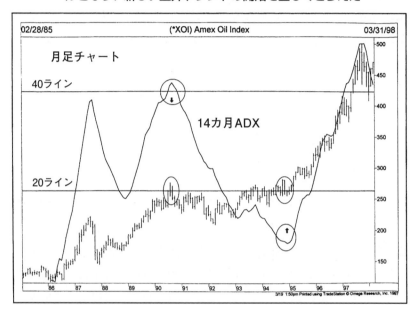

（ADXラインは本質的に＋DIと－DIの差を平準化したものである）。

システムトレードの利点と欠点

メカニカルシステムの利点
1．感情を排除できる
2．強い規律性がもたらされる
3．一貫性を高めることができる
4．トレンドの方向にトレードできる
5．事実上、すべてのトレンドに乗ることができる

6．利益を伸ばすことができる
7．損失が最小化される

メカニカルシステムの欠点

1．メカニカルシステムの多くがトレンドフォロー型である
2．トレンドフォロー型システムの収益源はメジャートレンドに依存している
3．トレンドフォロー型システムは一般的にトレンドのない市場では利益を生まない
4．市場はトレンドのない期間が長い。よって、市場はそもそもトレンド型アプローチに適さない

　主な問題点は、市場にトレンドのない時期の認識にシステムが失敗することと、システムには自ら売買を休止する能力がないことである。良いシステムかどうかを評価するには、トレンドのある市場で利益を生むかどうかだけではなく、トレンドのない期間に資産をどう保全する能力が備わっているかも見る必要がある。自己を監視する能力が備わっていないということは、システムの最大の弱点である。これに対しては、ウエルズ・ワイルダーのディレクショナルムーブメントシステムやADXラインなどのフィルターは特に有効となるであろう。このようなフィルターを用いることで、トレーダーはトレンドシステムに最も適している市場を判別することができるからである。
　もう1つの欠点は、一般的に相場の反転を予測していないことである。トレンドフォロー型システムはトレンドが反転するまで、そのトレンドに乗るシステムである。システムは、相場が長期の支持線・抵抗線水準にいつ到達したかや、オシレーターにダイバージェンスが現れたことや、またエリオット波動の第5パターンが明確化したことなどを、自ら認識することはない。多くのトレーダーはこのようなポイ

第15章　コンピューターとトレードシステム

ントでは保守的になり、利益を確定するだろう。しかし、システムは相場が方向を変えてしまうまで、ポジションを持ち続けるのだ。したがって、そのシステムをどう採用するかはトレーダー次第ということになる。つまり、システムにむやみに従うのかどうかや、ほかのテクニカル要因とともに事前にトレードプランにシステムを組み入れるかどうかなどは、トレーダーの裁量によるのである。この問題については、予測とトレードの過程で、どのようにメカニカルなシステムをほかのテクニカル要素と同じような形で用いることができるかどうかについて述べた次節に譲ることにする。

規律を与える装置としてシステムシグナルを使用する

システムが出すシグナルは、ほかのテクニカル要因とともに使用することで、単純にメカニカルな確認として利用することができる。たとえシステムによってメカニカルなトレードを行わず、ほかのテクニカルでトレードしたとしても、トレーダーがいつもメジャートレンドの側にとどまるようにするための厳密な方法として、システムが出したシグナルを用いることができる。コンピューターが上昇トレンドと判断しているかぎり、売りポジションを取ることはない。また、コンピューターが下降トレンドと判断しているかぎり、買いポジションを取ることはない（このような使い方は、ファンダメンタルズ分析を主とするトレーダーが自身のトレードアイデアにフィルターをかけたり、トレードのトリガーとしてテクニカル手法を用いたりするときの簡単な方法である）。トレンドの方向がどちらを向いているのかというのは判断の問題と言える。コンピューターの出すシグナルは、トレーダーが直面する不確実性をある程度解消してくれる。また、それを使うことで、トレーダーが「天井買い」や「底値売り」のワナにはまるのを防ぐこともできる。

473

シグナルを警告として使用する

また、トレーダーは、トレンド転換を早めに教えてくれる優れたスクリーニング装置として、システムのシグナルを用いることができる。トレーダーはトレンドのシグナルをちょっと見るだけで、即座にトレード対象の候補を見つけだすことができる。確かに、これと同じ情報は存在するすべてのチャートを調べることでも見つけることができるだろう。しかし、コンピューターを用いることで、そのような作業を素早く簡単に行うことができ、その信頼性も高まる。コンピューターはシグナルを自動的に出し、そのシグナルが引き金となり、トレーダーに注意を喚起するのだ。そのようなコンピューターの能力は、特に金融市場の世界が非常に大きく膨らんだ今日、大きな財産となるだろう。

専門家の助言が必要なら

オメガリサーチ社（現トレードステーショングループ社）が提供するトレードステーションと呼ばれる商品は、さまざまな専門家によるコンテンツを配信している。そこから専門家のコメントを呼び出し、現在の相場状況に基づいた指標の解釈についても調べることもできる。オメガリサーチ社の専門家が、現在の相場ではどの指標が最も有効かを判断し、その説明もしてくれる。さらに、２つの専門ツールも備えている。トレンドラインオートマティック・インディケーターは、まさに利用者に代わってトレンドラインを描いてくれるもので、キャンドルスティックパターン・インディケーターは、最も一般的なローソク足のチャートパターンを読み取ってくれるものである。

第15章　コンピューターとトレードシステム

システムの検証・自作など

　また、オメガリサーチ社は、トレーダーに最もよく利用されている
トレードシステムのライブラリーを保有している。それを検証したり、
変更したり、もし望むのであれば自分自身で作成することもできる。オ
メガリサーチ社が提供するチャート作成ツール、指標、トレードシス
テムのすべてはイージーランゲージ（EasyLanguage）と呼ばれる比
較的簡単な言語で書かれている。イージーランゲージは、利用者が平
易な言語で記述したトレードアイデアを取り込み、プログラムを走ら
せるために必要な機械語に変換する。コンピュータープログラマーで
ない者にとって、自身のトレードアイデアを開発・検証（望むのであ
れば最適化）し、自動化できる能力の価値は計り知れない。コンピュ
ーターは適切な取引注文を自動生成してくれたり、シグナルが出たこ
とを小型の通信機に知らせてくれたりもする（**付録C**で、トレードシ
ステムの自作方法を示す際には、イージーランゲージとトレードステ
ーションを用いることにする）。

おわりに

　本章では、パラボリックシステムとディレクショナルムーブメント
システムというウエルズ・ワイルダー・ジュニアのシステムを紹介し
た。パラボリックシステムは有効なトレードシグナルを出すことがで
きるが、単独で用いるのは避けたほうがよい。2本のDIラインは、パ
ラボリックシステムやそのほかの感応度の高いトレンドフォロー型ト
レードシステムのフィルターとして利用することができる。DMIシス
テムの一部であるADXラインは、対象となる市場が現在はどのタイ
プにあるか――つまり、トレンドがあるのか、ないのかを判別するた
めの1つの手法となる。ADXが上昇しているときは市場にトレンドが

475

あることを示しており、移動平均を使用するのが好ましい。ADXが下降しているときはレンジ相場であることを示しており、オシレーターを使用するほうがよい。また、パラボリックシステムを用いて、多くのトレンドフォロー型システムが持っている良い面と悪い面を示した。パラボリックシステムはトレンドのある市場ならば有効に機能するが、横ばい相場では役に立たない。分析者はこの違いをよく認識しておかなければならない。また、メカニカルなトレードシステムのメリットにも触れた。このようなシステムは人間の感情を取り除くことができ、適切な相場環境の下では非常に有効なものとなる。またそれらは、テクニカル的な警告として用いることもできるし、ファンダメンタルズ分析と組み合わせて用いることもできる（システムトレードのさらに踏み込んだ解説は**付録C**を参照のこと）。

　コンピューターが金融市場の分析とトレードに革命をもたらしたことは疑いのないことである。この本ではテクニカル分析に主眼を置いているが、ソフトを用いることでテクニカル分析にファンダメンタルズ分析を融合させることもできる。1986年に本書の第1版が出版されたときは、本格的なテクニカル分析を行うためにハードウェアを調達するためには5000ドルものお金が必要だった。また、当時の代表的なソフトは2000ドル近くもした。しかし状況はまったく変わってしまった。今では驚くほど高性能なコンピューターであっても2000ドルもしない。ソフトの大半は300ドルもあれば買うことができる。このようなソフトの良いところは、CD-ROMに入った20年間もの時系列データがわずかな追加料金か、追加料金なしで入手することができるところである。

　ソフトのもう1つの大きな利点は、ヘルプ機能が充実していることである。ユーザーマニュアルだけでも本1冊分の分量があり、そのなかにはテクニカル分析で使われる公式やそのほかの便利な説明が含まれている。今日、コンピューターが持っているスクリーニング機能や

第15章　コンピューターとトレードシステム

アラート機能の便利さには目を見張るものがある。そのような機能は、全世界の債券・株式市場や幾千もの個別株、さらには投資信託の監視をするには特に有益である。第17章では、「ニューラルネットワーク」を開発するために、さらに発展したコンピューター技術の利用法について解説したい。しかし、そこで伝えたいことは明確である。金融市場への投資やトレードを行いたいと真剣に考えているなら、コンピューターを手に入れ、その使い方を学ぶべきだということだ。そうすれば、その良さはすぐに分かるはずである。

マネーマネジメントとトレード戦術

Money Management and Trading Tactics

はじめに

これまでの章では、金融市場における予測やトレードに用いられるテクニカル手法について学んだ。本章では、**市場予測**に極めて重要な**トレード戦術（タイミング）**と、よく見落とされがちな**マネーマネジメント（資金管理）**を学ぶことで、トレード全般について学習すべきことのすべてを終えたいと思う。この３つの要素なしにトレードプログラムは完成しないのだから。

成功するトレードの３要素

トレードを成功させるには、①価格予測、②トレード戦術（タイミング）、③マネーマネジメント——という重要な３つの要素を考えなければならない。

1. **価格予測**とは、相場がどちらの方向にトレンドを形成するかを予測するものである。これはトレードをするときに最初に行うことで、極めて重要なステップである。この予測に基づいて、トレーダーは、相場が上昇するのか下落するのかを決める。このような

予測をすることで、買うのか、売るのかという基本的な大前提の問題の答えを出す。もし予測を誤れば、そのあとに続くすべてがうまくいかなくなるだろう。

2. **トレード戦術**、あるいはタイミングとは、仕掛けと手仕舞いのポイントを特定するものである。タイミングは先物取引で極めて重要な要素となる。先物取引は、低い必要証拠金と高レバレッジのために、間違った方向にトレードすると耐えられる余地があまりない。売買した方向は正しかったが、タイミングを間違うと資金を失ってしまうようなことはよく起こる。タイミングの問題は、ほぼ全面的にといってもよいほどテクニカルな問題である。したがって、ファンダメンタルズ分析をもとに売買するトレーダーであっても、仕掛けや手仕舞いのポイントを決めるときにはテクニカルツールを採用しなければならない。

3. **マネーマネジメント**とは、資金の配分を対象としたものである。これには、ポートフォリオの構築や分散化、どの市場にどのくらい投資を行い、どれくらいのリスクをとるか、仕切りや損切りのストップ注文の採用、リスク・リワード・レシオ、利益が出ている期間や損失を抱えている期間のあとに何をすべきか、保守的にトレードするのか積極的にトレードするかなどを含んでいる。

　この３つの要素を最も簡単に要約すると次のようになるだろう。価格予測とは、トレーダーが**何**を行うべきか（買うべきか売るべきか）を教えるものである。タイミング（トレード戦術）とは、**いつ**トレードを行うのかということを決めるものである。マネーマネジメントとは、そのトレードに**どのくらい**資金を投入すべきかを決めるものである。価格予測ということについてはこれまでの章ですでに述べている。ここではあと２つの要素について述べることにしよう。まず、マネーマネジメントの解説から始めたい。なぜなら、このテーマは適切なト

レード戦術を決定するときに考えておかなければならないものだから
である。

マネーマネジメント

　筆者は、大手ブローカーの研究部門で長年を過ごしたのち、マネー
マネジメント部門への異動を余儀なくされた。そのときすぐに思い
知ったのは、トレード戦略を人に勧めることとそれを自分で実行する
ことには大きな違いがあるということである。驚いたことに、取引の
うちで最も困難なこととは、市場戦略とはほとんど関係がなかったこ
とである。市場分析や仕掛け・手仕舞いポイントの決定について、筆
者が行った方法にほぼ変化はなかった。変化したのは、マネーマネジ
メントの重要性に対する意識である。口座の規模やポートフォリオの
組み方、そして各トレードに投入する資金量によって、最終的な運用
成績に大きな差が出ることに愕然としたのだった。

　言うまでもなく、筆者はマネーマネジメントの重要性を十分認識し
ている。この業界には、顧客に**何を**買うべきか（売るべきか）、**いつ**
それをするべきかを教えるアドバイザーや投資サービス業者はあふれ
るほどいる。しかし、各トレードに資金を**どのくらい**投入すべきかに
ついて助言する者はほとんどいない。

　トレーダーのなかには、マネーマネジメントがトレードのなかで最
も重要な要素であり、さらにトレード手法よりも重要であると確信し
ているトレーダーもいるぐらいである。そこまで言えるかどうかは筆
者にも分からないが、おそらくマネーマネジメントをしないで相場の
世界で長く生き残ることはできないだろう。マネーマネジメントは、
トレーダーが生き残れるかどうかの問題なのだ。マネーマネジメント
を学ぶことで、トレーダーは資金をどのように配分すればよいのかが
分かる。優秀なトレーダーとは、長い期間で見て勝利を収める者であ

るはずである。マネーマネジメントを実践すれば、トレーダーが長期的に見て生き残る可能性が高まるだろう。

一般的なマネーマネジメントのガイドライン

確かに、ポートフォリオマネジメントの問題は、非常に複雑で高度な統計的手法を用いる必要がある。ここでは比較的やさしいレベルで、それらを扱いたいと思う。以下に示すのは、資金の割り当て方や取引サイズの決定に役立つ一般的なガイドラインである。なお、このようなガイドラインは先物取引をその主眼としている。

1. **株や先物の投資に向けられる投資資金の総額は、全体の50％に制限すべきである。** 残りは短期国債に当てる。これは、常に市場に投資できる資金はトレーダーが保有する資産の半分未満にせよということである。あとの半分は、相場つきの悪い期間やドローダウンの期間の余裕資金として別に保管しておくべきである。例えば、口座の規模が10万ドルとすれば、その半分である5万ドルが株や先物の投資に振り分けられる投資資金の総額である。

2. **1つの市場に投入される資金の総額は、投資資金全体の10〜15％に制限すべきである。** したがって、10万ドルの口座であれば、1つの銘柄に証拠金として使える金額（投入できる金額）を1万〜1万5000ドル以下にするということである。こうすることで、トレーダーが1つの銘柄に過度に資金をつぎ込んでしまうのを防げる。

3. **1つの銘柄のリスク総額は、投資資金の5％に制限すべきである。** この5％というのは、トレードが失敗したときに許容できる損失額のことである。これは、何銘柄を取引するのか、損切り注文をどこに置くかなどを決定するときに重要になってくる。したがっ

482

第16章　マネーマネジメントとトレード戦術

て、10万ドルの口座であれば、1回のトレードで5000ドル以上の
リスクをとるべきではない。

4. **1つの銘柄グループに振り分けられる証拠金の総額（投入できる
金額）は、投資資産全体の20〜25％に制限すべきである。** この
基準の目的は、1つの銘柄グループに資産が集中することを防ぐ
ためである。グループ内の各銘柄は、同じ動きをする傾向がある。
金と銀は貴金属グループに属しているが、通常、同じ方向にトレ
ンドを形成する。同じグループの銘柄ばかりのポジションを取っ
てしまうと、分散の原則に反することになる。同じグループの銘
柄への投資は制限するべきである。

このようなガイドラインは先物業界ではかなり標準的なものである
が、トレーダーの必要に応じて修正することもできる。積極的で大き
なポジションを取るトレーダーもいれば、保守的なトレーダーもいる。
重要なのは、なんらかの分散をし、資産の保全と損失に持ちこたえる
だけの防御を前もってしておくことである（このようなガイドライン
は先物取引に関するものであるが、そのなかの一般的なマネーマネジ
メントの原理やアセットアロケーション［資産配分］の原理について
はどのような投資にも適用することができる）。

分散と集中

分散投資はリスクを制限する1つの方法ではあるが、度を越す場合
もある。トレーダーが同時に投資する銘柄を増やしすぎると、数少な
い勝ちトレードが、数多くの負けトレードによって希薄化してしまう
恐れがある。ここには1つのトレードオフが存在しており、適切なバ
ランスを取らなければならない。成功したトレーダーのなかには、わ
ずかな銘柄に集中して売買を繰り返す者もいる。そのときにその銘柄

483

にトレンドが出ているのなら、それもよいだろう。市場間に負の相関があればあるほど、分散度は高まる。同時に4つのFX市場で買いポジションを持つことは、分散の良い例ではない。というのも、外国為替は通常、米ドルに対して同じ方向にトレンドを形成するからである。

損切りのストップ注文の使用

　筆者は損切りのストップ注文を置くことを強く推奨している。しかし、損切りはアートである。トレーダーは、マネーマネジメントを考えながら、チャート上でいくつかのテクニカル要因を組み合わせなければならない。この方法に関しては、本章の後半で戦術に関する節で述べたい。トレーダーは市場のボラティリティを考慮しなければならない。市場のボラティリティが高ければ高いほど、それだけ損切りを離して置かなければならない。ここで再びトレードオフが存在する。トレーダーは、取引での損失ができるかぎり小さくなるように、損切りのストップ注文を近くに置きたがる。しかし、損切りのストップ注文を近くに置きすぎると、短期的な相場のノイズによって、不本意にも決済されてしまうことがある。損切り注文をはるか遠くに置くと、ノイズは回避することができるが、その損切りに引っかかったときに被る損失額は大きくなってしまう。適切な中間点を見つけることが、損切り注文をどこに置くかのコツである。

リスク・リワード・レシオ

　最も優れた先物トレーダーたちは、全トレードのわずか40％で金を稼ぐ。まさにそのとおりである。多くのトレードは損失で終わる。トレーダーの判断のほとんどが間違っているのなら、彼らはどうやって金を儲けているのだろうか。先物取引は、わずかな証拠金で取引が

できるので、逆方向にわずかに動いただけで強制決済を強いられる。したがって、トレーダーは必然的に彼らが求めている値動きを捕まえる前に、何回か試し玉をする。

　このことは、リスク・リワード・レシオの問題に行き着く。トレードの多くが損失になるなかで利益を上げる唯一の方法は、勝ちトレードでの平均利益が負けトレードでの平均損失を大きく上回るしかない。これを達成するために多くのトレーダーが用いるのが、リスク・リワード・レシオである。想定される各トレードに対して、利益目標が決定される。この利益目標（リワード）と、トレードで失敗したときに想定される損失（リスク）との比較である。よく用いられる基準は、リワード３に対してリスク１というものだ。仮に１回のトレードを比較するならば、想定利益は想定損失の少なくとも３倍はなければならない。

　「利を伸ばし、損切りは早く」というのは、最古の相場格言の１つである。トレードの利益を大きくするためには、長く持続するトレンドに乗り続ければよい。１年のうちでも大きな利益を生むトレードは、数えるほどしかないので、そのような数少ない大きな勝ちトレードを最大化する必要がある。利が乗っているトレードを長く持つことは、これを実現する最短の方法である。一方、できるだけ損失を小さく抑えるというのは、同じコインの裏側である。驚くべきことだが、多くのトレーダーはこれとは逆のことをしてしまうのである。

ポジションの多元化 ── トレンディングとトレーディング

　「利を伸ばす」というのは思うほど簡単ではない。市場がトレンドを形成し始め、比較的短期間で大きな利益を上げる状況を思い描いてほしい。突然、トレンドが失速し、オシレーターが買われ過ぎの状況

を示す。そして、チャート上には、いくつかの抵抗線が現れている。ここではどうするべきだろうか。市場はさらに上昇するとの確信はあるが、仮に相場が下落したら含み益を失ってしまうという恐れもある。利食いすべきか、それとも起こるかもしれない調整を乗り切るべきか。

　この問題を解決する方法の1つに、常に複数の単位に分けてトレードするということがある。このような単位は、**トレンディング**と**トレーディング**のポジションに分けられる。このうちトレンディングのポジションは、長期に見て保有するポジションのことである。損切りの位置も離して置いておき、相場が揉み合いや調整の時期になってもすぐに損切りに引っかからないように十分な余地を取っておく。これは長期的視野で見て、最大の利益を生み出そうとするポジションである。

　ポートフォリオのうちトレーディングとは、出入りの激しい短期トレードのために割り当てられるものである。相場が最初の目標値に到達したり、抵抗線に近づいたり、買われ過ぎの状態になった場合は、その時点で利食いをすることも、損切り注文をきつく置き変えることもできる。その目的は利益を確定させ、資金を保護することにある。その後、トレンドが元に復帰した場合は、再度、ポジションを取ることもできる。同時に、1つのトレーディングに依存するのはなるべく避けたい。トレーディングを複数にすることで取引にも柔軟性がもたらされる。そのことによって、トレード結果にも大きな違いが出てくる。

勝ちが続いたり、負けが続いたあとに何をすべきか

　負けが続いたり、勝ちが続いたりしたあとに、トレーダーは何をすべきだろうか。いま、資金が50％にまで減ったと仮定してみよう。今までのトレードスタイルを変更するべきだろうか。資金の50％を失っているのなら、それを元に戻すには今の資金を2倍にしなければ

486

第16章　マネーマネジメントとトレード戦術

ならない。それともトレードをより選んで行うべきか、今までと同じやり方を続けるべきなのか。もし今までよりも保守的にトレードをしていくのならば、損失を取り戻すのに相当長い期間を要するだろう。

　勝ちが続いたときも、そのあとには喜ばしいジレンマに悩まされることになる。その勝ちで得た資金をどうするべきかという問題である。仮に、資金が2倍になったと仮定しよう。1つの案は、倍増した資金を最大限活用するために、今のポジションを倍にすることである。しかし、それを実行してしまうと、その後、必ず訪れる負けが続く期間になったときに何が起こるだろうか。ポジションを倍にしなければ、上積みした利益の50%をマーケットに返すだけで済んでいたはずが、それだけでは済まず、利益のすべてをマーケットに返すことになってしまう。よって、これら2つの問いに答えるのは、初めに思っていたほど簡単でも明らかでもない。

　トレーダーのトラックレコードを見れば、必ず山があり、谷もあり、価格チャートによく似ている。最終的にトレーダーが利益を上げているのなら、資産チャートのトレンドは上向きになっているはずである。投資に振り向ける資金を増やす最悪の時期は、勝ちが続いたあとである。それはちょうど上昇トレンドが続き、相場が買われ過ぎのときに買うようなものだ。賢明なのは（人間の本性に反しているかもしれないが）、資産が減少したあとに投資資金を増やすことである。こうすれば、投資資金を増やすのが、資産チャートが山にあるときではなく、谷にあるときに行われる可能性が高くなる。

トレード戦術

　市場分析を終えた時点で、トレーダーは買うのか売るのかを決めているはずである。このときまでには、すでにマネーマネジメントをどうするのかについての考察は済んでおり、いくら投資すべきかも決め

487

ていなければならない。最後の段階は、売買の執行である。これはプロセスのうち最も困難なものになる可能性がある。このようないつ、どこで仕掛けるかという最終決定は、テクニカル要因やマネーマネジメントの係数、採用する注文タイプなどを組み合わせ、それを最終判断の基礎とする。それでは、それらを順番に考察してみよう。

タイミングのためのテクニカル分析

これまでの章で論じてきたテクニカル分析の原理を、タイミングを計るのに適用するとき、実際に新しいことは何もない。唯一の違いと言えば、タイミングとは非常に短い期間を対象にしているということである。ここでは、週や月ではなく、日・時・分といった時間枠に着目する。しかし、採用されるテクニカルツールは同じものである。すべてのテクニカル手法をおさらいする代わりに、ここでは包括的な考え方だけを述べたいと思う。

1．ブレイクアウトに関する戦術
2．トレンドラインのブレイク
3．支持線・抵抗線の利用
4．リトレースメント（押し・戻り）比率の利用
5．ギャップ（窓）の利用

ブレイクアウトに関する戦術 ── 予測か反応か

トレーダーは、①ブレイクアウトを予測してポジションを取るのか、②ブレイクアウトに反応してポジションを取るのか、③ブレイクアウト後のリトレースメント（押し・戻り）を待ってポジションを取るのか──というジレンマにいつも直面する。各アプローチそれぞれに対し

488

第16章　マネーマネジメントとトレード戦術

て、あるいは３つすべてを組み合わせたアプローチに対して、それぞれ賛否がある。もしトレーダーがいくつかのユニットに分けてトレードをしているのなら、各ユニットを上の３つの場面に振り分けて仕掛けることができる。上へのブレイクアウトを予測してポジションを取った場合、予測したブレイクアウトが実際に起これば、より安い価格で買っているので、その見返りも大きい。しかし、その場合、間違ったトレードになる可能性も高い。実際のブレイクアウトを待って仕掛ければ成功の見込みは高まるが、より高い価格で仕掛けることになってしまう。ブレイクアウト後の押しを待って仕掛けるやり方は、実際に押し目があれば、思慮深い仕掛けになる。しかし不運なことに、劇的な相場の多くが（通常、そのような相場が最も多くの利益を生み出すのだが）、気長なトレーダーにいつも２回目のチャンスを与えてくれるとは限らない。押し目を待つことのリスクは、相場に乗ることを逃してしまう可能性があるということである。

　このような状況を総合的に考えると、ポジションを分けて仕掛けることがいかに上のジレンマを解消してくれるかが分かるであろう。トレーダーはブレイクアウトを予測して小さなポジションで仕掛け、ブレイクアウトの時点で増し玉をし、またブレイクアウト後の押し目でさらに少しだけポジションを追加するというような対応ができるのである。

トレンドラインのブレイク

　これは最も有益な、初期段階の仕掛け・手仕舞いシグナルである。もしトレーダーがテクニカルなサインでトレンドの変化をとらえて、新規にポジションを取ろう、あるいは保有中のポジションを手仕舞おうとしているのなら、値動きに寄り添うように引かれたトレンドラインのブレイクは仕掛けや手仕舞いのための優れたシグナルになる。も

489

ちろん、そのほかのテクニカル要因も必ず考慮したほうがよいだろう。また、トレンドラインが支持線・抵抗線になったときにも、仕掛けのポイントとして利用することができる。メジャーな上昇トレンドラインへの押しで買ったり、メジャーな下降トレンドラインへの戻りで売ったりすることは、効果的なタイミング戦略になる。

支持線・抵抗線の利用

　支持線・抵抗線は、仕掛けや手仕舞いのポイントを決めるのに最も効果的なチャートのツールである。抵抗線のブレイクは、新規に買いポジションを取るシグナルとして使うことができる。そのとき損切りのストップ注文は、直近の支持線の下に置かれる。損切りのストップ注文をより近づけたい場合は、実際にブレイクアウトが起こったポイントのすぐ下に置くこともできる（今、そのポイントは支持線として機能しているはずである）。下降トレンドで抵抗線まで戻ったときや上昇トレンドで支持線まで押したときは、そこで新規にポジションを取ったり、含み益のある保有中のポジションに増し玉したりすることができる。損切りのストップ注文をどこに置くかということに関しても、支持線・抵抗線水準は非常に利用価値が高いものとなる。

リトレースメント比率の利用

　上昇トレンドでは、上昇の始点から測定し、リトレースメント（押し・戻り）比率が40〜60％となる水準で新規ポジションを取ったり、増し玉をすることができる。ここではタイミングというテーマを主に話しているので、リトレースメント比率は非常に短期の値動きにも適用できる。例えば、上へのブレイクアウトのあと40％の押しがあったときは、格好の買い場になる。下降トレンドで、40〜60％の戻りがあっ

たときは、格好の売り場となる。また、このリトレースメント比率は
日中足チャートでも用いることができる。

ギャップの利用

　チャート上に現れるギャップも、売買のタイミングを計るときには
効果的に利用することができる。例えば、上昇したあとは、その下に
現れたギャップは支持線として機能する。ギャップの上端までの押し
目やギャップ内部まで入り込んだ押し目で買う。損切りのストップ注
文はギャップの下かギャップの内部に置く。下落したあとは、ギャッ
プの下端までの戻りやギャップ内部まで入り込んだ戻りで売る。損切
りのストップ注文はギャップの上かギャップの内部に置く。

テクニカル分析の概念を組み合わせる

　このようなテクニカル分析の概念を用いる最も効果的な方法は、そ
れらを組み合わせることである。タイミングを検討しているときは、
買うか、売るかはすでに決定済みであるということを覚えておいてほ
しい。ここで行うことは、仕掛け・手仕舞いポイントの微調整だけで
ある。買いシグナルが出れば、トレーダーはできるかぎり優位な価格
で買いたいと思うだろう。仮に、価格が40 〜 60％押して買い場に入っ
てきたとする。その領域には目立った支持線があり、また支持線とな
りそうなギャップもあるとする。そして、さらに重要な上昇トレンド
ラインも近くにあると仮定しよう。

　これらすべての要因を考慮すれば、トレードのタイミングは大いに
改善されるだろう。支持線の近くで買うというアイデアは、その支持
線がブレイクされたときには素早く損切りするということでもある。
また、下降トレンド内の戻り高値にぴったりと沿うように引かれた下

491

降トレンドラインの上へのブレイクは、買いシグナルとして利用できる。下降トレンドでの戻りの期間に、その戻りの安値に沿うように引かれた上昇トレンドラインの下へのブレイクは売り場として利用できる。

テクニカル要因とマネーマネジメントを組み合わせる

チャートのポイントをどう利用するかに加えて、損切り注文をどこに置くかでは、マネーマネジメントが重要な役割を果たす。口座残高が10万ドルで、そのうち最大で10％を1つの投資に回すというルールを定めていると仮定しよう。このとき、このトレードには利用できる資金は1万ドルである。最大リスク許容量は5％（5000ドル）とする。このとき、損切り注文は、トレードが失敗したときに発生する損失が5000ドル未満になる位置に、損切り注文を置かなければならない。

損切り注文を近くに置けば、より大きなポジションを取ることができる。損切り注文を遠くに置けば、それだけポジションサイズを減らさなければならない。トレーダーのなかには、マネーマネジメント的な要因だけを考慮して、損切り注文の位置を決定する者もいる。しかし、何よりも重要なことは、損切り注文は、売りポジションの場合は**有効な**抵抗線の上に、買いポジションの場合は**有効な**支持線の下に置くということである。近くにある有効な支持線や抵抗線を見つけるには、日中足チャートを利用するのが特に効果的である。

注文の種類

適切な注文のタイプを選択することは、戦術を考えるうえで必要不

第16章　マネーマネジメントとトレード戦術

可欠な要素である。ここでは、一般的な注文である、成り行き注文、指値注文、ストップ注文（逆指値注文）、ストップリミット注文、マーケット・イフ・タッチド（MIT）注文について解説したい。

1. **成り行き注文**は、単純にブローカーに対して現在の値での売買を指示するものである。この注文は通常、動きの速い相場やトレーダーが確実にポジションを取りたい、あるいは大きく動くと思われる相場に乗り損なうのを防ぎたいと思うときに出す注文である。

2. **指値注文**は、トレーダーが買いたい、または売りたい価格を指定する注文である。**買いの指値注文**は現在価格よりも下に置かれ、トレーダーが買うときに支払う意思のある上限の価格を指定するものである。**売りの指値注文**は現在価格よりも上に置かれ、トレーダーが売るときに受け取る意思のある下限の価格を指定するものである。このような置いたままにするタイプの注文は、例えば上へのブレイクアウト後、支持線近辺までの押しで買いたいときなどに用いられる。

3. **ストップ注文（逆指値注文）**は、新規にポジションを取ったり、保有ポジションの損失を限定したり、利益を確定するために用いられる。ストップ注文は、注文が執行される価格を特定するものである。買いのストップ注文は現在価格の上に置かれ、売りのストップ注文は現在価格の下に置かれる（これらは指値注文の逆となる）。いったん現在価格がストップ価格にまで到達すれば、出されたストップ注文は成り行き注文に変わり、その時点で可能な価格で約定される。買いポジションの保有時には損失を限定するために、売りのストップ注文を現在価格の下に置く。相場が上昇すれば、売りのストップ注文の水準を切り上げ、利益を確定させることができる（トレーリングストップ）。買いのストップ注文は、上へのブレイクアウトで買いポジションを取るために、抵抗線の上

に置くこともできる。ストップ注文は成り行き注文になるので、特に動きの速い相場などでは、実際の約定価格が出したストップ価格よりも超えてしまうことがある。

4. **ストップリミット注文**は、ストップ注文と指値注文を組み合わせた注文である。この注文は、ストップ価格と指値価格の両方を設定する。現在価格がいったんストップ価格にまで到達すれば、指値注文が発注される。この注文は、トレーダーがブレイクアウトでポジションを取ることを望んでいるが、実際の約定価格をコントロールしたい場合に有効である。

5. **マーケット・イフ・タッチド注文**は、指値注文に似ている。違いは、現在価格が指値の価格に触れたときに成り行き注文として発注される点である。マーケット・イフ・タッチド注文の買いは、指値注文と同様に現在価格より下に置かれる。指値価格に触れたときに成り行きで取引が行われる。この注文には指値注文に対して1つの大きな優位点がある。現在価格の下方に置かれた買い指値注文は、たとえ現在価格が指値価格に到達したとしても、約定が保証されているものではない。そのため指値注文が約定しないまま、指値価格から相場が急反発してしまう可能性もある。マーケット・イフ・タッチド注文は、トレーダーが押しで買いたいと考えているが、指値価格に触れたあと相場に乗り損なうリスクを回避したいと思っている場合に最も有効な注文である。

このような注文は、場面によって適不適がある。各注文にはそれぞれ長所・短所があるからである。成り行き注文は、確実にポジションを取ることができるが、相場を追いかける結果になってしまう恐れがある。指値注文は、より管理された優位な価格で注文を通すことができるが、相場に乗り損なうリスクを抱えている。ストップリミット注文もまた、価格が指値価格を超えてギャップを作った場合などに約定

第16章　マネーマネジメントとトレード戦術

しないというリスクがある。仕切りのためのストップ注文の使用は、損失を限定させたり、利益を確定させたりするために強く推奨する。しかし、新規のポジションを取るために買いや売りのストップ注文を用いると、望ましくない価格で約定してしまう可能性がある。マーケット・イフ・タッチド注文は便利な注文であるが、取引所によっては採用していないことがある。異なるタイプの注文方法を習熟し、その長所・短所を学ばなければならない。これらの注文は各自のトレードプランのなかで、それぞれ使用する場面があるはずである。そして、各取引所では、どの注文タイプの利用ができるのかを把握しておいてほしい。

日足チャートから日中足チャートへ

タイミングは非常に短期の値動きの問題なので、特に日中の価格チャートが有効である。日中足チャートはデイトレードには必要不可欠なものだが、ここで焦点を当てることはしない。ここでの主な関心は、仕掛け・手仕舞いといった基本的な決定をしたあとに、トレーダーが売買のタイミングを計るときに、日中の値動きがどのように判断の助けになるかということである。

繰り返しになるが、トレードプロセスは、長期的に見ることから始め、次第に短期へと進めていかなければならない。長期的に把握をするために、月足や週足のチャートの分析から始める。その後、日足チャートを調べるが、それは実際にトレードするときの判断の基礎となるものである。日中足チャートはチャートを見ていくなかでは最後のものであり、よりタイミングをはっきりさせるために用いられる。長期チャートは市場を望遠鏡で眺めたような視野を提供してくれる一方、日中足チャートはいわば顕微鏡で眺めたような視野を提供してくれる。すでに論じたテクニカル分析の原理とは、このような非常に価

495

図16.1 S&P500先物の5分足チャート（1日半）。最後の5つのストキャスティックスのシグナル（矢印）はうまく機能している。日中足チャートは非常に短期のトレード目的で使用される

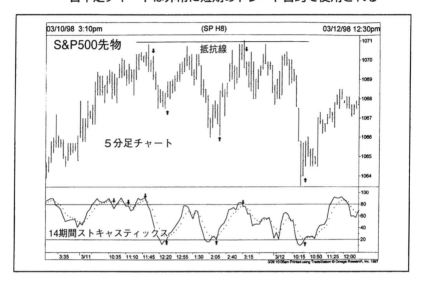

図16.2 Tボンド先物の10分足チャート（3日間）。ストキャスティックスが出したシグナルのうち最後の2つ（2月26日の朝10時10分のあとすぐに出た売りシグナルと翌朝のほぼ同じ時刻に出た買いシグナル）はうまく機能示している

図16.3 ドイツマルク先物の60分足チャート（10日間）。ストキャスティックスの3つの売買シグナルが表示されている（矢印）。2月17日の買いシグナルは2月24日に売りシグナルに転じ、2月26日に再び買いシグナルになった

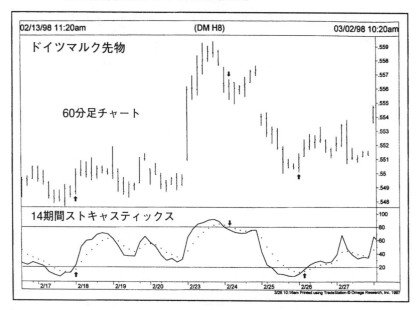

格感応度の高いチャートでも明確に目に見える形にしてくれることだ（図16.1～図16.3）。

日中ピボットポイントの利用

トレーダーのなかには、より早い段階で仕掛けるために、より一層近くに損切りのストップ注文を置いたうえで、ピボットポイントを用いて終値を予測する者がいる。この手法は、7つの鍵となる価格水準と4つの期間を組み合わせるものである。この7つの価格水準（ピボットポイント）とは、前日の高値・安値・終値と当日の始値・高値・安値・終値である。4つの期間とは、当日の取引日に適用される。ここ

で4つの期間とは、「寄り付き」「寄り付きの30分後」「正午（ニューヨーク時間で12時30分ごろ）」「大引けの35分前」である。

これらは平均時間であり、個々の市場で調節する必要がある。このアイデアは、相場が天井や底を形成しつつあるという確信をトレーダーが持っているとき、ピボットポイントをタイミングを計るツールとしてのみ用いるというものである。売買シグナルは、その日中にピボットポイントがブレイクされたときに点灯する。日中の後半になるほど、与えられたシグナルの意味合いはより強くなる。説明のために、買いシグナルの例を1つ挙げてみよう。価格が前日の終値を上回って寄り付いたものの前日の高値よりは下回っていた場合、買いのストップ注文を前日の高値の上に置く。買いのストップ注文が約定したら、損切りのストップ注文を当日の安値の下に置く。大引けの35分前の時点で、ポジションがないときは、買いのストップ注文を当日の高値の上に置き、その損切りのストップ注文は当日の始値の下に置く。取引の初めの30分間は通常、何もしない。時間が進むにつれ、ピボットポイントは狭くなっていき、同様に損切りの水準も狭まっていく。最後の買いシグナルが出るのは、価格が前日の終値と当日の始値の両方よりも高く引けることである。

マネーマネジメントの要約とトレードのガイドライン

以下のリストにマネーマネジメントとトレードに関し重要と思われるものをまとめた。

1．インターメディエートトレンドの方向にトレードせよ。
2．上昇トレンドでは押し目を買い、下降トレンドでは戻りを売る。
3．利を伸ばし、損切りは早く。

第16章　マネーマネジメントとトレード戦術

4．損失を限定するために損切りのストップ注文を用いる。

5．衝動的にトレードせず、プランを持つ。

6．やることを前もって計画し、その計画どおりに実行する。

7．マネーマネジメントの原則を用いる。

8．分散して投資する。しかし、分散しすぎてはならない。

9．リスク・リワード・レシオは少なくとも1対3にする。

10．増し玉（ピラミッディング）は以下の基準に従って行う。

　　a．増し玉は徐々に小さいサイズになるようにする。

　　b．含み益が出ているポジションだけに増し玉をする。

　　c．含み損が出ているポジションには増し玉をしない。

　　d．損切り注文を損益分岐点に置くように調節する。

11．けっして追証を食らわないようにする —— 損失を取り戻すためにさらに資金をつぎ込んではならない。

12．含み益のあるポジションを手仕舞う前に、含み損のあるポジションを手仕舞う。

13．超短期のトレードを除いて、取引の決定はマーケットから離れたところでする（マーケットが引けてからが望ましい）。

14．長期から始め、短期へと分析していく。

15．仕掛け・手仕舞いの微調整には日中足チャートを用いる。

16．デイトレードをする前に、日次のトレードを習得せよ。

17．型にはまった考え方にとらわれないようにする —— 金融メディアの情報をあまり鵜呑みにしすぎないこと。

18．少数派であることの心地良さを覚えよう —— もしあなたが相場の正しい側にいるのなら、大半の人はあなたに同意しないだろう。

19．テクニカル分析は経験と研究で改善されていく技術である。よって、いつも学徒であることを心に銘じて、学び続けなければならない。

20．シンプルに考えよう —— 複雑なものが常により良いとは限らない。

499

株式への応用

　本章で取り扱ったトレード戦術（および前章の分析ツール）は、わずかな調整をすることによって株式市場にも応用できる。先物トレーダーは短期から中期のトレンドに焦点を当てているが、株式投資家は中期から長期のトレンドのほうに関心を持っている。株式取引では超短期の値動きをあまり重視しないので、日中足チャートはあまり使われない。しかし、相場分析とトレードのための一般的な原則に関しては、シカゴの先物取引所にいるトレーダーであれ、NYSE（ニューヨーク証券取引所）の立会場にいるトレーダーであれ、共通したものである。

アセットアロケーション

　本章で示したマネーマネジメントのガイドラインは、主に先物取引に関したものである。しかし、その解説のなかに含まれていた原則の多くは、投資ポートフォリオの適切な分散の必要性に関連したもので、アセットアロケーション（資産配分）のテーマにも触れていた。アセットアロケーションとは、一個人のポートフォリオを株式、債券、現金（通常、マネーマーケットファンドや米短期債のような形式をとる）のなかで、どのように配分するかという、その配分の仕方を指すものである。また、それは個人のポートフォリオのうち、どれだけを海外市場に割り当てるべきかという問題も含んでいる。さらにアセットアロケーションはさまざまな市場セクターや業種のなかで、どのように株式保有を分散させるかという問題も含んでいる。そして、近年では、ポートフォリオのうちどれだけを伝統的なコモディティ市場に割り当てるべきかというところまで話は進んでいる。

500

投資一任勘定と投資信託

　投資一任勘定は、数年前から先物市場でも利用可能となった。これは先物市場に資金を振り向けたいが、自分自身で取引するには専門性を欠いていると思う投資家のために投資手段を提供したものである。投資一任勘定では、先物市場において投資信託のような分散アプローチを取る。投資一任勘定は、たとえそれがあらゆる先物市場―通貨、コモディティ、債券、株価指数などを含む―に投資するものであっても、ある程度は株式と債券で分散を行っている。分散の一部は、買いと売り両方の側から取引することによって実現している。ほかの部分は、コモディティそれ自体に由来する。しかし、資産をコモディティへ振り向けることが一層容易になったのは1997年になってからである。

　1997年3月に設立されたオッペンハイマー・リアル・アセット社は、コモディティ投資に特化した最初の投資信託会社である。コモディティリンク債に投資することによって、このファンドは22種類の先物市場で構成されるゴールドマン・サックス商品指数に連動するポートフォリオを作ることを可能にした。コモディティはしばしば株式や債券と反対に動く傾向があるので、優れた分散効果をもたらすファンドとなる。適切な分散効果をもたらそうと考えれば、互いに相関が低い、すなわち同じ方向にトレンドを形成しないような市場グループや市場クラスに資産を分けて持つ必要がある。コモディティは、まさにこの基準を満たすものである。

　ここでこのようなことを話したのは、2つの理由による。1つは、マネーマネジメントとアセットアロケーションの領域は、非常に密接に結びついていることを示したかったのだ。もう1つは、そもそも市場間には非常に強い結びつきがあることを示すためである。続く2章では、実際に先物市場と株式市場がどのように強く結びついているか、

501

そしてなぜ株式投資家が先物市場で起こっていることについての情報を得ておくことが重要なのかを解説する。第17章では、市場間（インターマーケット）のテクニカル分析を紹介する。

マーケットプロファイル

　日中足チャートのテーマにおいて、**マーケットプロファイル**と呼ばれる非常に画期的な手法を紹介しない訳にはいかないだろう。この取引手法は、シカゴ商品取引所（CBOT）の元フロアトレーダーであるJ・ピーター・スタイドルマイヤーによって考案された。このスタイドルマイヤーの手法は、過去十年にわたって、特に先物市場では熱狂的な支持者を獲得している。しかし、マーケットプロファイルは一般的な株式市場に対しても同じように用いることができる。この手法を理解するのは容易でない。しかし、これを用いたトレーダーは、非常に高いパフォーマンスをたたき出している。この手法は、マーケットプロファイルの専門家であるデニス・ハイネスが**付録B**において解説を行っている。

株式と先物の関連性 ——市場間分析

The Link Between Stocks and Futures : Intermarket Analysis

17

　本書の第１版が1986年に出版されたとき、商品先物の世界と株式や債券の間にあった垣根は、すでに壊れつつあった。20年前、コモディティというのは、トウモロコシや大豆やポークベリーや金や原油などのことを指していた。これらは、栽培・発掘・精製などができる伝統的なコモディティである。劇的な変化は、1972年から1982年にかけて、通貨や長期国債や株価指数などの先物取引が導入されたことで引き起こされた。「コモディティ」という用語は「先物」という用語に取って代わられた。というのも、債券先物と株式先物はコモディティとは呼べないが、先物取引とは言えるからである。そのとき以来、先物取引の世界に従来からの株式や債券が融合し、ほとんど区別がつかなくなってしまった。結果として、もともとさまざまな金融市場の分析に用いられてきたテクニカル分析の手法が、より広い世界でも適用できるようになったのだ。

　どの日のものであってもドル先物や債券先物や株価指数先物などの価格を容易に知ることができる。そして、それらはよくお互いに同じように動く。これら３つの市場が動く方向は、商品取引所で起こっていることに影響を受けることが多い。**プログラム売買**——例えばS&P500先物価格が現物のS&P500指数からダイバージェンスしたときに売買される——は、現実的に日々行われている。このような理由か

503

ら、先物取引の世界について理解を深めることは、金融市場全体への深い洞察力を身につけることにつながるのは明らかであろう。

　先物市場の動きが株式市場自体に重要な影響を与えることは明らかになった。インフレや金利のトレンドをもとに出される最初の警告は、先物市場で出される。そして、それがよくある特定時点の株価の方向を決めるのである。ドルのトレンドはアメリカ景気の強弱について多くのことを教えてくれる。そして、それはまた企業収益と株価の評価に大きなインパクトを与える。しかし、そのような関連性はこれらだけにとどまるものではない。株式市場はセクターや業種に分割されている。このようなグループ間を出入りする資金のローテーションは先物の動きによって分かることが多い。投資信託、特にセクター別ファンドの急速な成長によって、勝ちグループへ資金を投入し、負けグループからは資金を引き上げるようなセクター間のローテーションが非常に簡単になったのだ。

　本章では、より広いテーマとして市場間分析を扱い、また同時に通貨やコモディティや債券や株式の相互連関についても扱いたい。ここで伝えたいことは、上記の4つの市場がどれだけ緊密に関連しているかということである。また、株式市場内のセクターや業種のローテーションを行う過程で、先物市場をどのように利用するかも示してみたい。

市場間分析

　1991年、筆者は『インターマーケット・テクニカル・アナリシス（Intermarket Technical Analysis）』というタイトルの本（この本の実質的な改定版が『**市場間分析入門**』［パンローリング］）を執筆した。この本は、さまざまな金融市場間の相互関係について書いたものであり、今日では広く受け入れられるようになったものである。この本は、さ

第17章　株式と先物の関連性——市場間分析

まざまな市場間で起こる連続した出来事の解明に役立ち、また市場が実際にどのように相互依存しているかを示すガイドブックであり、青写真である。市場間分析の大前提は、あらゆる金融市場は何らかの形で結びついているということである。その関係は国内市場だけではなく、国際市場も含まれる。このような関係は、そのときどきで変化することもあるだろうが、どのような形になるにせよ、存在していることは明らかである。その結果、1つの市場——例えば、株式市場——の現状を完全に理解するには、そのほかの市場の現状を理解することなしにはあり得ないということになる。今日、市場は相互に強く結びついているため、テクニカルアナリストは圧倒的な優位性を持っている。本書で取り扱ったテクニカルツールはすべての市場に適用することができ、市場間分析の応用にも非常に役立つからである。ここで、今日の複雑化した市場環境において、多くの市場を把握しておくことがなぜ高い優位性を持つかについて説明しておきたい。

プログラム売買 —— 究極的な関連性

株式と先物の間に見られる関連性のうち、これ以上密接なものがないと思われるのが、S&P500株価指数（現物）とS&P500先物取引の間にある関連性である。通常、先物取引は株価指数に対してプレミアムが付いて取引されている。このプレミアムがどのくらいになるかは、短期金利の水準やS&P500採用銘柄の利回りや先物取引の納会までの日数などの要因によって決まる。株価指数に対するS&P500先物のプレミアム（スプレッド）は、先物が納会に近づくにつれて減少していく（**図17.1**）。毎日、研究機関があるべきプレミアムの額を算出しており、これを**フェアバリュー**と呼ぶ。このフェアバリューは、1日のなかでは変化しないが、日を追うごとに少しずつ変化していく。先物のプレミアムが株価指数に対するフェアバリューを所定の額だけ上回ったと

505

図17.1 チャートに示されているようにS&P500先物は通常、株価指数に対してプレミアムが付いて取引されている。このプレミアムが3月限の納会に近づくにつれ、縮小している

き、裁定取引が自動的に行われる。これを**プログラムバイイング（裁定買い）**と呼ぶ。先物が株価指数と非常に強い相関を有しているとき、プログラムトレーダーは、先物を売り、S&P500構成銘柄をバスケットで買うことで、同時に2つのポジションを取るのだ。プログラムバイイングは、株式市場にとって上昇要因となる。なぜなら、それによってS&P500株価指数は押し上げられるからである。**プログラムセリング（裁定売り）**は、ちょうどこの反対のことを行うもので、株価指数に対する先物のプレミアムがフェアバリューを過度に下回ったときに実行される。この場合、プログラムセリングはS&P500先物を買い、現物のバスケットを売ることで実行される。よって、プログラムセリン

グは市場の下落要因となる。トレーダーの大半は、この2つの市場の関連を理解している。しかし、彼らがすべてを理解しているとは限らない。というのも、S&P500先物取引の突然の値動き——そして、このような動きがプログラム売買を発動させる——が、しばしば債券のようなほかの先物市場の突然の動きによってもたらされることもあるからである。

債券と株式の関連性

　株式市場は金利の動向に影響を受ける。金利（利回り）の動向はTボンド（米長期国債）先物取引の動きを追うことによって、分刻みの数字を見ることができる。債券価格は金利（利回り）とは反対の方向に動く。したがって、債券価格が上昇すれば、利回りは低下する（債券価格が下落すれば、利回りは上昇する）。そして、債券価格の上昇（利回りの低下）は通常、株式市場にとっては上昇要因である（デフレの環境下では、債券と株式は分断された状態になる。株価が下落する一方で、債券価格は上昇する）。債券価格の下落（利回りの上昇）は、株式市場にとっては下落要因である。テクニカルアナリストの視点から見れば、Tボンド先物のチャートとS&P500株価指数やそれに関連する先物取引のチャートを比較することは極めて簡単なことである。そして、それらは一般的な傾向として、同じ方向に動いていることが分かるだろう（**図17.2**）。短期的には、Tボンド先物が突然に変化して、S&P500先物のトレンドに影響を与えているところが多く見られる。より長期的には、Tボンドのトレンドに変化があったときは、S&P500株価指数にも同じような変化があるとの警告になることが多い。その意味において、債券先物は株式市場の先行指標とみなすことができる。逆に、債券価格は通常、コモディティ市場のトレンドに影響を受ける。

図17.2　Ｔボンド価格の上昇は株価の上昇要因である。Ｔボンド相場が底を打った1981年と1984年と1988年と1991年と1995年に株価は反転を見せた。1987年と1990年と1994年に付けたＴボンドの天井はその年が株式市場にとって厳しいものになる前兆となった

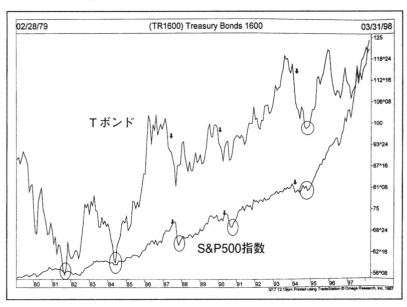

債券とコモディティの関連性

　Ｔボンドの価格はインフレ期待に影響を受ける。また、コモディティ価格はインフレ基調の先行指標とされている。結果として、コモディティ価格は通常、債券価格とは逆のトレンドを形成する。もし1970年代以降の市場の歴史を研究すれば、コモディティ価格の急上昇（インフレのシグナル）とＴボンド価格の下落とが関連していることが分かるだろう。この関係を逆から言えば、Ｔボンド価格の上昇はコモディティ価格の下落と一致する（**図17.3**）。そして、同様にコモディティ価格は米ドルの動向に影響を受ける。

図17.3 コモディティ価格と債券価格は逆のトレンドを形成する。1996年と1997年の春に付けたTボンドの底はコモディティ価格の主要な天井と一致している（枠内）

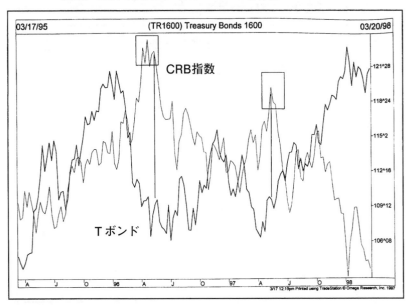

コモディティとドルの関連性

　米ドルの上昇は通常、多くのコモディティ価格を低迷させる効果を持っている。つまり、米ドルの上昇は、インフレ要因ではないとみなされていることになる（**図17.4**）。ドルに最も大きな影響を受けるコモディティが金である。これらの関係性を研究してみると、金と米ドルの価格は、逆方向のトレンドを形成していることが分かる（**図17.5**）。金相場は通常、ほかのコモディティ相場の先行指標として振る舞う。そのため、金相場を分析するときはドルの動向を把握しておく必要がある。一般的なコモディティ価格のトレンドを、よく知られたコモディ

図17.4 ドルの上昇はコモディティ市場にとって下落要因になる。
1980年にはドル相場の底がコモディティの天井と一致した。
1995年にドル相場が底を打ったことが、翌年のコモディティ
相場の急落につながった

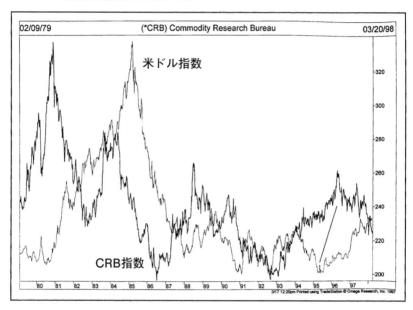

ティ価格指数などを用いて研究をするのなら、金相場の動向を知っておかなければならない。実際、これら４つの市場はつながっている。ドルはコモディティに影響を与え、コモディティが債券に影響を与え、債券が株式に影響を与える。これらのうちの１つの資産クラスを完全に理解しようと思えば、ほかの３つの資産クラスの動向を知っておく必要がある。幸運なことに、この４つの資産クラスの動向は、それぞれの価格チャートをざっと眺めることによって簡単に把握することができる。

図17.5 米ドルと金価格は逆のトレンドを形成する。一方、金価格はほかのコモディティの先行指標になる

株式のセクターと業種

　市場間の関係性を理解することによって、さまざまな株式市場のセクターや業種間の相互関係を明らかにするヒントも得られる。株式市場はまず市場セクターに分けられ、さらにそれが業種に分けられている。このように分けられた市場の各グループは、相互に関係する各市場の動向によって影響を受ける。例えば、債券が強くコモディティが弱いとき、公共株や金融株や生活必需品関連株などの金利敏感株のグループはそのほかの株式と比較して成績が良い。同時に、金やエネルギーや循環株などのインフレ敏感株は成績が悪い。コモディティが債券に対して強いとき、これらとは反対のことが起こる。Tボンド価格とコモディティ価格の関係性を見ることによって、ある時点で成績が

図17.6 債券価格と公共株は非常に密接な関連性がある。さらに公共株は債券よりもやや早く反転することが多い

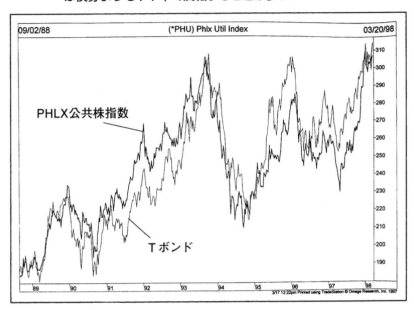

良くなるセクターや業種を判別することができる。

　株式市場のセクターとそれに関連した先物市場は強い関連性を持っているので、それらを合わせて用いることができる。例えば、公共株はTボンド価格と密接なつながりを持っている（**図17.6**）。また、金鉱株は金の価格と密接なつながりを持っている。もっと言えば、関連株のグループはそれらに関連する先物市場に先行して動く傾向がある。その結果、公共株をTボンドの先行指標として用いることができる。金鉱株も金価格の先行指標として使える。市場間の影響を与えるもう１つの例は、原油価格がエネルギーや航空会社の株に与える影響である。原油価格の高騰はエネルギー株を上昇させるが、航空会社株を下落させる。原油価格の下落は上の例とは逆の効果をもたらす。

512

ドルと大型株

ドルが大型株や小型株に与える影響についても、市場の関連性の観点から考察しておきたい。ドルの大幅上昇は大型のグローバル株の下落要因である。なぜなら、過度のドル高は、海外市場においてその企業の商品の価格を大幅に上昇させるからである。その反対に、国内を中心に活動する小型株はドルの動きにあまり影響を受けず、事によるとドル高の環境下では、大型株に比べて成績が良くなるという事態も起こる。結果として、ドル高は、ラッセル2000の構成銘柄のような小型株にとっては好材料となる。一方、ドル安は、ダウ工業株平均を構成するような大型のグローバル株にはプラスの要因となる。

市場間分析と投資信託

このような市場間の関係性を理解することが、投資信託の投資においても非常に役立つということが明らかになったはずである。例えば、米ドルの動向が、投資家の小型株ファンドと大型株ファンドの投資割合に影響を与えることもあるだろう。また、そのような理解は、金や天然資源ファンドへの投資額の決定にも役立つだろう。今日、非常に多くのセクター別投資信託に投資できるという環境が、そのときどきで何に集中して投資をすべきかという決定を複雑にしてしまったということがある。だが、先物市場とさまざまな株式市場のセクター・業種の相対的なパフォーマンスを比較することによって、分析を大幅に簡略化することができるだろう。そのような分析は**レラティブストレングス**分析と呼ばれる簡単なチャート手法によって行うことができる。

513

図17.7 CRB指数÷Tボンドの比率を見ることでどの資産が強いのかが分かる。1994年はコモディティが強い年であり、1995年は債券が強い年であった。この比率はアジア危機とデフレの恐怖から1997年の半ばに反転し急落した

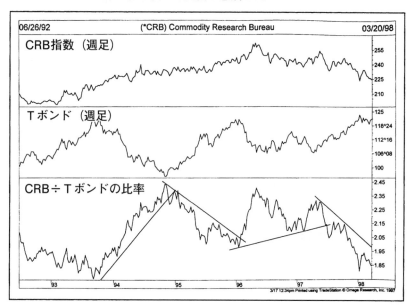

レラティブストレングス分析

　これは極めて簡単であるが、効果的なチャートのツールである。行うべきことは、1つの銘柄（商品）をもう1つの銘柄（商品）で割るだけである。つまり、2つの市場価格の比率をチャートにするだけでよい。レラティブストレングスラインが上昇すれば、分母よりも分子に当たる銘柄が相対的に強いということを表している。レラティブストレングスラインが下降すれば、分子よりも分母に当たる銘柄が相対的に強いということを表している。この簡単な指標を用いて、何ができるかを考えてみよう。商品指数（例えば、CRB先物指数）をTボンド価格で割ってみる（図17.7）。レラティブストレングスラインが上

図17.8　1997年10月、アジア危機によって資金が循環株から生活必需品関連株へと流れた。この動きは図17.7で示されたCRB÷Tボンドの比率の下落と一致している

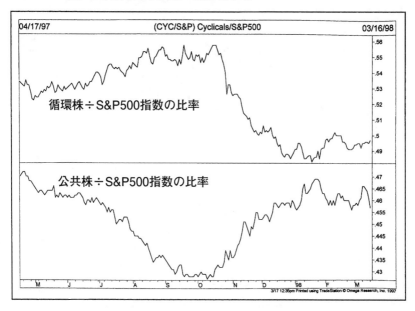

昇すれば、コモディティ価格が債券を上回っていることを示している。この場合のシナリオでは、先物トレーダーはコモディティを買い、債券を売ろうとするだろう。同時に、株式トレーダーはインフレ敏感株を買い、金利敏感株を売ろうとするだろう。このレラティブストレングスラインが下降したときのトレーダーは、上記とは反対のことを行う。つまり、商品トレーダーはコモディティを売り、債券を買い、株式投資家は金や原油や循環株を売る一方で、公共株や金融株や生活必需品関連株を買うだろう（図17.8）。

図17.9 PSEハイテク指数とS&P500のレラティブストレングス。簡単なトレンドライン分析によって1997年10月に起こったハイテク関連株の下落と年末の反転上昇の予測をすることができた

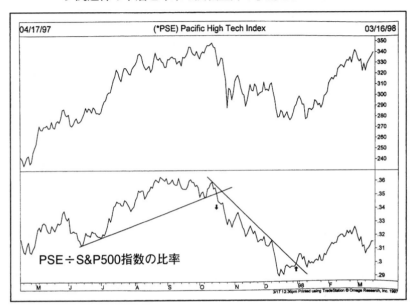

レラティブストレングスとセクター

今日、多くの取引所では、さまざまな株式市場のセクターを対象としたインデックスオプションが取引されている。シカゴ・オプション取引所（CBOE）では、その選択肢が最も多く、自動車やコンピューターソフトウェア、環境、ゲーム、不動産、健康、小売り、運輸など多種多様な業種を取引することができる。アメリカン証券取引所とフィラデルフィア証券取引所は、銀行、金、原油、医薬、半導体、技術、公共の一般的なインデックスオプションを提供している。これらのインデックスオプションは、ほかの市場と同じようにチャート化し、分析することができる。これらに対してレラティブストレングス分析を

図17.10　1997年の後半からのデルとPSEハイテク指数の比率分析。この分析によってデルがハイテク関連株のなかで比較的成績の良い株であることが判明した

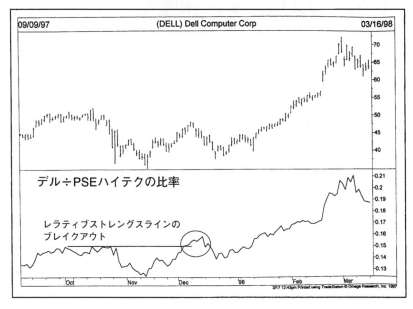

　用いる最も良い方法は、これらの価格をS&P500のようなその業種のベンチマークで割ることである。そうすることで、市場全体に対して、成績の良い業種（レラティブストレングスラインが上昇している）や成績の悪い業種（レラティブストレングスラインが下降している）を特定することができる。レラティブストレングスラインの重要なトレンド転換を発見するために、トレンドラインや移動平均などの簡単なチャートツールを用いる（**図17.9**）。一般的な投資手法は、レラティブストレングスラインがちょうど反転上昇したセクターに資金を投入し、レラティブストレングスラインがちょうど反転下落したセクターから資金を引き上げる。このような資金移動はインデックスオプションそのものを使って実行することもできるし、さまざまな市場セクタ

ーや業種に対応した投資信託を用いてもできる。

レラティブストレングスと個別株

　投資家にはこの時点で選ぶべき2つの道がある。資金を1つの業種から別の業種へ振り替えるか、そこで投資をやめてしまうかである。あるいは、もし希望をするのなら、その業種のなかの1つの個別株を選び、投資を継続することもできる。レラティブストレングス分析はここでも一定の役目を果たす。いったん希望する株価指数を選んだのなら、次のステップとしてその株価指数を構成する個別株を株価指数自体で割る。この方法によって、最もレラティブストレングスの強い個別株を簡単に見つけることができる（図17.10）。このとき、最も強いレラティブストレングスラインを描いている銘柄を購入することもできるし、現時点で低迷しているが反転上昇すると思われる株を買うこともできる。しかし、ここで肝心なのは、レラティブストレングスラインが下降している銘柄は避けるということである。

市場のトップダウンアプローチ

　ここでは、市場の**トップダウン**アプローチについて述べたい。この分析方法は、主要な市場平均を見ることで市場全体のトレンドを判定することから始める。その次にその市場のなかから最もレラティブストレングスの強い市場セクターや業種を選ぶ。さらに、その業種のなかからレラティブストレングスの最も強い個別株を選ぶ。市場間分析の原理を分析者の意思決定に取り入れることによって、アセットアロケーション上で重要な役割を果たす債券やコモディティや株式などのうちで、どれが現在の相場状況で一番ふさわしいかどうかを判断することができる。また、さまざまなグローバルな株式市場のレラティブ

518

第17章　株式と先物の関連性——市場間分析

ストレングスを比較することによって、同様の原理を海外投資にも適用することができる。最後に、ここで述べられたテクニカルツールはすべて投資信託のチャートにも適用することができ、分析の最終チェックとして用いることができる。また、このような分析は価格チャートとコンピューターを用いて簡単に行うことができる。ファンダメンタルズ分析では、一度にこのような多くの市場に対して分析を行うことができるかどうか想像してみてほしい。

デフレシナリオ

ここで述べた市場間分析の原理は1970年代の市場トレンドをもとにしている。1970年代は駆け上がるようなインフレの時代で、コモディティ資産を保有しておくのが好ましい時代であった。1980〜90年代はコモディティの下落（デフレ）と債券・株式の高騰によって特徴づけられた時代だった。1997年後半、アジアの通貨と株式が暴落し、特に銅や金や原油などの市場に悪影響を及ぼした。ここ数十年で初めて、市場関係者のなかにも、有益なディスインフレ（ゆっくりとした速度で進行する価格上昇）が有害なデフレ（価格下落）に転化する恐れがあると懸念する者が現れた。この懸念に加え、過去十余年ぶりに生産者物価が下落した。この結果として、債券市場と株式市場がダイバージェンスし始める。投資家たちは４年ぶりに資金を株式から債券や公共株のような金利敏感株に振り向け始めた。アセットアロケーションにこのように調節する理由は、デフレが市場間シナリオを変化させるからである。この場合でも、債券価格とコモディティ価格の間に存在する逆相関は維持された。コモディティ価格が下落すれば、債券価格は上昇した。異なる点は、この環境が株式市場にとって下落要因となるという点である。このようなことを指摘するのは、金融市場がデフレの問題に取り組まなければならなくなってから長い月日がたったから

519

である。デフレが起これば、市場間の関係は継続するものの、その関係性は変化する。ディスインフレはコモディティには好ましくないが、債券や株式には望ましいものである。デフレは債券には好ましいが、コモディティには好ましくないものである。

1997年半ばにアジアで始まったデフレ基調は、1998年半ばまでにロシアとラテンアメリカに広がった。そして、全世界の株式市場を蝕み始めた。特にコモディティ価格の急落は、オーストラリアやカナダやメキシコやロシアのような資源輸出国には大きな打撃を与えた。このようなコモディティ価格の下落や株価の下落といったデフレの影響は、Tボンド価格には良い影響を与え、記録的な高値を付けた。1998年に起こった出来事は、市場のグローバルな結びつきを劇的に示した一例であり、デフレ環境のもとでは債券と株式がどのようにダイバージェンスするかを現実に知らしめた。

市場間の相関

債券と株式のように、通常、同じ方向にトレンドを形成する2つの市場は正の相関関係にある。債券とコモディティのように逆方向にトレンドを形成する市場は負の相関関係にある。チャートソフトを使えば、異なる2つの市場の相関の程度を知ることができる。高い正の値は強い相関があることを示し、高い負の値は強い負の相関があることを示している。値がゼロ付近にある場合は、2つの市場間にはほとんどか、まったく相関がないことを示している。相関の程度を測定することで、トレーダーは特定の市場間（関係）にどれくらい資金と労力を集中させるべきかを決めることができる。高い相関を示す市場間に多くを割り当て、相関がゼロに近い市場間からは引き上げるべきだ（**図17.11**）。

マレー・ルジェーロ・ジュニアは、彼の著書『サイバネティク・ト

図17.11 チャートの下側に示されているラインはTボンド価格とS&P500が正の相関であることを示している。1997年後半、アジア危機によって異常なダイバージェンスが引き起こされた。このとき投資家は債券を買い、株式を売った

レーディング・ストラテジーズ（Cybernetic Trading Strategies）』のなかで、市場間の相関関係をテーマにした創造的な研究を行っている。また、彼はトレードシステム上で市場間フィルターを使用する方法についても書いている。例えば、債券市場の移動平均交差システムをどのように株価指数の取引にフィルターとして用いるかなどについて実例を挙げて示している。ルジェーロは、カオス理論やファジー理論やニューラルネットワークのような最先端の人工知能技術をテクニカルトレードシステムに応用するという研究を行っている。また、彼はニューラルネットワークを市場間分析の分野にも応用している。

市場間ニューラルネットワークソフトウェア

　市場間の関係性を研究するうえで大きな問題となってくるのが、市場（銘柄）の数があまりにも多く、しかもそれらすべてが同時に、かつ相互に影響し合っているという点である。しかし、このような状況はまさにニューラルネットワークが役立つ場面である。ニューラルネットワークは、金融市場（間）に存在する複雑な関係性を特定し、追跡するための数量的な分析基盤を提供してくれる。マーケット・テクノロジーズ・コーポレーション社の社長であるルイス・メンデルゾーンは1980年代に金融業界で最初に市場間分析のソフトウェアを開発した人物である。また、メンデルゾーンはマイクロコンピューターのソフトウェアを使って、ニューラルネットワークを市場間分析に応用した優れた先駆者であった。彼が1991年に初めて世に出したビンテージポイントと呼ばれるソフトウェアは、市場間分析の原理を用いて、金利市場や株価指数や通貨市場やエネルギー先物を取引するものであった。ビンテージポイントは関連し合う市場に存在する隠れたパターンと相関を検知するために、ニューラルネットワークの技術を用いているのだ。

おわりに

　本章では、筆者の著書『インターマーケット・テクニカル・アナリシス（Intermarket Technical Analysis）』（この『インターマーケット・テクニカル・アナリシス』をアップデートしたものが**『市場間分析入門』**［パンローリング］である）の内容を要約して示した。そこで議論されているのは、ドルからコモディティ、コモディティから債券、債券から株式へと伝わっていく相互関連した波及効果である。また、市場間を研究することで認識できたのは世界的なつながりの存在であっ

図17.12 投資信託もチャート分析を行うことができる。この投資信託の値動きを追うことによって、アジアに危機が忍び寄っていたことはチャート分析のプロでなくても分かるだろう

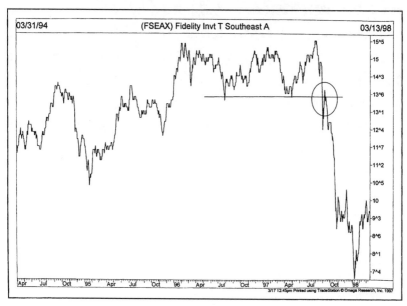

た。アジアやヨーロッパやラテンアメリカで起こったことがアメリカの市場に影響を与える。また、その逆もしかりである。市場間分析は、株式市場内でセクター間を循環的に投資するときのヒントを与えてくれる。レラティブストレングス分析は、市場一般に対して成績が上回りそうな資産クラスや市場セクターや個別株を発見するときに役立つ。ドクター・ジェフリー・ムーアは、彼の著書『リーディング・インディケーター・フォー・ザ・1990s(Leading Indicators for the 1990s)』のなかで、コモディティ価格と債券価格と株価の間の相互作用が景気循環に連動する１つの連続パターンに従う様子を示した。ドクター・ムーアは３つの資産クラスの市場間にある循環的性質を実証し、その理論を経済予測に用いることを強く主張した。そうしてドクター・ム

ーアは市場間分析とテクニカル分析全般を経済予測の領域にまで高めた。最後に、テクニカル分析はほかの市場に行うのと同様に、少し調整するだけで投資信託に対しても適用することができる。したがって、本書で解説した手法のすべては投資信託のチャートにも適用することができる。さらに良いことには、相対的にボラティリティの低い投資信託のチャートはチャート分析の格好の対象となるのである。筆者の『ザ・ビジュアル・インベスター（The Visual Investor）』は、セクター分析とその取引に焦点を合わせたものになっている。そこで投資信託をチャート化する方法と、それを用いてさまざまなトレード戦略を実践する手法を示している（**図17.12**）。

株式市場の指標

18

Stock Market Indicators

マーケットブレドゥスを測る

　前章において、株式市場分析で最もよく用いられるトップダウンアプローチについて解説した。この分析方法を採用すれば、分析者は市場全体の健全性を調べることから分析を始めることになる。それから、市場セクターと業種へと分析を進めていく。そして、分析の最終段階は個別株の研究となる。分析の目的は、株式市場がテクニカル的に健全であるときに、最良の業種から最良の株式を選択するということである。市場セクターと業種の研究は、本書全体を通じて取り上げたテクニカルツール――チャートパターン、出来高分析、トレンドライン、移動平均、オシレーターなど――を使って行うことができる。また、これと同じ指標を主要な株価平均に対して適用することもできる。しかし、株式市場分析では、これらのほかに別の指標が存在して広く用いられている。それは、**マーケットブレドゥス**（上昇銘柄数と下落銘柄数を比べて市場の方向性をとらえようとすること）を測ることによって、株式市場全域にわたる状態を判定するものである。このような指標は、上昇と下降、新高値と新安値、値上がり銘柄の出来高と値下がり銘柄の出来高などのデータを対比することで作ることができる。

525

サンプルデータ

　もしウォール・ストリート・ジャーナルの株式市場データバンクの欄（2ページ目のセクションC）を毎日チェックしているのなら、以下のような前日付けのデータを見つけることができるだろう。ここに示されているデータは実際の取引結果に基づいたものである。

NYSEダイアリー	月曜
取引銘柄数	3,432
値上がり銘柄数	1,327
値下がり銘柄数	1,559
変わらず	546
新高値銘柄数	78
新安値銘柄数	42
値上がり銘柄の出来高（000）	248,215
値下がり銘柄の出来高（000）	279,557
出来高合計（000）	553,914
クロージングティック	−135
クロージングアームズ（TRIN）	0.96

　上記の数値はNYSE（ニューヨーク証券取引所）のデータに基づいたものである。同様の数値がナスダックやアメリカン証券取引所でも公表されている。ここではNYSEのものをもとに話を進めたい。この日、ダウ・ジョーンズ工業株平均は12.20ポイント上昇している。ダウ平均で見れば、市場は上昇している。しかし、値上がり銘柄数（1327）よりも値下がり銘柄数（1559）のほうが多い。これは、全体として見た市場はダウ平均と同じように動いていないということを示している。また、値下がり銘柄の出来高も値上がり銘柄の出来高よりも多い。この2組のデータが示しているのは、たとえダウ平均が上昇していたと

しても、マーケットブレドゥスはそう広くはなかったということである。そのほかの数値は市場のさらなる錯綜した状態を示している。過去52週間で、新高値を付けた銘柄数（78）は新安値を付けた銘柄数（42）よりも多く、相場環境の良好さが示されている。しかし、クロージングティック（アップティックで引けた銘柄数とダウンティックで引けた銘柄数を表す数値。アップティックとは直近で約定した価格よりも高い値が付くこと、ダウンティックとは直近で約定した価格よりも安い値が付くことをいう）は、−135というマイナスの数値が出ている。これは、ダウンティックで引けた銘柄がアップティックで引けた銘柄より135も多いという意味であり、短期的な売り要因を表している。しかし、クロージングティックの悪い数値が、クロージングのアームズインデックス（TRIN）の0.96というやや良い数値によって相殺されている。本章の後半でこの理由を説明する。このような国内市場に関する数値は、1つの目的のために算出されている。つまり、ダウ平均の動きだけでは分からない市場全体の状態を表す正確な数値を知りたいという目的である。

市場平均の比較

市場全体を研究するもう1つの方法は、株価平均自体のパフォーマンスを比較することである。例として、同じ日の数値を用いて、以下に主な株価平均のパフォーマンスを比較してみよう。

ダウ工業株	＋12.20（＋0.16％）
S&P500	−0.64（−0.07％）
ナスダック総合	−14.47（−0.92％）
ラッセル2000	−3.80（−0.89％）

527

まず、はっきりしていることは、ダウ工業株平均はこの日に上昇した唯一の市場平均であるということだ。この夜に放映されたテレビのニュース番組は、投資家に（ダウ平均に代表される）市場は上昇したと伝えた。しかし、実際そのほかの指数はすべて下落している。また、より広範でより多くの株式が含まれる市場はパフォーマンスは悪かった。ここでROC（変化率）を比較してみよう。ダウ工業株の30銘柄は、0.16％上昇している。S&P500は、0.07％の下落である。ナスダック総合指数は5000以上の銘柄を含む指数であるが、この日はこの４つのなかで一番悪く0.92％も下落している。2000種の小型株で構成されるラッセル2000は、ナスダックと同程度の0.89％の下落である。このような簡単な比較で分かることは、この日にダウ平均は上昇したにもかかわらず、より広範な市場平均で測られる市場全体は弱かったということである。市場平均を比較する考え方については再度検討するが、まず初めに、テクニカルアナリストがマーケットブレドゥスを表す数値を分析するための方法をいくつか示していきたい。

騰落ライン

　これは最もよく知られたマーケットブレドゥスを示す指標である。騰落ラインの作成方法は大変簡単である。NYSEは、各取引日の値上がり銘柄数と値下がり銘柄数と変わらずの銘柄数を毎日発表している。この数値は、ウォール・ストリート・ジャーナルとインベスターズ・ビジネス・デイリーが毎日紙面に掲載しており、これを用いて日々の騰落ラインを作成することができる。騰落ラインの計算に最もよく用いられる方法は、値上がり銘柄数と値下がり銘柄数の差を取る方法である。値下がり銘柄よりも値上がり銘柄のほうが多い場合は、その日の騰落数はプラスで、値上がり銘柄よりも値下がり銘柄のほうが多い場合は、その日の騰落数はマイナスになる。このようにして毎日算出

図18.1 NYSEの騰落ラインとダウ工業株平均の比較。健全な市場ではここで示されている両方のラインがともに上昇トレンドを形成するはずである

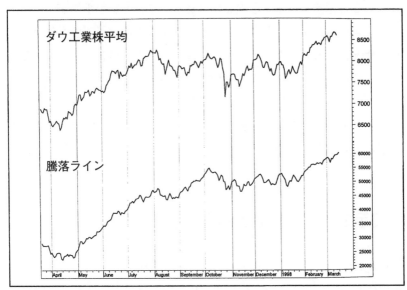

されるプラスかマイナスの値を前日の騰落ラインの値に加えていく。こうすると、騰落ラインそれ自体がトレンドを示す。この騰落ラインを用いて行うことは、騰落ラインと市場平均が同じ方向にトレンドを形成しているかどうかを確認することである（図18.1）。

騰落ラインとのダイバージェンス

騰落ラインで何を見るのだろうか。騰落ラインが示すのは、約2800（2017年現在）の銘柄で構成されるNYSE全体が、一般に広く普及している株価平均（わずか30種のダウ工業株平均や500種のS&P500などを含む）と一致して上昇しているかどうかということである。ウォール街の格言で言い換えてみれば、騰落ラインは「軍隊」が「将軍」に追

いついているかどうかを教えてくれる。例えば、騰落ラインがダウ平均とともに上昇しているかぎり、マーケットブレドゥスや健全性は良好であると考えられる。危険なのは騰落ラインとダウ平均がダイバージェンスを示し始めたときだ。つまり、ダウ平均が新高値を付けるような状況にあるにもかかわらず、騰落ラインで示されるような広範な市場では新高値を付けるような状態にないとき、テクニカルアナリストは「マーケットブレドゥスの悪化」や、騰落ラインと市場平均がダイバージェンスになることを心配し始める。歴史的に騰落ラインは市場平均よりも先に天井を付ける。そして、これこそが、騰落ラインがよく注目されている理由でもある。

日足の騰落ラインと週足の騰落ライン

日足の騰落ラインは、短期から中期にかけての主要な株価平均との比較に向いている。ただ、数年間を比較するにはあまり有効ではない。週足の騰落ラインは、1週間の値上がり銘柄数と値下がり銘柄数を合計したものである。このような数値は毎週末、バロンズ紙が発表している。週足の騰落ラインは数年にわたるトレンドを比較するのに向いているとされる。日足の騰落ラインでのダイバージェンスは、短期から中期にかけての異変を知らせてくれるものであるが、より深刻な問題を見分けるには、週足の騰落ラインも同じようにダイバージェンスを示していることが重要である。

騰落ラインのバリエーション

NYSEで取引される株式の数は年々増加しているので、値上がり銘柄数から値下がり銘柄数を引くという計算では、最近のデータの比重が大きくなってしまうと考える市場アナリストもいる。この問題に対

処するため、値上がり銘柄数を値下がり銘柄数で割った騰落レシオを用いるテクニカルアナリストも多い。また、計算に値動きのなかった銘柄数を含めたほうが有益であると考える分析者もいる。どちらの方法で騰落ラインを計算しても、その利用法は同じである。つまり、より広範な市場の方向を測定し、それが一般的ではあるが、対象範囲の狭い市場平均と、同じ方向に動いているかどうかを確かめる。騰落ラインはアメリカン証券取引所やナスダックでも算出することができる。テクニカルアナリストは、マーケットブレドゥスにおける短期から中期の市場の極端な状況を測るのに役立つように、騰落ラインを使って、買われ過ぎ・売られ過ぎを示すオシレーターを構築することを好む。そのような指標の一例が、よく知られたマクレランオシレーターである。

マクレランオシレーター

シャーマン・マクレランによって考案されたこのオシレーターは、NYSEの日次の騰落数の２本の指数移動平均で表し、その差を取ることによって得られる。マクレランオシレーターとは、日次の騰落数の19日（10％トレンド）指数移動平均と39日（５％トレンド）指数移動平均の差である。このオシレーターはゼロラインを中心に変動し、上の極端な値の基準を＋100、下の極端な値の基準を−100としている。マクレランオシレーターの値が＋100を上回ると買われ過ぎのシグナルとなる。マクレランオシレーターの値が−100を下回ると売られ過ぎのシグナルとなる。ゼロラインを下から上に交差したときは、短期から中期の買いシグナルとなり、ゼロラインを上から下に交差したときは、短期から中期の売りシグナルになると解釈されている（**図18.2**）。

図18.2 マクレランオシレーターのヒストグラム。ゼロラインを下から上に交差したときは買いのシグナル。＋100超は買われ過ぎ、－100未満は売られ過ぎを示す。1997年10月は売られ過ぎであったことが分かる

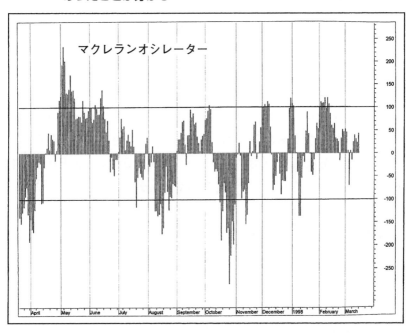

マクレラン総和指数

　このマクレラン総和指数はマクレランオシレーターの単純な長期版である。マクレラン総和指数は各取引日のマクレランオシレーターのプラスかマイナスの数値を累積合計して算出する。マクレランオシレーターは短期から中期のトレードに用いられるが、マクレラン総和指数はマーケットブレドゥスを長期的な視点から見るもので、主要な反転ポイントを特定するために用いられる（図18.3）。

図18.3 マクレラン総和指数はマクレランオシレーターの単純な長期版である。マクレラン総和指数はメジャートレンドの分析に用いられる。ゼロラインを上から下に交差したときは売りを意味する。1998年2月のシグナルは買いであった

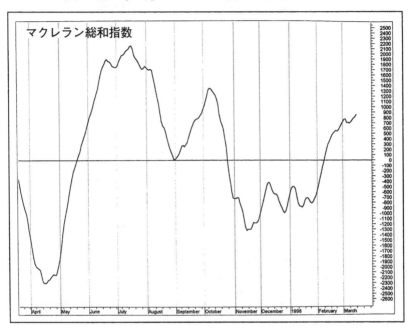

新高値銘柄数と新安値銘柄数

　値上がり銘柄数と値下がり銘柄数に加えて、経済新聞では直近52週の新高値と新安値を付けた銘柄数も掲載されている。繰り返しになるが、この数値は日足ベースと週足ベースで入手することができる。この数値を表示するには、2つの方法がある。1つは、2本のラインをそれぞれ表示させる方法である。日次の数値は、不安定な動きを見せることが多いので、2本のラインを平滑化するために移動平均（通常は10日間）が使われる（**図18.4**）。強い市場の下では、新高値の数は新安値の数よりも相当多くなければならない。新高値の数が減少し始

図18.4 新高値銘柄数の10日平均と新安値銘柄数の10日平均。健全な市場では新安値を付ける銘柄よりも新高値を付ける銘柄のほうが多いはずである。1997年10月に2本のラインが交差する寸前まで接近し、その後、再び強気の動きを見せた

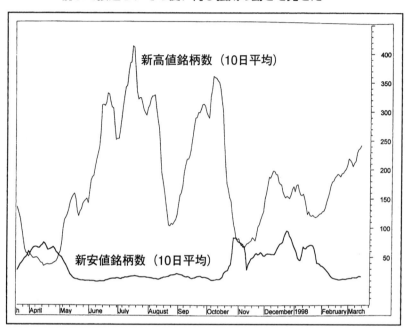

めたら、あるいは新安値の数が増加し始めたら、警告のシグナルとなる。新安値の移動平均が新高値の移動平均を上抜いたときも、市場の弱気を示すシグナルとなる。また、新高値を付けた銘柄数が極端な値に達したときは、市場はいつでも天井を付ける傾向があるということも示されている。同様に新安値が極端な値に到達したときは、市場はいつでも底を打つ直前にあると言えよう。新高値と新安値を対比して使うもう1つの方法は、2本のラインの差を表示させる方法である。

図18.5 新高値・新安値指数とNYSE総合指数。チャート下側のラインは新高値を付けた銘柄数と新安値を付けた銘柄数の差を表したものである。このラインの上昇は強気を表す。1997年10月に急激な下落が見られる

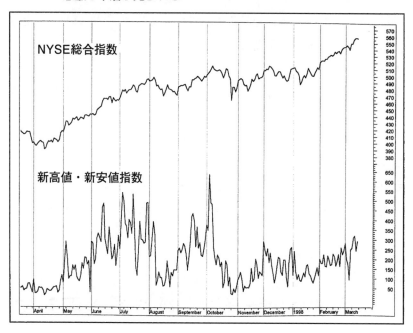

新高値・新安値指数

　新高値・新安値指数の優位点は主要な市場平均の１つと直接比較することができるところにある。そういった意味では、新高値・新安値指数が作るライン（以下、新高値新安値ラインという）は騰落ラインと同じように用いることができる（**図18.5**）。新高値新安値ラインのトレンドはチャートで見ることができ、市場のダイバージェンスを特定するために用いることができる。例えば、ダウ平均が付けた新高値と、それに対応する新高値新安値ラインの新高値が一致していない場合は、より広い市場には弱さの兆候が見られ始めたということである。

トレンドライン分析と移動平均分析は、新高値新安値ラインにも適用できる。しかし、この新高値新安値ラインの主な利用法は、株式のメジャートレンドと一致していることの確認、またはダイバージェンスを示していないかどうかを見ることで、市場全体のトレンドに変化の兆しがないかどうかを早期に発見することである。アレキサンダー・エルダー博士は、『投資苑』（パンローリング）のなかで、新高値・新安値指数は「おそらく株式市場において最高の先行指標である」と書いている。

エルダーは、ダイバージェンスの認識をより容易にするために、ゼロラインを基準点とし、その上と下にヒストグラムを描き、指標として用いることを提唱している。また、ゼロラインが下から上へと交差したときは市場心理が強気へと変化している反映であり、ゼロラインが上から下へと交差したときは市場心理が弱気へと変化している反映であると、彼は指摘している。

値上がり銘柄の出来高と値下がり銘柄の出来高

これはマーケットブレドゥスを測るために利用される３番目、つまり最後のものである。NYSEは値上がり銘柄と値下がり銘柄の両方の出来高を発表している。このデータは翌日の経済新聞に掲載される。よって、その日が買いと売りのどちらが支配的だったかを、値上がり銘柄の出来高と値下がり銘柄の出来高によって比較できる（図18.6）。値上がり銘柄の出来高と値下がり銘柄の出来高は、新高値・新安値指数のところで説明したのと同じように、２本のラインで表示させることもできるし、その差を１本のラインで表示させることもできる。どちらの場合も、その解釈はいつもと同じである。値上がり銘柄の出来高が多いときは、市場は強い。値下がり銘柄の出来高が多いときは、市場は弱い。値上がり銘柄数・値下がり銘柄数に値上がり銘柄の出来

図18.6 株式市場の値上がり銘柄の出来高（太線）と値下がり銘柄の出来高（いずれも10日平均）。強い相場では値下がり銘柄の出来高よりも値上がり銘柄の出来高のほうが多くなると考えられている

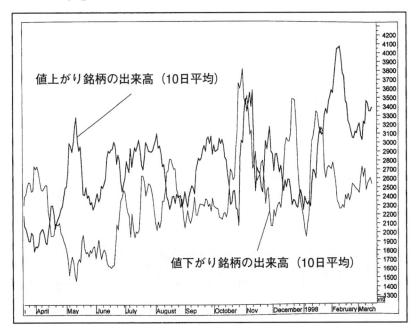

高・値下がり銘柄の出来高を組み合わせることもできる。これはリチャード・アームズがアームズインデックスを作るときに行ったことである。

アームズインデックス

リチャード・アームズの名にちなんで付けられたアームズインデックス（TRIN）は比率の比率である。分子には、値上がり銘柄数を値下がり銘柄数で割った数値が入る。分母には、値上がり銘柄の出来高を値下がり銘柄の出来高で割った数値が入る。このアームズインデッ

図18.7 アームズインデックスは市場とは逆方向にトレンドを形成する。特に高い値が出たときは底のシグナルである。アームズインデックスの10日移動平均はこの逆指数を見るための一般的な方法である

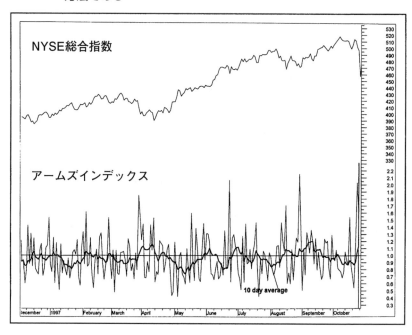

クスが示すのは、上昇株と下落株のうちでどちらの出来高が多かったかを測定するものである。数値が1.0よりも小さい場合、値上がり銘柄の出来高のほうが多く、強気を表す。数値が1.0よりも大きい場合、値下がり銘柄の出来高のほうが多く、弱気を表す。日中取引ベースでも、非常に高い数値が出た場合は弱気を表し、非常に低い数値が出た場合は強気を表す。したがって、アームズインデックスは市場の動きとは逆方向にトレンドを形成する逆指標（コントラリーインディケーター）の一種である。また、これは日々の相場を追いかけるデイトレードにも用いることができるし、相場の短期的な行きすぎを判定するサインとしても用いることができる（**図18.7**）。

第18章　株式市場の指標

TRINとTICKの対比

　TRIN（アームズインデックス）は日中取引のTICK指標と組み合わせて用いることができる。TICKとは、アップティックの銘柄数とダウンティックの銘柄数の差を指標にしたものである。TICKは日次の騰落ラインの分単位のものであり、その使用目的は同じである。日中取引で、この2つの指標を合わせると、TICKの上昇とTRINの下落が強気を表し、TICKの下落とTRINの上昇が弱気を表す。しかし、TRINは長期分析にも用いることができる。

アームズインデックスの平滑化

　アームズインデックスは短期的な予測に有益な指標であるが、多くのトレーダーはこの数値の10日移動平均を用いる。アームズの見解によると、アームズインデックスの10日移動平均では1.20超が売られ過ぎ、0.70未満が買われ過ぎとされる。しかし、このような基準は市場全体のトレンドによって変化する可能性がある。アームズもフィボナッチ数を好んで用いた1人である。10日の移動平均に加えて、アームズインデックスの21日移動平均の利用も提唱している。また、彼は中期の優れたトレードシグナルを出すために、21日と55日の移動平均の交差を利用している。詳細は、リチャード・W・アームズ・ジュニア著『**相場心理を読み解く出来高分析入門**』（パンローリング）をぜひ一読してほしい。

オープンアームズ

　10日アームズインデックス（10日移動平均）を算出するときは、各取引日の引け時点の4つの数値を入力して日次の値を計算し、その結

539

図18.8 10日オープンアームズインデックスを用いることで指数の曲線は非常に滑らかになる。しかし、その場合でもそのトレンドは市場とは逆である。10日移動平均（太線）との交差がしばしば転換のシグナルになる

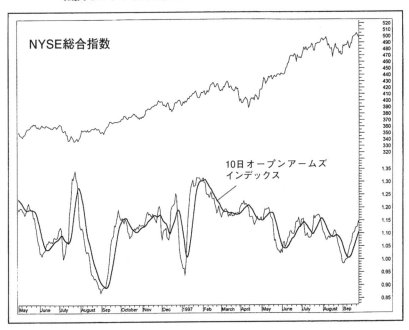

果を10日移動平均で平滑化する。このアームズインデックスの「オープン」版は、まず計算に使用する４つの数値を用いて、それぞれ別に10日移動平均を計算する。オープンアームズインデックスは、その４つの数値の10日移動平均の数値を用いて計算する。オリジナル版よりもオープンアームズのほうを好むアナリストも多い。オープン版アームズインデックスには、21日と55日のように、異なる長さの移動平均を採用することができる（図18.8）。

図18.9 エクイボリュームチャートは価格と出来高を組み合わせたチャートである。各長方形（日足）の横幅は出来高によって決まる。長方形の横幅が広いということはその日の出来高が多いことを表す。インテルの最後の急落では長方形の横幅は広がっている。これはネガティブなサインである

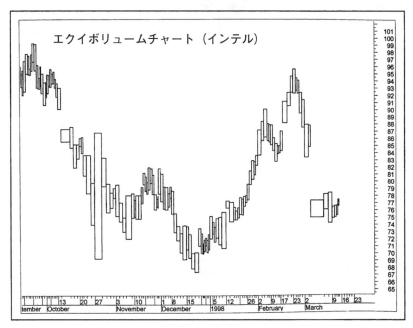

エクイボリュームチャート

　アームズはアームズインデックス（TRIN）で有名であるが、そのほかにも価格と出来高を組み合わせた分析手法をいくつか編み出している。そのなかの１つが、エクイボリュームと呼ばれるまったく新しい形式のチャートである。伝統的なバーチャートでは、日々の値動きは価格足で示され、そのチャートの下側に出来高が表示される。テクニカルアナリストは価格と出来高の分析を合わせて行うので、同時にそのチャートの上側と下側を見なければならない。エクイボリューム

チャートではそれぞれの価格足が長方形で示される。その長方形の高さはその日の値幅を表し、長方形の横幅はその日の出来高の量によって決まる。出来高が多い日は横幅の広い長方形になり、出来高が少ない日は横幅の狭い長方形になる（**図18.9**）。

　原則的に価格の上へのブレイクアウトには、必ず出来高の爆発的な増加が伴うはずである。そうであるのなら、エクイボリュームチャートでは、価格の上へのブレイクアウトのときには、非常に横幅の広い長方形が現れることになる。エクイボリュームチャートは、価格分析と出来高分析を１つのチャートで表したもので、価格と出来高の比較を非常に簡単なものにしてくれた。例えば、上昇トレンドにおいて、上昇の日は横幅の広い長方形が現れ、下落の日は横幅の狭い長方形が現れるはずである。エクイボリュームチャートは、個別株だけでなく市場平均にも適用でき、日足と週足のチャートのどちらでも表示させることができる。これに関する詳細はリチャード・アームズの『ボリューム・サイクル・イン・ザ・ストック・マーケット（Volume Cycle in the Stock Market)』を参照してほしい。

キャンドルパワー

　第12章ではグレッグ・モリスにローソク足チャートの解説を行ってもらった。1990年、雑誌『テクニカル・アナリシス・オブ・ストックス・アンド・コモディティーズ』の『イースト・ミーツ・ウエスト ── キャンドルパワーチャーティング（East Meets West : CandlePower Charting)』というタイトルの記事で、モリスはローソク足チャートとアームズのエクイボリュームチャート手法を組み合わせることを提案している。モリスの提案は、エクイボリュームの形式でローソク足を表現するのである。つまり、ローソク足の足の横幅が出来高によって広くなったり、狭くなったりするのである。出来高が増えるほど、ロ

542

図18.10　キャンドルパワーチャート（キャンドルボリュームとも言う）はエクイボリュームとローソク足を組み合わせたチャートである。各ローソク足（日足）の横幅は出来高によって決まる

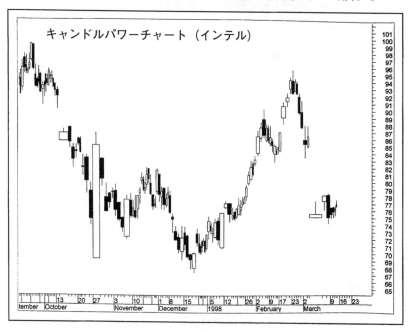

ーソク足の横幅は広がる。モリスはこの組み合わせの手法をキャンドルパワーチャートと呼んだ。その記事から引用すれば、「……キャンドルパワーチャートは、たとえエクイボリュームやローソク足チャートよりも優れているとは言えないとしても、同じくらいの情報量は持っている。そして、それはどちらにも引けをとらないくらいの視覚的表現力を持っている」。モリスのキャンドルパワーという手法は、今ではメタストック（Metastock）というチャートソフトで利用できる（https://www.equis.com/）。しかし、その名称はキャンドルボリューム（Candlevolume）と変更されている（**図18.10**）。

図18.11 ナスダックとS&P500のレラティブストレングスラインを見れば、ハイテク株が市場に対して先行しているか出遅れているかが分かる。通常、このレラティブストレングスラインが上昇していることが市場にとって望ましい

市場平均の比較

　本章の初めにマーケットブレドゥスを測る方法として、異なる市場平均そのものを比較する方法があるということを述べた。ここでは主にダウ工業株平均とS&P500指数とNYSE総合指数とナスダック総合指数とラッセル2000について話を進めていきたい。各指数はそれぞれ、市場のわずかに異なる部分をもとに算出している。ダウ平均とS&P500は比較的時価総額の大きい少数の銘柄のトレンドをとらえたものである。NYSE総合指数はNYSEで取引されている全銘柄を対象としたもので、やや広い視野で市場をとらえたものである。ダウ工業株平均に

図18.12 小型株のラッセル2000と大型株のダウの比較。両方のライン
がともに上昇していることが市場にとっては望ましい

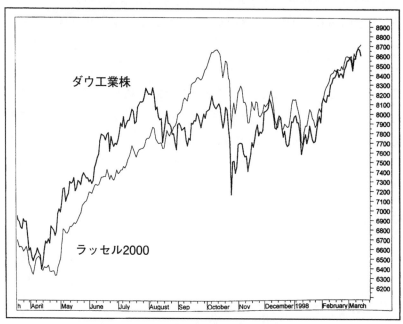

ブレイクアウトがあり、そしてそのブレイクアウトが今後も続く力を持っているのならば、S&P500とNYSE総合にも同じようなブレイクアウトが見られるはずである。

最も重要なダイバージェンスは、ナスダックとラッセル2000で起こるものである。ナスダック総合指数は、構成銘柄の数が最も多い（約5000銘柄）。しかし、ナスダックは時価総額加重平均を採用しているため、通常は100程度の大型ハイテク株、例えばインテルやマイクロソフトのような株価動向の影響を大きく受けてしまう。このため、ナスダックはハイテクセクターの動向を表す指数となる。一方、ラッセル2000は小型株の動きをより正確に測定する指数である。しかし、市場が本当に健全であるのなら、両指数ともダウ平均やS&P500とともに上昇

のトレンドを形成するはずだろう。

　レラティブストレングス分析は、これらに対しても有効な分析法である。S&P500とナスダックのレラティブストレングスを見ることで、ハイテク株が先行しているのか、出遅れているのかが分かる。通常はハイテク株が先行して、レラティブストレングスラインが上昇しているのが望ましい（**図18.11**）。ラッセル2000とS&P500を比較することで、「軍隊」が「将軍」に付いてきているのかどうかを知ることができる。小型株のレラティブストレングスが弱いとき、つまり小型株が大型株に対して大きく出遅れているときは、マーケットブレドゥスが弱まっているという警告であることが多い（**図18.12**）。

おわりに

　確認やダイバージェンスを知る手立てとして２つの市場平均を比較する方法のうち、もう１つはダウ理論に関するものである。第２章で、ダウ工業株平均とダウ輸送株平均の関係が重要であることを述べた。ダウ理論における買いシグナルは、工業株平均と輸送株平均の両方の平均指数が新高値を付けたときに出される。また、１つの指数ともう１つの指数がダイバージェンスになったときには警告シグナルとみなされる。このようにマーケットブレドゥスの研究とそれに関連した確認とダイバージェンスの問題は、さまざまな形をとって現れることが分かる。従うべき一般的な法則は、同じ方向にトレンドを形成している株式の市場平均の数が多ければ多いほど、そのトレンドは継続する可能性が高いということである。加えて、騰落ライン、新高値新安値ライン、値上がり銘柄の出来高・値下がり銘柄の出来高を必ず注視して、それらが同じ方向にトレンドを形成しているかどうかを確認してほしい。

546

要点整理 ── チェックリスト

Pulling It All Together -- A Checklist

19

　本書で明らかになったようにテクニカル分析は多種多様な手法の組み合わせである。各手法を学ぶことでアナリストの相場知識は増えていく。テクニカル分析は巨大なジグソーパズルを組み立てるようなものだ。各テクニカルツールはそのパズルの１ピースにすぎない。筆者の市場分析法は、できるかぎり多くの手法を組み合わせたものとなっている。各手法はすべての状況で有効に機能するとは限らない。肝心なのは、現在の相場状況を正確に判断して、どのようなツールを利用すべきかを知っておくことだろう。これは知識と経験によってもたらされるものだ。

　このような手法のすべては、ある程度重なり合って相互に補完し合っている。利用者が各手法の相互関係を知り、テクニカル分析を各手法を総合したものとみなすことができたとき、初めてその人はテクニカルアナリストの名にふさわしい人物となることができるのである。以下のチェックリストは利用者が、少なくとも初期の段階で、すべての基本事項に触れられるように作成した。本書を熟読すれば、近い将来、このチェックリストの内容はすべて身についていることだろう。このチェックリストはすべてが網羅されているわけではないが、覚えておくべき重要事項のほとんどが含まれている。分かりきったことをして

いるだけで素晴らしい市場分析ができることなど、まずあり得ない。テクニカルアナリストはたえず未来の相場動向の手がかりを探し求めている。どちらの方向に相場を張ればよいのかを決定する最終的な手がかりが、ある手法では見つけられても、ほかの手法では見つけることができないようなことがよくある。そのような正しい手がかりに出合うチャンスは、分析者が考慮する要素が多ければ多いほど増えていくものなのである。

テクニカル分析のチェックリスト

1. 市場全体の方向はどちらを向いているか。
2. 市場セクターの方向はどちらを向いているか。
3. 週足・月足のチャートは何を示しているか。
4. メジャートレンドとインターメディエートトレンドとマイナートレンドはそれぞれ上向きなのか、下向きなのか、横ばいなのか。
5. 重要な支持線や抵抗線はどこにあるのか。
6. 重要なトレンドラインやチャネルはどこにあるのか。
7. 出来高と取組高は価格の動きと一致しているのか。
8. 33％・50％・66％のリトレースメント（押し・戻り）水準はどこにあるのか。
9. ギャップはあるか。もしあるのなら、それはどのタイプのギャップなのか。
10. 主要な反転パターンが現れていないか。
11. 継続パターンが現れていないか。
12. パターンから算出される目標値はどの辺りなのか。
13. 移動平均はどのような経路をたどっているのか。
14. オシレーターは買われ過ぎや売られ過ぎを示していないか。
15. オシレーターにダイバージェンスが現れていないか。

第19章　要点整理——チェックリスト

16. コントラリーオピニオンの数が極端な値を示していないか。

17. エリオット波動パターンは何を示しているか。

18. 明白な3波動や5波動が現れていないか。

19. フィボナッチ数によるリトレースメントや予測はどうなっているのか。

20. 相場サイクルでは天井と底はどの辺りにくるのか。

21. 市場は右変換や左変換を示していないか。

22. コンピューターモデルの示すトレンドはどちらを向いているか（上昇か下降か横ばいか）。

23. ポイント・アンド・フィギュアやローソク足は何を示しているか。

　市場を強気か弱気かを結論付けたあと、以下の項目を自問自答してほしい。

1．これからの数カ月間、トレンドはどのように変化するのだろうか。

2．この市場を買うべきなのか売るべきなのか。

3．何ユニットをトレードすべきなのか。

4．相場を間違ったとき、どれだけのリスクを負う準備があるのか。

5．利益目標はどれだけか。

6．どこで仕掛ければよいのか。

7．どの注文タイプを使うのか。

8．どこに損切りのストップ注文を置くのか。

　このチェックリストに従って分析を行ったからといって、正しい結論が導き出されるという保証はない。これは単に正しく自問するための指針として作成されたにすぎない。しかし、正しく自問することは正しい答えを見つけだすための最も確実な方法である。トレードを成功させる鍵は、知識・規律・忍耐である。読者はすでに知識を習得し

549

ていると想定するならば、残りの規律と忍耐を達成するための最も良い方法は自分で準備し、自分自身で行動計画を立てることである。そして、その最終段階はその計画を実行に移すことである。そうすることで、成功を保証することはできないとしても、市場での勝利の可能性を大いに高めることができるだろう。

テクニカル分析とファンダメンタルズ分析の調整

テクニカルアナリストとファンダメンタルズ分析者はしばしば互いに言い争っているが、共通の利益のために協力する方法もある。市場分析は両方の方向からアプローチすることができるのである。テクニカル要因は、既知のファンダメンタルズに先行すると筆者は確信しているが、重要な市場の動きは、その背後にファンダメンタルズ要因がなければならないとも考えている。よって、テクニカルアナリストが市場のファンダメンタルズの状態に目を向けておくことは単純に意味があることなのである。ほかのことはともかく、テクニカルアナリストはチャート上で確認された重要な市場の動きの意味づけをするために、ファンダメンタルズ分析者の同僚にファンダメンタルズ的に何が起こっているかを問い合わせてみるのも有効だろう。さらに、ファンダメンタルズな材料に市場がどう反応するかを、優れたテクニカル指標として用いることもできる。

一方、ファンダメンタルズ分析者はテクニカルな要因を自己の分析の確認や重要な出来事の警告として利用することができる。ファンダメンタルズ分析者は、現在進行中のトレンドとは逆方向のポジションを保有してしまうことを防ぐフィルターとして、チャートを参考にしたり、コンピューターを用いたトレンドフォロー型システムを採用したりすることができる。チャート上にいつもとは違う動きが現れたときは、ファンダメンタルズ分析者にとっても警告的な意味を持ち、そ

れをきっかけとして、より詳細にファンダメンタルズの状況を再度調査することもできる。筆者は大手ブローカーのテクニカル分析部門で数年間勤務していたが、チャート上に切迫したと思われる動きが現れたときは、それについて話を聞くためにファンダメンタルズ分析の部署によく行ったものだ。そこで得た返答の多くは「そんなことはあり得ない」や「バカなことを言うな」といったようなものだった。そんなふうに答えていたまさにその人物が、その数週間後には突然で「予測もしなかった」市場の動きを説明するためのファンダメンタルズ要因をいろいろ探して回って奮闘している姿を見ることなど、日常茶飯事だった。このようなことについては、さらなる調整と協力を行う余地があるのは明らかであろう。

公認テクニカルアナリスト

今日、多くの人々がテクニカル分析を利用し、さまざまな市場のテクニカルな状況について意見を述べている。しかし、彼らは本当にそれを行う資格があるのだろうか。また、語る資格があるかどうかを知るにはどうすればよいのだろうか。いずれにせよ、医学部の卒業証書を持っていない医者のところに行く者はいないだろうし、司法試験に合格していない弁護士に相談をしに行く者もいない。あなたの会計士は疑いなく税理士資格を持っているであろう。もし普通株の評価を知りたくて証券アナリストに意見を求めるのなら、必ず彼が公認証券アナリスト（CFA）であるかどうかを確認するだろう。では、なぜテクニカルアナリストの場合には同じことをしないのだろうか。

マーケット・テクニシャン・アソシエーション（MTA）は、公認市場テクニカルアナリスト（CMT）プログラムを創設し、このような疑問に答えている。CMTプログラムでは、アナリストにCMTを名乗る資格を授与するに際して、3段階の試験を課している。プロのテクニ

カルアナリストの大半はこのプログラムを通過している。今後、テクニカル分析について見解を述べる者がいたら、彼がCMT資格を持っているかどうかを尋ねてみてほしい。

マーケット・テクニシャン・アソシエーション

マーケット・テクニシャン・アソシエーション（MTA）は世界で最も古くかつ最もよく知られているテクニカルアナリスト協会である。テクニカル分析に関する意見交換の振興や、一般の人々と投資コミュニティの教育、テクニカルアナリストの倫理規程と職業基準の制定といった目的のために、1972年にMTAは創立された（1998年時点でMTAは25周年を迎えた。この出来事は、ニューヨークで開かれる月次会合において、協会創立者の3人――ラルフ・アカンポーラ、ジョン・ブルックス、ジョン・グリーリー――による特別プレゼンテーションでクローズアップされた）。MTA会員には、フルタイムのテクニカルアナリストとその他関係者（アフィリエイトと呼ばれる）が含まれる。月次会合はニューヨークで開かれ、年次セミナーは毎年5月にアメリカ内の各地で開催されている。会員はMTAライブラリーにアクセスでき、パソコンの掲示板も利用できる。月次の会報や定期刊行誌MTAジャーナルが発行されている。何カ所かの地区本部も組織されている。また、MTAは国際テクニカルアナリスト連盟（IFTA）のメンバーである。

世界に広がるテクニカル分析

1989年秋、国際テクニカルアナリスト協会の定款の草案を作成するために、何カ国かのテクニカルアナリストの代表が集まり、日本で総会が開かれた。そのとき以来、組織は成長し、20カ国以上のテクニカ

ル分析協会がそのメンバーとなっている。メンバーであることの利点の１つは、年次総会がオーストラリアや日本やパリやローマなどで開催されることである。これは主催者となる組織がセミナーごとに異なっているからだ。筆者は1992年にIFTAの会議において世界のテクニカル分析に貢献したとして、初めて表彰されたことを今でも誇りに思っている。

テクニカル分析の別称

アメリカでテクニカル分析が利用され始めてから１世紀（日本では300年）も経過し、テクニカル分析はかつてないほどに広く受け入れられるようになった。もちろん、それはいつもテクニカル分析と呼ばれていたわけではない。筆者は、著書『ザ・ビジュアル・インベスター（The Visual Investor）』のなかで、「ビジュアルアナリシス」という呼び名を使用している。これは人々が物怖じするようなテクニカル分析という名称をやめて、価値ある手法にさらに接近してもらおうと思ったからである。読者がそれをどう呼びたいかにかかわらず、テクニカル分析はさまざまな名称で実践されている。割高（買われ過ぎ）や割安（売られ過ぎ）の株式や株式グループを見つけるために、アナリストを雇って市場価格を大量に演算させている金融機関は数多く存在する。このようなアナリストはクオンツアナリストと呼ばれるが、彼らが演算している数字とテクニカルアナリストが演算している数字は同じであることが多い。経済新聞には、「モメンタム」という「新しい」クラスのトレーダーについて書かれている。このトレーダーは、悪いモメンタムを示す株式や株式グループから良いモメンタムを示すものに資金を移動させるトレーダーたちである。彼らは、レラティブストレングスと呼ばれる手法を用いている。もちろん、すでに知っているように「モメンタム」や「レラティブストレングス」はテクニカル

分析の用語である。

　ブローカーが判断する「ファンダメンタルズ」には改善と悪化がある。この「ファンダメンタルズ」の変更が、一体何回、重要な「チャート」での上へのブレイクアウトや下へのブレイクアウトがあった「あとに」行われたかご存知だろうか。エコノミストたち ── もちろん彼らは自分のことをテクニカルアナリストだとは思っていない ── にしても、インフレや金利やその他あらゆる経済指標の動向を見るときはいつもチャートを見ている。そして、彼らはこれらのチャートの「トレンド」についての話をする。PER（株価収益率）のようなファンダメンタルズのツールでさえ、テクニカルな側面を持っている。数式に価格を取り入れるときはいつでも、テクニカル分析の領域に足を踏み入れることになっているのである。証券アナリストたちが株式の配当利回りが低すぎると言うとき、なぜ彼らは価格が高すぎると言わないのだろうか。またそれは、市場が買われ過ぎているのとどう違うのだろうか。

　最後に、**行動ファイナンス**という名のテクニカル分析に新風を吹き込む学問も登場している。何年もの間、学者たちは、テクニカル分析はまったく機能しないということを証明するために、効率的市場仮説というものを信奉してきた。しかし、最も権威あるFRB（連邦準備制度理事会）でさえ、この考え方に疑問を呈し始めているのだ。

FRBの最終的な承認

　1995年8月、ニューヨーク連邦準備銀行は「ヘッド・アンド・ショルダーズ ── いまだ有効なパターン」というタイトルのスタッフリポートを発表した。このリポートは、FX取引におけるヘッド・アンド・ショルダーズ・パターンの調査を意図して書かれたものである（なお、本書の第1版がテクニカル分析に関する主要な資料として引用された）。

その導入部の書き出しは次のとおりである。

「テクニカル分析、すなわち過去の値動きに基づき値動きを予測する手法は、多くの経済学者が主張する『効率的市場』とは相反するものであるにもかかわらず、統計的に有意な利益を生み出している」──Ｃ・Ｌ・オスラーとＰ・Ｈ・ケビン・チャンのスタッフリポート（ニューヨーク連邦準備銀行　1998.08,No.4）

　1997年、セントルイス連邦準備銀行によって発表された、最近のリポートにおいてもテクニカル分析と効率的市場仮説を比較したメリットについて論述されている（ここにおいても、本書がテクニカル分析の主要な資料として再び引用されている）。「効率的市場仮説再考」という見出しの段落で、著者は以下のように記している。

「前節で示したようなテクニカルなトレードルールの成功事例は、単純な効率的市場仮説では外国為替市場の実際の働きを説明できないことを示す研究ではよく見られるものである。そのような結果は、実際に市場で仕事をしている者たちを驚かせるようなものではなかったが、経済学者たちを市場特性の研究に向かわせたという点では役に立っている。そして、事によると、そのことがテクニカル分析による収益性を明らかにしているのかもしれない」──ニーリー

おわりに

　模倣することが最高の褒め言葉になるのなら、市場のテクニカルアナリストはそれを光栄に思うべきである。テクニカル分析は、さまざまな名前で呼ばれ、そして、しばしばテクニカル分析を用いていると

は自覚していないであろう人々にまで利用されるようになった。いずれにせよ、テクニカル分析は広く利用されるようになった。また、テクニカル分析は進化している。例えば、市場間分析を導入することによって、分析の焦点が「単一市場」から金融市場の間に存在する相互依存関係に向けられるようになった。全世界の市場が結びついているという考えは、もう今日では疑う余地のないことである。こうしてますます結びつきを強めている金融市場の世界では、テクニカル分析という世界言語は特に利便性の高いものとなった。また、コンピュータテクノロジーと高速化したコミュニケーション手段によってますます素早い反応が要求される世界では、市場のシグナルを読む能力は今まで以上に欠かせないものになった。そして、この市場のシグナルを読むという行為は、まさしくテクニカル分析そのものではないだろうか。チャールズ・ダウがテクニカル分析を始めたのは20世紀の初頭である。それから100年がたった今、もしダウが生きていたならば、彼は彼が始めたテクニカル分析を誇りに思うことだろう。

付録A —— 上級テクニカル指標

トーマス・E・アスプレイ

　ここではいくつかのより上級なテクニカル手法を紹介したい。これらの手法は、単独で用いるのはもちろん、ほかのテクニカル手法と合わせて用いることもできる。ほかのテクニカル手法のときと同様、投資家は実際に投資を行う前に必ず各自で検証と研究を行うことをしてほしい。

DI

　ほとんどのテクニカルアナリストは、出来高分析が市場の方向を決める重要な要因であることは分かっている。**DI（需要指数。Demand Index）** は1970年代にジェームズ・シベットが考案した指標で、指標としては早い時期の出来高指標の１つである。この計算式はかなり複雑である（本付録の最後を参照）。DIは売り圧力に対する買い圧力の比率である。買い圧力が売り圧力よりも強いときは、DIはゼロラインを上回り、市場は強気である。売り圧力が買い圧力よりも強いときは、DIはゼロラインを下回り、市場は弱気で、価格がさらに下がることを示唆している。また、多くのトレーダーはこのDIと価格にダイバージェンスがないのかも合わせて見ている。

　図A.1は1994年前半から1997年後半までのＴボンドの週足チャート

図A.1 DIは価格と出来高から算出された指数であり、それはヒストグラムとして表示されている。値がゼロラインを上回った場合は強気であり、ゼロラインを下回った場合は弱気である。1994年後半には強気のダイバージェンスが、1995年後半には弱気のダイバージェンスが見られる

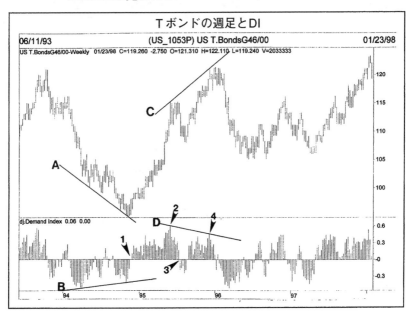

出所=メタストック・エクイス・インターナショナル

である。1994年4月から11月にかけて、Tボンド価格は104ドルから96ドルまで下落しており、その間のほとんどの期間でDIはゼロラインを下回っている。価格はさらに下がったものの（ラインA）、DIの下値は切り上がっている（ラインB）。これは古くから見られる強気のダイバージェンスであり、価格が底に近づきつつあることを示唆している。このようなダイバージェンスは、点1が示すように、DIがゼロラインを上回った時点で確認される。DIは1995年5月に、今回の上昇のなかで最も高い水準（点2）に到達し、その後6週間は下落して点3でゼロラインを下回った。その後、再びプラスに転じるまで5週間マイナ

図A.2 DI（上側の実線）とGMの週足チャート。DIのトレンドラインのブレイクは価格のトレンドラインのブレイクに先行することが多い。1996年4月に弱気のダイバージェンスが見られる

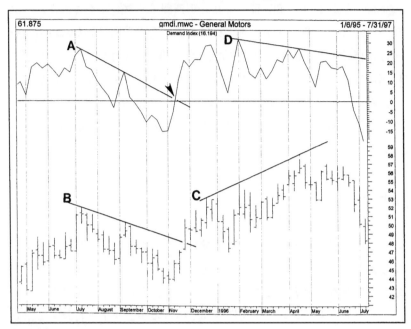

出所＝メタストック・エクイス・インターナショナル

スの状態が続いている。次の上昇でDIは、11月後半に重要な上値の切り下がりを示した（点4）。DIは減少傾向を示しているが（ラインD）、価格は約6ポイントも上昇した。このような弱気のダイバージェンスは、価格が天井を迎えつつあるという警告である。

　この指数は株式にも用いることができる。ゼネラルモーターズ（GM）の週足チャート（**図A.2**）の上側には、ヒストグラムではなくラインで表示されたDIが示されている。こうすることでDIに、より簡単にトレンドラインを引くことができる。筆者は、指標のトレンドライン分析が相当に効果的であることを発見した。指標のトレンドラインは

価格のトレンドラインよりも前にブレイクされることが多い。これは、1995年後半にDIの下降トレンド（ラインA）が、それに対応する価格の下降トレンド（ラインB）よりも1週間早くブレイクされたケースである。このチャートが示すように、買いを1週間早めただけで、仕掛け価格は大きく改善した。またDIは、1996年4月中旬に付けた価格は高値であることも警告している。ゼネラルモーターズは新高値を付けたが（ラインC）、DIの高値は切り下がっている（ラインD）。このような警告のシグナルは、6月と7月の深刻な価格下落の前に点灯していた。

HPI

このHPI（ヘリックペイオフ指数）は、故ジョン・ヘリックによって考案されたもので、取組高の変化を通して商品先物を分析する手法の1つである。第7章で論じられたように、取組高の変化はトレーダーにとって市場トレンドが支持されているのかどうかを判断する重要な手がかりとなる。

HPIは、価格・出来高・取組高を用いて、ある特定の銘柄への資金の流出や流入を判断するものである。これによって、トレーダーは価格の動きと取組高の間にダイバージェンスがないのかどうかを知ることができる。HPIによる取組高分析を通じて、狼狽的な売買を特定できることが多いので、この指標が重要となる場面は多く存在する。

HPIの最も基本的な読み方は、それがゼロラインを上回っているのか、下回っているのかを見ることだ。値がプラスのときは、HPIが価格の上昇を反映しており、取組高が価格とともに増加しているということを意味する。反対に、値がマイナスのときは、その銘柄から資金が流出しているということを示している。

図A.3は、最もボラティリティが高いコモディティ市場の1つであ

付録A——上級テクニカル指標

図A.3 コーヒー価格とHPI。HPIはその算出に価格・出来高・取組高を用いており、先物市場で使用される指数である。ゼロラインを上回ったとき買い（B）、下回ったときは売り（S）である

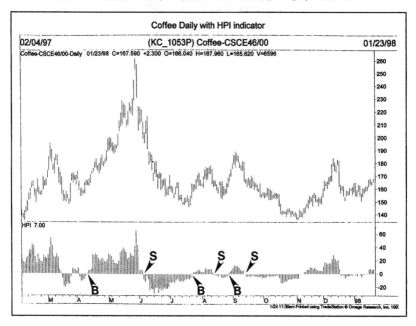

るコーヒーのチャートである。1997年の3〜4月までの間で、HPIはゼロラインを交差するような動きを4回見せている。最初の強気のシグナル（一番左のB）は4月上旬に出ており、これは6月上旬まで続いた。HPIは6月中にゼロラインを下に割り込んだ。そのときコーヒー価格はすでに高値からかなり下落していたにもかかわらず、価格はそこからさらに70セントも下落した。HPIは7月後半に再びプラスに転じたが（真ん中のB）、そこは底に非常に近いポイントとなった。その後の2カ月間は、期間の短い2つのシグナル（真ん中のSと一番右のB）があり、その後、期間の長い売りシグナルが出た。これはゼロラインを数回上抜けたり、下抜けたりしたあとに、期間の長い売買シ

図A.4 Tボンドの週足とHPI。1993年と1995年には弱気のダイバージェンスが、1994年には強気のダイバージェンスが見られる

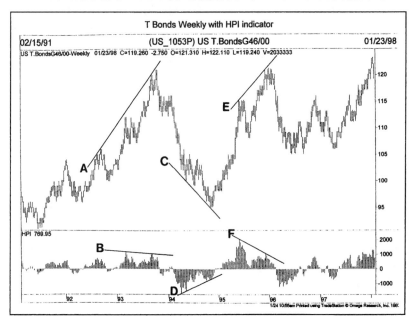

グナルが出るという日次データを用いたHPIに特徴的な現象である。

HPIは、DI（需要指数）と同様に、週次データを用いたときには明らかにダマシのシグナルが少なくなり、有効性が高くなる。また、ダイバージェンス分析を行うことで、トレーダーは資金の流れが正から負に変更したことを知ることができる。約6年間の取引を記録したTボンド先物の週足チャートがその格好の例として挙げられよう（**図A.4**）。1992年後半から1993年後半までHPIの値はプラスであった。1993年前半、HPIは天井を付けた。そして、Tボンドが10ポイント近くも上昇しているときに（ラインA）、HPIの高値は切り下がっている（ラインB）。このような弱気のダイバージェンスはトレーダーにとって1994年のTボンド価格の下落の警告となった。1993年後半、HPIは

付録A——上級テクニカル指標

ゼロラインを下回ったが、1994年にわずかにプラスに転じてから、ゼ
ロラインを再び下回って急落している。HPIは1994年の前半に最も低
い水準に到達し、Tボンド価格よりも早く底を付けた。Tボンド価格
が下値を切り下げているときに（ラインC）、HPIは下値を切り上げて
いる（ラインD）。よって、これは強気のダイバージェンスである。1994
年12月、HPIが約1年ぶりにゼロラインを上回ったとき、Tボンド価
格は安値に非常に近い水準であった。1995年後半、Tボンド価格は上
昇し、1994年後半に付けた安値から25ポイント上昇したあと、弱気の
ダイバージェンスが現れた（ラインF）。1996年後半から1997年前半に
かけて、HPIはゼロラインを何回か交差するような動きを見せ、その
後、プラスの領域で定着した。これら2つの例によって、なぜHPIと
取組高の分析がコモディティ市場の価格の動向分析に有効なのかが分
かってもらえたと思う。

STARCバンドとケルトナーチャネル

第9章で論じられたように、価格をバンド化する手法は長年にわた
って用いられてきた。それらのうち筆者が好んで用いる2種類の手法
は**ATR（真の値幅の平均。アベレージトゥルーレンジ）**をもとにした
ものである。このATRはよく用いられるものであるが、この2種類の
バンドの使用法はまったく異なっている。ATRはx期間の**TR（真の
値幅。トゥルーレンジ）**を平均したものである。TRとは、「当日の高
値から安値」「前日の終値から当日の高値」「前日の終値から当日の安
値」のうち最大値のものを言う。詳しくはウエルズ・ワイルダー・ジ
ュニアの『**ワイルダーのテクニカル分析入門——オシレーターの売買
シグナルによるトレード実践法**』（パンローリング）を参照されたい。
コモディティ業界の専門家であるマニング・ストーラーはSTARC
バンド（ストーラー平均レンジチャネル）を考案した。彼の計算式で

563

図A.5 金の週足チャートの6週移動平均を中心に描かれたSTARCバンド。点1と点3では価格が下のラインをわずかに抜けたあと上昇している。点2は価格が上のラインを超えて上昇したあとに下落している

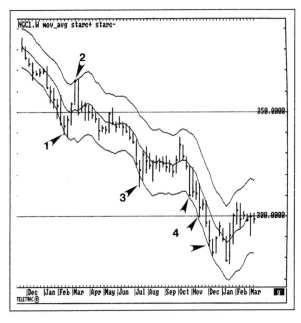

金の週足とSTARCバンド

上のライン＝STARC＋

中間のライン＝6週移動平均

下のライン＝STARC－

は、15期間ATRを2倍し、それを6期間移動平均（MA）から加減する。バンドの上限はSTARC＋であり、下限はSTARC－である。このバンドの外に出ることは正常ではなく、行きすぎを示している。このようにして、このバンドをトレード用フィルターとして用いることができる。価格がSTARC＋バンド付近、あるいはそれを上回る水準にあるときは、買いはリスクが高く、売りはリスクが低い。反対に、価格がSTARC－バンド付近、あるいはこれを下回る水準にあるときは、売りはリスクが高く、買いが好ましい領域である。

　金先物の週足のつなぎ足チャートにSTARC＋とSTARC－のバンドを表示させた（図A.5）。1997年2月、金価格は点1においてわずかに

STARC−を越えた。価格の動きは弱いが、STARCバンドは売り時ではないことを示していた。待っていれば、より良い売り時が訪れることが多い。わずか３週間後には金は22ドルも上昇し、STARC＋バンドに到達した（点２）。点２で売るリスクは低い。７月に価格はSTARC−バンドを下回るまで下落したが（点３）、さらに下落することはなく、その後12カ月は横ばいの動きを見せた。それから金価格は1997年11月から12月まで下落し、３回STARC−バンドに触れている（点４）。その３回すべてにおいて、その後の価格は１〜２週間横ばいか、上昇している。これはすべての時間枠で、たとえ５〜10分足チャートであっても、有効に機能する。STARCバンドを用いることでトレーダーが相場のあと追いをしてしまうのを避けることができる（相場のあと追いは不利な価格で仕掛ける結果に終わることが多い）。

　ケルトナーチャネルはもともとチェスター・ケルトナーが1960年の著作『ハウ・ツゥー・メーク・マネー・イン・コモディティーズ（How to Make Money in Commodities)』のなかで発表したものである。非常に優秀なコモディティトレーダーであったリンダ・ブラッドフォード・ラシュキがそれをテクニカルアナリストたちに紹介した。彼女はそれに修正を施している。修正版のバンドもATR（真の値幅の平均。アベレージトゥルーレンジ）を基礎としたものであったが、そのATRは10期間を超える期間で計算される。そのATRの値を２倍し、20期間指数移動平均（EMA）に加えてプラスのバンドを、20EMAから引いてマイナスのバンドを作る。

　ケルトナーチャネルの推奨される利用法は、STARCバンドとはまったく異なっている。価格がプラスのバンドよりも上で引けたとき、それは上昇ボラティリティにブレイクがあったことを示しているとして、買いシグナルになる。反対に、価格がマイナスのバンドよりも下で引けたとき、売りシグナルになり、価格がさらに下落するということを示している。多くの点で、これはちょうど第９章で論じられた４週間

図A.6　ケルトナーチャネルが銅価格の20日指数平滑移動平均線の上と下に描かれている。この指標では点1のような下のラインを下回る動きは弱さのサインと解釈される

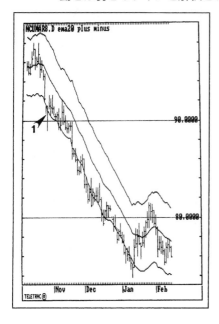

銅価格の日足とケルトナーチャネル

上のライン＝プラスのバンド

中間のライン＝20日指数平均

下のライン＝マイナスのバンド

チャネルブレイクアウトシステムを視覚的に表現したものになっている。

　図A.6は1998年3月限の銅先物の日足チャートである。価格は1997年後半に点1でマイナスバンドを下回って引けた。これは価格が新しい下降トレンドを開始したということを示しており、実際、次の2カ月間、銅価格は16セントも下落した。この間、マイナスバンドを下回って引けることが何回も見られた。価格がプラスバンドを上回って引けるまでは、売りシグナルは継続する。

　図A.7は、1998年3月限のコーヒーである。これは点1で買いシグナルが点灯した。その後、2回連続してプラスバンドを上回ったあと、価格は20日EMAまで下落した。上昇相場では、20日EMAは支持線の

図A.7 コーヒーの日足とケルトナーチャネル。点１では価格がプラスのバンドをブレイクしており、これは相場の強さを示している。買いシグナルが出たあと、価格は点２のところで20日指数移動平均（中間ライン）に支持されているのが分かる

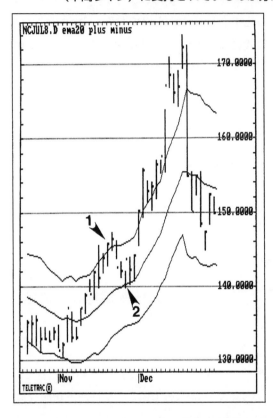

コーヒーの日足とケルトナーチャネル

役目を果たすと考えられる。価格が20日EMAに触れてから数日後（点２）、コーヒーは数週間も続く劇的な30セントもの上昇を開始した。

　ここで紹介した２つの手法は、％エンベロープやボリンジャーバンドのような標準偏差バンドの代わりとなるものである。どちらも単独で用いるトレードシステムではなく、あくまで追加的なツールとして考えるべきものである。

DIの計算式

DI（需要指数）は買い圧力（BP）と売り圧力（SP）という2つの数値を計算し、その2つの比率を計算するものである。よって、DIはBP÷SPである。この計算式には、わずかに異なるバリエーションがいくつか存在する。以下にはその1つを示す。

●価格が上昇した場合

BP = V （Vは出来高）

SP = V ÷ P （Pは価格のROC［変化率］）

●価格が下落した場合

BP = V ÷ P （Pは価格のROC）

SP = V （Vは出来高）

Pは小数（1未満）であるので、定数Kで乗じて修正する。

P = P（K）

K =（3 × C）÷ VA

ここでCは終値、VA（ボラティリティの平均）は2日間の値幅（最も高い高値 − 最も低い安値）の10日移動平均である。

もしBP＞SPならば、DI = SP ÷ BP

なお、DIはメタストックチャートのメニューに含まれている。

568

付録B —— マーケットプロファイル

デニス・C・ハイネス

はじめに

　これを執筆する目的は、マーケットプロファイルが何かということとその根底にある原理を明確に示すことにある。1980年代より前は、チャートと言えば、バーチャートとポイント・アンド・フィギュア・チャートだけだった。マーケットプロファイル（マーケットプロファイルはシカゴ商品取引所［CBOT］の登録商標であり、今後マーケットプロファイルまたはプロファイルということにする。この考え方は元CBOTのJ・ピーター・スタイドルマイヤーによって考案された。このテーマに関する詳細はCBOTに照会するか、スタイドルマイヤーの近著『141ウエスト・ジャクソン［141 WEST JACKSON］』を参照されたい）が開発されて以降、数あるテクニカルツールの１つに加えられることになった。マーケットプロファイルは、本質的には価格データに対する統計的なアプローチの１つである（この手法はもともと商品先物価格に導入されたものであるが、連続した取引データを入手することができるのであれば、どのような時系列価格データに対しても適用することができる）。統計学の予備知識がない者にとっては、親しみやすい例を用いることが理解の助けになると思われる。ここで、テストを受ける生徒のグループを思い浮かべてみよう。よくあることだ

図B.1

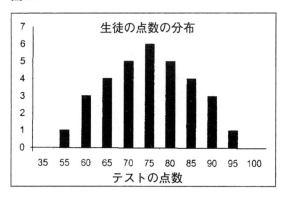

が、ある生徒の点数は非常に高く（例えば、90点以上）、またある生徒の点数は非常に低い（例えば、60点以下）。しかし、ほとんどの点数は平均点（例えば、75点）の付近に集まる傾向が見られる。このようなテストの点数の度数分布を統計的なグラフで表現するために**ヒストグラム**が用いられる（**図B.1**）。

ここで分かるように、最も出現頻度の高い点数（「モード」という）は75点（6人）である一方、点数のレンジ（幅）は最低値（55点）と最高値（95点）によって決定される。各点数がモードの周辺にむらなく分布されている様子が見てとれるだろう。完全に対称的に分布された場合、モードが平均値（平均点）に等しくなる。次に、この分布がベル型かどうかを見てみよう。ベル型は正規分布の明確な特徴である。完全な正規分布では、特定の標準偏差の倍率で示した間隔の間に収まるデータの観察数は決まっている。例えば、テストの点数が完全な正規分布になるのであれば、各点数の68.3％は平均値の±1標準偏差内に収まる。実際のデータが完全な正規分布になることは考えにくいが、正規分布に十分近いこともよくあり、そのような場合、この関係性を採用することができる。

図B.2a　伝統的表示法　　　図B.2b　向きを変えた表示法

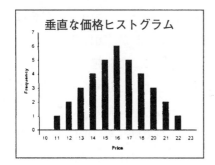
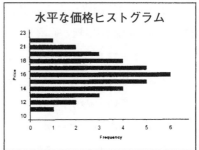

図B.3　プロファイルグラフによって、市場活動は正規分布になることが明らかにされた

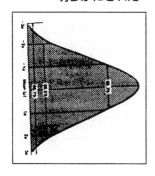

　価格は、例えば学校の成績や生徒の身長のような物理的・定量的に測定できるデータと同じように、価格の平均値付近に集まる。マーケットプロファイルが何を示しているか。それは価格のヒストグラムの向きを変えることによって、表示価格の度数分布を分かりやすくグラフ化したものである（図B.2aと図B.2b）。

　マーケットプロファイルのグラフのうち最も重要なのが、変化していく価格分布を表示するために用いられるベル型の正規曲線である。いったん正規曲線との仮定が認められれば、モードと平均価格は特定される。さらに、価格分布（標準偏差）がコンピューターで計算され、価

格分布にかかわる確率の計算結果を得ることができる。例えば、事実上、すべての値が平均から±３標準偏差内に収まり、約70％（厳密には68.3％）の値が平均から±１標準偏差内に収まる（**図B.3**）。

マーケットプロファイルは、市場の「今、ここで」起こっていることの俯瞰図を提供してくれる。トレードをしようとしているとき、市場は均衡しているのか、均衡を目指してある方向に動いているのかのどちらかしかない。マーケットプロファイルでは、本来的に事象は対称的な形に向かおうとする性質を持っていると考え、この性質をもとにして、単純に買い手と売り手の間に存在するバランス（均衡）とアンバランス（非均衡）の度合いを定義している。市場は動的であるゆえに、プロファイルのグラフは、市場のバランス期には価格分布が対称的な均衡のとれた図を描き、市場のアンバランス期には価格分布が非対称的でゆがんだ不均衡な図を描く。

マーケットプロファイルはトレードシステムではないし、推奨すべき売買を指南するべきものでもない。プロファイルグラフの狙いは、価格がどのように繰り返し現れるかということに焦点を当て、時間の経過とともに展開していく市場の価格を利用者の目に焼きつけることにある。このようにマーケットプロファイルは意思決定支援ツールの１つであるので、これを利用するときは個人がどう判断するかが重要になる。

マーケットプロファイルグラフ

マーケットプロファイルという方式は、価格と時間を構造化し、１日のうちで起こる出来事を視覚的に表現するものである。それは、ある期間にわたる価格の分布を表示し、**現時点**で市場の振る舞いを観察するための、１つの論理的な枠組みを提供してくれる。価格帯は１日を通じて垂直方向にも水平方向にも展開する。では、プロファイルグ

付録B──マーケットプロファイル

図B.3a　　　　　　　　図B.3b

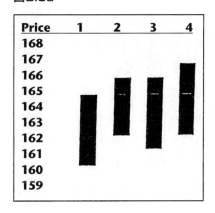

図B.3c

Price				
168				
167	D			
166	B	C	D	
165	A	B	C	D
164	A	B	C	D
163	A	B	C	D
162	A	C		
161	A			
160				
159				

ラフはどのように作成されるのだろうか。

　ここで4期間のチャートを考えよう（**図B.3a**）。この伝統的なチャートは以下のようにプロファイルグラフに変換することができる。①各期間内の価格帯の価格にそれぞれ1文字を割り当てる。例えば、第1期には「A」、第2期には「B」を割り当てる（**図B.3b**）。それから、②価格帯の各列を崩して最も左の列（第1列）へ左寄せする（**図B.3c**）。

573

完成したプロファイルグラフには、左側に価格が、右側にはAからD の文字で表された期間内に出現した価格の頻度が写し出されている。

　各文字は、TPO（タイム・プライス・オポチュニティー）を表す。 これによって特定の期間内に取引された特定の価格が洗い出される（例 えば、B期間は163〜166の間で取引された）。このようなTPOは、日 中の取引活動を分析するための基本単位となる。つまり、各TPOはあ る時間とある価格によって作り出された1の状況（オポチュニティー） を表している。マーケットプロファイルの示す分布は複数のTPOで構 成されている。CBOTは24時間を基礎として、30分ごとに文字を割り 当てている。大文字のAからXは午前0時から正午までの各30分間を 表し、小文字のaからxは正午から翌午前0時までの各30分間を表す （文字の割り当て方は情報ベンダーによって異なる。例えば、CQGは 大文字のAからZを午前8時［米中央標準時］から、小文字のaから zを午後10時［米中央標準時］から割り当てている）。

マーケットストラクチャー

　もし取引が活発な日にコモディティ取引の立会場を訪れたならば、 「コントロールされた混沌」と呼ぶにふさわしい場面に出くわすだろう。 叫び声を挙げながら、指で合図を送る**ローカルズ**やトレーダーたちの 背後には、記述することのできる一連のプロセスが存在している。限 られた時間のなか、異なった価格で約定させたいと望む参加者がお互 いに競り合っている場所として、市場を思い浮かべてほしい。そこで は不安の水準が高まるにつれて感情も高まる。

　このようなプロセスを記述できるようにするため、スタイドルマイ ヤーによって、マーケットプロファイルの考えが導入された。CBOT のフロアトレーダー（ローカルズ）と市場動向の研究者のように、彼 は市場の振る舞いの反復的なパターンを観察した。そして、これが彼

の市場に関する理解の究極の土台となった。CBOTの立ち会いはオークション（競売）の形式で行われていたので、彼はマーケットプロファイルの原理をオークションの用語で定義した。例えば、フロアトレーダーでない者ならば、相場の上がることを「上昇」や「買い上がる」のように言うところを、スタイドルマイヤーは、「市場が上昇（オークションアップ）し続ける」や「買いを止める（シャットオフ）ために売り手を募集する（アドバータイジング）」などと表現した。

立会場のオークションのプロセスがなぜ成り立つのかを説明するために、フロアトレーダー以外には馴染みの薄いいくつかの新しい用語を彼は考え出した。彼はまず市場の目的を定義した。それは取引を促進することである。次に運営上の手続きについて定義した。すなわち、市場は**二重オークション方式**——価格が公平な価格（平均値）の周辺を循環して動くような方式（よって、学校の成績の分布と似ている）——で運営される。最後に、市場参加者の振る舞いの特性を定義した。つまり、短期的なトレードを行う者は**公正な**価格を探し求め、より長期の視野でトレードを行うものは**有利な**価格を探し求めている、と。

マーケットプロファイルの組成原理

オークションの設定

取引所の目的は取引を促進・活性化させることである。あらゆる市場活動はこのオークションという枠組みのなかで行われる。最初に、価格が上昇したときは、より多くの買いが入っており、価格が下落したときは、より多くの売りが入ってきている。買いを止めるために市場は上昇し（つまり、最後の買い手が買うまでオークションアップする）、売りを止めるために市場は下落する（すわなち、最後の売り手が売るまでオークションダウンする）。実際、市場は**二重オークション**過程を通じて運営されている。価格が上昇し、より多くの買いが入ってきた

図B.4

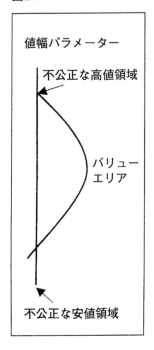

ときは、その上昇がその方向性を帯びた動きを止めるために、それとは反対の反応(つまり、売り)を**募集**する。価格が下落したときはその逆が当てはまる。

連続した交渉

相場が方向性を持って動くとき、価格パラメーター、つまり**不公正な高値**と**不公正な安値**を生み出す。そして、それらの間で取引が行われることによって**公正な値域(フェアバリューエリア)**が形成される。すべての取引はこのような**交渉プロセス**を経て行われており、これらの変数のどちらかが最終的に破られるまで(つまり、新高値・新安値が形成されるまで)、取引はパラメーターの内部にとどまることになる(**図B.4**)。

市場のバランスとアンバランス

市場は均衡しているのか、さもなければ買い手と売り手の間で均衡に向かって動いているのかのどちらかである。取引を促進させるために、市場はバランスした状態(均衡)からアンバランスな状態(不均衡)へと移り変わり、また元の状態に戻る。このような市場の振る舞いのパターンは、日中から1日や、長期のオークションを形成する積極的な期間や保ち合いの期間に至るまで、あらゆる時間枠の市場活動で見られるものである。

時間枠とトレーダーの振る舞い

　異なる時間枠でとらえる考え方は、市場参加者の振る舞いをパターン化して説明するために導入されたものである。市場活動は長期と短期の２つの時間枠に分かれる。短期的活動は、**当日の活動**と定義され、この時間枠ではトレーダーは日中に取引を終わらせることが強いられる（例えば、ローカルズやデイトレーダー、納会日のオプショントレーダーなどがこの範疇に入る）。時間が制限されたなかで、短期トレーダーは**公正な価格**を探し求める。短期の買い手と売り手はお互い同じときに同じ価格で取引を成立させる。長期的活動は**その他全期間の活動**と定義される（例えば、プロ投資家やスイングトレーダー、そのほかのすべてのポジショントレーダーがこの範疇に入る）。当日の取引を終了させることを強制されず、また時間を味方につけたこのようなトレーダーはより**有利な**価格を探し求めることができる。彼らは自分の利益を追求し、長期の買い手はより安い価格を求め、一方、長期の売り手はより高い価格を求める。彼らの目標値はそれぞれ異なるので、長期の買い手と売り手はお互い同じときに同じ価格で取引を成立させることはない。プロファイルは、まさにこのような時間枠で区別された２種類のトレーダーの振る舞いが相互に影響し合うことによって展開していくのである。

役割が異なる短期トレーダーと長期トレーダー

　短期トレーダーと長期トレーダーは、両者とも取引の促進に関して要となる役目を果たすが、その役割は互いに異なる。市場の**最初のバランス**（取引の両サイドが合わさる場所）は通常、取引の最初の１時間に、公正な価格を求める短期の買い手と売り手（の当日の活動）によって生み出される。当日の取引の大半は公正な価格（値域）で行われる。このように生み出された公正な値域を外れて、その上側と下側で成立する価格が、格好の取引機会を提供し、長期トレーダーにとっ

ては有利な価格となるのである。長期トレーダーは、時間を味方につけているため、公正な値から離れた価格を受け入れるのか、拒否するのかの選択ができる。十分に多くの取引をすることによって、長期の買い手と売り手は**最初のバランス**を動かすこともでき、その結果、価格の幅はより上にか、より下に拡大する。長期トレーダーは、当日の価格の幅がどこまで広がるかということと、長期のオークションの期間がいつまで続くかということにかかわっている。つまり、長期トレーダーの役目はある方向に相場を動かすということである。

価格と値

価格と値（バリュー）を区別することによって、市場の状況（オポチュニティー）を明確に定義することができる。ここに2種類の価格がある。①受け入れられた価格 —— これは市場で長い時間をかけて取引された価格帯と定義される。②拒否された価格 —— これは非常に短い時間だけ市場で取引された価格帯と定義される。拒否された価格は相場の行きすぎであるとみなされる。これは不公正な高値・不公正な安値と定義される。価格と値は短期トレーダーにとってはほとんど同義だ。なぜなら、彼らは通常、公正な値域で取引を行っているからである。しかし、長期トレーダーにとっては、価格と値が等しいという考え方は不正確である。価格は観察可能で客観的であるのに対して、値は感覚的・主観的で、長期トレーダーの特別な需要に頼るものだからである。例えば、当日の値幅の高値となる価格は、その日にとっては行きすぎか、不公正な価格ではあるが、翌週には価格がある程度上昇していると考える長期トレーダーにとっては安いものになる（つまり、当日の価格は翌週の予想値よりも安いということである）。

長期トレーダーは、自身が公正と考える値から離れた現在の価格を受け入れるのか、拒否するのかということによって、価格と値を区別している。価格の上昇は売り手の募集であり、価格の下落は買い手の

図B.5 日単位の連続したプロファイルグラフ（上）を合体させて大きな累積プロファイルグラフ（下）を作成することができる。これによって、変化していく長期のバランスとアンバランスが写し出される

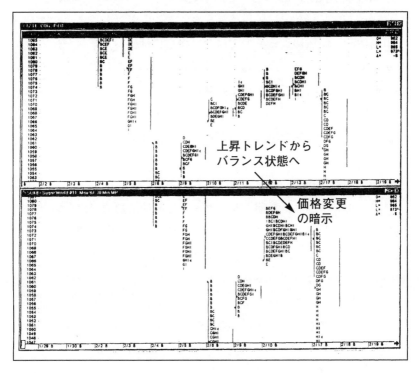

募集であったことを思い出してほしい。長期トレーダーがある募集された価格に反応するとき、このような振る舞いは予測されたものであり、これを**反応的**と呼ぶ。他方、長期トレーダーがこれとは反対のこと（つまり、価格が上昇したあとに買う、あるいは価格が下落したあとに売る）をするならば、これは予測しなかった活動であり、**参入的**と呼ばれる。前日や当日に展開された値域に関して、長期的活動を**反応的**や**参入的**のように分類することで、長期トレーダーの信頼感を測る事例証拠が得られる。トレーダーの信頼感が高まれば高まるほど、**参**

入的行動を起こす見込みも高まるからである。

値幅展開とプロファイルパターン

　市場活動は偶然によるものではないから、価格パターンが長い時間をかけて明らかになったとしても不思議はない。このようなパターンの形成を早い段階で予測できる熟練したトレーダーがお金を生み出すことのできるトレーダーなのだろう。スタイドルマイヤーは次のような値幅展開パターンを漠然とつかんでいたようである。

　1．ノーマルデイ
　ノーマルデイとは、長期トレーダーが比較的活動的ではないときに現れる日のことである。ノーマルデイの値幅は、その日の最初の30分間の幅であるパイオニアレンジ（最初の値幅の列）によって作られる。短期トレーダーは最初のバランスと不公平な高値・安値を形成し、その後、価格はこのようなパラメーターの間を行ったり来たりしながらその日の均衡点を求めて動く（**図B.6**　パネル１「オレンジジュース」参照）。

　2．ノーマルバリエーションデイ
　ノーマルバリエーションデイとは、長期トレーダーがより活動的で、値幅が最初のバランスを超えて広がる日である。この場合、短期トレーダーが作る最初のバランスのパラメーターは持続せず、価格幅を広げるような方向性を持った動きが見られ、新高値や新安値を付ける。原則として、最初のバランスを超えた値幅の拡張は、数ティックから最初のバランスの２倍までである。このプロファイルタイプはおそらく最も一般的なものである（**図B.6**　パネル２「ダウ平均」参照）。

付録B――マーケットプロファイル

図B.6

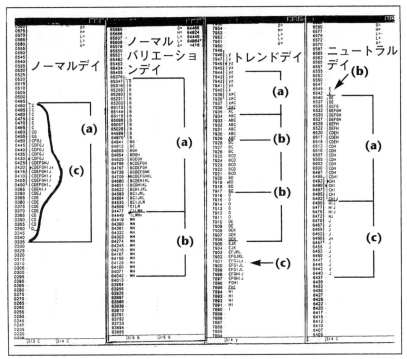

パネル1
「オレンジジュース」

ノーマルデイ

(a) 最初のバランスは短期トレーダーによって最初の2期間（文字CとD）で形成される
(b) 長期トレーダーは不活発
(c) 価格分布は対称的（バランス状態）

パネル2
「ダウジョーンズ工業株平均」

ノーマルバリエーションデイ

(a) 最初のバランスは短期トレーダーによって期間Bと期間Cで形成される
(b) 長期トレーダーは最初のバランスをほとんど2倍にするまで値幅を下方に拡張している

パネル3
「日本円」

トレンドデイ

(a) 最初のバランスは短期トレーダーによって期間yと期間zで形成される
(b) 長期トレーダーは値幅を連続的に拡張する
(c) 相場は方向性を持った下値近辺で引けている

パネル4
「キャトル」

ニュートラルデイ

(a) 最初のバランスは短期トレーダーによって期間Cと期間Dで形成される
(b) 最初、長期トレーダーは期間Eで値幅を上方に拡張している
(c) その後、長期トレーダーは期間Hで下方に値幅を拡張している

581

3．トレンドデイ

トレンドデイとは、長期トレーダーが値幅を連続的に拡張させていくような日である。この場合、長期トレーダーが方向を操作することで値幅は最初のバランスの2倍を超えて大きく広がり、市場は公正な価格を求め続ける。このとき、市場は一方向に動き、その方向の極端な値で、あるいはその付近で取引を終了する（**図B.6**　パネル3「日本円」参照）。

4．ニュートラルデイ

ニュートラルデイとは、長期トレーダーが最初のバランスを一方向に拡張させたあとに反転し、逆方向に値幅を拡張させるような動きを見せる日である。ニュートラルデイはトレーダーの不安定さを示し、価格トレンドが継続するのか、変化するのかを市場が探り、明らかにしようとしている日である（**図B.6**　パネル4「キャトル」参照）。

長期の市場活動を追いかける

価格が動かなくても利益を得ることができるオプションの売り手を除いて、利益を生む戦略の大半は方向性のある動きが必要である。トレーダーは相場の正しい方向に乗れば利益を勝ち取れるし、誤った方向に乗れば負けてしまう。長期トレーダーは相場の方向の決定に関与しているので、価格トレンドの証拠を見つけるためには、彼らの活動を監視しておけばよい。長期トレーダーの活動を確認し、評価したあと、価格の方向については経験から結論を得ることができる。まず、日中のなかで長期トレーダーの影響を確認することから始め、次にその影響が将来にどう広がっていくのかを見ることにしよう。

582

付録B──マーケットプロファイル

日中の値幅展開の影響

プロファイルグラフを使って、日中の値幅展開が進行している間の長期トレーダーの振る舞いを確認することができる。値幅の各ポイント──特に、**極端な値の到達時、値幅拡張時、値域完成後**──における長期的活動を監視することによって、長期の買い手と売り手が活動的かどうか、つまり市場の方向を支配しているのかどうかを判別することができる。極端な値での動きは長期トレーダーの影響の最も明白な表れであり、影響度から言えば、値幅拡張、その次に値域上での売買が続く。

● **1．極端な値**　極端な値は長期トレーダーが特定の価格水準での約定機会を求めて短期トレーダーと競い合うときに形成される（そして、この価格水準がのちにその日の高値・安値となる）。極端な値が形成されるのには少なくとも2個以上の1文字領域が必要である。長期トレーダーがこの価格競争に熱心であればあるほど、1文字領域が多く出来上がり、極端な値が長くなる。1文字領域が2個に満たない場合は、長期トレーダーがその価格を取ることにあまり興味がないことを示している。局所的高値（ローカルトップ）と局所的安値（ローカルボトム）は1文字領域が1つだけ出現し、値幅の天井と底を明確にしたときに形成されるものである。これは市場が実際的にはだれも望んでいない価格の約定機会を提供したという状況を示唆している（**図B.7**　パネル1「インテル」参照）。

● **2．値幅拡張**　値幅拡張は、多くの取引をする長期トレーダーが相場に入ることで最初のバランスを動かし、値幅が上下に拡張されることをいう。上方への値幅拡張は長期の買いが入ったことを示唆しており、下方への値幅拡張は長期の売りが入ったことを示唆している。しかし、長期の買い手と長期の売り手がともに（しかし、異なる価格と異なる時間に）値幅の極端な値で活動的にな

583

ることで引き起こされる場合もある（長期の買い手と売り手は通
常、お互いに取引し合わないと述べたのを思い出してほしい）。例
えば、上方への値幅拡張があったあとに極端な値が形成されたの
なら、初めは買いを止めるために相場が上昇し、それから売りを
止めるために下落する。これは長期の買い手と売り手が異なる時
間に同じ価格幅で取引が行われた例である。極端な値における両
者の活動を認識することで、長期の買い手と売り手の影響の強さ
を評価することができる（**図B.7**　パネル2「コーヒー」）。

●**3．値域**　値域は、各取引日で価格がモード価格（TPOの個数が
最も多い価格、すなわち最も公正な価格［以下「フェアレスト価
格」と言う］）の周辺を循環することによって決定される。値域を
知るにはフェアレスト価格を取り囲むすべてのTPOの70％をカウ
ントすればよい。換言すれば、値域はその日の出来高の1標準偏
差を測ることによって概算される公正価格の推計値である（前出
の生徒の例を思い出してほしい）。長期トレーダーが値域で売買を
行ったとき、彼は長期的な見通しに関して安い価格を買い、高い
価格を売っているのであって、日中の値は関係がない。このよう
な振る舞いが日中の値域にアンバランスを引き起こす。長期トレ
ーダーの活動はTPOをカウントすることで測れる。以下の手続き
に従って長期のアンバランスがどちら側にあるのかを判定するこ
とができる。①フェアレスト価格に線を引く、②1文字領域に至
るまでどちらか一方へTPOをカウントしていく。このときアンバ
ランスはTPOの数が少ない側に割り当てられる。なぜなら、値域
での総取引のうち長期トレーダーの活動の割合は相対的に少ない
からである。例えば、TPOの個数がフェアレスト価格の上に22個、
下に12個あったのなら、ネットTPOは売りであることを示してお
り、下の価格のほうにわずかにゆがみが生じている（**図B.7**　パ
ネル3「S&P500指数」参照）。値域におけるTPOの買い・売りの

付録B——マーケットプロファイル

図B.7

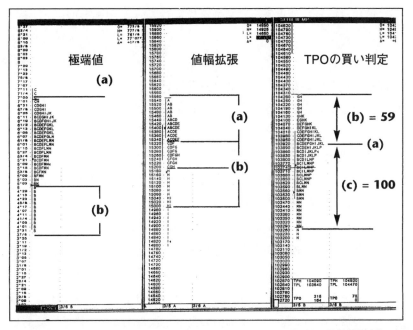

パネル1「インテル」

極端値——形成には少なくとも2つのTPOが必要

(a) 売りの極端値は、77 11/32〜77 5/32
(b) 買いの極端値は、73 31/32〜75。これによって短期トレーダーと長期トレーダーの間で活発なせめぎ合いが繰り広げられていることが分かる

パネル2「コーヒー」

値幅拡張——長期トレーダーが最初のバランスを揺るがすことによって発生

(a) 最初のバランスは期間Aと期間Bで形成される
(b) 期間C・H・Iで下方に値幅が拡張されている

パネル3「S&P500指数」

バリューエリア・TPOの買い・売りの判定——今日の値域において長期の買い手と売り手のどちらが支配的かを評価する

(a) モード（最公正）価格は1039.20
(b) TPO売りの個数は59
(c) TPO買いの個数は100
(d) 買い側にアンバランスがあり、これは市場がバランスするには価格が上昇する必要があることを示唆している

判定はトレンドデイには適用できない。というのも、そのときの市場はいまだ公正価格の領域を模索している最中だからである。

日中のプロファイルグラフで長期トレーダーの活動を正確に把握し評価したあとであれば、利用者は長期の買い手・売り手が現在の取引日を支配しているかどうかを簡単に判定することができる。

日中を越えた影響

プロファイルグラフを使えば当日の値幅展開を超えた長期トレーダーの振る舞いも確認することができる。トレーダーにとって肝心なことは、現在の価格トレンドが継続するのか、それとも変化するのかということである。市場の方向が変化するとは、現在の価格トレンドが**反転**したということである。トレンドを評価するためのテクニカル手法は、マーケットプロファイルを除けば、適切なトレンドラインを引き、その後、それに逆行する価格の動きを監視するのが標準的である。トレンドラインがブレイクされないかぎり、現在進行中のトレンドは継続すると思われる。トレンドライン分析は最も重要な基本テクニカルツールで、汎用性があり、異なる時間枠（1時間足、日足、週足、月足など）に適用できるところが特に優れている。

他方、マーケットプロファイルは、異なる期間にわたる市場活動を評価する分析手法であり、伝統的なトレンド分析に代わるものを提供してくれる。最も簡単な形では、連続した数日のプロファイルグラフを評価することによって、短期の価格トレンドの開始や継続を特定することができる。例えば、今日の値域が前日の値域よりも高い位置にあるのなら、現在進行中の価格トレンドは上昇トレンドであるということになる。さらに、翌日の値域が今日の値域よりも高い位置にあるのなら、現在進行中の上昇トレンドは継続している。このような方法で市場活動を監視することによって、トレーダーは簡単にトレンドの

継続・転換を知ることができる。同様に、日々の連続したプロファイルグラフを組み合わせ、大きな累積プロファイルグラフにすることによって、長期のバランスとアンバランスを表しながら展開していくグラフを作成することができる。**図B.5**の砂糖のプロファイルグラフはこの点を具体的に示したものである。**図B.5**の上側に示された個々の取引日（2月10日〜2月13日）をながめてみると、反転の兆しがない上昇トレンドの相場が示されている。しかし、その下のパネルに示したような4つの連続した取引日が組み合わさったとき、累積プロファイルグラフはバランスした状態を表す。いったんバランスすれば、市場はアンバランスの状態へと動いていく。たいていの場合、それはフェアレスト価格の最後の検証が終わったあとに動き始める。

おわりに

マーケットプロファイルという手法は、連続した取引活動の履歴を知ることができる時系列データの分析であれば、どのようなものにでも適用することができる。これには上場・未上場株や米中期債・長期債（価格・利回り）、商品先物・オプションなどが含まれる。**プロファイルグラフ**はある一定の時間単位で見た価格の動きを二次元で（すなわち、縦軸［方向性］と横軸［頻度］によって）表すものである。この方法で価格の動きを見たとき、伝統的な一次元的（縦軸のみの）価格チャートでは実現できない**価格発見（プライスディスカバリー）**の絵を描き出すことができるのである。

プロファイルグラフは標準的な価格チャートに対して以下のような独自の優位点を持っている。

● プロファイルの**対称性**（対称的な形をとる性質）によってトレーダーはどんな時間枠でも市場のバランス（またはアンバランス）状態

を評価することができる。市場が対称的であれば、買い手と売り手はバランス（均衡）している。市場がアンバランスであるときは価格トレンドの継続を示唆しており、同時に市場は新しい均衡へ向かっている途中である。しかし、市場のバランス状態はすぐに終了し、市場の変化、つまり方向性を持った動き（上昇か下落か）が起こる可能性が高い。これはトレーダーにとってトレンドフォロー型の手法の採用を検討するための１つのシグナルとなる。

●あらゆるトレンドの変化は、瞬時に起こるもので、都合良く１時間、１日、１週、１カ月の終わりで起こるものではない。プロファイルグラフを用いれば、市場を支配する者が買い手から売り手へ、売り手から買い手へと変化した時間をより正確に特定することができる。プロファイルグラフによって、このような支配の変化を把握することによって、トレーダーは重要な支持線水準・抵抗線水準の位置を知ることができる。

　つまり、プロファイルグラフはある一定の時間単位での価格情報を提供するものであり、その情報量は相当なものである。これによってトレーダーは、ほかの手法では明らかにすることが難しい市場のパターンと原動力を知ることができるのである。

付録C ── トレードシステム
構築の要点

フレッド・G・シュッツマン

　トレードシステムの開発は、一部が技術、一部が科学、そして一部が常識で成り立っている。ここでの目的は、過去データを用いて最も収益率の高いシステムを開発することではなく、過去にある程度良い成績を残し、また将来にわたってもある程度良い成績を継続して残すことが期待できるような健全な考え方を定式化することである。

　理想を言えば、過去の成績が将来にも再現される見込みを高めつつ、100%メカニカルな手法を取るのが好ましい。ここでメカニカルとは客観的という意味である。もし10人が同じルールに従えば、同じ結果が出る。このようなルールが客観的と言われるものである。メカニカルなシステムが紙に書かれているのか、コンピューターに入力されているのかは大した問題ではない。

　しかし、ここではコンピューターが利用されることを想定し、「メカニカル」と「コンピューター化」という用語は相互に置き換え可能なものとして使用していく。これはコンピューターがトレードシステムの開発に必須であるということを意味しているわけではない（もちろんコンピューターが大いに役立つということは言うまでもない）。

　メカニカルなアプローチは次のような3つの利益をもたらす。

●実際にトレードをする前にアイデアを検証することができる　コン

ピューターを用いれば、苦労して稼いだお金を使う前に過去データでアイデアを検証することができる。システムがどれだけの成績を残すことができたかを知ることによって、現在、それが実際に有効かどうかを判断することができる。

●**より客観的になり、より感情を排除できる**　大半の人は苦労して自身の客観的な分析を実際のトレードに応用している。分析（資金がリスクにさらされない）は簡単であるが、トレード（資金がリスクにさらされる）はストレスが強い。よって、代わりにコンピューターに引き金を引かせればよい。コンピューターには人間の感情がなく、開発時にこちらが指示したことを正確に実行してくれる。

●**取引機会を増加させ、より多くの仕事ができる**　メカニカルなアプローチは主観的に行うよりも、適用に時間がかからない。よって、より多くの市場を取引対象に含めることができ、より多くのシステムで売買ができる。さらに、各取引日内でより多くの時間枠を分析することができる。このことは特にコンピューターを用いる者に当てはまる。というのもコンピューターは集中力を失うことがなく、人間よりも速く長く処理することができるからである。

５段階プラン

1．まず基本的な構想を練る。
2．それをもとに客観的なルールを作る。
3．チャート上で視覚的にチェックする。
4．コンピューターを使って正式な検証を行う。
5．結果を評価する。

ステップ１ —— まずアイデアを練る

　市場がどのように動くかというアイデアを練る。これにはできるかぎり多くのチャートを見るということから始めればよい。そのとき移動平均の交差やオシレーターの形状や価格パターンなど、主要な市場の動きに先行する客観的な証拠を特定する。また、相場が下落する気配があるときに、あらかじめそれを教えてくれる手がかりとなるものを確認しておく。筆者はこのような答えがないかを期待してチャートを次から次へと調べていく。このような視覚的な方法は、筆者が試すかぎり、効果的であったので、強くお勧めしたい。

　価格チャートを調べたり、本書のような本を読んだりすることに加えて、筆者が勧めるのは、トレードシステムに関する書籍を読むことと、ほかの人がすでに行ったことをさらに研究してみることである。だれも「聖杯」を明かすことはないだろうが、多くの有益な情報がそこにはある。より重要なことは自分の頭で考えることである。筆者が発見したのは、最も利益を生み出すアイデアはだれかが考え出したアイデアではなく、自分で改良を加えたものであるということだ。

　最も成功するトレードシステムはトレンドフォロー型のものである。しかし、カウンタートレンドのシステムも見過ごされるべきではない。なぜなら、そのようなシステムはトレンドフォロー型に対してある程度負の相関を示す成績を残すからである。つまり、あるシステムがお金を生み出すとき、ほかのシステムはお金を失っている。結果として、２つのシステムを組み合わせることによって資産曲線を滑らかにすることができるのである。

優良なコンセプト設計の原理

　優良なコンセプトは通常、理にかなったものである。もしあるコン

セプトが有効に機能しているように思われても、理にかなったもので
なければ、それはただの偶然である可能性が高く、将来にわたって機
能し続ける見込みは乏しい。コンセプトは自分の個性に十分に合った
ものでなければならない。というのも、たとえそのコンセプトによっ
て資金を失っているとき（ドローダウンの期間）であっても、それに
従い続けるよう自分に規律を与える必要があるからである。コンセプ
トは明快かつ客観的なものであるべきだ。もしそのコンセプトがトレ
ンドフォロー型であれば、メジャートレンドに沿ってトレードし、利
を伸ばし損切りを早くするものにすべきである。そして、最も重要な
ことはそのコンセプトは長い目で見て、利益を上げ続けるものでなけ
ればならない（つまり、その期待値が正であるということである）。

　仕掛けをどうするかということは難しい。しかし、手仕舞いをどう
するかはさらに難しく、より重要になってくる。仕掛けの論理はかな
り明快である。しかし、手仕舞いはそうとは行かず、損切りをいつす
るのか、含み益をどう扱うかなど、さまざまな不確実性を考慮しなけ
ればならない。筆者はドテンシステムを好まない。すなわち、反対方
向に新しいトレードを仕掛ける前に、前のトレードを一度手仕舞いす
ることを好む。手仕舞いの改善に力を注げば、収益に対してリスクの
相対比率も改善されるだろう。

　もう1つ提案したいことは、最適化はできるかぎりしないようにす
ることである。過去のデータで最適化してしまうと、多くの場合、実
際のトレードでは再現できないような非現実的な収益になってしまう。
パラメーターをほとんど使わず、同じ手法を異なるたくさんの市場に
適用してみることが重要だ。このようなことをすることで、過剰な最
適化という危険を減らし、長期的な成功の見込みを高めることができ
る。

　トレードシステムには次のような3つの主要なカテゴリーがある。

付録C──トレードシステム構築の要点

●トレンドフォロー型

　このシステムはメジャートレンドの方向に沿ってトレードを行う。底を打ったあとに買い、天井を付けたあとに売る。移動平均とドンチャンのウイークリールールは資金運用者の間でよく用いられる手法である。

●カウンタートレンド型

　支持線・抵抗線を用いる手法。支持線まで下落したら買い、抵抗線まで上昇したら売る。

　リトレースメント（押し・戻り）を用いる手法。これは上昇相場では押し目で買い、下落相場では戻りで売る。例えば、最後の上昇から50％押したところで買う。しかし、これを行うのはメジャーな上昇トレンドが継続する場合のみである。このようなシステムの危険なところは、リトレースメントがどこまで続くのかがだれにも分からないということと、手法の条件に合った手仕舞いの方法が難しいことである。

　オシレーターを用いる手法。このアイデアは売られ過ぎのときに買い、買われ過ぎのときに売る。また、価格とオシレーターの間にダイバージェンスがあれば、そのシグナルは非常に強いものとなる。しかし、通常、いくつかの価格反転シグナルが出るのを待って、売買を実行するのが最も好ましい。

●パターン把握（視覚的把握・統計的把握）

　これらの例は、信頼性の高いヘッド・アンド・ショルダーズ（視覚的把握）や季節性の価格パターン（統計的把握）などである。

ステップ2 ── アイデアをもとに客観的なルールを作る

　これは5段階の過程のなかで最も困難なステップである。実際に行った者の多くは当初考えていたよりもずっと難しく感じるだろう。こ

のステップを成功させるためには、自分のアイデアを客観的な言葉——
100人がそのルールに従えば100人全員がまったく同じ結果になるよう
な——で表現しなければならない。

　システムに何をさせるのか、どのようにそれをさせるのかを決定す
る必要がある。プログラミング作業を完遂するために必要とされる細
部を設計するのがこのステップなのである。このステップでは、問題
の全体像を把握し、細部をすべて完成させるまで、問題を突き詰めて
いく必要があるのである。

ステップ３ ── チャート上で視覚的にチェックする

　ステップ２で決定した明確なルールに従って、売買シグナルをチャ
ート上に発生させ、それをチェックする。これは正式なものではなく、
次の２つのことを意図している。１つ目は、自分のアイデアが適切に
表現されているかどうかを見るために行う。２つ目は、複雑なコンピ
ューター言語を書く前に、そのアイデアが利益を生む可能性があるか
どうかをある程度見るために行う。

ステップ４ ── コンピューターを用いて正式な検証を行う

　ここでやっと自分の考えたロジックをコンピューターコードに変換
するときが来た。筆者はトレードステーション（TradeStation）と呼
ばれるプログラムを用いて作業している。トレードステーションは総
合的なテクニカル分析用ソフトウェアであり、トレードシステムの定
式化と検証に利用できる。これを用いれば、アイデアの視覚化からリ
アルタイムでのシステムトレードの援助まで、ありとあらゆることを
１つのソフトで行うことができる。

594

付録C——トレードシステム構築の要点

図C.1 イージーランゲージのコード。このイージーランゲージのコード
　　　はトレードステーションのパワーライターを用いて書かれてい
　　　る。これは完全なプログラム言語の体裁——そして能力——を有
　　　している。図C.2と図C.3にはマーティン・ツバイクによって記
　　　述されたこのトレンドフォロー型システムの結果が示されている

```
{*******************************************************************************
//fileName: JJMBook.Four%Model
//Written by Fred G. Schutzman, CMT
//Logic by Ned Davis
  //see Zweig book: Martin Zweig's Winning with New IRAs, pages 117–128
//Model was designed to be applied to a weekly chart of the Value Line Composite Index
(VLCI)
//Program uses the weekly (usually Friday) close of the VLCI to initiate trades
  //buy if the weekly close of the VLCI rises 4% or more from its lowest close (since the last
sell signal)
  //sell if the weekly close of the VLCI falls 4% or more from its highest close (since the last
buy signal)
//Date last changed: February 8, 1998

********System Properties********
Properties tab:
Pyramid Settings = Do not allow multiple entries in same direction
Entry Settings = default values
Max number of bars system will reference = 1

*******************************************************************************}

Inputs:              perOffLo(4.00),        { percent off lowest close }
                     perOffHi(4.00);        { percent off highest close }
Variables:           LC(0),                 { lowest close}
                     HC(0),                 { highest close }
                     trend(0);              { 0 = no trades yet, +1 = up, –1 down }
{ initialize variables }
If currentBar = 1 then begin
  LC = close;
  HC = close;
  trend = 0;
end;

{ update trend variable and place trading orders }
if trend = 0 then begin
  if ((close-LC) / LC) > = (perOffLo / 100) then trend = +1;
  if ((HC-close) / HC) > = (perOffHi / 100) then trend = –1;
end
else if trend = +1 and ((HC-close) / HC) > = (perOffHi / 100) then begin
  sell on close;
  trend = –1;
  LC = close;
end
else if trend = –1 and ((close-LC) / LC) > = (perOffLo / 100) then begin
  buy on close;
  trend = +1;
  HC = close;
end;

{ update LC & HC variables }
If close < LC then LC = close;
If close > HC then HC = close;

{ End of Code }
```

どのようなコンピューター言語であっても、コードを書くのは簡単なことではない。それはトレードステーションのイージーランゲージでも同じことである。しかし、イージーランゲージは使い勝手の良いプログラムエディターと組み込まれた多くの機能や豊富なサンプルコードがあるため、仕事を非常に簡単にしてくれる（**図C.1**）。

いったんプログラムを書き終えれば、次は検証過程に入る。まず、検証用のデータを1つかそれ以上選ばなければならない。株式トレーダーにとっては、これは簡単な作業だ。しかし、先物トレーダーは比較的短い期間で1つの限月が終了してしまうという問題に直面する。筆者は初めの検証ではジャック・シュワガー（『ジャック・シュワッガーのテクニカル分析』［金融財政事情研究会］）によって世に広められたつなぎ足（スプレッド調整済価格）を好んで用いる。この結果が期待できるものであるのなら、それから実際の取引へ進む。

次に、システムを構築する際に、どのぐらいの量のデータを用いるか決めなければならない。筆者の場合、データ全体を用いて行い、アウトオブサンプルテスト（すなわち、データの一部を使ってシステムを構築し、それから残った「未使用」のデータで検証するテスト法）の余地を残さない。専門家の多くはこのやり方に同意しないだろうが、この手法は、優良で堅固なコンセプトに依拠し、実質的に最適化は行わず、多期間にわたるパラメーターと市場を考慮に入れた検証手続きであると、筆者は確信している。筆者は、健全であると確信している方法論から始め、それから自分の理論が正しいか誤っているかを見ていく。人々はこれとは反対のことを行うことが多いことを、筆者は知っている。彼らがやっていることは単なるデータマイニングである。

筆者はシステムを検証するとき、取引コスト（例えば、スリッページや手数料など）を考慮に入れない。しかし、最後にそれらの要素を組み入れる。こうすることで、評価のプロセスをより純粋にし、将来に何か想定外のことが起こった場合でも、その結果を再び使うことが

できる。

筆者のシステムは次のような過程を経なければならない。

●**異なるパラメーターで検証する**　もし筆者が5/20移動平均の交差システムを使うことを検討しているのであれば、6/18や6/23や4/21や5/19もそれなりに良い成績を残すだろうと期待する。もしそうでなければ、筆者はすぐに5/20の結果についても疑う。

●**異なった期間で検証する（例えば、1990〜95年や1981〜86年）**　直近5年の日本円を検証した結果、ある程度良い成績を残したシステムはほかの5年間でも同様の成績を出すはずである。このような観点を持つ者もあまりいないように思われる。

●**多くの異なる市場で検証する**　原油で良い成績を残したシステムは灯油や無鉛ガソリンでも良い成績が出るはずである。そうでなければ、その理由を探し、通常はそのシステムを廃棄する。しかし、筆者はこれをどんどんと押し進め、多くの銘柄で良い成績が出るシステムになることを期待して、同じシステムを市場のデータベースの全体にわたって検証するのである。

いったん検証が完了すれば、次に行うことは、そのシステムが考案者の意図したことを確実に行っているかどうかを確かめることである。これはコンピューターがチャート上に発生させた売買シグナルを目視して点検することである。トレードステーションを使えば、チャート上に売買シグナルが矢印として表示されるので、このプロセスは簡単なものになる。もしこのシステムが意図したとおりに動かないのなら、コードに必要な訂正を施し、再び検証作業を行わなければならない。検証を乗り越え、利益を生み出すようなアイデアは非常に少ない（通常は5％未満）ということを覚えておいてほしい。そして、どういうわけか、ほとんどの「成功する」アイデアは実際にはトレードすること

すらできないのである。

ステップ5 ── 結果を評価する

　トレードシステムの背後にある原理を理解するように努めよう。それは理にかなったものか、それともただの偶然にすぎないのか。資産曲線を分析しよう。ドローダウン（発生する可能性のある損失）に耐えることはできるだろうか。そのシステムをトレードごとに評価してみよう。誤ったシグナルを発生させている要因は何なのだろうか。そのシステムは損失から素早く逃げだしているのか。勝ちトレードに長くとどまっているのか。その検証結果が完全に満足のいくものになるようにしよう。そうでなければ、このシステムで実際にトレードすることはできないだろう。

　トレードステーションで確認できる3つの分析すべき重要な統計は次のとおりである。

●**プロフィットファクター**　これは、「勝ちトレードの利益÷負けトレードの損失」のことである。この統計によって、このシステムが1ドルの損失に対して何ドルを生み出したかを知ることができる。これは1つのリスク測度である。長期トレーダーは2.00以上を目指すべきである。また、短期トレーダーはもう少し低い数値であってもよい。

●**平均損益**　これはシステムの数学的な期待値である。これは少なくとも取引コスト（スリッページと手数料）を上回る程度には高くなければならない。さもなければ、資金を失っていくことになる。

●**最大日中ドローダウン**　これは金額ベースの最大損失、すなわち運用資産額のピークの状態から最大でいくら損を出したかを表す。筆者が好むのはこの比率ベースの数値である。また筆者は開始点から

のドローダウン（当初資金を減らしてしまう状態）と資産のピークからのドローダウン（市場から獲得した利益を返している状態）を区別して用いる。通常、筆者は後者については比較的大目に見ることが多い。

マネーマネジメント

マネーマネジメントは、この付録の対象外であるけれども、極めて重要な事項である。それは利益を生むトレードのための要所であり、その重要性は良いトレードシステムを用いることと変わりはない。

マネーマネジメントの手法については熟慮するべきである。損失はゲームの一部であるということを受け入れる必要がある。損失をコントロールすれば、利益は自ずとやってくる。

これに関してはできるかぎり分散を図ることである。分散化することで、リスクを一定にとどめてリターンを高める、あるいは、利益は一定でリスクを減らすことができる。市場間・システム間・パラメーター間・時間枠間で分散することが望ましい。

おわりに

ここではトレードシステムの基本的な哲学と、客観的なトレードがなぜ主観的なトレードよりも優れているのかを論じた。コンピューター化されたアプローチの主な３つの利点を取り上げ、５つのステップのトレードシステム構築計画を策定した。そして、最後にマネーマネジメントと分散化の重要性にも触れた。

トレードシステムを使うことによって、パフォーマンスが改善し、トレードを成功させることができるだろう。この理由は次のとおり明白である。

図C.2　価格チャート。このトレードシステムはバリューライン総合指数（VLCI）の週足用に設計されたものである。しかし、VLCIの日足でも検証結果は良好であり、そのほかの市場の週足・日足両方で良い検証結果を残した。よって、根底にあるコンセプトは信任された。これは図C.1で設計されたシステムである

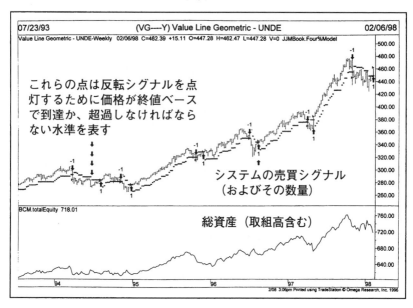

- トレードシステムを使うと、トレードする前には必ず事前準備をしなければならない。
- トレードシステムは規律あるトレードの枠組みを提供してくれ、それがルールに従ってトレードすることを容易にしてくれる。
- トレードシステムによって分散化の度合いが高まる。

　困難な仕事に多く取り組み、また献身することによって、だれであっても成功を収めるトレードシステムを構築することができる。それは簡単なことではないが、間違いなく手の届く範囲にある。人生にお

図C.3 パフォーマンスの概要。これは図C.1と図C.2で示されたシステムの36年間にわたるパフォーマンスの結果である。最後の12年間の成績は全体の成績と整合的である。プロフィットファクター、平均損益、最大日中ドローダウンはすべて優秀な成績である

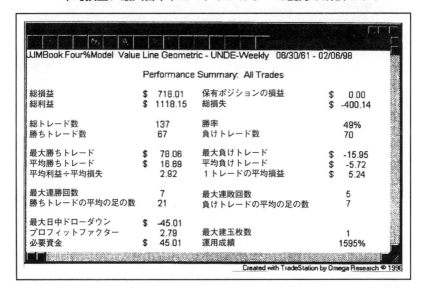

ける多くのことがそうであるように、努力によって得られるものは、それについてどのくらい努力したかによって変わってくるのである（図C.2と図C.3)。

付録D —— つなぎ足

グレッグ・モリス

コモディティの源データのデータベースからは、膨大な数の限月を作り出すことができる。例えば、期近限月や2番限、ギャンコントラクト、つなぎ足などである。これから述べるのは、先物取引（限月）の派生物を作るためのアイデアである。ここで用いられる商品コード（ティッカーシンボル）はあくまで理解を容易にするために使用するものとする。このようなつなぎ足はダイアルデータサービス社を通じて作ることができる。

期近限月足（ニアレストコントラクト）

期近限月は、実際の取引価格で構成された巨大な連続データファイルがあればよいとするトレーダーが主に用いる。このデータは、納会日で自動的にロールオーバーすることで生成される。

トレーダーが納会日の15～30日前になっても期近限月で取引するということは考えにくい。これは限月の終盤では流動性が急速に低下するからである。個人トレーダーが2番限へロールオーバーするタイミング（納会日から逆算）は、取引しているコモディティによって決まってくるものであり、個人のトレードスタイルによっても異なる。また、同じ個人トレーダーでもコモディティが異なればロールオーバー

する時期も異なってくる。

期先にいつロールオーバーするのかは、何よりも期近の出来高によるところが大きい。出来高が減少してきたときが、期先にロールオーバーするときである。

このように、いつ期近限月からロールオーバーするかについてはトレーダー側に選択肢がある。期近限月は実際のデータで構成されていることを思い出してほしい。ここにいくつかの例を挙げよう。ポートフォリオマネジャーAは納会日にロールオーバーできればよいと考えている。よって、彼が望むのは商品コードTRNE00（米長期債）の「標準的な」期近限月である。マネジャーAはおそらく資金を管理しているのだろうから、そのデータから資産の計算をしなければならない。トレーダーBは納会日まで1カ月を切ったものでは流動性が十分でないと感じている。だから、彼は納会日の15日前にロールオーバーした2番限（商品コードはTRNE15とする）のデータを要求する。アナリストCはロールオーバーを異なる日付で行ったものをそれぞれ評価したいと考えている。よって、彼はTRNE00やTRNE05、TRNE12、TRNE21（それぞれ納会の当日、5日前、12日前、21日前にロールオーバーしたもの）のような多様な2番限のデータを要求するだろう。

このような限月のすべてはあくまで期近限月であり、実際の取引データで構成されていることを覚えておいてほしい。異なるのはどこからデータを取るのかということの違いだけである。

2番限足（ネクストコントラクト）

2番限足は期近限月足の子孫のようなものである。2番限足は、それがいつも期近限月のあとを追う限月であるということを除いて、期近限月足の場合と計算はまったく同じである。つまり、期近限月足にはTボンドの12月限のデータを採用し、2番限足はTボンドの3月限

604

のデータを採用する。12月限の取引が納会したとき、期近限月足は3月限にロールオーバーされ、2番限足は6月限にロールオーバーされる。これはNext1と定義する。

この考え方からさらに2番限の次の限月足についても考えることができ、それをNext2と呼ぶ。このとき、そのデータはいつも期近限月の2つ先の限月のデータが用いられる。上記の例を踏襲し、期近限月足として12月限のデータを採用するのなら、Next2は6月限のデータを採用する。12月限が納会したとき、3月限が期近限月になり、Next2には9月限のデータが採用される。そして、これを続けていく。

次の限月の商品コードはTRNXT1とTRNXT2である。もちろん現物の先物のコードにはここの例で用いたTR以外のものが用いられるだろう。

ギャンコントラクト

ギャンコントラクトとは、特定の限月を使い、それが翌年の同じ月の限月にのみロールオーバーされるようなデータのことを指している。例えば、ギャンコントラクトでは7月限の小麦価格が7月に納会するまで採用され、その次は翌年の7月限の小麦価格が採用される。ギャンコントラクトのコードの例はW07GN・GC04GN・JY12GNなどである（それぞれ小麦7月限・金4月限・日本円12月限を表している）。

つなぎ足

つなぎ足は、先物データに関してアナリストが直面する流動性の低下や割高（割安）ギャップといった問題を解決するために考案されたものである。このような問題は、アナリストがトレードモデルやシステムを複数年にわたって検証するときには必ず発生する。つなぎ足は

ロールオーバーによって生じる価格の飛びを埋め、データに連続性を持たせることができるのである。

期間固定つなぎ足

期間固定つなぎ足は、一定の長さの期間を将来に向かって投影するものである。これには２つ以上の限月を用いる。これの最も一般的な方法では直近の２限月を用いてデータの線形外挿を行う（**図D.1**）。

期近限月を使用しているような先物トレーダーが自分で一定期先つなぎ足を作成することもできる。これには３つの事項、①商品コード、②計算に使用する限月の個数、③将来に向かって表示させたい期間（週）―― が必要である。例えば、Tボンドを、直近の３限月を用いて、14週先まで見たいと考えるのなら、商品コードはTRCF314のようにすることができる。ここでTRは商品のコード、CFは「期先連続（Continuous Forward Looking）」の略、３は限月数、14は価格が投影される週数を表している。

このメカニズムはかなり簡単なものである。初めに、各コモディティに一定のロールオーバー日を設定する。当初は納会日の10日前とするのがよいだろう。ここで重要なことの１つは、ロールオーバーが実際の納会日よりも前に行われるということである。次に、採用される限月の個数はけっして２限月未満であってはならないし、多くの場合、４限月を超えてはならない。また、採用される週数は、多くの場合、３より大きく、場合によって40まで増やすことができる。

１つ例を挙げよう。これはコモディティ・システムズ社によって用いられた手法である（第８章の「パーペチュアルコントラクト（永久限月）」参照）。

Tボンドを再び使おう。これはTボンドの納会日が３カ月ごとのサイクルで定期的に訪れるという理由による。ここでトレーダーが直近

付録D──つなぎ足

図D.1　一定期先つなぎ足のイメージ図

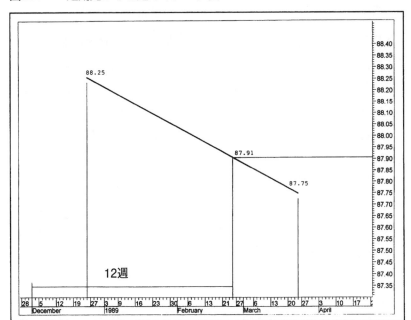

の2限月を用い、12週先までの数字を見ることを意図したTボンドのつなぎ足（商品コードはTRCF212）を欲しているとしよう。今日は12月1日である。これは図示すると分かりやすい（**図D.1**）。縦軸は価格で、横軸は時間である。今日の日付は横軸上に表示され、2つの直近限月の納会日（12月と3月）も同様に示されている。彼は12週先まで見ることを希望しているので、今日から数えて12週目（2月25日辺り）まで表示されている。12月限の終値は88.25で3月限の終値は87.75だった。これらのポイントはそれぞれ対応する価格の納会日の上方に置かれる。線形外挿法で次に行うのは、この2点を直線で結ぶだけである。この直線の傾斜が上向きになるのか下向きになるのかは、このTボンドの例では長期金利の見通しによる。この例では金利上昇が予想され

607

ている。なぜなら、３月限の価格が12月限よりも下方にあるからである。

TRCF212の今日の終値を求めるには、横軸上で今日から12週先の点（２月25日）を見つけだし、そこからチャート上に引かれた直線まで上がればよい。その次にその直線から右へ行き、そこにある価格がこの一定期先つなぎ足の終値（約87.91）である。このチャートを見れば、12月限よりも３月限のほうに重み付けされていることが分かるだろう。なぜなら、切断点が３月のほうに近づいているからである。この方法は始値・高値・安値・終値に対してちょうど同じように実行することができる。もちろん、コンピューターはこれを数学的に実行する。ここで示したのはあくまでパーペチュアルコントラクトがどのように作成されるのかを視覚的に説明するためである。

用語集

MACD（Moving Average Convergence/Divergence Trading Method） ジェラルド・アペルが考案したこのMACD（移動平均収束拡散法）は２本のラインで表される。１本目のライン（MACDライン）は終値を基準とした２本の指数移動平均（通常、12期間と16期間）の差を表す。２本目のライン（シグナルライン）は通常、MACDラインの９期間指数移動平均を表す。この２本線が交差したときにシグナルが出る。

MACDヒストグラム（MACD histogram） MACDラインのシグナルラインの差を表示するMACDシステムのバリエーションの１つ。２本のラインの差の変化をより速く認識することができ、より早いシグナルを得ることができる。

ROC（Rate of change） 変化率のこと。買われ過ぎ・売られ過ぎのオシレーターを作成する手法の１つ。ROCは選択期間の価格の比率を求める。10日ROCの値を求めるには、今日の終値を10日前の終値で割る。算出された数値は100を中心に上下する。

RSI（Relative strength index） 相対力指数のこと。ウエルズ・ワイルダー・ジュニアによって考案された人気のあるオシレーターで、彼の1978年の著書『**ワイルダーのテクニカル分析入門 ── オシレーターの売買シグナルによるトレード実践法**』（パンローリング）のなかで発表された。RSIは縦軸上に0〜100の数値が表示される。値が70超のときは買われ過ぎ、30未満が売られ過ぎとされる。数値が70超か30未満で価格の動きとダイバージェンスしたときはトレンド転換

の警告となる。RSIの期間は通常、9期間か14期間が採用される。

アームズインデックス（Arms index） リチャード・アームズが『**相場心理を読み解く出来高分析入門**』（パンローリング）で発表したこの逆指標は、値下がり銘柄の平均出来高を値上がり銘柄の平均出来高で割ったものである。数値が1.0未満のときは値上がり銘柄の出来高のほうが多く、数値が1.0超のときは値下がり銘柄の出来高のほうが多い。アームズインデックスの10日移動平均が1.2を上回ったときは売られ過ぎ、0.70を下回ったときは買われ過ぎを表す。

アイランドリバーサル（Island reversal） ある方向へのエグゾースチョンギャップとその反対方向へのブレイクアウエーギャップが数日間で組み合わさったときに生まれる反転パターン。例えば、上昇トレンドの終了に向けて価格がギャップを作って上昇し、それから数日以内に再びギャップを作って下落したとする。その結果、2〜3日の値動きがギャップの上に取り残されることになる。アイランドリバーサルは通常、トレンド転換のシグナルである（「ギャップ」参照）。

移動平均（Moving average） トレンドが形成された市場で最も有効に機能するトレンドフォロー型指標である。移動平均は、タイムラグは生じるが、価格の動きを滑らかにしてくれる。例えば、株式の単純な10日移動平均は過去10日の終値を合計し、その合計を10で割ったものである。このような手続きが毎日繰り返される。売買シグナルを発生させるために、異なる期間の移動平均をいくつでも採用することができる。1本だけの移動平均線を用いるのなら、買いシグナルは終値がその移動平均線を上回ったときに与えられる。2本の移動平均線を用いるのなら、買いシグナルは短期の移動平均線が

長期の移動平均線を上回ったときに与えられる。売りシグナルはその逆になる。移動平均には、単純移動平均、加重移動平均、指数平滑移動平均の3種類がある。

移動平均収束拡散法　「MACD」参照。

売られ過ぎ（Oversold）　通常、オシレーターに関して用いられる用語。オシレーターが下の極端な値へ到達したとき、市場は下落しすぎであり、近いうちに上昇が起こるとされる。

エグゾースチョンギャップ（Exhaustion gap）　これは重要なトレンドの終了時に出現する価格のギャップであり、トレンド終了のシグナルである（「ギャップ」参照）。

エリオット波動理論（Elliott wave analysis）　反復する波動パターンとフィボナッチ数列に基づいた相場分析手法のこと。理想的なエリオット波動パターンは5つの上昇波動のあとに3つの下降波動が続く（「フィボナッチ数」参照）。

エンベロープ（Envelopes）　移動平均線の上と下に一定比率を基に引かれたラインのこと。エンベロープは市場が移動平均線から過度に離れすぎたときに行きすぎと判断する助けになる。

オシレーター（Oscillators）　市場の買われ過ぎ・売られ過ぎを判断する指標。オシレーターが上の極端な値に到達したとき、市場は買われ過ぎ、下の極端な値に到達したときは売られ過ぎとなる（「モメンタム」「ROC」「RSI」「ストキャスティックス」参照）。

611

押し（押し目） 「リトレースメント」参照。

折れ線チャート（Line charts） 特定の市場の、任意の期間の終値をつなぎ合わせた価格のチャートのこと。結果として、チャート上には1本の曲線が表示される。このタイプのチャートは市場間分析でよく採用されるオーバーレイ（重ね合わせ）チャートや比較チャートの作成に最も有効である。オープンエンドの投資信託の視覚的なトレンド分析を行うときにも用いられる。

オンバランスボリューム（On balance volume） ジョセフ・グランビルが考案したオンバランスボリューム（OBV）は日々更新される上昇・下落にかかわる出来高の累積値である。上昇した日は出来高を足し、下落した日は出来高を引く。OBV線と価格ラインは、互いの一致を確認するため一緒に表示される（「出来高」参照）。

価格パターン（Price patterns） 価格チャート上に現れるパターンのことで、相場予測上の利用価値がある。パターンは反転パターンと継続パターンに分けられる。

確認（Confirmation） できるかぎり多くの市場判断要因がお互いに一致していること。例えば、価格と出来高が一緒に上昇しているのであれば、このとき出来高は価格の動きを確認している。確認の反対はダイバージェンスである（「ダイバージェンス」参照）。

下降トライアングル（Descending triangle） 2本の収束するトレンドラインによって形成される横ばいの価格パターンのうち、上辺が下向きで、下辺が水平のもの。これは通常、弱気のパターンである（「トライアングルパターン」参照）。

下降トレンドライン（Down trendline） 連続した切り下がる高値に沿って引かれる右肩下がりの直線のこと。下降トレンドラインのブレイクは通常、下降トレンドの方向の変化を示唆するシグナルとなる（「トレンドライン」参照）。

加重平均（Weighted average） 選択された期間で、直近の価格になればなるほど重み付けの度合いを大きくした移動平均のこと（「移動平均」参照）。

買われ過ぎ（Overbought） 通常、オシレーターに関して用いられる用語。オシレーターが上の極端な値へ到達したとき、市場は上昇しすぎであり、売られやすい状態にあるとされる。

キーリバーサルデイ（Key reversal day） 上昇トレンドでは、価格が新高値を付けて寄り付き、前日の終値よりも安く引ける日のこと。下降トレンドでは、価格が新安値を付けて寄り付き、前日の終値よりも高く引ける日のこと。キーリバーサルデイの値幅が広くなればなるほど、また出来高が多くなればなるほど、反転が起こる可能性は高くなる（「週反転」参照）。

ギャップ（Gaps） ギャップはチャート上にある空白の部分であり、取引が行われなかった領域である。上昇ギャップはある日の安値が前日の高値よりも上方に位置するとき形成される。下降ギャップはある日の高値が前日の安値よりも下方に位置するとき形成される。上昇ギャップは相場が強いことのサインである。一方、下降ギャップは相場の弱いことのサインである。ギャップには、①ブレイクアウエーギャップ、②ランナウエーギャップ、③エグゾースチョンギャ

613

ップ——という３種類のギャップがある。窓とも言う。

継続パターン（Continuation patterns）　現在進行中のトレンドの一時休止や揉み合いを表す価格パターンのこと。このうち最もよく知られたパターンは、トライアングルパターン（トライアングル）とフラッグ、ペナントである。

市場間分析（Intermarket analysis）　関連する市場セクターの値動きを考慮するために、新たに生まれた市場分析手法である。通貨とコモディティ、債券、株式の４つセクターがある。国際市場もこれに含まれる。この手法には、すべての市場は相互に関係しており、お互いに影響を与え合うという想定に基づいている。

支持線（Support）　現在の価格よりも下側で、価格の下落をせき止めるのに十分な買い圧力が存在する価格、あるいは価格領域。前の上昇時の下値は通常、支持線を形成する。

指数平滑（Exponential smoothing）　移動平均の一種。すべてのデータポイントを採用した移動平均であるが、直近の価格データになればなるほど、より大きく重み付けされた移動平均のこと。

週反転（Weekly reversal）　上方週反転とは、価格が月曜日の寄り付きで安く寄り付き、その週の金曜日に前週の終値よりも高く引けたことをいう。下方週反転とは、価格が月曜日の寄り付きで高く寄り付き、その週の金曜日に前週の終値よりも安く引けることをいう（「キーリバーサルデー」参照）。

上昇トライアングル（Ascending triangle）　２本の収束するトレンド

ラインによって形成される横ばいの価格パターンのうち、下辺が上向きで、上辺が水平のもの。これは通常、強気のパターンである（「トライアングルパターン」参照）。

上昇トレンドライン（Up trendline）　切り上がる安値に沿って右肩上がりに引かれる直線のこと。上昇トレンドラインが長く持続すればするほど、またその上昇トレンドラインが試される回数が多ければ多いほど、その重要度は高まっていく。上昇トレンドラインのブレイクは通常、上昇トレンドの方向の変化を示唆するシグナルとなる（「トレンドライン」参照）。

ストキャスティックス（Stochastics）　ジョージ・レーンによって考案された買われ過ぎ・売られ過ぎを示すオシレーターのこと。通常、14期間が用いられる。ストキャスティックスは、%Kとその3期間移動平均である%Dという2本のラインを用いる。この2本のラインは上下幅0～100の間を変動する。数値が80超のときは買われ過ぎ、20未満のときは売られ過ぎである。動きの速い%Kラインが動きの遅い%Dラインを下から上に交差し、かつ2本のラインが20未満の位置にあるとき、買いシグナルとなる。動きの速い%Kラインが動きの遅い%Dラインを上から下に交差し、かつ2本のラインが80超の位置にあるとき、売りシグナルとなる。

センチメント指数（Sentiment indicators）　市場の強気・弱気の程度の測定を意図したサイコロジカル指標のこと。これらの反対指標は買われ過ぎ・売られ過ぎを示すオシレーターと大部分が同じように用いられる。この数値が上下の極端な値に到達したときが指標としての利用価値が最も高まるときである。

615

相対力指数 「RSI」参照。

ダイバージェンス（Divergence） ２つの指標がお互いに確認できない状況のこと。例えば、オシレーターによる分析で価格が上昇トレンドを形成しているが、オシレーターは下落し始めているような場合である。ダイバージェンスは通常、トレンド転換の警告となる（「確認」参照）。

対称トライアングル（Symmetrical triangle） ２本の収束するトレンドラインによって形成される横ばいの価格パターンのうち、上辺が下向きで、下辺が上向きのもの。このパターンは、最終的には元のトレンドに復帰するが、買い手と売り手がバランスしている状態を示している。どちらかのトレンドラインをブレイクする動きは、価格トレンドの方向を決定するシグナルとなる（「上昇トライアングル」「下降トライアングル」参照）。

ダウ理論（Dow Theory） 最も古く最も高く評価されているテクニカル理論の１つ。ダウ理論では、買いシグナルはダウ工業株平均とダウ輸送株平均の終値が前の高値を上回って引けたときで、売りシグナルはダウ工業株平均とダウ輸送株平均の終値が前の安値を下回って引けたときに与えられる。

ダブルトップ（Double top） この価格パターンは突出した２つの高値によって特徴づけられる。中間の安値がブレイクされたときに反転が完成する。ダブルボトムはこの天井パターンとちょうど反対になる。

単純平均（Simple average） 各取引日の価格データに等しく重み付

長期の移動平均線を上回ったときに与えられる。売りシグナルはその逆になる。移動平均には、単純移動平均、加重移動平均、指数平滑移動平均の３種類がある。

移動平均収束拡散法　「MACD」参照。

売られ過ぎ（Oversold）　通常、オシレーターに関して用いられる用語。オシレーターが下の極端な値へ到達したとき、市場は下落しすぎであり、近いうちに上昇が起こるとされる。

エグゾースチョンギャップ（Exhaustion gap）　これは重要なトレンドの終了時に出現する価格のギャップであり、トレンド終了のシグナルである（「ギャップ」参照）。

エリオット波動理論（Elliott wave analysis）　反復する波動パターンとフィボナッチ数列に基づいた相場分析手法のこと。理想的なエリオット波動パターンは５つの上昇波動のあとに３つの下降波動が続く（「フィボナッチ数」参照）。

エンベロープ（Envelopes）　移動平均線の上と下に一定比率を基に引かれたラインのこと。エンベロープは市場が移動平均線から過度に離れすぎたときに行きすぎと判断する助けになる。

オシレーター（Oscillators）　市場の買われ過ぎ・売られ過ぎを判断する指標。オシレーターが上の極端な値に到達したとき、市場は買われ過ぎ、下の極端な値に到達したときは売られ過ぎとなる（「モメンタム」「ROC」「RSI」「ストキャスティックス」参照）。

押し（押し目）　「リトレースメント」参照。

折れ線チャート（Line charts）　特定の市場の、任意の期間の終値を
つなぎ合わせた価格のチャートのこと。結果として、チャート上に
は1本の曲線が表示される。このタイプのチャートは市場間分析で
よく採用されるオーバーレイ（重ね合わせ）チャートや比較チャー
トの作成に最も有効である。オープンエンドの投資信託の視覚的な
トレンド分析を行うときにも用いられる。

オンバランスボリューム（On balance volume）　ジョセフ・グランビ
ルが考案したオンバランスボリューム（OBV）は日々更新される上
昇・下落にかかわる出来高の累積値である。上昇した日は出来高を
足し、下落した日は出来高を引く。OBV線と価格ラインは、互いの
一致を確認するため一緒に表示される（「出来高」参照）。

価格パターン（Price patterns）　価格チャート上に現れるパターンの
ことで、相場予測上の利用価値がある。パターンは反転パターンと
継続パターンに分けられる。

確認（Confirmation）　できるかぎり多くの市場判断要因がお互いに
一致していること。例えば、価格と出来高が一緒に上昇しているの
であれば、このとき出来高は価格の動きを確認している。確認の反
対はダイバージェンスである（「ダイバージェンス」参照）。

下降トライアングル（Descending triangle）　2本の収束するトレン
ドラインによって形成される横ばいの価格パターンのうち、上辺が
下向きで、下辺が水平のもの。これは通常、弱気のパターンである
（「トライアングルパターン」参照）。

612

下降トレンドライン（Down trendline） 連続した切り下がる高値に沿って引かれる右肩下がりの直線のこと。下降トレンドラインのブレイクは通常、下降トレンドの方向の変化を示唆するシグナルとなる（「トレンドライン」参照）。

加重平均（Weighted average） 選択された期間で、直近の価格になればなるほど重み付けの度合いを大きくした移動平均のこと（「移動平均」参照）。

買われ過ぎ（Overbought） 通常、オシレーターに関して用いられる用語。オシレーターが上の極端な値へ到達したとき、市場は上昇しすぎであり、売られやすい状態にあるとされる。

キーリバーサルデイ（Key reversal day） 上昇トレンドでは、価格が新高値を付けて寄り付き、前日の終値よりも安く引ける日のこと。下降トレンドでは、価格が新安値を付けて寄り付き、前日の終値よりも高く引ける日のこと。キーリバーサルデイの値幅が広くなればなるほど、また出来高が多くなればなるほど、反転が起こる可能性は高くなる（「週反転」参照）。

ギャップ（Gaps） ギャップはチャート上にある空白の部分であり、取引が行われなかった領域である。上昇ギャップはある日の安値が前日の高値よりも上方に位置するとき形成される。下降ギャップはある日の高値が前日の安値よりも下方に位置するとき形成される。上昇ギャップは相場が強いことのサインである。一方、下降ギャップは相場の弱いことのサインである。ギャップには、①ブレイクアウエーギャップ、②ランナウエーギャップ、③エグゾースチョンギャ

613

ップ——という３種類のギャップがある。窓とも言う。

継続パターン（Continuation patterns）　現在進行中のトレンドの一時休止や揉み合いを表す価格パターンのこと。このうち最もよく知られたパターンは、トライアングルパターン（トライアングル）とフラッグ、ペナントである。

市場間分析（Intermarket analysis）　関連する市場セクターの値動きを考慮するために、新たに生まれた市場分析手法である。通貨とコモディティ、債券、株式の４つセクターがある。国際市場もこれに含まれる。この手法には、すべての市場は相互に関係しており、お互いに影響を与え合うという想定に基づいている。

支持線（Support）　現在の価格よりも下側で、価格の下落をせき止めるのに十分な買い圧力が存在する価格、あるいは価格領域。前の上昇時の下値は通常、支持線を形成する。

指数平滑（Exponential smoothing）　移動平均の一種。すべてのデータポイントを採用した移動平均であるが、直近の価格データになればなるほど、より大きく重み付けされた移動平均のこと。

週反転（Weekly reversal）　上方週反転とは、価格が月曜日の寄り付きで安く寄り付き、その週の金曜日に前週の終値よりも高く引けたことをいう。下方週反転とは、価格が月曜日の寄り付きで高く寄り付き、その週の金曜日に前週の終値よりも安く引けることをいう（「キーリバーサルデー」参照）。

上昇トライアングル（Ascending triangle）　２本の収束するトレンド

けされた移動平均のこと（「指数平滑」と「加重平均」参照）。

チャネルライン（Channel line） 基本のトレンドラインと並行に引かれる直線のこと。上昇トレンドではチャネルラインは右肩上がりであり、切り上がった高値に沿って引かれる。下降トレンドではチャネルラインは右肩下がりであり、切り下がった安値に沿って引かれる。価格は上昇チャネルラインで抵抗に遭い、下降チャネルラインでは支持されることが多い。

抵抗線（Resistance） 支持線の反対。抵抗線は前の価格が付けた高値によってその位置が決定され、上値圏で価格上昇を阻む壁を作る（「支持線」参照）。

出来高（Volume） 株式や先物やオプションなどの取引活動の水準を表す。現在の価格トレンドの方向に価格が動くときに出来高が増大すれば、その価格トレンドを確認していることになる（「オンバランスボリューム」参照）。

テクニカル分析（Technical analysis） 価格チャート（出来高と取組高のパターンを含む）を用いた市場の動きを研究すること。チャート分析や市場分析、最近ではビジュアルアナリシスなどと呼ばれることもある。

投資アドバイザーによる強気の割合（Percent investment advisors bullish） これは投資アドバイザーや投資家による市場の強気の割合を測ること。投資週刊紙バロンズの投資家センチメント指数やインベスターズ・インテリジェンス指数などがある。後者は、ニューヨークのニューロシェルにあるインベスターズ・インテリジェンス

617

によって週1回発表され、プロの投資家の強気割合が35％未満なら
ば売られ過ぎ、55％を超えれば買われ過ぎである。

騰落ライン（Advance-decline line）　最もよく用いられている株式市
場の上昇・下落でマーケットブレドゥスを測定する指標の1つ。各
取引日（各週）の値上がり銘柄数と値下がり銘柄数を比較する。も
し値上がり銘柄数が値下がり銘柄数を上回れば、その差をそれまで
の累積数に加える。値下がり銘柄数が値上がり銘柄数を上回れば、そ
の差をそれまでの累積数から引く。騰落ラインは通常、ダウ工業株
平均のような一般的な株価平均と比較される。それらは本来同じ方
向にトレンドを形成しているはずである。騰落ラインが株価平均と
ダイバージェンスし始めたときはトレンド転換の初期の兆候となる。

トライアングルパターン（Triangles）　価格が収束するトレンドライ
――ンの間で変動する横ばいの価格パターンの総称。トライアングルパ
ターンには対称・上昇・下降という3つの種類がある。

取組高（Open interest）　その日の大引け時点で未決済の先物・オプ
ションのポジション数のこと。取組高の増減は、先物取引・オプシ
ョン取引に対する資金の流入や流出を表す。先物市場では取組高の
増加は現在のトレンドに対して好材料とみなされる。また、取組高
は流動性を測る指標である。

トリプルトップ（Triple top）　3つの際立った高値を持った価格パタ
ーン。ヘッド・アンド・ショルダーズ・トップに似ているが、これ
は3つの高値がすべてほぼ同じ水準に並ぶところが異なる。トリプ
ルボトムは、トリプルトップの反対になるパターンである。

用語集

トレンド（Trend） 価格の方向を指す。切り上がる高値と安値が上昇トレンドを形成し、切り下がる高値と安値が下降トレンドを形成する。トレーディングレンジ（横ばい）の特徴は高値と安値が水平に形成されることである。トレンドは一般的にメジャートレンド（1年以上）、インターメディエートトレンド（1〜6カ月）、マイナートレンド（1カ月未満）に分類される。

トレンドライン（Trendlines） 上昇トレンドの切り上がる安値に沿って引かれる直線、あるいは下降トレンドの切り下がる高値に沿って引かれる直線のこと。これによって、現在のトレンドの傾斜を知ることができる。トレンドラインのブレイクは通常、トレンド転換のシグナルである。

バーチャート（Bar chart） 日足チャートではそれぞれの足は1日の取引活動を表している。垂直の線がその日の高値から安値までを表している（これがその日の値幅になる）。始値はバーの左側に出ている短線で表す。一方、終値はバーの右側に出ている短線で表す。バーチャートは、日足だけでなく月足や週足や時間足や分足のどんな時間枠であっても作成することができる。

反転パターン（Reversal patterns） 通常、トレンド転換を示すチャート上の価格パターンのこと。最もよく知られた反転パターンはヘッド・アンド・ショルダーズやダブルトップ・ダブルボトム、トリプルトップ・トリプルボトムである。

ビジュアルアナリシス（Visual analysis） 市場の方向を判断するためにチャートや相場指標を用いる分析のこと。

619

比率分析（Ration analysis） 比率を用いて、２つの対象のレラティブストレングス（相対的な力）を比較する。個別株や業種をS&P500で割ることで、その個別株や業種のパフォーマンスが株式市場全体よりも上回っているのか下回っているのかを判断することができる。２つの対象を比較するときは、それがどのようなものであっても比率分析を用いることができる。比率の上昇したときは、比率の分子に当たるほうのパフォーマンスが分母を上回っていることを示している。比率線（レシオライン）の転換点を知るためにトレンド分析を用いることができる。

ファンダメンタルズ分析（Fundamental analysis） テクニカル分析の反対。ファンダメンタルズ分析は市場の動きではなく、経済的な需要と供給に関する情報を基に分析が行われる。

フィボナッチ数（Fibonacci numbers） フィボナッチ数列（１・２・３・５・８・13・21・34・55・89・144……）とは、初めの２つの数字を足し合わせて３つ目の数字を作っていく数列である。どの数字も次の大きな数字に対する比率が62％となる（に近づいていく）。これは最もよく用いられるフィボナッチリトレースメント数である。62％の逆である38％もフィボナッチリトレースメント数として用いられる。どの数字も前の小さな数字に対する比率は162％となる（に近づいていく）。この比率はフィボナッチ数から算出される目標値にも使用される（「エリオット波動分析」参照）。

フラッグ（Flag） 継続価格パターンの１つで、このパターンは通常３週間も続くことはなく、形は現在進行中のトレンドに逆行する傾きを持った平行四辺形に似ている。フラッグは活動的な価格トレンドのなかに現れる小休止を表している（「ペナント」参照）。

ブレイクアウエーギャップ（Breakaway gap） ある重要な価格パターンの完成時に形成される価格のギャップのこと。ブレイクアウエーギャップは通常、重要な値動きが始まるシグナルである（「ギャップ」参照）。

ヘッド・アンド・ショルダーズ（Head and Shoulders） 最もよく知られた反転パターンである。このパターンは天井で形成される３つの突出した高値であり、その真ん中の高値（ヘッド）はほかの２つの高値よりもやや高い。パターンの間にある２つの安値を結んだトレンドライン（ネックライン）がブレイクされたときにこのパターンは完成する。底のパターンは天井パターンの反対で、逆ヘッド・アンド・ショルダーズと呼ばれる。

ペナント（Pennant） この継続の価格パターンはフラッグに似ている。違いは形がより水平なことで、小さな対称トライアングルのように見える。フラッグと同じで、ペナントは通常、１〜３週間持続し、そのあと前のトレンドに復帰することが多い。

変化率 「ROC」参照。

ボリンジャーバンド（Bollinger bands） ジョン・ボリンジャーによって考案されたこの指標は20期間移動平均の上と下に引かれた２標準偏差のトレーディングバンドのこと。価格は上のバンドで抵抗に遭い、下のバンドで支持されることが多い。

マーケットブレドゥス（Market Breadth） 株価指数や平均株価ではなく、上昇している銘柄数と下落している銘柄数を比較することで、

市場の全体的な方向性をとらえようとするテクニカル手法。

マクレランオシレーター（McClellan oscillator） シャーマン・マク
レランによって考案されたこのオシレーターは、日次でのネットの
騰落数の19日（10％トレンド）EMA（指数平滑移動平均）と39日
（5％トレンド）EMAの差を表す。ゼロラインの下から上への交差
は強気、上から下への交差は弱気を表す。数値が＋100超のときは買
われ過ぎ、－100未満のときは売られ過ぎである。

マクレラン総和指数（McClellan summation index） これはマクレ
ランオシレーターの数値を毎日合計した総和であり、これによって
マーケットブレドゥスの長期分析を行うことができる。騰落ライン
と同じように用いられる。

窓 「ギャップ」参照。

戻り 「リトレースメント」参照。

モメンタム（Momentum） これは買われ過ぎ・売られ過ぎのオシレ
ーターを作成するために用いられる手法。モメンタムは選択された
期間での価格の差を測定する。10日モメンタムラインを作成するに
は、今日の終値から10日前の終値を引けばよい。そうすることによ
って、ゼロラインを中心としたプラスとマイナスの値が算出される
（「オシレーター」参照）。

ランナウエーギャップ（Runaway gap） 通常、重要な市場トレンド
のちょうど中間点で出現するギャップのこと。このためメジャリン
グ（測定）ギャップとも呼ばれる（「ギャップ」参照）。

リトレースメント（Retracements） 価格は通常、前の上昇分や下落分の一定比率分だけ逆行（リトレース）してから、元のトレンドに復帰する。最もよく知られた数値は50％リトレースメントである。通常、最小のリトレースメントは3分の1まで、最大のリトレースメントは2分の1までである。エリオット波動分析では38％と62％というフィボナッチのリトレースメント比率を採用している。

参考文献

リチャード・W・アームズ・ジュニア著『相場心理を読み解く出来高分析入門』（パンローリング）

トーマス・J・ドーシー著『最強のポイント・アンド・フィギュア分析 ── 市場価格の予測追跡に不可欠な手法』（パンローリング）

ロバート・D・エドワーズとジョン・マギーとW・H・C・バセッティ著『マーケットのテクニカル百科　入門編』『マーケットのテクニカル百科　実践編』（パンローリング）

アレキサンダー・エルダー著『投資苑』（パンローリング）

アレキサンダー・エルダー著『投資苑がわかる203問』（パンローリング）

ロバート・R・プレクター・ジュニアとA・J・フロスト著『エリオット波動入門 ── 相場の未来から投資家心理までわかる』（パンローリング）

ウィリアム・D・ギャン著『W.D.ギャン著作集〈2〉── 株式トレンドを探る・商品で儲ける法』（日本経済新聞社）

チャールズ・ルボーとデビッド・ルーカス著『マーケットのテクニカル秘録 ── 独自システム構築のために』（パンローリング）

ジョン・J・マーフィー著『市場間分析入門』（パンローリング）

マーチン・J・プリング著『アメリカの株式テクニカル分析』（東洋経済新報社）

ジャック・シュワガー著『ジャック・シュワッガーのテクニカル分析』（金融財政事情研究会）

J・ピーター・スタイドルマイヤー著『相場展開の読み方 ── 株・先物・債券・商品取引で成功する秘訣　マーケット・プロファイルの解釈と活用法』（HBJ出版局）

ウエルズ・ワイルダー・ジュニア著『ワイルダーのテクニカル分析入門 ── オシレーターの売買シグナルによるトレード実践法』（パンローリング）

Achelis, Steven B., Technical Analysis from A to Z, Probus, 1995.

Allen, R.C., How to Build a Fortune in Commodities (Windsor Books, Brightwaters, NY) (Best Books, Chicago) 1972.

Allen, R.C., How to Use the 4 Day, 9 Day, and 18 Day Moving Averages to Earn Larger Profits from Commodities, Best Books 1974.

Arms, Richard W. Volume Cycles in the Stock Market : Market Timing Through Equivolume--Charting, Dow Jones-Irwin, 1983.

Bressert, Walter J., The Power of Oscillator/Cycle Combinations, Bressert & Associates, 1991.

Burke, Michael L., Three-Point Reversal Method of Point & Figure Construction and Formations, Chartcraft, 1990.

Colby, Robert W. and Thomas A. Meyers, The Encyclopedia of Technical Market Indicators, Dow Jones-Irwin, 1988.

deVilliers, Victor, The Point and Figure Method of Anticipating Stock Price Movements (1933 : available from Traders' Library, P.O.Box 2466, Ellicott City, MD 20141 [1-800-222-2855]).

Dewey, Edward R. with Og Mandino, Cycles, the Mysterious Forces That Trigger Events, Manor Books, 1973.

Ehlers, John F., MESA and Trading Market Cycles, Wiley, 1992.

Freund, John E. and Frank J. Williams, Modem Business Statistics, Prentice-Hall.

Granville, Joseph, Granville's New Key to Stock Market Profits, Prentice Hall, Englewood Cliffs, NJ, 1963.

Hadady, R. Earl, Contrary Opinion : How to Use It for Profit in Trading Commodity Futures, Hadady Publications, 1983.

Hamilton, William Peter, The Stock Market Barometer. Robert Rhea developed the theory even further in the Dow Theory (New York : Barron's), published in 1932.

626

Hurst, J.M., The Profit Magic of Stock Transaction Timing, Prentice-Hall, 1970.

Kaufman, Perry, Smarter Trading, McGraw-Hill, 1995.

Kondratieff, Nikolai, translated by Guy Daniels, The Long Wave Cycle, New York : Richardson and Snyder, 1984. (Two other books on the subject are The K Wave by David Knox Barker and The Great Cycle by Dick Stoken.)

Lukac, Louis, B. Wade Brorsen, and Scott Irwin, A Comparison of Twelve Technical Trading Systems, Traders Press, Greenville, SC, 1990.

McMillan, Lawrence G., McMillan on Options, Wiley, 1996.

Moore, Geoffrey H., Leading Indicators for the 1990s, Dow Jones-Irwin, 1990.

Morris, Gregory L., Candlestick Charting Explained, Dow Jones-Irwin, 1995 (Originally published as CandlePower in 1992).

Murphy, John J., Intermarket Technical Analysis, Wiley, 1991.

Murphy, John J., The Visual Investor : How to Spot Market Trends, Wiley, 1996.

Neely, Christopher, J., Technical Analysis in the Foreign Exchange Market : A Layman's Guide, Federal Reserve Bank of St. Louis Review, September/October 1997.

Neill, Humphrey B., The Art of Contrary Thinking, Caldwell, OH :The Caxton Printers, 1954.

Nelson, S.A., ABC of Stock Market Speculation, First published in 1903, Reprinted in 1978 by Frasier Publishing Co.

Nison, Steve, Japanese Candlestick Charting Techniques, NY Institute of Finance, 1991.

Nison, Steve, Beyond Candlesticks, Wiley, 1994.

Prechter, Jr., Robert R., The Major Works of R. N. Elliott, Gainesville, GA :

New Classics Library, 1980.

Pring, Martin J., Pring on Market Momentum, Intl. Institute for Economic Research, 1993.

Ruggiero, Murray A., Cybernetic Trading Strategies, Wiley, 1997.

Steidlmayer, Peter J., 141 West Jackson, Steidlmayer Software, 1996.

Teweles, Richard J., Charles V. Harlow, Herbert L. Stone, The Commodity Futures Game, McGraw-Hill.

Wheelan, Alexander, Study Helps in Point & Figure Technique, Morgan Rogers & Roberts, 1954, reprinted in 1990 by Traders Press.

Wilkinson, Chris, Technically Speaking : Tips and Strategies from 16 Top Analysts, Traders Press, 1997.

資料・ソース

●FINANCIAL BOOK DEALERS

Fraser Publishing Company, P.O. Box 494, Burlington, VT 05402, (800) 253-0900

Traders Library, PO Box 2466, Ellicott City MD 21041 (800) 272-2855

Traders Press, PO Box 6206, Greenville, SC 29606 (800) 927-8222

●TECHNICAL MAGAZINES

Futures Magazine, 250 S. Wacker Drive, #1150, Chicago, IL 60606 (312) 977-0999

Technical Analysis of Stocks & Commodities, 4757 California Avenue S.W., Seattle, WA 98116 (800) 832-4642

●TECHNICAL SOFTWARE

Metastock, Equis International, 3950 S. 700 East, Suite 100, Salt Lake City, UT 84107 (800) 882-3040

North Systems, Inc., CandlePower, S. Salem, OR (503) 364-3829

SuperCharts and TradeStation, Omega Research, 8700 Flager Street, Suite 250, Miami, FL (305) 551-9991

●MARKET DATA

Dial Data, Track Data Corp., 56 Pine Street, New York, NY 10005 (800) 275-5544

Telescan, 5959 Corporate Drive, Suite 2000, Houston, TX 77036 (800) 324-8246

● CHART SERVICES

Chartcraft, 30 Church Street, New Rochelle, NY 10801 (914) 632-0422

Futures Charts, Commodity Trend Service, PO Box 32309, Palm Beach Gardens, FL 33420 (800) 331-1069

SRC Stock Charts, Securities Research Company, 101 Prescott Street, Wellesley Hills, MA 02181 (781) 235-0900

The Business Picture, Gilman Research Corporation, PO Box, 20567, Oakland, CA 94620 (510) 655-3103

● TECHNICAL ORGANIZATIONS

International Federation of Technical Analysts (IFTA), PO Box 1347, New York, NY 10009

Market Technicians Association (MTA), One World Trade Center, Suite 4447, New York, NY 10048 (212) 912-0995

■著者紹介
ジョン・J・マーフィー（John J. Murphy）
テクニカル分析に30年以上従事。元メリルリンチテクニカル分析部門責任者。オンラインの投資家向け分析サービス提供会社マーフィーモリスの創立者兼社長。米CNBCテレビのテクニカルアナリストを7年間務める。本書のほかに、『マーケットのテクニカル分析 練習帳』『市場間分析入門』（パンローリング）、『ビジュアル・インベスター』『トレーディング・ウィズ・インターマーケット・アナリシス』『チャーティング・メイド・イージー』『プリング・トゥゲザー』などがある。

■監修者紹介
長尾慎太郎（ながお・しんたろう）
東京大学工学部原子力工学科卒。北陸先端科学技術大学院大学・修士（知識科学）。日米の銀行、投資顧問会社、ヘッジファンドなどを経て、現在は大手運用会社勤務。訳書に『魔術師リンダ・ラリーの短期売買入門』『新マーケットの魔術師』など（いずれもパンローリング、共訳）、監修に『高勝率トレード学のススメ』『ラリー・ウィリアムズの短期売買法【第2版】』『コナーズの短期売買戦略』『続マーケットの魔術師』『続高勝率トレード学のススメ』『ウォール街のモメンタムウォーカー』『投資哲学を作り上げる 保守的な投資家ほどよく眠る』『システマティックトレード』『株式投資で普通でない利益を得る』『成長株投資の神』『ブラックスワン回避法』『市場ベースの経営』『金融版 悪魔の辞典』『世界一簡単なアルゴリズムトレードの構築方法』『新装版 私は株で200万ドル儲けた』『リバモアの株式投資術』『ハーバード流ケースメソッドで学ぶバリュー投資』『システムトレード 検証と実践』『バフェットの重要投資案件20 1957-2014』『堕天使バンカー』『ゾーン【最終章】』『ウォール街のモメンタムウォーカー【個別銘柄編】』など、多数。

■訳者紹介
田村英基（たむら・ひでき）
1979年生まれ。大学卒業後、金融機関で債券運用業務に従事。その後、証券会社で海外証券デリバティブのブローキング業務やバックオフィスシステムの開発に携わる。現在は事業会社で再生可能エネルギーファンド組成に関する業務の責任者を務める。趣味でFXの自動売買プログラミングを行い、日夜高いリターンを求めて奮闘中。

本書の感想をお寄せください。

お読みになった感想を下記サイトまでお送りください。
書評として採用させていただいた方には、
弊社通販サイトで使えるポイントを進呈いたします。

https://www.tradersshop.com/bin/apply?pr=3179

2017年12月3日	初版第1刷発行
2018年1月3日	第2刷発行
2018年7月3日	第3刷発行
2019年4月4日	第4刷発行
2020年8月3日	第5刷発行
2021年3月5日	第6刷発行
2022年1月6日	第7刷発行
2023年9月5日	第8刷発行
2024年3月5日	第9刷発行
2025年1月8日	第10刷発行

ウィザードブックシリーズ㉕⑦

マーケットのテクニカル分析
――トレード手法と売買指標の完全総合ガイド

著　者	ジョン・J・マーフィー
監修者	長尾慎太郎
訳　者	田村英基
発行者	後藤康徳
発行所	パンローリング株式会社
	〒160-0023　東京都新宿区西新宿7-9-18　6階
	TEL 03-5386-7391　FAX 03-5386-7393
	http://www.panrolling.com/
	E-mail　info@panrolling.com
編　集	エフ・ジー・アイ（Factory of Gnomic Three Monkeys Investment）合資会社
装　丁	パンローリング装丁室
組　版	パンローリング制作室
印刷・製本	株式会社シナノ

ISBN978-4-7759-7226-7

落丁・乱丁本はお取り替えします。
また、本書の全部、または一部を複写・複製・転訳載、および磁気・光記録媒体に入力することなどは、著作権法上の例外を除き禁じられています。

本文　©Hideki Tamura／図表　©Pan Rolling　2017 Printed in Japan

耳で聴く本 オーディオブック版 新発売

AudioBook

MP3 音声データCD

MP3 CD版　商品番号 54232
ダウンロード版　商品番号 86542

約919分　各本体 5,800円＋税

ウィザードブックシリーズ 261

マーケットのテクニカル分析 練習帳

ジョン・J・マーフィー【著】

定価 本体2,800円＋税　ISBN:9784775972298

テクニカル分析の定番『マーケットのテクニカル分析』を完全征服！

『マーケットのテクニカル分析』の知見を実践の場で生かすための必携問題集！　本書の目的は、テクニカル分析に関連した膨大な内容に精通しているのか、あるいはどの程度理解しているのかをテストし、それによってテクニカル分析の知識を確かなものにすることである。本書は、読みやすく、段階的にレベルアップするように作られているため、問題を解くことによって、読者のテクニカル分析への理解度の高低が明確になる。そうすることによって、マーフィーが『マーケットのテクニカル分析』で明らかにした多くの情報・知識・成果を実際のマーケットで適用できるようになり、テクニカル分析の神髄と奥義を読者の血と肉にすることができるだろう！

好評発売中

あなたのトレード判断能力を大幅に鍛える
エリオット波動研究 改訂版

一般社団法人日本エリオット波動研究所【著】

定価 本体3,800円+税　ISBN:9784775991954

基礎からトレード戦略まで網羅した
エリオット波動の教科書

エリオット波動理論を学ぶことで得られるのは、「今の株価が波動のどの位置にいるのか（上昇波動や下落波動の序盤か中盤か終盤か）」「今後どちらの方向に動くのか（上昇か下落）」「どの地点まで動くのか（上昇や下落の目標）」という問題に対する判断能力です。エリオット波動理論によって、これまでの株価の動きを分析し、さらに今後の株価の進路のメインシナリオとサブシナリオを描くことで、それらに基づいた「効率良いリスク管理に優れたトレード戦略」を探ることができます。

エリオット波動入門
相場の未来から投資家心理までわかる

ロバート・R・プレクター・ジュニア、A・J・フロスト【著】

定価 本体5,800円+税　ISBN:9784775971239

20周年記念版に関する出版者のノート

本書の初版本は1978年に出版されたが、そのときのダウ工業株平均は790ドルだった。初版本が出版されると、書評家たちはこぞって波動原理に関する決定的な参考書だと称賛したが、残念なことにベストセラーとなるには数十万部も及ばなかった。しかし、本書の興味あるテーマと長期の株価を正確に予想したことに対する関心が大きく高まったことから、毎年増刷を続け、ついにウォール街では古典の地位を獲得するまでになった。波動原理そのものはもとより、本書も長い時の試練に耐えている。

関連書籍

ウィザードブックシリーズ 146

フィボナッチ逆張り売買法
パターンを認識し、押し目買いと戻り売りを極める

ラリー・ペサベント、レスリー・ジョウフラス【著】

定価 本体5,800円+税　ISBN:9784775971130

従来のフィボナッチ法とは一味違う!!

本書で焦点が当てられているのは幾何学的なパターンとフィボナッチ比率に基づいたトレード方法である。長年にわたるマーケットの経験と知恵に裏付けられた本書は、初心者はもとより、ベテラントレーダーにとっても実用的で、ワンランク上を目指す者には必携のハイレベルなトレードの指南書となるだろう。

ウィザードブックシリーズ 166

フィボナッチブレイクアウト売買法
高勝率トレーディングの仕掛けから手仕舞いまで

ロバート・C・マイナー【著】

定価 本体5,800円+税　ISBN:9784775971338

フィボナッチの新たな境地！

株式、先物、FXなど、今日のマーケットでトレードするのは大変困難なチャレンジになっている。しかし、トレードの仕掛けから手仕舞いまでの完全なトレード計画を学べば、この分野での成功も夢ではない。

ウィザードブックシリーズ 163

フィボナッチトレーディング
時間と価格を味方につける方法

キャロリン・ボロディン【著】

定価 本体5,800円+税　ISBN:9784775971307

フィボナッチは相場を支配している！

フィボナッチ級数の数値パターンに基づく実績ある方法を使い、トレードで高値と安値を正確に見定めるための新たな洞察を提供する。

ウィザードブックシリーズ252

ゾーン 最終章
トレーダーで成功するためのマーク・ダグラスからの最後のアドバイス

定価 本体2,800円+税　ISBN:9784775972168

トレード心理学の大家の集大成!

1980年代、トレード心理学は未知の分野であった。創始者一人であるマーク・ダグラスは当時から、この分野に多くのトレーダーを導いてきた。本書を読めば、着実に利益を増やしていくために何をすべきか、どういう考え方をすべきかについて、すべての人の迷いを消し去ってくれるだろう。

ウィザードブックシリーズ108

高勝率トレード学のススメ
小さく張って着実に儲ける

定価 本体5,800円+税　ISBN:9784775970744

あなたも利益を上げ続ける少数のベストレーダーになれる!

トレーディングの現実を著者独自の観点からあぶり出し、短期トレーダーと長期トレーダーたちによる実際の成功例や失敗例をチャートとケーススタディを通じて検証する本書は、まさにトレーディングの生きたガイドブックといえるものである。

ウィザードブックシリーズ206

プライスアクショントレード入門
足1本ごとのテクニカル分析とチャートの読み方

定価 本体5,800円+税　ISBN:9784775971734

最高のリスク・リワード・レシオをたたき出すプライスアクショントレーダー

マーケットがリアルタイムで語っていることを理解するのは難しいことかもしれないが、正しい方法を用いれば、それを理解して安定的に利益を上げることができるようになるだろう。

ウィザードブックシリーズ286

フルタイムトレーダー完全マニュアル【第3版】

ジョン・F・カーター【著】

定価 本体5,800円+税　ISBN:9784775972557

トレードで生計を立てるための必携書！

トレードに用いるハードウェアやソフトウェアから、市場のメカニズム、仕掛けと手仕舞いパラメーター、ポジションサイジングなど、競争に打ち勝つためのツール一式が本書にはぎっしり詰まっている。本書を読めば、あなたにとってうまくいくもの、いかないものを選別する能力が身につき、株式トレードであろうが、オプション、先物、FXであろうが、あなたに合った堅実なポートフォリオを作成できるはずだ。読者がプロとしてトレードの最前線で活躍でき、トレードで生計を立てられる近道を伝授するのが本書の最大の目的である！

ウィザードブックシリーズ66

シュワッガーのテクニカル分析
初心者にも分かる実践チャート入門

ジャック・D・シュワッガー【著】

定価 本体2,900円+税　ISBN:9784775970270

ジャック・シュワッガーが書き下ろした
実践チャート入門

チャート分析は、市場の行動原理を理解し、投資で儲ける為の値動きを解読することが、可能である。しかし、このテクニカル分析は、職人芸であり科学でもあり、初心者はさまざまな部分で悩まされてしまう。本書は、この分析をやさしくひも解き、基本となるものを簡潔に説明している。また、後講釈的な成功例のオンパレードばかりでなく、予測が外れたときの対処法、損切りの置き方についても多くの事例をあげ、明解でわかりやすい、素直な解説が加えられている。

関連書

ウィザードブックシリーズ 223
出来高・価格分析の完全ガイド
100年以上不変の「市場の内側」をトレードに生かす

アナ・クーリング【著】

定価 本体3,800円+税　ISBN:9784775971918

FXトレーダーとしての成功への第一歩は出来高だった！

本書には、あなたのトレードにVPA Volume Price Analysis（出来高・価格分析）を適用するために知らなければならないことがすべて書かれている。それぞれの章は前の章を踏まえて成り立つものだ。価格と出来高の原理に始まり、そのあと簡単な例を使って2つを1つにまとめる。本書を読み込んでいくと、突然、VPAがあなたに伝えようとする本質を理解できるようになる。それは市場や時間枠を超えた普遍的なものだ。

ウィザードブックシリーズ 298
出来高・価格分析の実践チャート入門

アナ・クーリング【著】

定価 本体3,800円+税　ISBN:9784775972694

出来高と価格とローソク足のパターンから近未来が見える！ 206の実例チャートのピンポイント解説

アナ・クーリングのロングセラーである『出来高・価格分析の完全ガイド』が理論編だとすると、本書は実践編と言えるものだ。本書を完璧にマスターすれば、5分足であろうが、1時間足であろうが、日足や週足や月足であろうが、いろんな時間枠に対応できるようになるので、長期トレーダーや長期投資家だけでなく、短期トレーダーにも本書の刊行は朗報となるだろう。